RICHARD WADDINGTON

Sénateur de la Seine-Inférieure

LOUIS XV

et le

RENVERSEMENT DES ALLIANCES

PRÉLIMINAIRES

de la Guerre de Sept Ans

1754-1756

PARIS

LIBRAIRIE DE FIRMIN-DIDOT ET Cie

56, RUE JACOB

1896

LOUIS XV

et le

RENVERSEMENT DES ALLIANCES

*Droits de reproduction et de traduction réservés
pour tous les pays,
y compris la Suède et la Norvège.*

RICHARD WADDINGTON

Sénateur de la Seine-Inférieure

LOUIS XV

et le

RENVERSEMENT DES ALLIANCES

PRÉLIMINAIRES

de la Guerre de Sept Ans

1754-1756

PARIS

LIBRAIRIE DE FIRMIN-DIDOT ET Cie

56, RUE JACOB

1896

PRÉFACE

Dans l'histoire du dix-huitième siècle, peu d'événements ont donné lieu à autant de controverses et à plus de jugements contradictoires que les incidents diplomatiques qui précédèrent la guerre de Sept Ans. La plupart des historiens français qui se sont occupés de cette période néfaste de nos annales, ont cédé presque inconsciemment à un courant d'opinion créé par le souvenir des échecs humiliants de l'époque.

Que l'adoption de l'alliance autrichienne fût le point de départ de la décadence de l'influence française en Europe, que la marquise de Pompadour mît en jeu tous ses moyens pour faire prévaloir cette politique, ce sont là des faits indéniables. Mais partir de ces prémisses pour condamner le principe de l'entente avec l'Autriche et pour charger la favorite de tous les péchés d'Israël, n'est-ce pas dépasser la mesure et transformer en causes de simples coïncidences?

L'esprit d'examen est beaucoup trop en vogue chez nos auteurs modernes pour qu'ils ne se soient pas posé cette question; la critique est trop sœur de la contradiction pour que certains ne se soient pas laissés entraîner à la justification du système inauguré par le traité de Versailles, et à la réhabilitation de celle qui aida à l'accomplissement de cette évolution. A la légende des trois femmes, impératrices et favorite, se liguant dans un sentiment commun de dépit contre le roi de Prusse, sacrifiant les intérêts d'État au plaisir de la vengeance féminine, nous verrons peut-être succéder des récits où l'on opposera la loyauté de Marie-Thérèse et la clairvoyance de la Pompadour à la perfidie et à la scélératesse de Frédéric II.

Ce phénomène de l'appréciation s'acheminant jusqu'au paradoxe se produit déjà en Allemagne, où prennent place, à côté de la foule des adulateurs du grand roi, des écrivains dont la plume ne trouve pas d'épithètes assez dures pour qualifier la politique du créateur de la grandeur prussienne. Les ouvrages de Klopp (1) et de Lehmann (2) jettent une note discordante au sein du concert élogieux des Schaeffer, des Koser et tant d'autres, dont les uns s'efforcent de justifier pas à pas les procédés de leur héros, dont les autres s'oublient dans leur enthousiasme jusqu'à transformer le despotique philosophe de Sans-Souci en fondateur de l'union et des libertés germaniques.

Cet excès dans l'admiration, cette exagération dans le dénigrement siéent mal à l'impartialité qui doit être la qualité maîtresse de l'historien. L'entraînement, naturel au publiciste qui traite d'événements récents ou contemporains, n'est plus admissible quand il s'agit de faits trop anciens pour exciter la passion. La faculté de puiser dans les archives des pays rivaux, de compulser les papiers les plus confidentiels échangés entre les gouverne-

(1) *Der Konig Friederich II und seine Politik.*
(2) *Friedrich der Grosze und der Ursprung des siebenjahrigen Krieges.*

ments et leurs agents, de contrôler les assertions des uns par les dires des autres, de connaître la pensée secrète des souverains et de leurs ministres, réduit la tâche du narrateur à une œuvre de compilation et de synthèse, où l'intérêt de la vérité absolue doit prendre le pas sur toute autre considération.

Pour l'étude des négociations contradictoires qui amenèrent la guerre de Sept Ans, pour le jugement de la conduite des principaux acteurs sur la scène européenne d'alors, les pièces à consulter deviennent de plus en plus nombreuses. Aux collections de Paris et de Londres, ouvertes depuis longtemps au public, nous pouvons ajouter les Mémoires de Bernis édités par M. Masson, la correspondance complète du roi Frédéric, dont la publication fait le plus grand honneur aux érudits chargés de ce travail, les documents de Vienne auxquels le directeur des archives de cette ville, le chevalier d'Arneth, a fait les emprunts les plus intéressants, et enfin les manuscrits du British Museum qui, depuis peu, se sont enrichis de la volumineuse correspondance du ministre Newcastle.

Raconter les préliminaires de la guerre à Paris, à Londres, à Vienne, à Berlin, à Pétersbourg, à Dresde et à la Haye, parcourir les dépêches écrites à la même heure par des hommes dont les impressions souvent, et le point de vue la plupart du temps, différaient du tout au tout, résumer les vues, analyser les sentiments des personnages dirigeants, rattacher autant que possible l'effet à la cause, telle est la tâche que nous nous sommes imposée, satisfait si nous avons réussi à jeter un rayon de lumière sur quelques détails de ces événements si souvent racontés, et cependant encore si obscurs.

Les recherches que nous avons dû faire ont été singulièrement facilitées, grâce à la bienveillance des directeurs et employés des archives auxquels nous nous sommes adressé. Aussi sommes-nous heureux de remplir un devoir en les priant d'agréer nos remerciements chaleureux. Au premier rang de ces obligeants collaborateurs, nous tenons à citer M. le chevalier d'Arneth, M. le secrétaire d'ambassade Le Marchand à Vienne, M. Maxwell Lyte, directeur du *Record office* à Londres et ses aimables auxiliaires MM. Hall, Salisbury et Craib; sir E. Maude Thompson, bibliothécaire du *British Museum*, MM. Scott et Bickley, du dépôt des manuscrits. A Paris, au ministère des Affaires Étrangères, nous avons eu à nous louer tout particulièrement du concours de M. Girard de Rialle, directeur des archives, de M. Farges, sous-directeur adjoint, de M. Bertrand, bibliothécaire. M. Delisle, administrateur général de la Bibliothèque nationale, M. Servois, garde-général des Archives nationales, le colonel Henderson, du ministère de la guerre, M. Valentino, bibliothécaire de la Marine, M. Varcollier, archiviste des colonies, ont droit à notre gratitude pour la bonne grâce qu'ils ont mise à aider nos travaux. Nous nous plaisons enfin à reconnaître le précieux appui que nous ont valu les conseils de M. Sorel, l'éminent historien, et de M. Monod, le savant directeur de la *Revue historique*.

Saint-Léger, le 10 novembre 1895.

RICHARD WADDINGTON.

LOUIS XV

et le

RENVERSEMENT DES ALLIANCES

CHAPITRE PREMIER

CONFLITS EN AMÉRIQUE ENTRE L'ANGLETERRE ET LA FRANCE, DEPUIS LA PAIX D'AIX-LA-CHAPELLE JUSQU'EN 1754.

Il faut chercher l'origine de la querelle qui ensanglanta l'Europe pendant la guerre de sept ans, dans les démêlés insignifiants de frontières dont les vastes solitudes de l'Amérique du Nord furent le théâtre.

La délimitation des possessions de la France et de l'Angleterre dans le Nouveau-Monde, quoiqu'elle eût donné lieu pendant la première moitié du dix-huitième siècle à des discussions et des réclamations fréquentes de la part des puissances intéressées, ne fut pas tranchée par le traité d'Aix-la-Chapelle; les négociateurs se bornèrent à stipuler que l'île du Cap-Breton (1) serait restituée à la France, que les choses seraient remises en l'état antérieur et que les frontières continueraient à être fixées d'après les clauses du traité d'Utrecht.

(1) Louisbourg et l'île du Cap-Breton ou île Royale avaient été pris en 1745 par une armée composée des volontaires et miliciens de la Nouvelle-Angleterre, soutenue par une flotte anglaise.

L'évacuation de Louisbourg et de l'île du Cap-Breton par les troupes anglaises et l'occupation de la forteresse par une garnison française ne souffrirent pas de difficulté; mais il n'en fut pas de même lorsqu'il s'agit de tracer la longue ligne de démarcation qui devait séparer les deux États, depuis le Mississipi jusqu'au golfe Saint-Laurent.

Sur aucun point du continent les établissements des deux nations n'étaient en contact; entre eux se déployait une large bande de territoire, habitée, ou plutôt parcourue, par les tribus indiennes. Ce pays, dont les sauvages revendiquaient la possession et qu'ils considéraient comme leur domaine de chasse, était visité par des traitants français et anglais, attirés par le trafic des pelleteries et désireux de s'en assurer le monopole. Il eût suffi, de part et d'autre, de reconnaître les droits, d'ailleurs incontestables, des Indiens, pour faire de cette zone neutre l'État tampon dont notre diplomatie moderne fait un usage si fréquent. Malheureusement il n'en fut pas ainsi : chacun des gouvernements rivaux réclamait la propriété de régions à peine explorées, et appuyait ses prétentions tantôt sur le titre que confère la première découverte, tantôt sur un traité de vente consenti par des chefs sauvages en échange de quelques livres de poudre et de barils de rhum, tantôt sur une concession accordée par le souverain à une société de commerce ou de colonisation.

En 1754, la partie peuplée de la Nouvelle-France (1) n'était qu'une fraction relativement peu importante de la vaste étendue soumise à la domination ou à l'influence du roi très chrétien; 60.000 colons environ étaient éparpillés sur les îles et les rives du Saint-Laurent, depuis Kamarouska et la Malebaye, premières paroisses en aval, jusqu'au village des Cèdres en amont de l'île de Montréal. Les habitations françaises, presque toutes isolées les unes des autres, bor-

---

(1) Voir la carte de l'Amérique au milieu du dix-huitième siècle, p. 44.

daient dès lors le grand fleuve et le cours inférieur de la rivière de Richelieu d'une ligne presque continue de vergers, de prairies, de cultures, qui venait égayer d'une note riante le fond sombre et monotone des bois dont était couvert le reste du pays. En dehors du Canada (1) proprement dit et, dans la Louisiane, des environs immédiats de la Nouvelle-Orléans, il n'y avait d'autre centre de population que celui de Détroit, colonie de 1,000 à 1,200 Canadiens, située entre les lacs Érié et Saint-Clair, et quelques hameaux dans la région de l'Illinois et sur les bords du Mississipi. Quant aux possessions revendiquées par la France, elles comprenaient les îles du golfe Saint-Laurent, le territoire représenté aujourd'hui par la province du Nouveau-Brunswick tout entière, et une grande partie de l'État du Maine, les terres baignées par les lacs Champlain et Georges, les rives méridionales du Saint-Laurent et des grands lacs; l'autorité du roi de France s'exerçait sur les bassins des deux grands fleuves, des lacs et de leurs affluents. D'après la cour de Versailles, la limite entre la domination française et celle de la Grande-Bretagne était le faîte des hauteurs qui partagent les eaux du thalweg de l'Atlantique de celles du versant intérieur du Saint-Laurent. Tout ce qui était à l'ouest de cette ligne appartenait au roi très chrétien.

Une chaîne de postes, — dont les principaux étaient Frontenac (aujourd'hui Kingston), sur le lac Ontario, Niagara, sur la rive américaine à l'embouchure du fleuve de ce nom, Détroit, Michilimakinac, commandant la passe entre le lac Huron et le lac Michigan, le Sault Sainte-Marie à l'entrée du lac Supérieur, — s'étendaient d'une part jusqu'au lac Winnipeg (2) et la rivière des Assiniboines (3),

(1) Le Canada habité ne dépassait pas les limites de la province actuelle de Québec.
(2) Fort Breton.
(3) Fort la Reine.

de l'autre vers le nord et les établissements anglais de la baie de Hudson (1). A l'extrémité sud du lac Champlain, le fort Saint-Frédéric ou pointe de la Couronne était à la fois une citadelle avancée du Canada, et une menace perpétuelle pour les colons anglais et hollandais installés sur les bords de la rivière de Hudson. Les rares communications que la Louisiane entretenait avec le Canada étaient assurées par les postes de la rivière des Méamis (Maumee), affluent du lac Érié, et ceux de l'Ouabache (Wabash), tributaire de l'Ohio, par les petits établissements de l'Illinois, et par le fort plus important de Chartres, sur la rive gauche du Mississipi. Enfin, la région supérieure de la rivière des Ottawais (Ottawa) était surveillée par le petit fortin du lac des Abitibis. L'île du Cap-Breton, dont le nom officiel était l'île Royale, et l'île de Saint-Jean (2), à peine habitée à cette époque, formaient un gouvernement indépendant, dont le titulaire résidait à Louisbourg, et, quoique soumis aux ordres du gouverneur général de la Nouvelle-France, correspondait avec la cour de Versailles. Les autorités de la Louisiane étaient également en relations directes avec la métropole.

Plus compactes, plus peuplées et beaucoup moins étendues, les possessions anglaises comprenaient, vers le milieu du dix-huitième siècle, la majeure partie du territoire des États américains de la Nouvelle-Angleterre, le Maryland, le Delaware, à peu près la moitié de la superficie actuelle des États de New-York, Pensylvanie, Virginie, et la portion maritime des deux Carolines et de la Géorgie. Au nord et au nord-ouest, les colons de la Nouvelle-Angleterre n'avaient guère dépassé le cours inférieur du Penobscot; à l'ouest, les villages de Saratoga, du fort Lydius sur le Hudson, le bourg allemand des Palatins sur le Mohawk étaient les postes avancés de la province de New-

(1) Fort Paskoïa, fort des Prairies.
(2) Ile Saint-Jean, aujourd'hui île du Prince Édouard.

York. Sur toute cette frontière, les établissements français et anglais étaient séparés par une région de forêts, de lacs et de montagnes, occupée par la confédération des Cinq-Nations iroquoises, sur lesquelles le roi d'Angleterre prétendait exercer un droit de protectorat, sanctionné par l'un des articles du traité d'Utrecht. En pleines terres indiennes et sur la rive méridionale du lac Ontario, les Anglais avaient construit le petit fort d'Oswego ou Choueguen, à l'embouchure de la rivière de ce nom, dans le but d'intercepter et de détourner à leur avantage le trafic des pelleteries et les échanges avec les sauvages. La création de ce poste avait donné lieu, de la part du gouverneur du Canada, à de vives protestations, auxquelles son collègue de New-York avait riposté par des plaintes non moins vives, au sujet de la fondation du fort Saint-Frédéric, sur le lac Champlain.

Du côté de la Pensylvanie et de la Virginie, les cantons colonisés ne dépassaient pas la chaîne des monts Alleghanys; au-delà, à partir de Will's Creek, devenu plus tard fort Cumberland, jusqu'aux forts français du Wabash, l'on ne trouvait d'autre signe du voisinage européen que des dépôts de marchandises, apportées par les traitants anglais dans les nombreux villages indiens. Toute cette région si vaste, si fertile, à laquelle correspondent aujourd'hui la partie occidentale de la Pensylvanie et de la Virginie, les États plus récemment organisés de l'Ohio, de l'Indiana, du Kentucky et du Tennessée, était habitée par des tribus sauvages d'origines diverses, parmi lesquelles les Iroquois de la ligue des Cinq-Nations avaient joué le rôle de conquérants.

Il était évident que les 1,100,000 ou 1,200,000 colons qui peuplaient les treize provinces anglaises, plus nombreux, plus riches, plus commerçants, plus libres que leurs rivaux du Canada, ne se contenteraient pas longtemps des limites étroites dans lesquelles ils se trouvaient resserrés par les prétentions françaises. Ils franchiraient bientôt les montagnes et se répandraient dans les belles plaines de l'intérieur, où ils trouveraient pour guides et pour pionniers les marchands de leur nationalité, qui fréquentaient depuis longtemps ces contrées pour leurs affaires ; ils seraient bientôt en contact et aux prises avec les commandants des forts français ; ces derniers mettraient d'autant plus d'ardeur à arrêter ces empiétements, qu'ils étaient presque tous personnellement intéressés aux échanges que faisaient sous leurs yeux les indigènes et les représentants des maisons du Canada.

Le négoce des fourrures, qui dans notre siècle a donné lieu à une véritable guerre civile entre deux compagnies concurrentes, fut peut-être la cause immédiate de la lutte sanglante qui allait éclater, en Amérique, entre la France et l'Angleterre.

Dans les parages de l'Acadie, la situation était aussi mal définie ; depuis le traité d'Utrecht, en vertu duquel l'Acadie avait été cédée à l'Angleterre, rien n'avait été fait pour interpréter les expressions latines, d'ailleurs très vagues, des articles relatifs au transfert ; aucun effort sérieux n'avait été tenté pour délimiter les possessions des deux puissances.

Tandis que, d'après les Anglais, leur acquisition s'étendait jusqu'à la rive méridionale du Saint-Laurent, se prolongeait à l'ouest et au sud jusqu'aux confins de la Nouvelle-Angleterre, les Français, au contraire, ne comprenaient, sous la dénomination d'Acadie, que le canton de Port-Royal (Annapolis) et une partie de la presqu'île qui constitue aujourd'hui la province de la Nouvelle-Écosse.

En fait, l'autorité britannique ne dépassait guère les environs du fort d'Annapolis et de quelques postes fortifiés dans la baie des Mines (1). Les efforts des gouverneurs an-

(1) Voir le rapport de Cornwallis au duc de Bedford, septembre 1749. *Record Office*. Londres.

glais pour assimiler et soumettre à leur pouvoir la population française de la péninsule, avaient échoué devant la résistance passive mais ferme des Acadiens. Ceux-ci, dont le nombre et le bien-être avaient rapidement cru pendant les longues années de tranquillité de la première moitié du siècle, et qui atteignaient déjà un total de 10,000 à 12,000 âmes, se considéraient comme neutres et se maintenaient dans un véritable état d'indépendance vis-à-vis de leurs nouveaux maîtres, dont ils ignoraient la langue et détestaient la religion.

Les Français avaient conservé quelques établissements sur la rivière Saint-Jean, et sur les rives septentrionales de la baie de Fundy, qui gardait encore son vieux nom de baie Française; autour de ces centres étaient venues se grouper quelques familles acadiennes et des indigènes appartenant aux tribus des Abenakis, des Malécites et des Micmacs. Sur les uns et les autres, l'influence française était absolue, grâce à l'activité et au prestige des missionnaires qui desservaient ces stations, grâce aussi aux subsides en vivres et en munitions distribués par leurs soins.

Il nous reste, pour compléter le tableau, à dire quelques mots sur l'attitude des tribus indiennes qui habitaient les territoires dont les puissances rivales se disputaient la souveraineté. La majorité de ces sauvages était favorable à la France. Ils avaient vite senti la différence entre les procédés et la conduite des deux nations; jaloux des terrains de chasse indispensables pour leur subsistance, nomades par tempérament et par nécessité, les Indiens regardaient comme l'ennemi de leur race l'Anglo-Saxon, froid, hautain, tenace, colonisateur par essence; c'est avec des sentiments de colère et de haine qu'ils le voyaient défricher les bois et mettre en culture les terres dont ils s'étaient laissé dépouiller dans un moment d'ivresse ou moyennant un prix dérisoire. Ils étaient, au contraire, tout disposés à faire bon accueil aux Franco-Canadiens, gens gais, frivoles, pleins d'entrain, enclins à adopter leurs goûts et leurs usages, à partager leurs plaisirs, qui venaient chez eux pour trafiquer et sans aucune pensée d'établissement définitif.

Pour peindre les tendances des indigènes, nous ne pouvons mieux faire que citer le langage que tenaient à leurs compatriotes iroquois les Indiens du parti français, dans un conseil secret tenu à Montréal en octobre 1754 (1) :

« Ignorez-vous, nos frères, quelle différence il y a entre notre Père et l'Anglois? Allez voir les forts que notre Père a établis, et vous y verrez que la terre sous les murs est encore un lieu de chasse, ne s'étant placé dans ces endroits que nous fréquentons que pour nous y faciliter nos besoins, lorsque l'Anglois, au contraire, n'est pas plutôt en possession d'une terre que le gibier est forcé de déserter, les bois tombent devant eux, la terre se découvre et nous trouvons à peine chez eux de quoi nous mettre la nuit à l'abri... »

En cette circonstance comme en maintes autres, le gouverneur du Canada trouvait des auxiliaires précieux pour sa politique chez les sauvages domiciliés, établis dans la province et répartis dans cinq villages situés aux environs de Québec et de Montréal. Ces Indiens, convertis au catholicisme, très attachés à des pratiques religieuses qui, grâce à la tolérance des missionnaires, n'étaient pas inconciliables avec leurs coutumes barbares en temps de paix et leurs cruautés habituelles en temps de guerre, étaient toujours prêts à prendre la hache contre les Anglais; ils fournissaient aux expéditions françaises d'excellents éclaireurs, des guides de premier ordre et servaient fréquemment d'intermédiaires pour les négociations engagées avec les tribus païennes de l'intérieur.

---

(1) Procès-verbal annexé à la dépêche de Duquesne au ministre, 31 octobre 1754. (Archives des colonies.)

La confédération des Cinq-Nations, qui habitaient la région comprise entre le lac Champlain, le Saint-Laurent, les grands lacs et l'Ohio, affaiblie par les luttes qu'elle avait soutenues longtemps contre le Canada, se rattachait encore à l'alliance des Anglais, dont elle voyait cependant avec inquiétude les empiétements constants. Tous les efforts des autorités françaises, bien secondées par leurs officiers interprètes et par les prêtres, tendaient à gagner à la France ces tribus hésitantes.

Au sud de l'Ohio, la plupart des sauvages, visités par les commerçants de la Pensylvanie, en relations suivies avec eux et subissant leur influence, étaient hostiles à la France.

La situation que nous venons de décrire à grands traits était semée de dangers et de menaces; les germes de dissentiment qui couvaient sur tant de points et sur tant de questions, ne pouvaient tarder à se développer et à produire des discussions sérieuses.

Ce fut en Acadie qu'éclata le premier conflit, dix-huit mois à peine après la paix d'Aix-la-Chapelle. Aussitôt que les Français eurent repris possession de Louisbourg et des îles Royale et Saint-Jean, l'attention du nouveau gouverneur, M. Desherbiers, se porta sur l'utilité d'assurer l'existence de la colonie et de pourvoir à ses besoins par les produits du sol, au lieu d'avoir recours à la métropole pour la farine et la viande, dont le transport, coûteux en tout temps, deviendrait fort difficile en cas de guerre. Pour atteindre ce but, il fallait attirer des agriculteurs et les installer soit à l'île Royale, soit dans l'île Saint-Jean, beaucoup plus favorable à la production des céréales et à l'élève du bétail. A cette destination convenaient tout naturellement les Acadiens de la terre ferme, acclimatés depuis longtemps, ayant l'expérience et la persévérance nécessaires pour créer et entretenir les cultures nouvelles, français de cœur et de langue, détestant l'Anglais avec une haine qu'avivait leur fervent attachement à la foi catholique, et beaucoup plus soumis à leurs prêtres qu'aux officiers britanniques. Le moment parut d'autant mieux choisi pour provoquer l'émigration de la population française de la Nouvelle-Écosse, que le gouvernement anglais se préoccupait de la fondation de la ville de Halifax, et du peuplement de ce nouveau centre par des engagés de nationalité suisse, allemande et hollandaise, et de religion protestante.

Dès le commencement de 1749, le ministre de la marine ordonne à M. Bigot (1), intendant du Canada, d'encourager l'établissement des Acadiens aux îles : « C'est là ce que vous pourrez faire insinuer aux Acadiens par la voie des missionnaires, ou par telle autre qui vous paraîtra convenable, mais toujours avec ménagement et circonspection, de manière à ne rien compromettre avec le gouvernement anglais. » Les instructions de M. Desherbiers (2), conçues dans le même sens, lui prescrivaient d'entretenir des rapports réguliers avec les prêtres des paroisses de l'Acadie, et mettaient à sa disposition un crédit pour leur venir en aide. L'année suivante, le ministre apprend l'arrivée des premiers émigrants. « Il est fort à désirer, » écrit-il (3) à M. de la Jonquière, gouverneur du Canada, et à M. Bigot, « que les mesures que vous aviez prises, ainsi que celles que MM. Desherbiers et Prevost (4) ont dû mettre en usage, aient pu procurer un bon nombre d'Acadiens à l'île Royale et à l'île Saint-Jean. J'ai été informé par la voie de cette première colonie que quelques-unes de ces familles s'y étaient déjà rendues et que plusieurs autres comptaient d'y passer au printemps de cette année;

---

(1) Ministre à Bigot, le 11 avril 1749. Archives des colonies.
(2) Mémoire du roi pour servir d'instruction au sieur Desherbiers, commandant pour Sa Majesté à l'île Royale, 28 mars 1749.
(3) Ministre à la Jonquière et Bigot, 23 mai 1750.
(4) Ordonnateur de la marine, faisant fonction d'intendant à Louisbourg.

et il y a lieu d'espérer que les secours et les facilités que Sa Majesté veut bien accorder à celles qui ont pris ce parti pourront en engager d'autres à le suivre. L'île Saint-Jean devient aujourd'hui un objet capital pour le maintien de l'île Royale. »

L'un des émissaires les plus actifs des gouverneurs français fut l'abbé Le Loutre. Aussi énergique que volontaire, cet ecclésiastique exerça sur les Indiens et sur les Acadiens une grande influence, dont il se servait pour exciter les premiers à la guerre contre les Anglais, et les seconds à s'établir dans les îles ou sur le territoire occupé par les Français. Il devint la bête noire des chefs britanniques et fut rendu responsable, sans preuves suffisantes d'ailleurs, de toutes les cruautés et trahisons commises par les sauvages.

Cependant, la sortie continuelle des colons français inquiète le colonel Cornwallis, gouverneur de la Nouvelle-Écosse : « Les habitants d'Annapolis et Minas, écrit-il (1) à Londres, me demandent la permission d'émigrer; je la leur ai refusée. Ils ont été si bien traités et ont trouvé de tels avantages dans la colonie, que le fanatisme et des soupçons absurdes inspirés par leurs prêtres ont seuls pu les rendre aveugles aux considérations de leur intérêt et de leur bonheur. »

Cornwallis s'efforce aussi d'établir son autorité sur la rive nord de la baie de Fundy, et sur l'isthme de Shediac (2), qui relie la presqu'île de la Nouvelle-Écosse au continent américain. Cette région, réclamée depuis la paix d'Utrecht par les Anglais comme faisant partie de l'Acadie, était restée entre les mains des Français; elle n'était habitée à cette époque que par les sauvages, et quelques familles acadiennes qui s'y étaient réfugiées pour fuir la

(1) Cornwallis aux Lords of Plantations, 10 juillet 1750 *Record Office*. Londres.
(2) L'isthme portait aussi le nom de Chignecto.

domination anglaise. Une première tentative à l'embouchure du Saint-Jean ayant été repoussée grâce à l'attitude énergique d'un officier colonial, M. de Boishébert, le gouverneur anglais envoya, sous les ordres du major Lawrence (1), une expédition pour se saisir de l'isthme. « Je sais, écrit Cornwallis (2), que La Corne, Le Loutre et les autres prêtres à Chiconecto, nous ont fait dans cette province un mal qu'aucune nation n'a fait à une autre en temps de paix... ils ont soulevé les Micmacs (3) contre nous; ils ont obligé les habitants de Chiconecto à jurer fidélité au roi de France. Ce Loutre (*sic*) a été plus d'une fois à Cobequid (4) pour ameuter les autres habitants; j'ai appris que l'on emploie avis, promesses et menaces pour faire émigrer les sujets de Sa Majesté Britannique, les habitants français de toute la province, qu'on leur prédit un massacre général s'ils restent chez nous; toutes ces raisons m'ont déterminé à essayer de me rendre maître de Chiconecto avec les forces que j'ai à ma disposition. »

Le contingent de Lawrence arriva dans la baie de Chignecto, pour voir l'important bourg de Beaubassin incendié sous ses yeux et abandonné par les Acadiens, qui se retirèrent de l'autre côté d'une rivière, laquelle, d'après les instructions françaises, était considérée comme marquant la frontière. Sur le bord de ce cours d'eau, Lawrence rencontra le commandant français, le chevalier de La Corne (5), qui refusa d'évacuer et se déclara prêt à défendre un territoire dont il revendiquait la possession au nom du roi son maître. Le major anglais, soit qu'il crût la position française trop forte, soit qu'il n'osât pas com-

---

(1) Cet officier, devenu plus tard gouverneur de la Nouvelle-Ecosse, fut l'auteur et l'exécuteur de l'expulsion des Acadiens.
(2) Cornwallis aux Lords of Plantations, 3 mai 1750. *Record Office*.
(3) Tribu indienne de l'Acadie.
(4) Village acadien du territoire anglais.
(5) Lawrence à Cornwallis, 26 avril 1750.

mencer les hostilités, battit en retraite et rentra à Minas.

La Corne, en traversant la tentative de Lawrence, se conformait à une ordonnance de M. de la Jonquière (1), par laquelle ce dernier déclarait « vrais Français » et prenait sous la protection du roi « les habitants des rivières de Petkekodiac, Chipody, Memerankong, de la baie Verte et tous ceux qui habitent en deçà de la péninsule d'Acadie ».

Au mois de septembre 1750, Lawrence revint à Chignecto, y débarqua malgré la résistance des sauvages et de quelques Acadiens, et construisit sur le site de Beaubassin un poste appelé Fort Lawrence en son honneur. La dépêche de M. de la Jonquière (2) rend compte de l'expédition des Anglais :

« Le sieur de La Corne et le sieur Le Loutre ont mis tout en œuvre pour les empêcher indirectement de s'y établir, ne pouvant s'y opposer ouvertement, cette partie-là étant à ce que je crois dépendante de l'Acadie.

« La flotte anglaise parut le 13 septembre, composée de dix-sept voiles, et dès ce moment le sieur de La Corne prit bien ses précautions pour que les Anglais ne fissent point leur descente de son côté ; il posta pour cet effet plusieurs détachements et se porta lui-même à la tête de ses troupes sur une pointe, au bord de la rivière où ils entraient.

« Le 15, il fit passer ses sauvages et quelques habitants à Beaubassin, quelques Malécites et quelques Misimacs firent feu sur les premiers bâtiments ; d'autres sauvages, qui s'étaient retranchés, combattirent contre les troupes anglaises qui avaient fait leur descente et qui leur tiraient du canon à mitraille ; mais ces partis étant trop faibles, ils ne purent repousser les Anglais et furent contraints d'abandonner leur poste ; ils en ont cependant tué trente ou quarante (3)

---

(1) Ordonnance de la Jonquière, 26 février 1750. Archives des colonies.
(2) La Jonquière au ministre, 3 octobre 1750.
(3) Le rapport anglais accuse six tués et douze blessés. Lawrence aux Lords of Trade, 27 septembre 1750.

et en ont blessé autant, suivant le rapport d'un Français, qui avait été pris à la garde de l'entrée et qui se sauva à la nage. »

La Jonquière expose les mesures qu'il a prises pour renforcer la garnison française, protéger les Acadiens réfugiés et décider les Indiens à continuer les hostilités contre les Anglais. « Indépendamment des secours que nous tirons des sauvages, écrit-il, par les coups qu'ils ont faits et qu'il importe de leur faire faire sur les Anglais, ils nous sont encore très utiles pour ôter à nos soldats l'envie que certains d'eux pourraient avoir de passer chez les Anglais. »

En outre de ces incidents, l'année 1750 fut signalée par la capture de deux bâtiments français dont l'un était chargé de provisions, de marchandises, d'armes et de munitions de guerre destinées à l'abbé Leloutre pour ses indigènes, et par l'assassinat d'un officier anglais, le capitaine Howe, qui était allé en parlementaire aux postes français. Dans l'état des esprits, il n'est pas surprenant de voir Cornwallis attribuer à « ces coquins de Lacorne et Le Loutre » (1) un attentat que la Jonquière explique par une trahison des sauvages (2). En représailles de la prise de nos bâtiments, le commandant de l'île Royale fit saisir et condamner quatre navires anglais dans le port de Louisbourg.

Pour répondre à l'action de Lawrence, M. de Saint-Ours, le successeur du chevalier de La Corne, reçut ordre

(1) Cornwallis aux Lords of Trade, 27 novembre 1750. Cette accusation, quoiqu'elle ait été répétée par le chevalier Johnstone dans son récit des événements du Cap-Breton, ne repose que sur les assertions d'un espion anglais. Les Français affirmèrent que Howe avait été assassiné par des Indiens aux ordres d'un chef nommé Cope.

(2) La Jonquière au ministre, 1er mai 1750. « Les Anglais ont fait une grande perte, écrit-il, ledit sieur Howe était conseiller, commissaire, tresorier, en un mot tout roulait sur lui; c'était un très habile homme et quoiqu'il fût l'auteur de toutes les usurpations, on ne peut s'empêcher de plaindre le sort tragique qu'il a subi par son imprudence. »

en octobre 1750 d'installer, sur l'isthme à la tête de la baie de Chignecto, en face du fort anglais, un poste fortifié qui prit le nom de Beauséjour ; la communication avec les îles françaises du golfe Saint-Laurent fut assurée par la construction, sur la baie Verte, du fortin de Gaspereau.

A la suite de ces événements, la situation resta extrêmement tendue ; une correspondance des plus aigres, et dans le fond et dans la forme, s'engagea entre les deux gouverneurs. Cornwallis projeta une attaque contre les positions françaises de l'Acadie avec le concours du New-Hampshire et du Massachusetts ; La Jonquière incita les sauvages à faire la guerre aux colons de la Nouvelle-Écosse et s'occupa d'organiser en milices les fugitifs de Beauséjour.

« Saint-Ours, mande-t-il au ministre (1), doit faire exercer dimanches et fêtes les Acadiens réfugiés, dont le nombre, d'après Le Loutre, atteint déjà 998 personnes ;... tous ceux qui, huit jours après la publication de l'ordonnance (2), n'auront pas prêté le serment et ne seront point incorporés dans les compagnies de milices, seront avérés rebelles et comme tels chassés des terres dont ils sont en possession.

« Je ne puis éviter de consentir, ajoute-t-il, à ce que feront les sauvages, puisque nous avons les bras liés et que nous ne pouvons rien faire par nous-mêmes ; au surplus, je ne crois pas qu'il y ait de l'inconvénient de laisser mêler les Acadiens parmi les sauvages, parce que s'ils sont pris, nous dirons qu'ils ont agi de leur propre mouvement... Ces Acadiens pourraient être habillés et matachés comme les sauvages. »

Ces hostilités qui se produisaient en pleine paix donnèrent lieu à un échange de notes et de représentations entre les cours de Londres et de Versailles. Le gouvernement de Louis XV, qui tout d'abord avait stimulé plutôt

(1) La Jonquière au ministre, 1er mai 1751.
(2) Ordonnance de la Jonquière, Québec, le 12 avril 1751.

que retenu ses agents (1), et qui les avait autorisés à « employer les sauvages (2), sans vous compromettre, à interrompre les établissements des Anglais et à favoriser les nôtres », adopta un ton plus modéré. « Je vous ai déjà expliqué, écrit le ministre (3), que l'intention du roi était qu'en soutenant les justes droits de Sa Majesté contre toutes les entreprises qui pourraient y donner atteinte, vous eussiez attention de ne rien entreprendre vous-même de contraire aux droits des Anglais, et d'user à leur égard de tous les ménagements compatibles avec l'honneur de la nation et la conservation de ses possessions; et je vous ai marqué en même temps que le roi de la Grande-Bretagne avait dû prescrire la même conduite à notre égard aux gouverneurs de ses colonies. » Le ministre continue par des avis très détaillés sur l'attitude à prendre vis-à-vis des officiers britanniques en cas d'agression de leur part, et par une invitation à se montrer plus poli et plus conciliant dans les communications à faire aux autorités anglaises.

L'effet de ces instructions pacifiques se fit bientôt sentir; il fut tacitement convenu que les choses resteraient en l'état jusqu'à la décision de la Commission des limites qui siégeait à Paris; les sauvages signèrent un traité de paix avec le gouverneur anglais, et les hostilités cessèrent de part et d'autre jusqu'à la rupture définitive de 1755. Avec le départ de Cornwallis et la mort de la Jonquière en 1752, disparut l'animosité personnelle qui avait envenimé les conflits de frontière; leurs successeurs, le colonel Hopson et le marquis Duquesne (4), maintinrent des

(1) Ministre à Desherbiers, 23 mai 1750, Ministre à la Jonquière, 31 mai 1750.
(2) Ministre à Desherbiers, 14 juin 1750.
(3) Ministre à la Jonquière, 12 septembre 1750.
(4) « J'ai laissé les commissaires respectifs, qui travaillaient avec attache à la fixation des limites de l'Acadie; en attendant que leurs décisions aient été ratifiées par les rois, nos maîtres, j'ai l'honneur de vous prévenir que

rapports courtois et purent même conclure un cartel, pour empêcher les désertions très fréquentes dans les garnisons de l'Acadie.

Les Anglais, maîtres de la presqu'ile qui forme aujourd'hui la province de la Nouvelle-Écosse, concentrèrent tous leurs efforts sur Halifax, qu'ils peuplèrent d'émigrés allemands et suisses, qu'ils entourèrent de fortifications, et dont la rade, ouverte à la navigation pendant toute l'année, devint le rendez-vous de leurs escadres dans l'Amérique du Nord. Les Français, en possession de tout le territoire au nord de l'isthme et de la baie de Fundy, attirèrent à eux un grand nombre d'Acadiens, dont la majorité s'établit dans l'île Saint-Jean, et le reste accrut la population de l'île Royale et des cantons de Beauséjour et de la baie Verte.

Dans la région de l'Ouest, les différends qui surgirent entre les deux nations, postérieurs de plusieurs années aux affaires de l'Acadie, eurent des conséquences beaucoup plus graves.

Dès l'année qui suivit la paix d'Aix-la-Chapelle, le ministre de la marine indiqua au gouverneur du Canada la nécessité de chasser les Anglais de leurs positions sur le lac Ontario à Choueguen (Oswego), et l'importance de les devancer dans la région de la Belle-Rivière (Ohio).

Il était impossible en pleine paix d'attaquer le fort anglais; aussi émit-on l'avis d'exciter à cette entreprise les Iroquois des Cinq-Nations, sur le domaine desquels il était situé. « Il ne devrait pas être difficile pour lors, écrit le ministre (1), de faire entendre aux sauvages que le seul moyen de s'affranchir des prétentions des Anglais sur eux et sur leurs terres, c'est de détruire Choueguen, afin de les priver par là d'un poste qu'ils ont principalement

je ne m'écarterai nullement des instructions qui m'ont été prescrites. » — Duquesne à Hopson, 30 septembre 1752.
(1) Ministre à la Jonquière, 4 mai 1749.

établi dans la vue de pouvoir contenir leurs nations. Cette destruction est d'une si grande conséquence, tant par rapport à nos possessions que par rapport à l'attachement des sauvages et à leur traite, qu'il convient de mettre tout en usage pour engager les Iroquois à l'entreprendre. Cette voie est actuellement la seule qu'on puisse employer pour cela, mais vous devez sentir qu'elle exige beaucoup de prudence et de circonspection de votre part. » L'année suivante, en 1750, même langage : « La seule ruse (1) dont on puisse faire usage en temps de paix pour une pareille opération est celle des Iroquois des Cinq-Nations. »

Cette perfidie ne put aboutir. La confédération, désireuse de conserver la neutralité entre ses puissants voisins, se refusa à écouter les insinuations du gouverneur du Canada (2); elle trouva sans doute son avantage à maintenir entre les commerçants des deux nations la concurrence que la disparition du dépôt anglais eût fait cesser.

Le second objectif de la cour de France était plus facile à atteindre. Dans la région de l'Ohio, l'Angleterre n'était représentée que par quelques traitants, qui venaient échanger leurs marchandises contre les pelleteries des Indiens; les gouvernements des provinces de Virginie et de Pensylvanie n'y possédaient aucun poste officiel.

Déjà, pour établir les droits du roi très chrétien dans ces parages, le prédécesseur de la Jonquière, le marquis de la Gallissonnière, avait organisé, sous les ordres de M. de Céloron, une expédition, qui partit de la Chine (3) le 15 juin 1749 et arriva le 29 juillet à la Belle-Rivière.

Céloron avait sous ses ordres un capitaine, huit officiers, six cadets, un aumônier, vingt soldats, cent quatre-vingts Canadiens et trente sauvages; grâce à l'importance de son

(1) Ministre à la Jonquière, 15 avril 1750.
(2) La Jonquière et Bigot au ministre, 20 octobre 1750.
(3) Village près de Montréal.

détachement, au tact et aux connaissances de l'officier qui lui servait d'interprète, M. de Jonquaire, il put visiter le pays des Loups et des Chavanons, descendre l'Ohio pendant plusieurs jours et regagner le poste des Miamis, sans conflit avec les indigènes qui, cependant, lui firent assez mauvais accueil.

Quelques extraits du journal de l'expédition (1) donneront une idée des aventures et impressions du voyage : « Je fis enterrer, raconte le commandant français à la date du 29 juillet, une plaque de plomb (2), sur laquelle est gravée la prise de possession que je faisais, au nom du Roi, de cette rivière et de toutes celles qui y tombent; je fis attacher aussi à un arbre les armes du Roi, frappées sur une feuille de fer blanc, et du tout je dressai un procès-verbal, que les officiers et moi avons signé. » Les spectateurs Indiens ne sont pas oubliés : « Je leur fis boire un coup du lait de leur père Onontio (3) et leur donnai du tabac. » Au village l'Attigué, il rencontre six engagés anglais, avec 50 chevaux et environ 150 paquets de pelleteries; il les somme d'évacuer le pays, qui appartient à la France, et leur défend d'y commercer. Sur l'Ohio, quelques jours plus tard, il se croise avec deux pirogues chargées, conduites par quatre Anglais; un peu plus loin, ce sont des traitants de la même nation, dont il n'ose piller les effets parce qu'il n'était « pas assez fort pour cela, ces négociants étant établis dans le village et bien soutenus par les sauvages ». Les conclusions de la relation ne sont pas favorables : « Les nations de ces endroits sont très mal disposées pour les Français, dévouées entièrement à l'An-

---

(1) Journal de Campagne de M. de Céloron { Collection Moreau, Archives
Relation du Père Bonnecamp. { des Colonies.
(2) Quelques-unes de ces plaques ont été retrouvées et conservées. Voir Parkman, *Montcalm et Wolf*.
(3) Onontio était le nom donné au roi de France par les sauvages; le lait dont parle Céloron était de l'eau-de-vie.

glais: je ne sais par quelle voie on pourra les ramener...
Un établissement solide pourrait être utile à la colonie,
mais il y a bien des inconvénients pour le soutenir, par la
difficulté du chemin pour faire le transport des vivres et
effets convenables; je doute que l'on y pût parvenir qu'en
faisant une extrême dépense. »

La Jonquière partagea probablement cette sage opinion,
car en rendant compte de l'expédition et tout en se louant
des résultats obtenus, il écrit (1) « qu'il convient seulement d'y envoyer un ou deux officiers au fait de ces nations et parlant leur langue, avec trois ou quatre canots
et des marchandises propres pour ces endroits ».

Malheureusement pour l'optimisme du gouverneur, l'impression produite par l'exploration française ne fut que
passagère : « Depuis le départ de M. de Céloron de la rivière
à la Roche, rapporte le commandant des Miamis (2), il y est
venu une quantité d'Anglais dans tous ces côtés-là, qui y
ont apporté une grande quantité d'armes; tous les sauvages disent qu'ils doivent, ce printemps, se bâtir à la rivière
à la Roche et que toutes les nations leur avaient promis
de les y soutenir... Les Anglais de Philadelphie... travaillent avec plus de force que jamais à corrompre toutes les
nations, dans le dessein où ils sont de se rendre maîtres de
tout le pays d'en haut par le seul moyen des sauvages. » La
Jonquière (3) confirme ces renseignements : « Nonobstant
la sommation que le sieur de Céloron fit aux Anglais de se
retirer, avec défense de ne plus y revenir, ils ne discontinuent pas de faire leur traite avec ces nations et les induisent même à faire main basse sur les Français. »

Malgré ces avis inquiétants, les Canadiens ne furent pas
à même d'engager une opération sérieuse sur l'Ohio. La
nécessité de réprimer un mouvement des Miamis, la mort

(1) La Jonquière au ministre, 27 février 1750.
(2) Raymond au gouverneur, 5 janvier et 9 avril 1750.
(3) La Jonquière au ministre, 20 septembre 1750.

de la Jonquière, les dispositions pacifiques (1) de Longueuil, son successeur par intérim, firent ajourner l'entreprise jusqu'à l'hiver de 1752-53. A cette époque, le marquis Duquesne venait de prendre possession de son poste; il avait reçu comme instructions (2) de faire tous les efforts possibles pour expulser les Anglais des cantons de l'Ohio, et « de les empêcher d'y venir faire la traite, en saisissant leurs marchandises et en détruisant leurs postes ». Il devait en même temps faire entendre aux sauvages qu'ils auraient la liberté d'aller chez les Anglais pour trafiquer avec eux, mais qu'on ne souffrirait pas ces derniers sur l'Ohio, dont le bassin avait appartenu à la France longtemps avant l'invasion des Iroquois (3).

Peu de temps après le départ de France du nouveau gouverneur général, le ministre lui écrit (4) : « Je viens d'apprendre la mort de M. de la Jonquière et je reçois en même temps des lettres de M. le baron de Longueuil, qui contiennent des détails peu satisfaisants par rapport aux sauvages des pays d'en haut... On aurait prévenu les embarras où l'on se trouve si, dès l'année 1750, ou du moins en 1751, ou peut-être même cette année-ci, on eût envoyé à la Belle-Rivière (Ohio) des forces suffisantes pour en expulser les traitteurs (sic) anglais. M de la Jonquière avait malheureusement adopté un système tout différent; c'est à réduire ces sauvages rebelles qu'il paraissait uniquement s'attacher... Je compte qu'à votre arrivée à Québec, vous aurez fait vos dispositions pour commencer par chasser les traitteurs anglais de la Belle-Rivière. C'est là en effet l'objet capital dans cette affaire... il serait très important que cette expédition pût être couverte de quelque autre

---

(1) Bigot au ministre, 26 octobre 1752.
(2) Ministre, Instructions à Duquesne, 15 mai 1752.
(3) Les Anglais soutenaient que la région de l'Ohio appartenait aux Iroquois, sur lesquels ils exerçaient une espèce de protectorat.
(4) Ministre à Duquesne, 9 juillet 1752.

prétexte apparent, afin de surprendre les traitteurs anglais avec leurs marchandises, ce qui serait plus propre à les dégoûter de ce commerce que toutes les autres mesures qu'on pourrait prendre. »

Duquesne entra dans l'esprit de ses instructions et, avant même la réception de la lettre que nous venons de citer, fit les préparatifs nécessaires. Une expédition, sous les ordres de M. Marin, fut envoyée, au printemps de 1753. Arrêtée par des difficultés de transport, par la mort de son chef et les maladies de la troupe, elle ne put atteindre l'Ohio et se contenta d'établir un fort à la Presqu'île sur le lac Érié, et deux postes sur la Rivière aux Bœufs. Les fatigues de ce voyage furent considérables : « Il n'y a que les Canadiens », dit Duquesne (1), « dans le monde, qui soient en état de coucher en plein air, et qui puissent tenir à l'ouvrage immense que ce détachement a fait pour fournir au transport des effets dans deux portages, dont l'un a sept lieues et l'autre trois. J'y avais bien prévu en y envoyant 55 chevaux; mais le plus grand nombre est mort dans la route ou exténué de fatigue, de façon qu'on n'en a pas tiré un grand secours. »

Une partie des hommes fut laissée dans les nouveaux forts, le reste revint à Montréal dans un triste état. « J'ai passé moi-même en revue, écrit le gouverneur (2), le détachement qui est revenu de la Rivière aux Bœufs, et je n'ai pu m'empêcher d'être touché du pitoyable état où l'ont réduit les fatigues excessives des portages et le coucher à la belle étoile pendant près de trois mois. Il n'y a pas lieu de douter que si ces hommes exténués s'étaient mis en route pour suivre leur destination, la rivière d'Ohio aurait été jonchée de morts par les fièvres et les fluxions de poitrine qui commençaient à gagner cette troupe, et que

---

(1) Duquesne au ministre, 2 novembre 1753.
(2) Duquesne au ministre, 29 novembre 1753.

les sauvages mal intentionnés n'auraient pas manqué de l'attaquer, n'étant composée que de spectres... »

La plupart des traitants anglais expulsés, ou faits prisonniers par les détachements français, relevaient de la puissante compagnie de l'Ohio (1), dont les principaux associés étaient des commerçants de la Virginie et du Maryland et des banquiers ou personnes notables de la métropole. Cette société avait obtenu de grandes concessions de terres dans le bassin de l'Ohio, ainsi que le monopole des échanges avec les Indiens; aussi les plaintes des intéressés reçurent-elles bon accueil des gouverneurs de la Pensylvanie et de la Virginie. Le premier, M. Hamilton, proposa, pour la protection de ses compatriotes, l'établissement d'une chaîne de postes fortifiés; mais ce projet, mal accueilli par l'assemblée provinciale, peu disposée à faire des sacrifices et jalouse des privilèges de la compagnie, ne fut pas mis à exécution. M. Dinwiddie, gouverneur de la Virginie, se décida à envoyer aux commandants des nouveaux forts français un officier, chargé de faire des remontrances et de s'enquérir de leurs ordres; il confia cette mission à la fois délicate et dangereuse à Washington, jeune officier de milice, dont le nom, destiné à être couvert de tant d'éclat, apparaît pour la première fois dans les annales de son pays. Celui-ci a laissé de sa mission un journal qui a été publié et contient un récit fort émouvant de ses aventures. Washington arriva au fort de la Rivière aux Bœufs au milieu de l'hiver de 1753-54, et y fut très poliment reçu par M. Legardien de Saint-Pierre, qui promit de faire parvenir au Canada la lettre dont il était porteur. Au retour du parlementaire à Williamsburg, alors capitale de la Virginie, Dinwiddie annonça à Londres (2) qu'il ferait partir pour la région contestée un détachement de milice, avec

(1) John Burk, *History of Virginia*, Petersburg, 1805.
(2) Dinwiddie à Holdernesse, 29 janvier 1754. *Record Office*. Londres

ordre, tout en restant sur la défensive, d'empêcher les Français d'y créer des établissements.

Au dire du gouverneur et de son collègue Shirley, les districts arrosés par l'Ohio et ses affluents auraient été achetés aux Indiens par un traité dit de Lancaster en 1744, confirmé en 1752, pour la somme de 400 livres sterling (1), payable moitié en marchandises, moitié en espèces; l'instrument de cession reconnaissait le droit du roi d'Angleterre « à toutes les terres que Sa Majesté a attribuées ou attribuera à la colonie de la Virginie ». Dinwiddie, qui en raison de sa fonction devait être bien renseigné, est moins affirmatif : « On ne sait pas, écrit-il (2), si l'Ohio appartient à cette province ou à celle de Pensylvanie, mais il faudra, quand le temps sera venu, fixer les limites. »

Quelle que fût l'opinion du gouverneur sur la valeur des titres de possession du territoire disputé, il n'hésita pas à prendre toutes les mesures nécessaires pour prévenir les Français, dont les projets venaient de lui être confirmés par Washington. Il obtint de l'assemblée de Virginie un crédit de 10,000 livres sterling, et résolut (3) d'ériger un fort à l'endroit où les deux rivières de la Monanghahela et de l'Alleghany se réunissent pour former l'Ohio, et un autre sur le cours inférieur de ce fleuve, pour intercepter la communication des postes français avec le Mississipi. Des terres, d'une superficie de 200,000 acres, devaient être réservées pour concessions aux volontaires qui prendraient part à l'expédition.

Pendant que le Virginien Trent s'avançait vers l'Ohio, avec la mission (4) « de déloger les Français, et en cas de refus ou résistance, de tuer, détruire ou faire prisonnière

(1) Shirley à Holdernesse, 19 avril 1754.
(2) Dinwiddie à Holdernesse, 25 octobre 1754.
(3) Dinwiddie aux Lords of Trade, 12 mars 1754.
(4) Dinwiddie, instructions à Trent, 26 janvier 1754.

toute personne non sujette du roi d'Angleterre qui cherherait à s'établir ou à occuper des terres sur la rivière Ohio », les Français étaient en marche de leur côté ; déjà, au mois de novembre 1753, un petit détachement était allé occuper le village Cheningué sur l'Alleghany ; le conflit était imminent. L'officier anglais Ward, remplaçant de Trent tombé malade, avait déjà commencé les travaux de fortification dont il était chargé, quand il fut interrompu par un message du commandant français, M. de Contrecœur, lui intimant l'ordre de se retirer. Ward fut obligé de s'incliner devant la supériorité du nombre et d'évacuer sa position. Les Français achevèrent en l'agrandissant la construction entreprise par les Anglais et lui donnèrent le nom de fort Duquesne, en l'honneur du gouverneur du Canada.

Aussitôt installé dans sa nouvelle conquête, site aujourd'hui de la ville manufacturière de Pittsburg, Contrecœur envoya à la découverte une trentaine d'hommes sous les ordres de M. de Jumonville, enseigne dans les troupes coloniales. Cet officier avait pour consigne d'enjoindre aux Anglais de se retirer du territoire contesté ; mais, en cas de rencontre d'une troupe hostile et avant de se mettre en rapport avec elle, « il nous enverra, disent les instructions (1), deux bonnes jambes pour nous informer de ce qu'il aura appris et du jour où il compte faire la sommation » ; enfin, il lui était recommandé de se tenir sur ses gardes contre les Anglais et les sauvages leurs alliés. D'autre part, Washington, avec 150 Virginiens, était en route pour opérer sa jonction avec une bande de sauvages, commandée par un chef connu sous le nom de Demi-Roi. Prévenu par ce dernier du voisinage de Jumonville, qui, après avoir averti le fort Duquesne de la marche de l'ennemi, avait établi son camp dans un endroit écarté des

---

(1) Instructions de Contrecœur, 23 mai 1754.

bois, Washington n'hésita pas à livrer bataille au parti français.

Les incidents de ce combat (1), dans lequel fut versé le premier sang de la guerre de Sept Ans et qui fut la cause immédiate de la rupture entre la France et l'Angleterre, donnèrent lieu aux écrits les plus divergents et aux discussions les plus vives. Le malheureux Jumonville et ses compagnons n'eurent-ils pas le temps de déclarer leur qualité de parlementaires, et de donner lecture de la lettre de Contrecœur avant l'ouverture du feu, comme l'affirmèrent les survivants français? L'action se passa-t-elle, comme le raconta Washington, dans les conditions ordinaires de la guerre? Nous ne prendrons pas sur nous de trancher ces questions délicates. Mais, de quelque façon qu'on reconstitue les détails de la rencontre, il est évident que les Anglais furent les agresseurs. Selon toute probabilité, la jeunesse (2) du commandant, l'inexpérience de ses soldats et l'indiscipline des Indiens, expliquent la brusquerie d'une attaque qu'il eût été facile de faire précéder d'une sommation, à laquelle le petit détachement français eût été obligé d'obtempérer (3).

Dinwiddie rend compte de l'affaire dans une dépêche empreinte de la mauvaise foi caractéristique de l'époque (4). Après avoir relaté la défaite des éclaireurs français, il ajoute : « Ces gens perfides, voyant que leurs projets de destruction avaient échoué, essayèrent de changer leur caractère et prétendirent qu'ils étaient des ambassadeurs, venus dans l'intention, non d'entamer les hostilités,

---

(1) Les Anglais eurent un homme tué et deux blessés, tandis que les pertes françaises se montèrent a dix tués et vingt-deux prisonniers. Jumonville fut parmi les morts.
(2) Washington avait vingt-deux ans à cette époque.
(3) Voir, sur cet incident, Parkman, *Montcalm et Wolf*, et Dussieux, *le Canada*.
(4) Dinwiddie à Robinson, le 18 juin 1754.

mais de les empêcher, et ont eu l'audace de réclamer les droits accordés aux parlementaires. L'absurdité d'une telle prétention a excité même les moqueries des Indiens ; le colonel Washington a très bien fait de m'envoyer ces gens sous escorte, et je les garde comme prisonniers ici. Je vous remets copie des instructions et de la commission qui leur avaient été données par M. de Contrecœur ; ces documents vous prouveront quelle sorte d'ambassadeurs ils étaient, et quel genre d'ambassade ils avaient en vue... Le Demi-Roi fut très irrité de leurs réclamations et déclara au colonel Washington que s'il se laissait influencer par les beaux discours des Français et s'il les renvoyait libres, il lui retirerait son appui. Le résultat de ce combat a été d'entraîner les Indiens qui ont fait coup sur les Français comme ils disent ; ils ne peuvent plus reculer et seront avec nous. Je vous assure que j'ai agi avec toutes les précautions possibles dans cette affaire, afin qu'on ne puisse pas accuser la Grande-Bretagne d'avoir occasionné une rupture par son agression, car ce sont les Indiens qui ont commencé le feu et nous n'avons été que leurs auxiliaires. »

Cette version ne fut pas acceptée par tous les compatriotes de Dinwiddie. M. Glen, gouverneur de la Caroline du Sud, dans une lettre à son collègue, ne dissimule pas la mauvaise impression que lui cause le récit de l'escarmouche. « J'ai bien peur, écrit-il (1), que ce que m'a dit un monsieur de la Virginie ne soit vrai ; après que les Français eurent mis bas les armes et se furent rendus prisonniers, un Indien, devant les nôtres, enfonça sa hache dans la tête d'un des Français, lui enleva la chevelure, la partagea en morceaux et en envoya un à chacune des tribus sauvages ; le sang de ces hommes est le premier versé et je voudrais qu'il eût été épargné. »

Jumonville fut promptement vengé. Aussitôt la nouvelle

(1) Glen a Dinwiddie, 22 août 1754.

de sa mort parvenue au fort Duquesne, Contrecœur organisa un détachement de 500 Français et Canadiens et 11 Indiens domiciliés, dont le commandement fut donné, sur sa demande expresse, à Coulon de Villiers, frère de Jumonville et capitaine dans les troupes coloniales.

Avant le départ, Contrecœur réunit les sauvages des tribus voisines et leur fit la harangue suivante (1) : « Par un collier à chaque nation (2), je vous apprends, mes enfants, que je ne suis venu ici que pour travailler aux bonnes affaires; que j'ai trouvé l'Anglais et que je l'ai sommé, suivant les ordres de votre père, de se retirer; que je leur ai fourni leurs besoins pour s'en aller paisiblement chez eux; j'ai appris par vos frères qu'ils venaient pour frapper sur votre père. J'ai envoyé un officier pour leur parler et travailler à maintenir la paix; ils l'ont assassiné, mes enfants. »

Après maintes hésitations et malgré les avis de quelques Iroquois, partisans des Anglais, les nations acceptèrent la hache et entonnèrent la chanson de guerre. La troupe française, renforcée par un nombre assez considérable d'Indiens ainsi ralliés, partit du fort Duquesne le 28 juin. Le lendemain, « on dit la messe au camp, raconte Villiers, après quoi nous nous mîmes en marche avec les précautions ordinaires.... Nous n'eûmes ce jour aucun événement et nous fîmes une bonne journée. » L'expédition se poursuivit sans incident pendant quelques jours; les Français trouvèrent abandonné le hangar fortifié de la Compagnie de l'Ohio, et continuèrent leur route, après y avoir laissé un petit détachement de soldats ainsi que l'aumônier qui, à bout de fatigue, dut quitter ses compagnons, non sans leur avoir donné l'absolution. Enfin, le 3 juillet, par une journée de pluie, M. de Villiers s'arrêta au lieu où son

---

(1) Journal de la campagne de M. de Villiers, collection Moreau.
(2) Formalité usitée dans les conférences avec les sauvages

frère avait été assassiné et y vit encore quelques cadavres; de là il envoya « des découvreurs » pour reconnaître les Anglais qui, sous les ordres de Washington, s'étaient retirés dans un fort en pieux, qu'ils avaient construit aux Grandes Prairies, et auquel ils avaient donné le nom de fort de Nécessité.

Le récit que nous emprunterons au journal du commandant français donne une bonne idée de la guerre de partisans, telle qu'elle se pratiquait à cette époque en Amérique. « Je fis mettre, relate Villiers, la troupe en bataille dans le genre convenable pour le combat des bois;.. comme nous n'avions pas la connaissance du local, nous présentâmes le flanc au fort, d'où ils commencèrent à tirer du canon sur nous; j'aperçus presque dans le même temps les Anglais en bataille sur la droite, qui venaient à nous. Les sauvages ainsi que nous fîmes le cri et avançâmes à eux; mais ils ne nous donnèrent pas le temps de faire notre décharge qu'ils se replièrent dans un retranchement qui tenait à leur fort. Il était situé assez avantageusement dans une prairie, dont les bois étaient à une portée de fusil; nous approchâmes d'eux le plus qu'il nous fut possible, pour ne pas exposer inutilement les sujets du Roi. Le feu, de part et d'autre, fut très vif et je me portai au lieu qui me paraissait le plus à portée d'essuyer une sortie; nous parvînmes à éteindre, pour ainsi dire, avec notre mousqueterie le feu de leurs canons. Il est vrai que le zèle et l'ardeur de nos Canadiens et soldats m'inquiéta, parce que je voyais que nous allions être dans peu sans munitions. Le feu des ennemis se ralluma, vers les six heures du soir, avec plus de vigueur que jamais et dura jusqu'à huit heures.

« Comme nous avions essuyé toute la journée la pluie, que le détachement était très fatigué, que les sauvages me faisaient annoncer leur départ pour le lendemain, et qu'on débitait entendre battre au loin la caisse et tirer du canon, je proposai à M. le Mercier (1) d'offrir aux Anglais de parler. Il fut de mon avis, et nous fîmes crier que s'ils voulaient nous parler, nous ferions cesser le feu. Ils acceptèrent la proposition; il vint un capitaine à l'attaque où j'étais. Je détachai M. le Mercier pour le recevoir et me rendis dans la prairie, où nous leur dîmes que, n'étant point en guerre, nous voulions bien leur éviter les cruautés où ils s'exposaient de la part des sauvages, s'ils s'obstinaient à une résistance plus opiniâtre, que dès cette nuit nous leur ôterions tout espoir de pouvoir s'évader; que nous consentions maintenant à leur faire grâce, n'étant venus que pour venger l'assassin qu'ils avaient fait de mon frère en violant les lois les plus sacrées, et les obliger à déguerpir de dessus les terres du domaine du Roi, et nous convînmes avec eux de leur accorder la capitulation que voici. »

Cette pièce, en date du 3 juillet 1754 à huit heures du soir, porte les signatures de James Mackay, George Washington, Coulon de Villiers et Contrecœur (2); elle commence par le préambule suivant : « Comme notre intention n'a jamais été de troubler la paix et la bonne harmonie qui règnent entre les deux princes amis, mais seulement de venger l'assassinat qui nous a été fait sur un de nos officiers porteur d'une sommation et sur son escorte, comme aussi d'empêcher aucun établissement sur les terres du Roi mon maître; à ces conditions, nous voulons bien accorder grâce à tous les Anglais qui sont dans le fort, aux conditions ci-après. » La garnison était libre de se retirer avec les honneurs de la guerre, en emmenant une pièce de canon; les effets des Anglais seraient mis en cache sous la surveillance de quelques gardiens, et pourraient être repris quand ils auraient à leur disposition les moyens de transport néces-

---

(1) Officier des troupes coloniales, qui avait cédé le commandement à M. de Villiers.
(2) Ce dernier n'était pas présent, son nom fut probablement ajouté comme celui du commandant français de la région.

saires. M. de Villiers promet « d'empêcher qu'il leur soit fait aucune insulte par nos Français et de maintenir, autant qu'il sera en notre pouvoir, tous les sauvages qui sont avec nous ». L'article 7 de la capitulation était relatif au renvoi des prisonniers français : « que comme les Anglais ont en leur pouvoir un officier, deux cadets et généralement les prisonniers qu'ils ont faits dans l'assassinat de M. de Jumonville et qu'ils promettent de les renvoyer avec sauvegarde jusqu'au fort Duquesne, et que pour sûreté de cet article et de ce traité MM. Jacob Wambrams et Robert Scobo, tous deux capitaines, nous seront remis jusqu'à l'arrivée de nos Canadiens ou Français ci-dessus mentionnés (1). »

Villiers résume en quelques mots les résultats obtenus : « Nous envisageâmes que rien ne pouvait être plus avantageux pour la nation que cette capitulation, n'étant pas naturel en temps de paix de faire des prisonniers qui, dans un temps de guerre, nous auraient été nuisibles, puisqu'ils eussent consommé nos vivres. Nous les faisions d'ailleurs consentir à signer qu'ils nous avaient fait un assassin dans le coup de mon frère, nous avions des otages pour la sûreté des Français qui étaient en leur pouvoir, nous leur faisions abandonner le pays comme appartenant au Roi très chrétien, nous les obligions à nous laisser leurs canons qui consistaient en neuf pièces, nous avions détruit tous leurs chevaux et bêtes à cornes, et nous leur faisions signer que la grâce que nous leur accordions n'était que pour leur prouver combien nous avions envie de les traiter en amis. »

Le départ de la troupe virginienne ne se fit pas sans difficulté ; les récits anglais parlent de vols et d'insultes de la part des sauvages (2). Villiers, dans son rapport, raconte les efforts qu'il fit pour arrêter ces désordres qu'il avait

(1) Voir, pour le texte même de la capitulation et pour les instructions données par Contrecœur, Dussieux, *le Canada*.
(2) Colonel Innes au gouverneur de la Pensylvanie, lettre interceptée. « Ce fut avec difficulté que l'on empêcha les sauvages de nous attaquer, ils

d'ailleurs prévus dans le texte même de la capitulation :
« Nos sauvages, qui avaient en tout adhéré à mes volontés, prétendirent au pillage; je m'y opposai; mais les Anglais encore pétris d'effroi prirent la fuite et laissèrent jusqu'à leur pavillon et un de leurs drapeaux (1). Je démolis le fort et M. le Mercier fit casser leurs canons, ainsi que celui qui était accordé par la capitulation, les Anglais n'ayant pu l'emporter. Je me pressai de partir après avoir cassé les futailles de boissons, pour obvier aux désordres qui seraient infailliblement arrivés. Un de mes sauvages m'annonça dix Anglais; je les renvoyai subitement par un autre. »

Villiers était de retour au fort Duquesne le 7 juillet, après avoir brûlé le hangar de la Compagnie de l'Ohio et quelques maisons appartenant à des traitants anglais qu'il trouva sur sa route.

D'après le journal, l'expédition coûta au détachement deux Français et un sauvage tués, dix-sept blessés dont deux sauvages, sans compter nombre « de blessures si légères qu'elles n'ont pas eu besoin du secours du chirurgien ». Sur un effectif de 400 hommes, les Anglais avouèrent une perte de 100 tués et blessés.

Dans les colonies anglaises, la nouvelle de la défaite de Washington et de la reddition du fort de Nécessité, promptement publiée dans les gazettes locales, produisit une grande émotion. Le commandant virginien réfuta énergiquement les accusations dont il paraissait avoir reconnu le bien fondé, en les laissant incorporer dans une pièce au bas de laquelle il avait apposé sa signature : « Il ignorait, dit-il (2), l'existence de Jumonville et sa qualité de parlementaire, il ne pouvait pas dire qui avait,

---

nous ont fait beaucoup de mal en pillant nos bagages. » Rapport de Washington.

(1) Washington donna un démenti absolu à ces assertions.

(2) Voir la lettre dans *History of Virginia*, by John Burk. Vol. III, p. 178 et 184.

dans cette occasion, tiré le premier; il était fort possible d'ailleurs qu'il l'eût tué d'un coup de fusil ». Quant aux termes de la capitulation : « J'affirme et j'affirmerai jusqu'à ma mort, écrit-il à un ami (1), que nous avons été sciemment ou inconsciemment déçus par notre interprète en ce qui concerne le mot *assassination*. L'interprète était Hollandais, peu versé dans la langue anglaise; il n'aurait pas, par conséquent, attiré l'attention sur la portée, le sens du mot en anglais; mais quels que fussent les motifs de cette omission, il est certain qu'il a parlé de la mort ou de la perte du sieur Jumonville. C'est d'après cette interprétation que nous avons admis et compris l'expression employée; aussi est-ce avec une grande surprise et avec dépit que nous avons trouvé qu'une traduction littérale donnait au mot une tout autre portée. » L'explication de Washington, confirmée par les autres officiers de la garnison, a été acceptée par les historiens anglais et américains; elle doit, il faut le reconnaître, au caractère, à la réputation de son auteur et à l'estime dont sa mémoire est entourée, un cachet de sincérité et de vraisemblance que le témoignage des faits relatés eût empêché d'accorder à tout autre.

Dinwiddie rendit compte au gouvernement britannique (2) de la défaite que venait de subir l'expédition de Washington, et insista sur la nécessité d'envoyer des subsides et des renforts. En attendant, il essaya de réorganiser ses troupes découragées, et donna même l'ordre de reprendre la marche sur le fort Duquesne; mais ses intentions belliqueuses échouèrent, par suite du vote de l'assemblée virginienne, peu soucieuse d'ajouter de nouveaux sacrifices à ceux déjà consentis, et de la désertion des recrues qui ne voulaient pas continuer leurs services sans que leur solde fût assurée (3). Dinwiddie se vengea de ses dé-

(1) Voir aussi Parkman, *Montcalm et Wolf*.
(2) Dinwiddie aux Lords of Trade, 24 juillet 1754. *Record Office*.
(3) Dinwiddie aux Lords of Trade, 23 septembre 1754.

boires en refusant d'exécuter la capitulation du fort de Nécessité, sous prétexte que le commandant français avait envoyé à Québec quelques prisonniers anglais.

Bientôt, à la réception d'un subside de 20,000 livres sterling expédié par la métropole, il projette l'organisation d'un corps de 1,000 hommes, dont, malgré son inexpérience de l'art militaire, il sollicite la direction. « Si Sa Majesté, dit-il (1), veut me faire la grâce de me donner le commandement des troupes levées ici, je suis convaincu que cela leur ferait grand plaisir. » Avec ces troupes, il se fait fort de débusquer les Français de l'Ohio et de les poursuivre jusqu'au lac Érié.

Le gouverneur de la Virginie ne fut pas le seul à formuler et à proposer des plans d'attaque contre les établissements français. Dès le printemps de 1754, Shirley qui, après avoir fait partie de la commission des limites à Paris, était revenu prendre possession de son gouvernement à Boston, forma, de concert avec ses collègues des provinces voisines, un bataillon de 500 hommes, levés et entretenus aux frais du Massachusetts. L'expédition préparée avait pour but l'occupation du cours supérieur de la rivière Kennebec. « Je n'hésiterai pas, écrit (2) l'infatigable ennemi des prétentions françaises, à affirmer que le Kennebec et la Chaudière sont dans les limites des territoires de Sa Majesté ; mais comme une tentative de chasser les Français de cette dernière rivière, sur laquelle ils étaient établis avant la guerre, et d'étendre les revendications du Roi à des pays si voisins de Québec, pourrait entraîner un dissentiment international, je ne l'exécuterai pas sans avoir reçu les ordres de Sa Majesté à ce sujet. » Le détachement anglais, conduit par Shirley en personne, se contenta en effet de fonder de nouveaux postes sur le Kennebec, mais ne

---

(1) Dinwiddie aux Lords of Trade, 28 octobre 1754.
(2) Shirley aux Lords of Trade, 19 avril 1754.

dépassa pas la ligne de partage des eaux, située à 110 milles environ de Québec. « La construction d'un fort, mande-t-il (1) au ministre, serait une menace des plus effectives pour cette partie du Canada, et une pierre d'attente pour l'expulsion des Français de ce pays, quand on le jugera convenable. »

En attendant la réalisation de cet objectif qu'il ne perd jamais de vue, Shirley ne cesse d'entretenir le ministère de la Grande-Bretagne de la nécessité d'enlever aux Français les positions qu'ils occupaient depuis 1750 sur la rivière Saint-Jean, au nord de la baie de Fundy, et sur l'isthme de Shediac. Enfin, il reçoit l'autorisation de se concerter à cet effet avec le gouverneur en second de la Nouvelle-Écosse, le colonel Lawrence, ancien adversaire du chevalier de La Corne. « Il y a environ une semaine, écrit-il au ministre Robinson (2), j'ai reçu votre lettre du 5 juillet (3), par laquelle vous me faites savoir le désir de Sa Majesté que je m'entende avec le colonel Lawrence, à l'effet de profiter de l'absence supposée des Indiens qui habitent la Nouvelle-Écosse, et, dans le cas où les forces à notre disposition seraient suffisantes, pour attaquer les forts français. Si je ne m'étais pas mis d'accord avec le colonel Lawrence, je devrais le faire de suite. »

A la réception des mêmes instructions, le gouverneur de la Nouvelle-Écosse s'applaudit d'avoir devancé les projets de son gouvernement. « Je me suis bien vite aperçu, écrit-il (4), qu'aucune mesure de défense ne serait effective, tant que le fort de Beauséjour et tous les établissements français au nord de la baie de Fundy ne seraient pas dé-

---

(1) Shirley à Robinson, 11 novembre 1754.
(2) Shirley à Robinson, 11 novembre 1754.
(3) L'ordre donné par le gouvernement de Londres d'attaquer les forts français de l'Acadie était, par conséquent, antérieur à la réception des nouvelles de la prise du fort de Nécessité.
(4) Lawrence aux Lords of Trade, 5 novembre 1754.

truits, ayant appris de très bonne source que les Français sont résolus, aussitôt que les fortifications de Louisbourg auront été mises dans un état passable, de se rendre maîtres de la baie de Fundy en prenant le fort de Chignecto... J'ai pensé qu'il était de mon devoir le plus strict de prévenir cette entreprise, et en conséquence me suis déterminé à les attaquer avant qu'ils aient le temps de réunir leurs troupes. J'ai envoyé le lieutenant colonel Monckton à Boston avec une lettre pour le gouverneur Shirley... contenant tous les détails de l'entreprise... J'étais très préoccupé de la responsabilité que j'assumais en essayant une expédition de cette importance, et surtout en occasionnant une dépense aussi considérable, sans avoir obtenu au préalable l'autorisation de Vos Seigneuries... Je viens d'être dégagé de toute inquiétude par la réception des ordres de Sa Majesté. »

Forts de l'assentiment de leur cour, les deux gouverneurs emploient les mois d'hiver aux préparatifs de l'opération projetée contre les postes français de l'Acadie. Lawrence rassure son Ministre (1) sur les indiscrétions possibles: « L'affaire sera conduite de sa part (celle de Shirley) avec tant de secret, que les Français ne s'alarmeront que quand nos armements seront achevés. » En effet, Shirley put réunir l'assemblée de Massachusetts, obtenir d'elle les crédits nécessaires, lever et organiser les troupes coloniales destinées au coup de main, arrêter les Français résidant à Boston, interdire tout commerce et toute communication avec Louisbourg, sans troubler la quiétude des administrateurs du Canada et de l'île Royale, et sans provoquer de leur part aucune demande d'explications.

Les craintes qu'exprimait Lawrence sur les desseins du gouverneur de Louisbourg n'avaient aucun fondement. Le chevalier de Drucourt, qui arriva à l'île Royale dans le

(1) Lawrence à Robinson, 12 janvier 1755

courant de l'été de 1754, était porteur des instructions les plus conciliantes : « Sa Majesté désire, écrivait-on de Versailles (1), que le sieur de Drucourt soit perpétuellement attentif à ne rien entreprendre, de sa part, dont les Anglais eussent sujet de se plaindre. Si des circonstances imprévues faisaient naître quelque altercation avec eux, il doit se conduire de manière qu'elles ne puissent jamais lui être imputées et que les reproches en doivent toujours tomber sur eux. »

Sur les lieux, aucune mesure de défense n'avait été prise de la part des Français. M. Vergor du Chambon, commandant de Beauséjour, signale le mauvais état des fortifications. « J'ai trouvé, écrit-il (2), ce poste dans un bien triste état, et capable, par son peu de défense, de déshonorer le plus brave officier. » Il n'ose compter sur les Acadiens, intimidés par les Anglais, « qui leur ont dit que si les Français réussissaient à la Belle-Rivière, pour se venger, ils viendraient cet automne, avec 3,000 hommes, assiéger ou plutôt prendre ce fort. » Ce n'est que vers la fin de février, qu'une lettre des autorités de Louisbourg (3) signale à Duquesne les préparatifs des Anglais : « Peut-être ignorez-vous que le gouverneur Shirley est actuellement à New-York et qu'il y a fait passer de Boston le régiment de son nom... Tout parait au reste tranquille à l'Acadie, mais il est vrai que nous n'en avons point eu de nouvelles depuis la fin de novembre ou les premiers jours de décembre. » Quant à l'abbé Leloutre, il était complètement absorbé dans les travaux d'un endiguement ou, pour employer l'expression locale, d'un *abboiteau,* au moyen duquel il espérait recouvrer sur la mer une superficie considérable de terrains destinés aux réfugiés Acadiens.

(1) Mémoire du roi pour servir d'instructions au sieur de Drucourt, gouverneur pour Sa Majesté à l'île Royale et ses dépendances, le 12 mai 1754.
(2) Vergor du Chambon à Drucourt, 1ᵉʳ août 1754.
(3) Drucourt et Prevost à Duquesne, 27 février 1755.

Lawrence chercha à entretenir jusqu'à la fin la sécurité des administrateurs français. A la date du 13 juin 1755, alors que l'attaque du fort Beauséjour, concertée entre Shirley et lui, était commencée depuis plusieurs jours (1), il écrit (2) au chevalier de Drucourt : « Votre Excellence peut compter que mes instructions, comme les vôtres, sont remplies de cet esprit de concorde qui doit régner entre les deux couronnes, et (qu'ayant toujours les attentions nécessaires pour les justes droits du roi mon maître) rien n'arrivera de ma part qui puisse troubler la tranquillité et la bonne harmonie que j'ai ordre de garder exactement envers les sujets de Sa Majesté Très Chrétienne. »

Les dépêches de la cour de Versailles, expédiées vers la fin de 1754, étaient également conçues en termes de nature à rassurer le gouverneur du Canada sur les suites des incidents de l'Ohio.

« Ce n'est pas sans beaucoup de peine, mande (3) le garde des sceaux chargé du département de la marine, que Sa Majesté a appris l'aventure arrivée au détachement que le sieur de Contrecœur avait fait marcher sous les ordres du sieur de Jumonville. Elle ne pense pourtant pas que cette aventure doive avoir les suites que vous y avez envisagées pour une rupture de la part des Anglais. Les vues que le roi de la Grande-Bretagne a fait paraître jusqu'à présent pour le maintien de la paix ne permettent pas même de croire qu'il ait autorisé les mouvements qui font tant de bruit du côté de la Belle-Rivière, et il y a encore moins d'apparence qu'il en ait ordonné de semblables sur les autres frontières.

« Nous allons avoir une explication sur cela avec la cour

---

(1) Les troupes du colonel Monckton débarquèrent à Chignecto les 2 et 3 juin; le fort de Beauséjour capitula le 16.

(2) Lawrence à Drucourt, 13 juin 1755. American governors. *Record Office*.

(3) Machault à Duquesne, 6 novembre 1754.

britannique. En soutenant les droits et les possessions de Sa Majesté contre toutes les entreprises des Anglais, vous devez éviter avec la plus grande attention de leur donner aucun juste sujet de plainte. Si pour assurer cette défensive de votre part, vous jugiez qu'il fût nécessaire de faire agir les sauvages offensivement contre les Anglais, Sa Majesté trouvera bon que vous mettiez cet expédient en usage ; mais elle souhaite que vous ne vous y déterminiez qu'autant que la conduite des Anglais le rendra indispensable pour la sûreté et la tranquillité de la colonie, car Sa Majesté veut que vous évitiez, autant qu'il sera possible, l'effusion du sang.

« Supposez cependant que, contre toute sorte d'apparence et malgré la confiance que le roi doit avoir dans les dispositions équitables et pacifiques du roi de la Grande-Bretagne, les hostilités de la part des Anglais allassent au point de devoir être regardées comme une rupture, Sa Majesté vous donne, dans ce cas, la liberté de faire les arrangements qui vous paraîtront les plus convenables pour le bien de son service et pour la gloire de ses armes. »

Le ministre termine en annonçant de nouvelles instructions au printemps, et en recommandant l'économie dans les dépenses.

Pendant que le cabinet de Versailles se montrait si édifié sur les intentions du gouvernement du roi George, pendant que le ministre des affaires étrangères Rouillé et l'ambassadeur lord Albermarle tenaient à Paris, comme nous le verrons, des conversations aussi banales que trompeuses, le ministère anglais avait résolu le recours aux armes ; non seulement il autorisait les projets belliqueux de ses subalternes Lawrence et Shirley, mais il décidait l'envoi en Amérique de renforts sous les ordres du général Braddock. Cet officier, muni des crédits et pouvoirs nécessaires, avait pour mission d'organiser les forces locales, d'en prendre le commandement, et d'ébaucher avec les gouverneurs des différentes provinces un plan général d'opérations.

Vers le milieu de mars 1755, le général anglais débarqua en Virginie, se mit à l'œuvre aussitôt et réunit à Alexandria, le 14 avril, un véritable conseil de guerre, où furent arrêtées les dispositions suivantes : Braddock, avec 2,000 hommes de troupes de ligne et quelques auxiliaires, marcherait sur l'Ohio et chasserait les Français de leurs nouvelles positions; Shirley attaquerait le fort Niagara, avec deux régiments recrutés dans la Nouvelle-Angleterre; le colonel Johnson chercherait à entraîner les Indiens des Cinq-Nations contre les Français, et à la tête de 5,000 sauvages et miliciens se rendrait maître de Saint-Frédéric, sur le lac Champlain; enfin, le colonel Monckton, avec une force mixte de réguliers et coloniaux, s'emparerait des forts de l'Acadie.

Dans les instructions de Braddock comme dans celles de Duquesne, on constate la même préoccupation : l'alliance et le concours des sauvages, sans aucun souci d'ailleurs des atrocités de tout genre faciles à prévoir et impossibles à réprimer chez ces indigènes. Non content de rémunérer les Indiens par le don de fusils, de munitions, de vivres, de vêtements, et au besoin d'eau-de-vie, on pratiqua dans les deux camps l'horrible système de prime par chevelure présentée. La correspondance de M. Prévost, ordonnateur de l'île Royale, relate un paiement de cette nature : « Les sauvages ont apporté, écrit-il au Ministre (1), au fort de Beauséjour dix-huit chevelures, qu'ils ont levées aux Anglais dans les différentes courses qu'ils ont faites sur leurs établissements pendant le mois dernier, et M. Leloutre a été obligé de les payer 1,800 livres d'argent de l'Acadie, dont je lui ai fait le remboursement en espèces et à titre de rachat de prisonniers. » D'autre part, nous

---

(1) Prévost au Ministre, 14 août 1753. Archives des Colonies.

trouvons, dans les ordres donnés au colonel Johnson, chargé des affaires indiennes, par le gouverneur Shirley, devenu après la mort de Braddock commandant en chef des troupes anglaises dans l'Amérique du Nord, le passage suivant (1) : « En outre, ils (les Indiens) devront recevoir une prime pour tout prisonnier fait ou chevelure levée sur l'ennemi ; vous leur accorderez aussi tout autre encouragement qui vous paraîtra raisonnable. » Les coutumes des sauvages trouvèrent bientôt des imitateurs chez les coureurs des bois, et chez les *Rangers*, qui servaient d'éclaireurs aux armées ; les troupes régulières des deux nations elles-mêmes assistèrent la plupart du temps indifférentes à des scènes de barbarie qu'il leur eût été, d'ailleurs, fort difficile d'empêcher.

Tout d'abord, les efforts pour faire prendre parti aux Indiens n'eurent qu'un succès très relatif ; les Anglais ne purent emmener avec eux, dans les expéditions contre les forts Duquesne et Saint-Frédéric, qu'un faible nombre de sauvages ; les Français, en dehors des Indiens domiciliés et convertis du Canada et de quelques isolés de la région des lacs, ne furent guère plus heureux au début des hostilités. La puissante confédération des Cinq-Nations (2) ne cacha pas ses intentions de rester neutre dans une lutte qui ne la regardait pas. Il serait impossible de ne pas être frappé du bon sens et de l'esprit pratique qui distinguent la réponse faite (3) par leurs délégués au gouverneur Duquesne, en présence des domiciliés du Sault et du Lac (4) :

---

(1) Additional instruction to major general Johnson relative to the Indians of the six nations under his command. New-York, 24 décembre 1755, signé Shirley. — Secret Miscellaneous papers. *Record Office*. Londres.

(2) La confédération des Iroquois comprenait six nations depuis l'adhésion des Tuscaroras, mais conserve généralement dans les documents son ancienne appellation.

(3) Conseil tenu avec les Cinq-Nations à Montréal, le 12 octobre 1754. — Correspondance du Canada.

(4) Villages indiens dans les environs de Montréal.

« Mon père et mes frères, faites attention à ce collier ici ; écoutez bien, l'un et l'autre, ce que je vais vous dire.

« Nous autres, les Cinq-Nations, travaillons toujours aux bonnes affaires pendant que notre père le Français et notre frère l'Anglais, aussi ambitieux l'un que l'autre, se disputent une terre qui n'appartient qu'à nous. Nous la tenons du Maître de la vie et non de l'un ni de l'autre. Nous sommes surpris, vous qui êtes de la prière, que vous n'en craigniez pas le châtiment. Laissez donc les couronnes de France et d'Angleterre en faire la décision, ou du moins videz vos querelles entre vous, Français et Anglais, seul à seul, sans y mettre des sauvages comme vous faites, ce qui fait que nous nous trouverons enveloppés entre ces deux frères, qui semblent, l'un et l'autre, vouloir nous faire rentrer dans le centre de la terre.

« Nous vous prions, mon Père, par ce collier, de vouloir travailler avec douceur à cette entreprise, afin que nous puissions être tranquilles sur nos terres. »

Les extraits de la correspondance officielle des deux gouvernements, le récit des faits, démontrent que la situation en Amérique était devenue intolérable, et que le conflit si légèrement engagé dans la région de l'Ohio devait s'étendre à toute la longue ligne de frontières qui séparait les territoires des puissances rivales. Il serait bien inutile, et d'ailleurs fort délicat, de juger les prétentions mises en avant sur les régions contestées, et de nous prononcer sur la valeur des droits et titres invoqués de part et d'autre ; aussi serions-nous tenté de mettre hors de cause les deux parties, et de faire gagner leur procès aux pauvres Iroquois, dont nous citions plus haut le discours.

Nous serions tout aussi embarrassé pour attacher la qualité d'agresseur plutôt à l'un qu'à l'autre des adversaires. S'il est difficile de justifier les empiètements des Français dans les cantons de l'Acadie en litige, l'occupation des bords de l'Ohio et l'expulsion des commerçants anglais de cette contrée; s'il est impossible de concilier les instructions de la cour de Versailles, les ordres donnés à ses gouverneurs, avec les protestations officielles d'amitié, avec le désir hautement avoué de confier à la Commission des limites le soin de trancher les différends d'Amérique, il faut reconnaître que dans ce concours de fausseté, de mensonge et de trahison, le gouvernement de la Grande-Bretagne, distancé d'abord, reprit bientôt le dessus. L'autorisation accordée dès le mois de juillet 1754 au gouverneur Lawrence de rompre la trêve établie depuis quatre ans en Acadie, l'envoi du général Braddock en Amérique quelques mois plus tard avec la mission d'expulser les Français de positions qu'ils détenaient depuis quarante ans, ne furent précédés d'aucun avertissement, d'aucune réclamation auprès du cabinet de Louis XV. Cependant, les entreprises ainsi commandées, au lieu d'avoir pour but, comme celles des Français, l'acquisition de pays à peine explorés, visaient la prise ou la destruction de forts défendus par des garnisons importantes, et ne pouvaient avoir d'autre résultat qu'une lutte ouverte entre les deux couronnes.

Si la conduite de La Jonquière et de Duquesne fut perfide, et leur action quelquefois blâmable, il faut rappeler qu'ils ne firent qu'obéir aux injonctions de leur cour et aux suggestions de leur Ministre. Les gouverneurs anglais, beaucoup plus indépendants de la métropole, sont au contraire les initiateurs et les promoteurs d'une politique belliqueuse à l'égard des Français du Canada. Dinwiddie en Virginie, Lawrence à Halifax, Shirley à Boston, prennent ou sont prêts à prendre la responsabilité des mesures offensives qu'ils proposent et des attaques qu'ils projettent. Dans les procédés mis en œuvre pour l'accomplissement des plans élaborés, de part et d'autre les scrupules font défaut; cependant, dans cet ensemble de procédés déloyaux et de conseils malhonnêtes, le commentaire de Dinwiddie sur l'affaire de Jumonville, la violation de la capitulation du fort de Necessité, les assurances mensonges du gouverneur Lawrence ont droit à la première place.

Quoi qu'il en fût des mérites des deux gouvernements et de leurs représentants dans le Nouveau-Monde, il était évident, dans l'automne de 1754, que le seul moyen d'éviter la reprise des hostilités interrompues par l'hiver, de conserver la paix en Amérique et en Europe, etait, à défaut de l'arbitrage international peu en usage à cette époque, une prompte et franche explication entre les deux cours, dans laquelle chacune ferait le sacrifice partiel de ses prétentions.

Le récit des pourparlers entamés à Paris et à Londres nous montrera des diplomates dont la bonne volonté ne compensait pas l'insuffisance, des ministres dont l'incapacité aggravait la faiblesse de leurs agents, des souverains chez lesquels l'amour-propre et la vanité n'étaient corrigés ni par le jugement ni par le bon sens.

Engagée dans de telles conditions, confiée à de telles mains, conduite sans méthode, sans décision, la négociation, qui devait son origine aux événements insignifiants que nous venons de relater, aboutira au conflit entre la France et l'Angleterre, et sera le préambule de la lutte sanglante à laquelle l'histoire a donné le nom de guerre de Sept Ans.

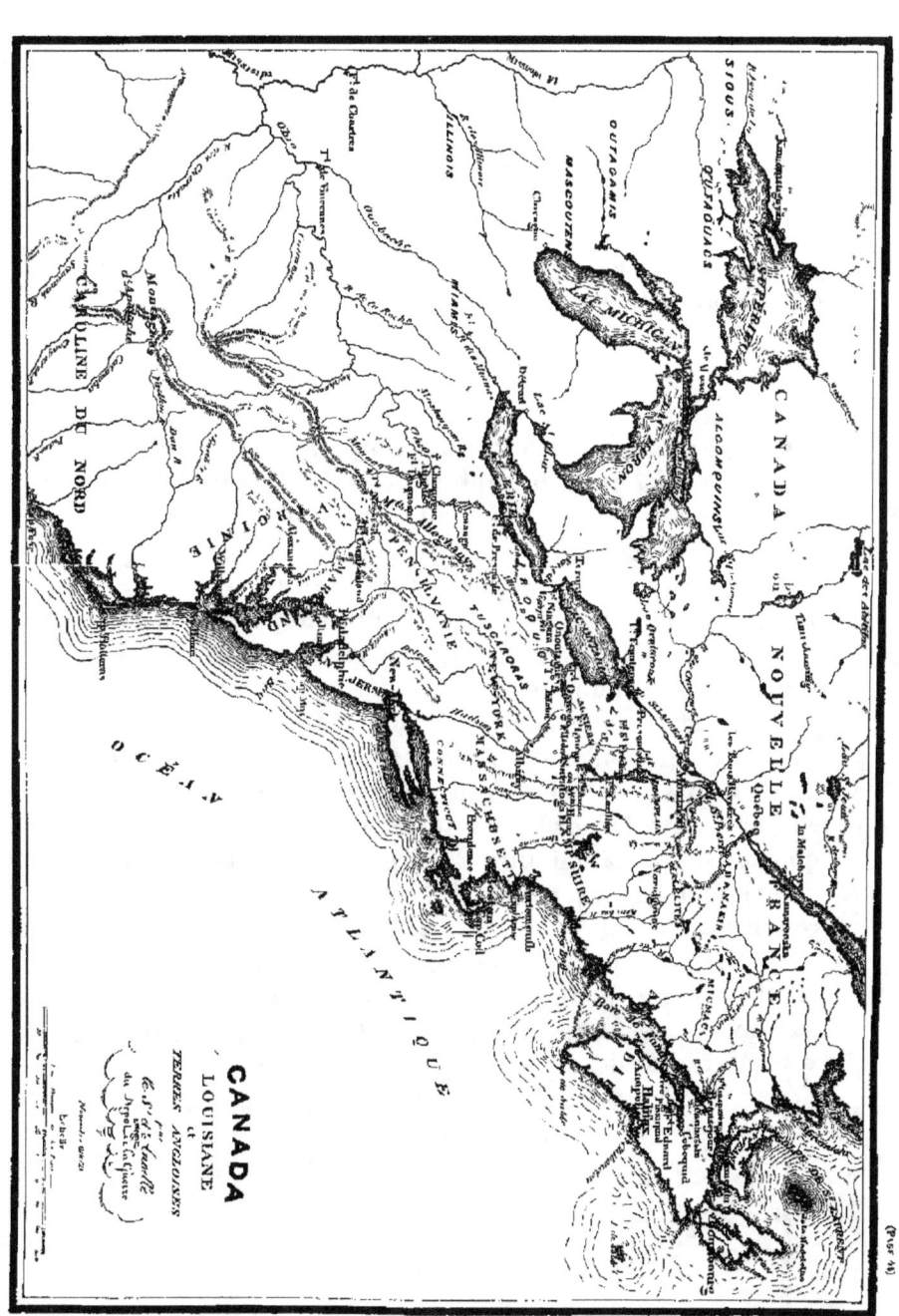

CHAPITRE II

SITUATION POLITIQUE EN EUROPE A LA FIN DE 1754. — NÉ-
GOCIATIONS DE MIREPOIX A LONDRES. — DÉBUT DES HOS-
TILITÉS SUR MER. — RUPTURE ENTRE LA FRANCE ET L'AN-
GLETERRE.

Avant de raconter les incidents diplomatiques qui précédèrent ou suivirent la rupture entre la Grande-Bretagne et la France, il convient d'examiner rapidement la situation politique de l'Europe.

Les quelques années qui s'écoulèrent entre la paix d'Aix-la-Chapelle et le commencement de la guerre de Sept Ans, offrent plutôt l'aspect d'une trêve armée que la perspective d'une ère de tranquillité durable. Les conditions acceptées par les parties contractantes n'avaient donné satisfaction à aucune d'entre elles. La France regrettait la rétrocession des Pays-Bas, dont elle avait été si longtemps maîtresse; elle ne trouvait dans la restitution de l'île du Cap-Breton qu'une compensation bien légère pour les sacrifices en hommes et en argent que lui avait coûtés la lutte sur le continent.

En Angleterre, le monde commerçant très influent cachait à peine le dépit que lui causait la nécessité de renoncer aux avantages obtenus en Amérique, et se promettait d'acquérir, par des établissements solides dans la Nouvelle-Écosse et sur les bords de l'Ohio, la possession des territoires à peine explorés, dont la souveraineté était revendiquée par la France.

Le roi de Prusse, en butte aux soupçons et à la méfiance de la plupart de ses voisins, malgré la garantie qui lui était accordée par l'un des articles du traité de paix, dissimulait à peine ses préoccupations au sujet de la Silésie. Sa rivale, l'impératrice-reine, avait le souci perpétuel des pertes qu'elle avait dû subir, et conservait l'espoir de recouvrer les provinces qui lui avaient été si brutalement arrachées.

L'Espagne, froissée d'avoir été abandonnée par la France au moment des négociations, gardait rancune à son ancienne alliée et la rendait responsable du peu de bénéfice qu'elle avait retiré de la dernière guerre.

La Russie enfin, qui n'était intervenue qu'à la dernière heure dans la bagarre, peu satisfaite du rôle qu'on lui avait fait jouer, visait à prendre sa revanche de l'inaction qui lui avait été imposée.

Cependant, malgré le mécontentement latent qui existait dans le cœur des souverains et de leurs ministres, le groupement politique des États de l'Europe se retrouve en 1754 tel qu'il était sorti du traité d'Aix-la-Chapelle.

Louis XV entretient les rapports les plus amicaux et en apparence les plus cordiaux avec Frédéric, roi de Prusse. Le traité de 1741 qui lie les deux couronnes, et d'après lequel la France supportait les frais d'entretien de 20,000 soldats allemands laissés à la disposition de la Prusse, est encore en vigueur. Les agents français et prussiens, accrédités auprès des différentes cours de l'Europe, marchent de concert et échangent des confidences. Dans sa correspondance (1) immédiate avec ses envoyés de Lon-

(1) La correspondance diplomatique prussienne de cette époque comprend 1° les lettres officielles contresignées des ministres Podewils et Finkenstein. 2° la correspondance personnelle dictée et signée par le roi. Cette dernière est appelée « immediate ».

dres et de Paris, Frédéric prend parti pour la France au sujet des différends d'Amérique, et tout en déclarant se désintéresser d'un conflit qu'il considère comme étranger aux affaires du continent, prodigue aux ministres de Louis XV des avis, qui indiquent à la fois sa sympathie pour la cause française, et son peu d'estime pour le roi et ses conseils.

Brouillé avec la Russie depuis 1750, en fort mauvais termes avec son oncle le roi d'Angleterre qui, depuis le rappel de sir Hanbury Williams dans la même année, n'entretenait plus de représentant à la cour de Berlin, jaloux à bon droit de Marie-Thérèse dont il suspectait les desseins, objet de l'animosité personnelle des deux impératrices ses voisines, Frédéric n'avait d'autre appui que la France. Mais, tout en admettant les avantages qu'il avait tirés et qu'il pouvait tirer encore de l'entente cordiale avec cette puissance, il supportait mal le ton de protection qu'assumait, presque à son insu, la vieille monarchie des Bourbons vis-à-vis de la royauté fraîchement éclose des Hohenzollern. Il se sentait traité en parvenu, et se vengeait en n'épargnant pas à Louis XV et à son entourage des sarcasmes et des quolibets, dont l'écho retentissait jusque dans les salons de Versailles.

De son côté, le roi Très Chrétien, aussi vaniteux que faible, aussi dévot que débauché, ne pardonnait à Frédéric ni son activité, ni son irréligion affichée ; il lui savait surtout mauvais gré de donner l'exemple de qualités qu'il était forcé de reconnaître, mais dont l'étalage était un reproche constant pour sa paresse et son indécision.

Quel que fût d'ailleurs le sentiment intime des souverains l'un pour l'autre, leurs ministres, tant à Paris qu'à Berlin, étaient absolument acquis à l'alliance des deux pays, et avaient érigé en dogme le principe de l'accord et de l'action commune des deux gouvernements.

Dans le débat soulevé entre la Russie et la Suède, dans

les intrigues relatives à la désignation de l'archiduc François comme roi des Romains et héritier de la couronne impériale, dans les troubles de Pologne, et plus récemment encore dans les démêlés de la Prusse et de l'Angleterre au sujet des bâtiments prussiens capturés pendant la dernière guerre, les cours de Potsdam et de Versailles avaient soutenu la même politique et suivi la même ligne de conduite.

En face de Frédéric et de Louis XV, se dresse la vieille alliance de l'Angleterre, de l'Autriche-Hongrie et des Provinces-Unies, un peu ébranlée à la suite des discussions d'Aix-la-Chapelle et des difficultés relatives à l'exécution du traité des Barrières.

La tradition de la rivalité séculaire entre l'Autriche et la France paraît encore inspirer la diplomatie des deux souverains. Cependant, le cabinet de Vienne fait, depuis quelques années, des tentatives pour se rapprocher de celui de Versailles, et quoique le langage conciliant tenu par M. de Kaunitz pendant son ambassade de Paris n'eût reçu qu'un accueil des plus froids de la part des ministres de Louis XV, il y a lieu de supposer que l'impératrice et l'ancien envoyé, aujourd'hui son véritable premier ministre, sont beaucoup moins hostiles à la France que leurs prédécesseurs. Quelle que soit d'ailleurs la pensée secrète de Marie-Thérèse et de son chancelier, le système anglais prévaut encore à Vienne, où il est chaudement soutenu par l'empereur et par la majorité du conseil ; les représentants à l'étranger de l'Angleterre et de l'Autriche s'entendent au mieux et travaillent à l'unisson.

Les Provinces-Unies, déchues de leur ancienne grandeur, épuisées par la dernière guerre, sont peu disposées à prêter à la Grande-Bretagne un concours qui pourrait les brouiller avec la France. Néanmoins, vers la fin de 1754, l'autorité de la princesse gouvernante, veuve du prince d'Orange et fille du roi George, est prépondérante, et la république passe encore pour la fidèle amie de l'Angleterre.

En dehors de ces groupes bien accusés, les autres nations européennes se tiennent dans une attitude de neutralité expectante.

L'Espagne, malgré les liens de parenté qui existent entre le roi Ferdinand et le chef de la maison de Bourbon, s'est rapprochée depuis quelque temps de l'Autriche, naguère son ennemie, en signant avec elle et avec la Sardaigne le traité d'Aranjuez, par lequel les parties contractantes s'étaient accordé une garantie réciproque de leurs possessions en Italie. La disgrâce d'Enseñada, chaud partisan de l'alliance française, et le crédit grandissant du général Wall (1), ancien ambassadeur à Londres, ne laissent aucun doute sur les sentiments de l'Espagne à l'égard de l'Angleterre. La reine (2), maîtresse absolue du cœur et de l'esprit de son faible époux, est d'accord avec les ministres, pour rester sur la réserve et pour refuser tout appui à la branche aînée de la famille royale.

Au nord de l'Europe, la Russie, qui avait rompu toutes relations avec les rois de Prusse et de France, conserve, au contraire, d'excellents rapports avec l'Angleterre, dont elle apprécie les subsides, et vit en commerce d'amitié étroite avec l'Autriche-Hongrie, à laquelle la rattachent l'identité de la politique suivie à l'égard de la Porte Ottomane, et le sentiment commun de haine que les deux impératrices ont vouée au roi de Prusse. La population et l'étendue de ses États, le pouvoir absolu de la czarine, eussent donné à la puissance du Nord une influence plus grande sur les événements contemporains, si la versatilité paresseuse d'Élisabeth, la mauvaise organisation des forces

(1) Don Ricardo Wall, ambassadeur en Angleterre, puis ministre d'État en 1754, à la mort de Carvajal.

(2) Maria-Barbara, infante de Portugal, mariée le 19 janvier 1729 à l'infant don Ferdinand, roi d'Espagne.

de l'Empire, le délabrement des finances, la corruption de l'administration, n'avaient pas atténué l'effet des résolutions de la cour de Pétersbourg et compromis les résultats qu'elle pouvait tirer de ses ressources. Bestushew, le grand chancelier, dont l'autorité a été si longtemps suprême auprès de sa souveraine, malgré le déclin de son prestige, est resté directeur de la politique étrangère de la Russie.

La Pologne, sans gouvernement stable, sans argent et sans armée, déchirée par les factions et dominée par sa formidable voisine, est déjà en pleine décadence. Quant aux autres cours du Nord, la Suède et le Danemark, elles se rattachent à l'alliance franco-prussienne; mais la faiblesse de ce dernier État, les luttes intestines engagées entre le roi de Suède et le sénat du royaume, ont fort amoindri leur action sur les affaires du continent.

Quoique encore maîtresse des provinces danubiennes et de toutes les rives septentrionales de la mer Noire, la Porte a perdu la puissance d'expansion qui la rendait encore si redoutable au dix-septième siècle. La bravoure et le fanatisme de ses troupes ne compensent pas l'infériorité que leur valent l'indiscipline des soldats et l'insuffisance des chefs; les révolutions constantes de palais, la vénalité des grands vizirs qui se succèdent au pouvoir, ont enlevé à la politique ottomane la suite dans les décisions, indispensable aux relations extérieures. L'influence française, prépondérante à Constantinople, cherche à entretenir les sentiments de rivalité qui existent entre la Turquie et ses ennemis naturels, l'Autriche et la Russie. A l'époque qui nous occupe, la Porte pouvait être considérée comme l'alliée du roi très chrétien.

L'inspection que nous venons de faire de l'échiquier européen, tel qu'il se présentait au milieu du dix-huitième siècle, nous permettra d'aborder en connaissance de cause le récit des négociations qui transformèrent peu à peu en guerre générale ce qui n'avait été, au début, qu'un conflit colonial entre la France et l'Angleterre.

Dès le lendemain de la paix d'Aix-la-Chapelle, la diversité des vues des gouvernements, sur l'étendue des territoires soumis à leur domination en Amérique, éclata avec la dernière évidence. Si l'on était d'accord sur le principe de la remise en vigueur des conditions du traité d'Utrecht, on était bien loin de s'entendre sur l'interprétation des articles arrêtés en 1713. L'obscurité du texte, sans grand inconvénient à cette époque reculée, se prêtait mal à une délimitation, que rendaient tous les jours plus nécessaire les progrès de la colonisation dans les possessions des deux couronnes.

Nous avons raconté, plus haut, les incidents survenus pendant les années 1749 et 1750 en Acadie, à la rivière Saint-Jean, la baie de Fundy et l'isthme de Chignecto. Ce fut à cette époque que les cabinets de Versailles et de Saint-James commencèrent cette interminable suite de plaintes et de récriminations qui durera jusqu'à la rupture. Le 7 juin 1749, M. Durand, chargé d'affaires de France à Londres, reçoit du duc de Bedford une note sur les revendications de son gouvernement. La conversation diplomatique s'engage; le ministre objecte à notre envoyé (1) « qu'il n'espérait pas qu'on pût trouver aucun expédient pour concilier nos prétentions respectives; il a ajouté qu'il regardait ce sujet comme étant de la plus grande importance ».

Quelques jours après cet échange de vues, qui ne présageait rien de bon pour l'entente désirée, le nouvel ambassadeur de Louis XV, le marquis de Mirepoix (2), arrive à Londres, muni d'un long mémoire sur les demandes françaises, et armé d'instructions sur l'attitude à pren-

(1) Durand au ministre, 13 juillet 1749. Archives des Affaires Etrangères.
(2) Gaston-Charles-Pierre de Levis, marquis de Mirepoix, lieutenant-général en 1744, avait été ministre à Vienne en 1737.

dre vis-à-vis de la cour auprès de laquelle il est accrédité.

M. de Mirepoix fut bien reçu en Angleterre. Il rend compte de ses impressions dans des termes où perce un étonnement quelque peu naïf (1) : « Ce public n'est pas rogue et mal accueillant, comme on nous le dépeint en France ; froid, timide et naturellement mélancolique, l'on n'y éprouve point ici les mêmes empressements que donnent nos Français avec chaleur, mais chacun s'y tient dans sa place avec la déférence requise, selon leurs façons, pour ceux qui leur sont supérieurs. » Il est extrêmement frappé de l'opulence du pays : « Tout ce que je découvre journellement ne fait que m'y confirmer ; il me paraît, quant à présent, que, malgré le passé, il y reste de furieuses ressources. »

Au lieu de profiter des dispositions favorables dues à la paix si récemment conclue, pour essayer de terminer les différends par des négociations immédiates et directes, les deux cours convinrent, en novembre 1749, de confier l'examen des litiges à une commission spéciale, dans laquelle furent appelés à siéger, d'une part M. Shirley, gouverneur du Massachusetts, et M. Mildmay comme représentants de l'Angleterre, et de l'autre M. de la Gallissonnière, relevé à cet effet de ses fonctions au Canada, et M. Silhouette comme délégués français. M. Shirley fut bientôt remplacé par M. de Ruvigny de Cosne, secrétaire du comte d'Albermarle, ambassadeur d'Angleterre à Paris.

La commission des limites commença ses opérations en 1750, et les poursuivit jusqu'au moment même de la rupture, en juillet 1755 (2). Chargés de fixer les frontières en Amérique, de trancher la question de la propriété des îles de Saint-Vincent, Tabago et Sainte-Lucie, de juger les réclamations présentées par la France au sujet des prises

(1) Mirepoix à Puysieulx, 20 août 1749.
(2) Le dernier memoire remis par les commissaires français porte la date du 18 juillet 1755.

faites par la marine anglaise avant la déclaration de la dernière guerre, les commissaires, malgré leur compétence réelle, ne purent aboutir à aucune décision sur aucun des points contestés. Discussions interminables sur leurs pouvoirs, échange de longs mémoires dans lesquels chacun cherche, en termes souvent acerbes, à convaincre son adversaire de la justice de ses prétentions et à démontrer le peu de fondement des contre-propositions qu'on lui oppose, incidents de procédure entraînant des interruptions de plusieurs mois dans les séances : telles sont les caractéristiques de travaux dont l'inefficacité, au point de vue international, était compensée par le charme des relations personnelles et par les agréments du séjour de Paris.

Un seul exemple fera ressortir les difficultés et la lenteur de la marche suivie : la plus grande partie de l'année 1753 fut gaspillée, par suite du refus d'accepter la communication de pièces non traduites de l'anglais. Les Français, surpris et blessés de ce qu'ils considèrent comme un manquement aux traditions diplomatiques, en réfèrent au ministre; M. de Saint-Contest, secrétaire d'État aux Affaires Étrangères, donne l'ordre de renvoyer la note et d'en demander une qui fût conçue en français, « ainsi que l'avaient été les premiers mémoires sur cette matière ». Lord Holdernesse, secrétaire d'État anglais, déclare à notre ambassadeur que la traduction des documents expose à des erreurs, et entraîne des pertes de temps; d'ailleurs, « M. de Silhouette, l'un des membres, possède leur langue comme l'Anglais le mieux instruit ». Le ministre français insiste, enfin, après deux mois de débats, le gouvernement anglais repousse le français comme langue unique, et offre, à titre de compromis, l'usage d'une langue neutre. Le département paraît peu goûter cette idée; sur l'avis de M. de Mirepoix, qui ne veut pas prolonger l'incident, M. de Saint-Contest cède d'assez mauvaise grâce, et les délégués reprennent leurs conférences.

Dès cette époque, le cabinet anglais ne fondait pas grand espoir dans le résultat des délibérations de la commission des limites. Dans le cours de l'année 1752, Newcastle suggère à notre ambassadeur la nécessité d'une négociation de cour à cour, qui serait confiée à lord Albermarle et aux ministres de Versailles. En 1753, Holdernesse revient sur cette proposition; M. de Mirepoix (1), en la transmettant, fait valoir que « le roi d'Angleterre est encore plus persuadé de l'inutilité des travaux de nos commissaires, parce que c'est lui qui, sur sa liste civile, est chargé de payer le salaire des membres anglais, et qu'il voudrait fort épargner cette dépense ». M. de Saint-Contest et son successeur, M. de Rouillé, restent sourds à cet appel, et l'échange des notes et mémoires continue jusqu'à la fin.

Cependant, la diplomatie ne resta pas inoccupée. Dès l'année 1750, les agissements des Français en Acadie, les efforts de l'abbé Le Loutre, pour encourager et provoquer l'émigration des habitants français de la Nouvelle-Écosse, donnèrent lieu à des remontrances de l'ambassadeur anglais, auxquelles M. de Puysieulx, alors aux Affaires Étrangères, répondit par des plaintes sur la conduite du gouverneur Cornwallis, et sur l'expédition de son subordonné Lawrence dans la région de l'isthme de Chignecto. En janvier 1751, il fut convenu que les deux cours prescriraient à leurs officiers de cesser les voies de fait et de conserver les positions respectives en attendant la solution définitive. L'arrangement fut exécuté et la tranquillité maintenue en Acadie jusqu'au printemps de 1755.

Cet accord pacifique était évidemment dû au crédit dont le représentant du roi George jouissait auprès de son gouvernement, et de la cour où il était accrédité. Résidant depuis plusieurs années en France, très assidu auprès de Mme de Pompadour et très apprécié du roi, Albermarle

---

(1) Mirepoix au ministre, 10 décembre 1753.

était plus à même que personne par son caractère, sa bonne humeur, ses relations, de réussir dans des négociations que rendaient de jour en jour plus épineuses les incidents survenus sur les bords de l'Ohio, la méfiance réciproque des deux États, et l'amour-propre national de plus en plus excité.

A ces causes morales, venait s'ajouter la difficulté de faire accepter par M. de Saint-Contest, dont l'état de santé aggravait la susceptibilité naturelle, le ton des notes anglaises, qu'une traduction trop littérale rendait aussi raides dans la forme qu'elles étaient dures dans le fond. « Les ministres anglais, écrit Mirepoix (1), s'expriment assez mal dans notre langue, et M. de Pelham encore plus mal que les autres; et il faut plus peser sur l'esprit de ce qu'ils veulent dire que sur leurs expressions, et je leur dois la justice que, dans toutes les occasions, ils m'ont témoigné la plus scrupuleuse attention, pour ne pas s'écarter de la considération qu'ils doivent à notre cour et de leur respect pour Sa Majesté. » M. de Saint-Contest n'admet pas les circonstances atténuantes plaidées par son envoyé. « S'il arrivait, réplique-t-il (2), que les ministres anglais vous renouvelassent les propos indécents qu'ils vous ont tenus, vous voudrez bien leur répondre que vous ne pouvez pas vous fier à votre mémoire sur des objets aussi graves, et que vous les priez de vous les donner par écrit, s'ils veulent que nous en soyons informés; alors la réflexion les ramènera peut-être aux sentiments que la justice et la suite de nos bons procédés doivent leur inspirer; ou, s'il en est autrement, vous serez délivré de l'embarras de fixer le sens de leurs propos, et nous nous trouverons en état de proportionner notre ton à celui qu'ils auront pris. »

(1) Mirepoix a Saint-Contest, le 17 décembre 1753.
(2) Le ministre a Mirepoix, 25 janvier 1754.

La correspondance d'Albermarle avec lord Holdernesse et sir Thomas Robinson, qui remplirent successivement pendant le premier semestre de 1754 le poste de secrétaire d'État au département des Affaires Étrangères du Sud, ne contient aucune note d'alarme. L'ambassadeur anglais entretient son gouvernement d'un canal ouvert au port de Dunkerque, explique que cette construction d'un caractère purement commercial n'a aucun rapport avec les fortifications dont l'interdiction avait été maintenue par la paix d'Aix-la-Chapelle, et obtient pour les délégués anglais la permission de visiter officieusement les travaux. Il communique les renseignements les plus circonstanciés sur l'état des armements français, sur les influences de l'entourage du roi, sur les dispositions des cours étrangères représentées à Paris; quant à ses rapports avec M. de Saint-Contest il les dépeint comme empreints de la plus grande cordialité.

Ce fut au commencement de juillet 1754 qu'arrivèrent à Londres les nouvelles des premières hostilités en Amérique : « Il s'est répandu ici, écrit notre ambassadeur (1), une nouvelle qui a fait une assez grande fermentation parmi les négociants. Nos gens du Canada s'étaient emparés d'un fort sur les frontières de la Virginie, dont ils avaient chassé les Anglais... Quoique j'aie eu l'occasion de voir les ministres, aucun d'eux ne m'en a parlé. » Rassuré sans doute par leur silence, le duc (2) de Mirepoix profita du congé qui lui avait été accordé et quitta Londres le 25 juillet, laissant son secrétaire M. Boutet pour le remplacer comme chargé d'affaires.

Pendant l'absence de l'envoyé, qui dura jusqu'à la fin de l'année, la causerie diplomatique continue à Versailles, à Compiègne et à Fontainebleau. Albermarle annonce

---

(1) Mirepoix à Saint-Contest, 1ᵉʳ juillet 1754.
(2) M. de Mirepoix avait été créé duc en 1752.

la mort de Saint-Contest et son remplacement par M. de Rouillé. « Personne n'avait songé à lui, écrit-il (1); il a été choisi par le roi, c'est un homme fort intègre et tout à fait favorable au maintien de la paix. » « On ne fait pas grand cas de la capacité de Rouillé (2) », mande-t-il à Newcastle, qui le questionne sur les changements apportés au ministère, « et on déteste la morgue de Machault (3). A propos de l'échange de portefeuilles, on dit en plaisantant que comme les affaires de la Marine ont toujours été étrangères au petit Rouillé, le roi avait bien fait de le mettre à la tête des Affaires Étrangères. Quant au garde des sceaux, qu'il était devenu enragé de la morsure du clergé et que le roi l'avait envoyé à la mer pour se guérir. »

Dans les lettres d'Albermarle, nous trouvons des détails qui établissent l'affabilité des relations que le chef du ministère anglais entretenait à Versailles.

Newcastle se met en frais pour faire sa cour à la marquise de Pompadour (4) : « Le roi (George II) est enchanté de votre récit de la manière dont Mme de Pompadour s'exprime à l'égard des compliments de condoléance (5) que Sa Majesté lui a fait parvenir... elle a eu la condescendance de m'envoyer le plus joli cadeau imaginable; toutes nos cervelles et toutes nos mains travaillent à lui adresser quelque chose de convenable en retour. » Quelques jours après, Albermarle est chargé de lui remettre une boîte d'ananas. Il trouve sans doute le cadeau un peu mince : « La grande dame, écrit-il (6) au premier ministre, aime

(1) Albermarle a Robinson, le 30 juillet 1754. *Newcastle papers. British Museum.*
(2) Albermarle à Newcastle, le 14 août 1754.
(3) Nommé garde des sceaux et chargé par intérim de la Marine.
(4) Newcastle à Albermarle, le 1er août 1754.
(5) A l'occasion de la mort de sa fille.
(6) Albermarle a Newcastle. Private, le 11 septembre 1754. *Newcastle Papers. British Museum.*

beaucoup les oiseaux et les animaux des Indes ; si vous pouviez lui envoyer des daims, des antilopes ou des faisans, je suis sûr que cela lui ferait plus de plaisir que toute autre chose. » Un peu plus tard, c'est Mirepoix, alors à Compiègne, qui est prié de transmettre les compliments de Newcastle. « Nous avons goûté, écrit ce dernier (1), les différentes espèces de liqueurs qu'elle m'a fait l'honneur de m'envoyer ; elles sont toutes excellentes, mais il nous a paru que celles de l'huile de Vénus et de la fleur d'orange méritent la préférence... Connaissant comme vous faites, Monsieur, mes sentiments pour Mme de Pompadour, je me flatte que vous voudrez bien lui témoigner combien je m'estime heureux en me trouvant honoré de ses ordres, et l'assurer qu'elle n'a pas, en France même, un serviteur qui lui soit plus dévoué que moi. »

Cet échange de présents, de phrases aimables, les commandes de vins français, « d'une barrique de champagne, » les bouteilles n'étant pas admises à la douane anglaise, les billets adressés à l'ambassadeur à propos d'un cuisinier français qu'il fallait chercher de préférence « chez la Robe (2) et la Finance, où l'on trouve des sujets plus distingués que chez les gens qualifiés » parce qu'ils payent mieux, les félicitations que Newcastle fait parvenir à M. de Séchelles à l'occasion de sa nomination comme ministre, toutes les politesses et galanteries de l'homme d'État anglais n'empêchèrent pas les différends entre les deux cours de s'aggraver pendant le second semestre de 1754.

Le 26 août, Albermarle rend compte de la communication que Rouillé lui a faite de la dépêche du gouverneur Duquesne, relatant l'incident Jumonville. Le 18 septembre, le ministre français lui parle de la capitulation du fort de

---

(1) Newcastle a Mirepoix, le 7 novembre 1754.
(2) Albermarle à Newcastle, le 23 octobre 1754.

Nécessité, qu'Albermarle avait apprise, de son côté, par une lettre de Newcastle. « Toute l'Amérique du Nord sera perdue, lui avait écrit (1) son chef, si nous tolérons des procédés pareils; il n'y a pas de guerre qui serait pire pour notre pays que de supporter des faits semblables. La vérité est que les Français réclament la possession de toute l'Amérique du Nord, excepté la lisière du littoral, dans laquelle ils voudraient resserrer toutes nos colonies, et de laquelle ils pourront nous chasser quand ils le voudront, ou quand il y aura une guerre déclarée; mais c'est ce que nous ne pouvons ni ne voulons souffrir, et j'espère que nous allons prendre d'urgence des mesures (et nous en avons déjà pris), qui mettront à l'avenir la charge et les plaintes à leur compte. Mirepoix a toujours tenu un langage raisonnable sur ces affaires, et je lui ai dit, lors de son départ, qu'il ferait bien d'insinuer que, puisque le roi de France est réellement pour la paix, ils feraient bien d'empêcher leurs officiers, aux Indes Occidentales et dans les postes éloignés, d'agir de façon à contrarier les intentions pacifiques du roi. » Faisant allusion aux travaux de la commission, il ajoute : « J'en ai assez des commissaires, mais je ne sais pas comment m'en débarrasser; je suis sûr qu'ils ne serviront à rien, et j'espère que nous ne nous laisserons pas amuser par leurs conférences au point de suspendre ou d'ajourner les résolutions que nous devons prendre, pour nous défendre ou pour recouvrer les possessions que nous avons perdues. »

Sir Thomas Robinson s'exprime dans le même esprit : pour arriver à une entente, il est indispensable que les Français évacuent leurs forts d'Acadie et de la région de l'Ohio. « Comme la conduite des Français dans l'Amérique, continue-t-il (2), impose à Sa Majesté l'impérieuse

---

(1) Newcastle à Albermarle, le 5 septembre 1754.
(2) Robinson a Albermarle, le 12 septembre 1754.

obligation de prendre les mesures qu'elle jugera nécessaires pour la protection du commerce de ses sujets, pour la défense des possessions de sa couronne, exposée aux attaques ouvertes dirigées contre elle, Sa Majesté ne croit pas utile de vous envoyer des instructions à ce sujet ; mais vous pouvez, comme de vous-même, saisir l'occasion de parler à M. Rouillé dans le sens de ma lettre... Car je puis assurer Votre Excellence, confidentiellement, que Sa Majesté ne se laissera pas tromper par des négociations ou par le renvoi à une commission de prétentions sans fondement, alors que les Français occupent des territoires appartenant à la couronne de Grande-Bretagne, ou engagent les hostilités comme ils le font en ce moment en Amérique. »

Le 3 octobre, Robinson annonce à Albermarle la décision prise par la cour de Londres de faire partir pour l'Amérique le général Braddock avec des renforts. De son côté, Newcastle, revenu à des sentiments plus calmes, regrette le bruit fait sur l'expédition projetée : « Un avis (1) des plus mal avisés du ministère de la guerre, mande-t-il à l'ambassadeur, a mis le feu à tous les ministres étrangers, leur a fait croire que nous allons commencer la guerre, ce qui, je l'espère, est bien loin de notre pensée. Il faut supposer que les Français s'alarmeront, et j'avoue que je ne serai pas surpris s'ils font une déclaration un peu forte, et alors nous serons engagés pour tout de bon. »

Après avoir rappelé les usurpations françaises, il ajoute : « Et cependant si nous essayons de nous défendre contre d'autres empiètements, ou si nous tentons de reprendre notre territoire, c'est nous qui aurons commencé la guerre. Mais quel que soit l'agresseur, ce sera le malheur le plus grand pour le pays si la guerre commence; c'est pourquoi il faudrait tout faire pour l'empêcher, sans

---

(1) Newcastle à Albermarle, le 10 octobre 1754.

entraver cependant les mesures pour nous couvrir contre leurs attaques en Amérique. Personne ne peut obtenir ce résultat mieux que vous, et j'espère que vous pourrez, en parlant en votre propre nom, dépeindre nos préparatifs nécessaires de défense, de telle façon que les ministres français n'oseront pas s'en plaindre... La marquise et Mirepoix peuvent être fort utiles. Excusez-moi de m'exprimer si librement; mais nous sommes au bord d'un précipice, et je suis convaincu que vous nous aiderez à en sortir, si vous le pouvez. »

A l'arrivée de ces dépêches, Albermarle se rend à l'audience de Rouillé (1), qui l'interroge sur l'expédition Braddock; il réplique qu'il n'a pas d'indications à ce sujet, mais que, d'après son opinion particulière, les armements anglais se justifiaient et s'expliquaient par les procédés des Français, dont on avait été d'autant plus surpris, qu'ils avaient eu lieu en pleine paix et sans être précédés d'aucune observation ou représentation. Le ministre français ne lui répond que d'une façon évasive et ne lui parait pas aussi impressionné par les mesures du cabinet anglais, qu'il l'aurait imaginé. Quelques jours après, nouvelle discussion entre Albermarle et Rouillé (2); on échange, les mêmes récriminations. L'envoyé du roi George termine son récit en disant : « Ce fut la fin de notre conversation qui, de part et d'autre, ne fut qu'historique (*sic*); ni l'un ni l'autre n'a prétendu parler d'après les instructions reçues. » Dans une autre lettre (3), l'ambassadeur se plaint de Mirepoix, qui l'évite et qui paraît vouloir retarder le plus possible son retour à Londres. Newcastle continue à s'inquiéter (4) : « Je n'aime pas l'aspect des affaires ni les retards de Mirepoix. Pour l'amour de Dieu, empêchez une

(1) Albermarle à Robinson, le 16 octobre 1754.
(2) Albermarle à Robinson, le 23 octobre 1754.
(3) Albermarle à Newcastle, le 30 octobre 1754.
(4) Newcastle à Albermarle, le 7 novembre 1754.

querelle si vous le pouvez. Il faut que nous nous fassions justice en Amérique; ce sont eux qui sont les agresseurs... Quand nous aurons rétabli nos affaires en Amérique, nous pourrons aboutir à une entente raisonnable sur le tout, et cette solution, la France devrait la rechercher aussi bien que nous. »

Le 27 novembre, Albermarle relate (1) une nouvelle conversation « historique » avec Rouillé; au ministre qui lui demande s'il n'y avait aucun moyen de régler le litige à l'amiable, il prend sur lui de suggérer la retraite des troupes françaises derrière l'Ohio et l'évacuation par elles de la rive anglaise de ce fleuve. Cela fait, l'Angleterre serait prête à accueillir les griefs et à examiner les prétentions du cabinet de Versailles. Rouillé répond qu'une retraite pareille serait à la fois une défaillance et l'abandon des droits territoriaux de la couronne; et après une longue discussion sur les titres des deux puissances, ajoute : « Je suis fâché de tout ceci, car je prévois que nous serons obligés d'envoyer aussi du monde en Amérique (2). » Quant à la solution définitive, le ministre s'en réfère à la fameuse commission des limites et exprime l'espoir qu'elle saura activer ses travaux.

Des entretiens diplomatiques, dans lesquels aucun des interlocuteurs n'était autorisé à formuler une réclamation ou une proposition précise, ne pouvaient avoir d'autre résultat que d'envenimer le débat et rendre les concessions de part et d'autre plus difficiles. Les deux gouvernements, se cantonnant dans leurs droits, entendaient obtenir satisfaction d'abord et s'expliquer ensuite. Peut-être croyaient-ils que les choses se passeraient en Amérique comme aux Indes Orientales, où les hostilités se poursuivaient depuis longtemps entre les Compagnies rivales sans que

(1) Albermarle à Robinson, le 27 novembre 1754.
(2) L'ordre du roi d'armer une escadre pour l'Amérique ne fut donné qu'à la date du 3 janvier 1755.

cet état de choses affectât les bons rapports en Europe. Quoi qu'il en fût, aucun effort sérieux ne vint arrêter le cours des événements; les préparatifs de guerre reprirent de plus belle, la commission des limites continua son échange de pièces et de documents, les conversations de Rouillé avec Albermarle se maintinrent sur le même ton et ne furent interrompues que par la mort subite de l'ambassadeur, décédé à Paris le 22 décembre, à la suite d'une attaque d'apoplexie.

Lord Albermarle, très répandu dans la haute société française, très bien en cour, fut regretté à Paris. « Le roi d'Angleterre a fait une grande perte et moi aussi! » s'écria Louis XV en apprenant la nouvelle. A en juger cependant par la correspondance échangée avec sir Thomas Robinson, son chef immédiat, et le duc de Newcastle, son ami particulier, l'envoyé anglais ne paraît pas avoir eu d'initiative; il abonde généralement dans le sens de ses correspondants et donne une entière approbation à leurs raisonnements. Il est fort douteux qu'il eût pu empêcher le conflit.

Cependant, le cabinet français commence à son tour à éprouver des inquiétudes sur l'issue des contestations. Le message que le roi George avait adressé au Parlement, à l'occasion de la session d'automne, contenait un passage dans lequel, après avoir fait allusion aux démêlés d'Amérique, il manifestait l'intention de défendre les droits de sa couronne. A ce langage d'allure belliqueuse, à l'annonce de l'expédition Braddock, on se décida à riposter par l'armement d'une escadre et par l'envoi de renforts au Canada. Quant aux négociations suspendues, on les reprit à Londres, et à cet effet le duc de Mirepoix rejoignit son poste dans les premiers jours de janvier 1755, muni d'instructions presque aussi volumineuses que celles qu'il avait reçues au début de son ambassade.

Arrêtons un instant l'analyse quelque peu fastidieuse des

incidents diplomatiques pour esquisser la physionomie des principaux acteurs de la pièce.

Dans le cours de ce récit, nous aurons trop souvent à revenir sur le roi Louis XV et sur la marquise de Pompadour, pour qu'il soit nécessaire de retracer des portraits si connus. Il y a tout lieu de croire que le roi et sa maîtresse exercèrent une action considérable sur la conduite de l'affaire. A côté des dépêches officielles, dont la collection existe tout entière dans les archives du quai d'Orsay, il y eut, à n'en pas douter, échange continuel de lettres entre le cabinet du roi ou la favorite d'une part, et la légation de l'autre. Cette correspondance, dont il ne reste plus trace, et qui passa très probablement par le canal de Mme de Mirepoix, amie intime de la marquise, influa beaucoup sur le ton et le langage du négociateur français, et explique les contradictions et les hésitations que nous aurons à signaler.

Contre cette intervention occulte, le ministre responsable était impuissant à lutter; mal préparé par sa carrière administrative pour les lourdes fonctions auxquelles il venait d'être appelé, trop âgé pour remplacer l'acquis par le travail, consciencieux, honnête, mais borné jusqu'à la timidité, Rouillé n'avait ni décision ni autorité; aussi s'inspirait-il, la plupart du temps, des vues de l'abbé La Ville, son premier commis, ou se bornait-il à faire un exposé au conseil, quitte à conformer son avis à celui de la majorité ou à deviner le parti qui agréerait le plus au souverain.

Quant à l'envoyé de Louis XV, l'histoire s'est montrée sévère à son égard. Il était de mode au dix-huitième siècle, comme parfois encore aujourd'hui, de rendre les agents responsables d'insuccès, dus en réalité beaucoup plus aux instructions du département qui les dirige, qu'à une initiative personnelle en général interdite.

Mirepoix fit tous les efforts possibles pour éviter la guerre. Ses dépêches adressées au ministre Rouillé et à l'abbé La Ville, si elles n'indiquent ni le flair de l'homme d'État, ni une connaissance suffisante des détails de la question, font honneur au patriotisme, à la bonne foi, au bon sens du citoyen. Notre ambassadeur, plutôt militaire que diplomate, est franc, loyal, de relations agréables; « très estimé en Angleterre, écrit Walpole (1), il a peu vécu en France et n'a guère les manières de ce pays, et si ce n'est sa passion pour la danse et la préoccupation qu'il montre pour sa personne, il n'y a rien dans son caractère qui ne cadrerait avec la gravité des cours anglaise et allemande; il ne possède pas d'ailleurs la vivacité d'esprit qui aurait pu le rendre redoutable à notre gouvernement. »

M. van Hop (2), envoyé hollandais à Londres, racontant le départ de Mirepoix après la rupture, parle de lui dans les termes suivants : « On le voit partir avec regret, car il est fort estimé par les grands et les petits : par les grands à cause de sa politesse, le peu d'airs qu'il se donne; et des petits à cause qu'il faisait une belle dépense et qu'il payait bien. »

Frédéric, plus appréciateur des qualités de l'esprit que de celles du cœur, met en doute, dans ses lettres, la capacité de l'ambassadeur. La cour de France elle-même, si nous devons nous rapporter à un mémoire sur la conduite des négociations, en date de février 1755 (3), n'eut pas toujours confiance dans la clairvoyance et la fermeté de son représentant : « Les sentiments d'honneur, de probité et de droiture, qui dominent dans le caractère de M. le duc de Mirepoix, paraissent n'avoir pas laissé assez d'accès aux impressions que les vues ambitieuses, la ruse et les artifices du ministère britannique auraient dû produire sur son esprit. Il n'est guère possible, d'ailleurs, que par son état il ait pu acquérir des connaissances assez particulières pour

(1) Horace Walpole. *Memoirs of the reign of George II*, vol. I, p. 201.
(2) Hop à Hop, 22 juillet 1755. *Confidential Miscellaneous. Record Office*.
(3) Mémoire sur les moyens de prévenir la guerre et de parvenir à une négociation avec l'Angleterre, février 1755. Archives des Affaires Etrangères.

se défendre contre les raisons spécieuses dont les Anglais font usage; d'où il arrive que l'amour de la vérité peut engager un ministre droit, vertueux et désintéressé, à penser qu'on peut, sans s'exposer à des conséquences funestes, céder aux Anglais sur des points qu'il envisage comme peu importants. »

L'auteur du mémoire termine en proposant d'adjoindre à la légation de Londres soit le maréchal de Noailles, soit M. de Puysieulx, soit le comte de Saint-Severin, le négociateur du traité d'Aix-la-Chapelle. Ce dernier « connaît les ruses, le ton impérieux de cette nation; il a su se garantir des unes, réprimer l'autre, en imposer par sa fermeté ». Le projet de désignation d'un second plénipotentiaire n'eut pas de suite, et M. de Mirepoix resta seul chargé de la tâche de concilier les prétentions des deux cours.

Moins connus, les personnages de la cour et du ministère britanniques ont droit à une présentation plus détaillée. Pour les dépeindre, nous puiserons dans les renseignements préparés pour l'envoyé français par le département des Affaires Étrangères. Les portraits du roi George et de son fils, le duc de Cumberland, sont tracés de main de maître; ils révèlent chez leur auteur une connaissance intime des sujets décrits et un véritable talent d'analyste.

« Le roi d'Angleterre est un prince qui se pique de justice et de droiture, et ses ennemis mêmes lui accordent ces deux vertus. Il ne sait point dissimuler; au contraire, son air, ses gestes, ses discours, son visage même marquent d'abord ce qu'il pense, soit en bienveillance, soit en haine. Cette passion est celle à laquelle il est le plus enclin, et il n'oublie que rarement et très difficilement les injures qu'il croit avoir reçues. Il est naturellement haut et désireux de gloire. Il aime, par préférence à tout, ses États et ses sujets d'Allemagne; il hait les Anglais et, généralement parlant, ils le lui rendent avec usure; cependant, l'avidité avec laquelle ils désirent les grâces et les emplois les rend presque tous courtisans assidus, et ce prince reçoit leurs assiduités avec l'air de mépriser beaucoup le motif qui les fait agir si contradictoirement à ce qu'ils pensent.

« Dès qu'un homme dans le parti de l'opposition paraît avoir quelque poids, et y être assez accrédité pour devenir dangereux ou incommode aux volontés de la cour, d'abord un titre, un emploi, ou quelque grâce semblable lui fait tourner casaque et passer dans le parti de la cour : c'est un coup sûr. Jamais cette nation n'a été si asservie à l'ambition et à l'intérêt qu'elle l'est aujourd'hui ; aussi jamais roi n'a-t-il été si fort le maître, et si sûr de faire confirmer toutes ses volontés par la pluralité des suffrages.

« Le duc de Cumberland, aveuglément aimé du roi son père, est un homme dur, féroce, d'un naturel cruel et d'une débauche excessive, qu'il pousse jusqu'à la scélératesse. Son caractère, peint sur son visage et dans ses yeux, gâte sa figure, faite d'ailleurs pour être belle. Personne, hors le roi son père, n'ignore ses vices, et cela, joint au peu d'estime qu'il a donné de lui comme général dans les dernières campagnes, fait qu'il est généralement méprisé de la nation, dont il avait commencé par être l'idole. »

Aux crayons du roi et de son fils nous ajouterons celui de lord Grenville qui, lors des négociations de 1755, exerça toute son influence dans le sens de la brouille avec la France : « Lord Grenville est un homme de beaucoup d'esprit et d'une grande condition ; il a fait, toute sa vie, une étude particulière des Affaires Étrangères. Il est savant dans les langues mortes ; il parle très bien les vivantes, surtout le français et l'espagnol. Il est éloquent, naturellement artificieux, au point que si de vingt façons d'exposer une affaire il y en a une plus artificieuse que les dix-neuf autres, c'est celle qui se présente d'abord à son esprit, qu'il débite avec tant de facilité qu'on ne se douterait point qu'il y entende finesse. Le ministre, dans le commerce de la vie, est doux, poli, gai, et d'un accès facile.

« En affaires, il est infatigable, vigilant, actif, plein de ressources, d'expédients, peu scrupuleux sur le choix des moyens pourvu qu'ils conduisent à son but; économe de son propre bien et libéral de celui du roi, quand il s'agit de grandes affaires. Il porte tout son conseil avec lui, persuadé que les sentiments des autres sont toujours inférieurs aux siens; il est avantageux, peu ménager des secrets qu'il peut violer utilement; entier dans ses idées, avide de commandement, rempli d'une jalousie inexprimable contre la grandeur de la maison de France, continuellement attentif aux moyens de l'abaisser, soit dans la paix, soit dans la guerre; décisif, hardi, entreprenant et portant le mépris du danger plus loin qu'il ne faut pour être une vertu. Ceux qui le connaissent le plus prétendent que la nature, trop attentive à former l'esprit, négligea les qualités du cœur. »

Depuis la paix d'Aix-la-Chapelle, la composition du ministère du roi George n'avait guère varié. M. Pelham et le duc de Newcastle, son frère, s'étaient maintenus au pouvoir, grâce à l'appui prêté à la politique continentale du monarque et à la confiance que cette conduite leur méritait de sa part, grâce surtout au système de corruption qui leur permettait d'agir sur la Chambre des communes et de détourner toute tentative sérieuse d'opposition.

A la mort de Pelham, le 6 mars 1754, Newcastle devint premier ministre. Il avait pour collègues les plus marquants : lord Grenville, dont nous venons de parler; lord Hardwicke, ami et confident de son chef, plein de bon sens et de jugement quoique dépourvu d'initiative, et M. Legge, chancelier de l'Échiquier, qui devait bientôt se séparer de ses collègues sur la question des traités de subsides passés avec la Russie et la Hesse.

Lord Holdernesse échangea, à cette époque, le département du Sud, aux Affaires Étrangères, contre celui du

Nord qui avait appartenu à Newcastle, et fut remplacé par sir Thomas Robinson, ancien ambassadeur anglais à Vienne. Ce dernier fut chargé, en outre, de la direction de la Chambre des communes, fonction délicate pour laquelle il n'avait ni le talent oratoire, ni l'expérience parlementaire, ni aucune des qualités nécessaires.

Fox, malgré ses fonctions de sous-secrétaire à la Guerre, ne siégeait pas encore au conseil; et quant à Pitt, l'emploi subalterne dont il était pourvu ne l'empêchait pas de combattre avec passion les mesures proposées par le cabinet.

Le ministre avec lequel l'envoyé de Louis XV eut à traiter plus particulièrement, sir Thomas Robinson, était sans prestige dans le monde politique et sans autorité auprès de ses collègues. Nous empruntons aux *Mémoires* de Horace Walpole les portraits qu'il trace de cet homme d'État et de lord Holdernesse, auteur de nombreuses dépêches que nous aurons à citer dans le cours de ce récit. « Sir Thomas Robinson, élevé dans les cours allemandes (1), a de l'honneur la notion allemande, admire la politique germanique, et éprouve autant de peine à s'expliquer en anglais que s'il n'eût jamais parlé d'autre langue que l'allemand. Il serait resté obscur, si la nécessité pour le duc de Newcastle d'employer des hommes de capacité inférieure, même à la sienne, et l'ardeur qu'il met à la découverte de personnages de cet acabit, n'avaient pas attiré sur ce pauvre Robinson à la fois la notoriété et le ridicule... Le roi, avec un ministre pareil dans son cabinet, se croit transporté aux Champs-Élysées de Herrenhausen (2). »

Le collègue de Robinson aux Affaires Étrangères n'est guère mieux traité (3) : « Le 18 juin nous vîmes apparaître le dernier et le plus grand phénomène de la saison, lord Holdernesse, qu'on était allé chercher à son ambas-

---

(1) Horace Walpole : *Memoirs of the reign of George II* (I, 388).
(2) Résidence d'été du roi, près de la ville de Hanovre.
(3) Horace Walpole : *Memoirs of the reign of George II* (I, 198).

sade de Hollande pour en faire un secrétaire d'État. Pour dire vrai, il se rend justice à lui-même et à ses patrons, car il paraît honteux d'être devenu si important, sans autre motif que celui d'avoir été jusqu'alors si insignifiant. La solennité de son ton donnerait un air de vérité à ses paroles, s'il savait leur conserver le moindre aspect de vraisemblance ; faute de quoi, ses discours ne font point de mal, car il est impossible d'y ajouter foi. La rage d'être régisseur d'opéras et de mascarades semble plutôt contraire à sa dignité qu'au-dessous de son intelligence, laquelle est si médiocre que tout récit de ses propres exploits eût obtenu plus de crédit que la nouvelle de son entrée au Ministère. » La mère de lord Holdernesse, lady Fitzwalter, était une parente éloignée de la famille royale ; « la reine et les princesses lui parlent toujours français, quoiqu'elle n'eût jamais quitté l'Angleterre, parce que ses ancêtres étaient d'origine allemande. »

Newcastle qui, avec les deux titulaires des Affaires Étrangères et lord Grenville, prit la principale part aux négociations, était au ministère depuis longtemps. Rompu aux intrigues de la cour et du Parlement, passé maître dans l'art de conduire les hommes en faisant appel à leurs intérêts, bien vu du roi plutôt par habitude que par estime, connaissant les passions de son souverain et prêt à les flatter, il ne sut jamais diriger les événements et encore moins les préparer ; versatile au point de ne pouvoir prendre une décision, aussi infatigable au travail qu'incapable de suite dans les idées, il n'eut d'autre souci que de se maintenir aux affaires, d'autre plan politique que celui de se conformer aux indications de la majorité du jour. Pacifique lui-même, Newcastle ne fit rien pour conserver la paix ; ennemi de la guerre en raison de la responsabilité qu'elle entraîne pour le gouvernement qui la fait, il prit malgré lui, et pour la satisfaction du moment, les mesures qui devaient la rendre inévitable. Les déclarations au Parlement, les armements militaires et maritimes, les instructions aux gouverneurs et aux amiraux, tous ces actes qui amenèrent la rupture avec la France, furent inspirés par le désir de répondre à la volonté du prince et aux manifestations du public.

George II, très allemand, ennemi de la France et des Français, ne pardonna jamais à Louis XV le concours que ce dernier avait prêté au Prétendant, lors de l'aventure d'Écosse en 1745. Entier, autoritaire, il ne subit d'autre influence que celle de sa maîtresse attitrée, la comtesse de Yarmouth. Les ministres anglais tremblaient devant le roi, et Newcastle lui-même, malgré le prestige que lui donnaient sa situation et sa longue expérience, ne trouvait l'énergie nécessaire pour lui résister que dans la crainte de se voir renverser du pouvoir par un mouvement irrésistible du Parlement. Or, dans l'espèce, les sentiments du monarque étaient à l'unisson de ceux de la nation; le courant en Angleterre, à l'époque qui nous occupe, était incontestablement hostile à la France. Jalousie de notre marine, tant marchande que militaire, antipathie de race et de religion, traditions de rivalités et de haines plus que séculaires, inquiétudes pour l'important commerce des colonies américaines, absence de rapports internationaux, ignorance presque absolue des Français, de leurs mœurs et de leur langue, sympathie pour les colons anglais du Nouveau-Monde : ces diverses causes se rencontraient pour exciter contre leurs voisins toutes les classes de la nation anglaise.

En Amérique, l'opinion était encore plus exaltée que dans la métropole. La correspondance des autorités anglaises, de Dinwiddie, gouverneur de Virginie, de Shirley, gouverneur de Massachusetts, n'est qu'une longue et perpétuelle diatribe contre les procédés des Canadiens. Non contents de relater les attaques et les attentats dont ces derniers et leurs alliés sauvages furent responsables, ils leur attribuent les intentions les plus perfides, les desseins les plus noirs. Il n'est pas surprenant que les lettres des négociants de Boston et de New-York, que les dépêches officielles reproduites par la presse, aient créé dans le public, dans les comptoirs, et même dans le monde religieux (1), un ferment d'humeur belliqueuse contre lequel le ministère Newcastle n'essaya même pas de lutter.

Le message du roi George, les débats de la Chambre basse, l'envoi du général Braddock sans explication préalable avec la cour de France, les instructions remises à cet officier, l'assentiment donné par les ministres aux projets formulés contre les établissements français par les gouverneurs de la Nouvelle-Écosse, de la Nouvelle-Angleterre et de la Virginie, trahissent l'état d'esprit du cabinet anglais, et prouvent que, dès la fin de l'année 1754, un accommodement entre les deux nations n'était possible qu'au prix de sacrifices dont la cour de Versailles n'avait aucune conception, et auxquels le sentiment de sa dignité ne lui permettrait pas de consentir.

A son arrivée à Londres dans les premiers jours de l'année 1755, Mirepoix trouva le conflit international, dû aux événements d'Amérique, fort envenimé par les mesures militaires que le ministère anglais avait prises pendant l'automne. Le gouvernement du roi George, ainsi qu'on l'a vu plus haut, n'était pas resté sourd aux appels de ses colons et aux plaintes des commerçants de la cité. Il savait que la première session de la nouvelle Chambre des com-

(1) La correspondance de Newcastle contient une instruction de la Société pour la propagation de l'Évangile à l'étranger, adressée à ses missionnaires en Amérique : « Ils auront à se défendre contre des attaques qui ont pour but d'abolir notre sainte religion, d'échanger le bonheur dont jouissent nos concitoyens d'Amérique sous le règne du meilleur des rois pour un régime de tyrannie certaine, de superstitions misérables, et d'idolâtrie papale, avec les persécutions admises qui en sont l'accompagnement; et ceux qui ne prendront pas les armes pour se défendre (allusion aux quakers de la Pensylvanie) seront coupables du crime de meurtre, parce qu'ils auront livré leurs honnêtes, innocents et paisibles compatriotes, avec tout le pays, à la fureur de notre ennemi avéré. » (Newcastle Papers, vol. CLXVIII.)

munes, élue pendant l'été de 1754, serait, à coup sûr l'occasion de discussions, que la procédure parlementaire permettait dès cette époque d'engager sur la politique étrangère, et d'attaques véhémentes contre le ministère, dont la faiblesse criminelle serait dénoncée à la vindicte publique. Aussi dès le mois d'octobre 1754, fut-il décidé de lever deux régiments coloniaux en Amérique, et d'y expédier deux autres, tirés des garnisons de l'Irlande. Le major général Braddock, officier de réputation, fut nommé au commandement général des troupes anglaises et provinciales; les armements dans les arsenaux reprirent quelque activité, et le nombre des matelots à entretenir pendant l'exercice 1755 fut porté de 8 et 10,000, chiffres des années antérieures, à 12,000; enfin, dans un paragraphe du message au Parlement, le roi manifesta l'intention « de protéger les possessions, qui sont une source considérable de notre négoce et de nos richesses ».

Les instructions qu'emporta Mirepoix n'étaient guère de nature à dissiper l'orage qui grossissait en Angleterre : on y constatait « la situation critique des affaires »; on lui enjoignait de demander des explications sur les préparatifs anglais, d'insister, en termes très catégoriques, pour que des ordres fussent donnés aux gouverneurs des colonies américaines de tout remettre en l'état antérieur à la dernière guerre, d'exiger le renvoi des réclamations anglaises à l'examen de la commission des limites, et de reprendre la négociation, interrompue par la mort de lord Albermarle, au sujet de l'assassinat de Jumonville. « Le duc de Mirepoix, ajoute le ministre, sera libre de mettre le degré d'onction ou de fermeté qu'il jugera nécessaire, selon les dispositions qu'il rencontrera, soit dans le ministère britannique, soit dans la nation. »

Dans sa première dépêche (1), l'ambassadeur rend

(1) Mirepoix à Rouillé, 16 janvier 1755. Archives des Affaires Etrangères.

compte de ses entrevues avec les ministres anglais : « J'ai trouvé le chevalier Robinson fort au fait de la question. » La conversation roula sur les incidents de l'Ohio, sur les prétentions territoriales des deux puissances, sur la géographie de cette partie de l'Amérique que l'Anglais possédait évidemment beaucoup mieux que son interlocuteur, et enfin sur la proposition du gouvernement français. Notre représentant résume ainsi ses impressions : « M. le duc de Newcastle craint la guerre et voudrait de tout son cœur éviter une rupture entre les deux couronnes. Il craint la guerre, parce qu'il ne se sent point assez fort ni assez accrédité pour en soutenir et diriger les opérations. La nation, attachée à son commerce et dirigée en partie par les influences des négociants, ne veut pas la guerre ; mais cette nation est facile à exciter ; elle l'a été violemment par les plaintes de leurs colonies, par les entreprises de nos gens du Canada. L'objet est d'autant plus intéressant pour les Anglais que ces colonies sont les principales ressources de leur commerce. »

Mirepoix enregistre avec une satisfaction évidente l'accueil amical qu'il reçoit, et les succès qu'il obtient dans la société anglaise. Dans une lettre particulière à Rouillé, il rend compte d'une visite de condoléance faite à lady Albermarle et de l'excellent effet que cette démarche avait produit : « Le chevalier Robinson m'a dit que le roi son maître en avait été enchanté et qu'il lui avait dit, à cette occasion, qu'il fallait convenir que nous autres Français nous savions faire les choses plus honnêtement que tous les autres. » La série des cadeaux continue ; cette fois, il s'agit d'un télescope, dont le duc de Newcastle fait hommage à Mme de Pompadour. « La pièce est fort belle, décorée de toute l'élégance dont elle a pu être susceptible. »

Le 23 janvier, nouvel entretien : à la demande de faire cesser les hostilités, le gouvernement anglais riposte en manifestant son inquiétude au sujet des armements dans les ports français (1). M. Fox (2) est très violent dans son langage contre la France; le renvoi des litiges à la commission des limites ne sera pas accepté. « Nous ne pourrons amener les Anglais à entrer en discussion de droits; ils les regardent comme chimériques entre les deux nations et sont dans la disposition de ne considérer que les convenances. »

Mirepoix insiste sur l'urgence de traiter au moins pour la partie de l'Ohio, et demande pleins pouvoirs à cet effet. « J'ai cru devoir vous en instruire d'avance, ajoute-t-il, et vous mettre en état d'en prévenir le conseil de Sa Majesté, pour que nous dirigions nos résolutions en conséquence, et que s'il nous convient d'affecter la possession du territoire de la rivière d'Ohio, nous nous préparions à nous y soutenir vigoureusement. Les Anglais ne nous y souffriront pas s'ils peuvent l'empêcher, premièrement par les inquiétudes que nous donnons de là à leurs colonies, et en second lieu parce que, par nos établissements, nous intercepterions le commerce de fourrures, que font ces colons avec les sauvages de l'intérieur des terres. » L'ambassadeur avait d'autant plus de raison de s'exprimer ainsi qu'il avait par devant lui les instructions rédigées pour le général Braddock (3), et qu'il savait que cet officier avait reçu l'ordre d'attaquer nos forts sur la Belle-Rivière et sur le lac Érié.

A cette missive, M. de Rouillé répond (4), « quoiqu'il y

---

(1) Dès le commencement de janvier, le roi Louis avait donné l'ordre d'armer une escadre, destinée à porter des renforts en Amérique.

(2) Fox, ami et protégé du duc de Cumberland, remplissait les fonctions de secrétaire d'État de la guerre dans le cabinet Newcastle. Il ne fit partie du conseil qu'à partir de l'automne 1755. L'ordre donné de préparer sans retard une escadre de dix-sept vaisseaux de ligne, en date du 20 janvier 1755, est signé de lui. — Fox to Lords of Admiralty, le 20 janvier 1755.

(3) M. Boutet, chargé d'affaires, avait pu, moyennant finance, se procurer une copie de cette pièce et l'avait envoyée à Paris dès le 2 janvier 1755.

(4) Rouillé à Mirepoix, 3 février 1755.

eût peu d'espérance de parvenir à une conciliation », en envoyant les pleins pouvoirs sollicités; il revient à la proposition de replacer les choses en l'état où elles avaient été laissées par les arrangements antérieurs; pour obtenir ce résultat, un armistice de deux ans serait conclu et l'ordre envoyé aux gouverneurs en Amérique de suspendre toutes les hostilités. Il déclare expressément au nom de Sa Majesté très chrétienne que les préparatifs dont les Anglais se plaignent « n'ont aucune vue offensive et n'ont d'autre objet que la défense de ses possessions et des droits de la couronne. » Le ministre de Louis XV avait emprunté pour ainsi dire les termes de sa dépêche au message parlementaire du roi George.

Aux suggestions du gouvernement français, Robinson réplique en reconnaissant en principe la nécessité d'adresser des ordres aux gouverneurs respectifs. Mais avant l'expédition de ces instructions, il fallait s'entendre sur certains points disputés. « S'il est d'accord, ajoute-t-il avec beaucoup de sens (1), sur le fond de remettre les choses telles qu'elles avaient été réglées par le traité d'Utrecht, que cependant comme les explications des termes dudit traité n'avaient pu être terminées par plusieurs commissions établies en différents temps, il n'était pas à supposer qu'on pût arriver à une conciliation sur de pareils objets autrement que par une prompte négociation de cour à cour. » Le ministre anglais se livre ensuite à une longue dissertation sur la distinction à faire entre les pays de possession utile, c'est-à-dire colonisés, et les régions de propriété exclusive qu'on ne songe pas à occuper soi-même, mais où on veut interdire les établissements d'une puissance étrangère. C'est à cette seconde catégorie qu'appartenaient presque tous les territoires contestés. La conversation se termina par la proposition de discuter en premier lieu la question

(1) Mirepoix à Rouillé, 10 février 1755.

de l'Ohio, et de clore le différend soulevé sur ce point en « remettant cet article sur le même pied que les choses y avaient été autrefois. »

En résumé, le gouvernement anglais repoussait tout ajournement, et insistait pour une solution de fond, au moins sur le litige qui était la cause immédiate du conflit. « Il me semble, écrit l'ambassadeur, suivant les faibles connaissances que je puis avoir sur ces matières, que le tout se réduit à trois articles : celui concernant les environs des rivières d'Ohio et d'Aubache, celui des confins de la Nouvelle-York et de la Nouvelle-Angleterre qui avoisinent Montréal et nos autres possessions, sur le haut du fleuve Saint-Laurent, et celui des frontières de l'Acadie.

« Comme il me paraît que tout le territoire, entre la rivière d'Aubache et le derrière des montagnes qui ferment les colonies anglaises, est dans le cas, pour l'une ou l'autre nation, de ne vouloir l'affecter que par la considération de la propriété exclusive, il me semble que sur les ouvertures de l'Angleterre on peut facilement terminer sur cet article. J'ai lieu même de croire que si cet article était terminé, l'on pourrait, si notre cour le désirait, amener celle d'Angleterre à envoyer, dès le moment de sa consommation, des ordres à nos gouverneurs respectifs pour leur ordonner l'armistice, sans attendre que les autres points fussent réglés. »

L'optimisme de Mirepoix gagne la cour anglaise : « Je vous remercie, écrit le duc de Cumberland à Newcastle (1), de la communication des pièces que vous m'avez remises ce matin. Si la France consent aux conditions soulignées, je croirai que nous nous serons très bien tirés de nos grands embarras actuels... La France semble, d'après les pleins pouvoirs et le projet de réplique (2), au moins

(1) Duc de Cumberland à Newcastle, le 11 février 1755. *Newcastle papers.* *British Museum.*
(2) Voir la dépêche de Rouillé à Mirepoix du 3 février, déjà citée.

aussi désireuse que nous de maintenir la paix; mais, comme l'on ne doit pas se fier à un ennemi naturel, j'espère que les ministres du roi ne perdront pas le peu de temps qui reste pour nos préparatifs. » Newcastle écrit à ses amis de Hollande sur le même ton (1) : « Je crois que nous allons nous arranger avec la France, mais je suis loin d'en être bien sûr; en tous cas, nos flottes seront prêtes. » Il est probable que Mirepoix, dans ses entretiens avec Newcastle et Robinson, entraîné par son désir d'éviter la guerre, avait fait des assertions et laissé entrevoir des concessions qui dépassaient les intentions de son gouvernement.

Quoi qu'il en fût, à Londres on crut à un accommodement; lord Hertford fut désigné pour succéder à lord Albermarle comme chef de légation à Paris, et les conversations reprirent de plus belle entre Mirepoix et Robinson. Ce dernier déclara que le cabinet britannique (2), outre les forts nouvellement établis sur l'Ohio, demanderait que nous démolissions celui de Frédéric « et un autre dont je ne me rappelle pas bien le nom, mais situé aux environs des lacs Érié et Ontario. » Après cet aveu, dont le vague témoigne des faibles connaissances de l'ambassadeur sur la géographie de la Nouvelle-France, nous ne serons pas étonnés de lui voir réclamer d'urgence l'envoi de cartes. « Vous savez, écrit-il, combien les cartes anglaises et les nôtres diffèrent; il me serait nécessaire d'en avoir des nôtres, sur lesquelles nous établissions nos principes. » Mirepoix termine sa relation en dépeignant les embarras du ministère anglais, et son désir de ménager l'opinion publique, fort chatouilleuse sur le chapitre des colonies et du commerce américains. « Le chevalier Robinson m'a représenté que les ministres du roi procédaient en sûreté sous son auto-

---

(1) Newcastle à Bentinck, le 18 février 1755. *Newcastle papers*.
(2) Mirepoix à Rouillé, le 28 février 1755.

rité, mais qu'il n'en était pas de même pour eux, et que la tête du duc de Newcastle et la sienne répondraient des suites du traité qu'il y avait à conclure. »

A peu près à cette date, c'est-à-dire vers la fin de février, arriva à Londres un projet d'arrangement arrêté par le ministère de Louis XV, dont le contenu vint démontrer une fois de plus la divergence radicale qui existait entre les vues des deux gouvernements. Le cabinet de Versailles, se déterminant à définir ce qu'il entendait par la remise des choses en l'état antérieur, proposait l'évacuation et la neutralité du territoire entre l'Ohio et les montagnes, la démolition de tous les forts construits depuis la paix d'Utrecht, et notamment celui de Chouaguen, sur le lac Ontario, et ceux de Chignecto et des Mines, sur la baie Française. Un armistice de deux années donnerait à la commission des limites le temps nécessaire pour étudier et fixer les frontières définitives.

A son tour, le cabinet anglais se décida à préciser ses prétentions ; le 7 mars, Robinson remit à l'ambassadeur une note formulant les demandes de son gouvernement ; elles se résumaient comme suit :

1° Dans l'ouest, la frontière anglaise prendrait son départ à la baie de Caragahaque, sur le lac Érié, suivrait le cours de la Rivière-aux-Bœufs et de l'Ohio, et se dirigerait en droite ligne vers le 40° degré. Les limites des établissements français seraient formées par les rivières Miamis et Wabash, jusqu'au confluent de ce dernier avec l'Ohio ; tout le territoire compris entre ces deux lignes serait proclamé neutre et abandonné aux sauvages, avec faculté pour les deux nations de commercer avec eux. Tous les postes établis dans cette zone seraient détruits (1).

2° Les forts français de Niagara et de Saint-Frédéric (sur

(1) La proposition anglaise parlait de l'Ohio comme frontière, tandis que, d'après les lettres précédentes de Mirepoix, le territoire entre ce fleuve et les montagnes devait être compris dans la zone neutre.

le lac Champlain) seraient démolis, et la région au sud des grands lacs et du fleuve Saint-Laurent, jusqu'à la hauteur de Montréal, appartiendrait à la confédération des Cinq-Nations. Les traitants anglais et français jouiraient de la liberté du commerce et de la navigation sur la rivière de Niagara, les lacs Érié, Ontario et Champlain.

3° Du côté de l'Acadie, les possessions anglaises seraient terminées par une ligne qui, partant de l'embouchure de la rivière Penobscot (ou Pentagoet), serait tracée des sources de ce cours d'eau, droit sur le nord jusqu'à un point situé à 20 lieues du Saint-Laurent, de là s'infléchirait à l'est et se terminerait au golfe Saint-Laurent, à 20 lieues au nord du cap Tourmentin (1); toute l'étendue entre cette frontière et le grand fleuve serait considérée comme neutre et réservée aux indigènes.

Mirepoix (2), dans la dépêche qui accompagnait cette pièce, ajoute les explications de Robinson qui, « pour donner plus de clarté aux propositions anglaises, a crayonné en rouge sur une de nos cartes tirées du livre du Père Charlevoix les limites des deux nations, le terrain d'entre ces lignes étant celui qui doit rester prohibé. »

Même avec les adoucissements que Robinson y avait faits de vive voix, les demandes de la cour de Saint-James étaient si éloignées des prétentions de Versailles, la condition d'abandon de positions sur lesquelles flottaient depuis longtemps les couleurs françaises était si exagérée, que Mirepoix n'hésita pas à déclarer au ministre britannique son peu d'espoir d'un accommodement; cependant, il appuya (3) auprès de son gouvernement sur la nécessité d'une prompte décision à l'égard d'offres qu'il

(1) Le cap Tourmente ou Tourmentin est situé au nord de la baie Verte, en face de l'île Saint-Jean (Prince Edwards Island).
(2) Mirepoix à Rouillé, 8 mars 1755.
(3) Mirepoix a Rouillé, 10 mars 1755.

désespérait de rendre plus satisfaisantes. « Au reste, dit-il, je crois pouvoir vous assurer que ces gens n'ont formé jusqu'à présent ni plan ni projet sur leurs opérations ultérieures. Sur quelques clameurs du public au sujet des nouvelles que l'on a eues de nos préparatifs (1), ils se sont laissé entraîner à faire une démonstration de toutes leurs forces sans en prévoir les suites, sans en résoudre la destination, peut-être sans en estimer la dépense ». L'ambassadeur termine sa dépêche par le conseil « de se préparer au Cap-Breton et de le mettre en état de fournir une vigoureuse défense ».

Le 13 mars, M. de Mirepoix avertit encore son gouvernement en termes énergiques des dangers de la situation (2). « Comme j'ai eu l'honneur de vous le mander, nous ne devons pas balancer ni différer à prendre nos dernières résolutions. La gloire de Sa Majesté, la dignité de sa couronne, les droits de ses sujets ne doivent pas dépendre des caprices de la nation anglaise et de la faiblesse de ses administrateurs; mais il est bien certain que ce n'est pas, comme on le suppose en France, le ministère qui dispose des impressions du public. Le roi d'Angleterre et ses ministres voudraient bien sincèrement éviter une rupture, mais ils n'ont point osé ou ils n'ont point su en prendre les moyens. Voilà, Monsieur, exactement la vérité. Je suis sur les lieux; je dois connaître le terrain depuis plus de six ans que je suis en Angleterre, et vous pouvez être assuré que je ne me trompe pas dans mes conjectures. »

Malgré l'entraînement fatal que subirent les deux gouvernements, il est intéressant de constater que M. de Rouillé manifestait les mêmes dispositions pacifiques que le duc de Newcastle.

« Je suis persuadé, écrit M. de Ruvigny, chargé d'affaires

---

(1) Ainsi qu'on l'a dit plus haut, le gouvernement français faisait armer à Brest une escadre, destinée à porter des renforts au Canada.
(2) Mirepoix a Rouillé, 13 mars 1755.

à Paris (1), que l'inclination personnelle de M. Rouillé est en faveur de la conservation de la tranquillité publique, et je trouve le sentiment général dans ce pays porté pour la paix, surtout en ce moment. On ne croit pas, en effet, que la marine française soit en état de lutter contre celle de la Grande-Bretagne, et l'on n'a pas grande confiance dans l'expédition proposée. » Ces renseignements n'étaient pas de nature à faire prévoir des décisions vigoureuses de la part de la France. Néanmoins, la réponse de Rouillé à la note anglaise fut nette et précise. « Nous voyons avec regret, écrit le ministre (2), que la guerre peut seule terminer nos discussions, et je n'ai rien à ajouter à la lettre ostensive (*sic*) que je joins ici. Les propos contenus dans le contre-projet anglais ont soulevé avec raison le roi et son conseil. » La lettre ostensible qui transmettait l'ordre de rompre les pourparlers, ou tout au moins de ne les reprendre qu'après une modification radicale des prétentions anglaises, était conçue dans les termes suivants : « Sur le compte, Monsieur, que j'ai rendu au roi dans son conseil, du contre-projet de convention qui vous a été remis le 7 de ce mois par M. le chevalier Robinson, et des lettres du 8 et du 10 dont vous avez accompagné cette pièce, Sa Majesté m'a ordonné de vous mander qu'elle ne peut ni ne doit accepter les conditions d'accommodement contenues dans ce contre-projet, et qu'il n'est pas possible de croire que la cour de Londres veuille mettre à ce prix le maintien de la bonne intelligence entre les deux couronnes.

« Le roi regarde comme totalement inutile toute nouvelle démarche de votre part, relativement à la négociation que vous avez suivie avec beaucoup de zèle et d'activité, et à laquelle Sa Majesté s'était prêtée de bonne foi, et avec les

---

(1) Ruvigny de Cosne à Robinson, 12 mars 1755. *Record Office*.
(2) Rouillé à Mirepoix, 17 mars 1755.

intentions les plus désintéressées et les plus pacifiques. Les propositions de l'Angleterre sont si extraordinaires et si peu mesurées qu'il n'est pas vraisemblable qu'elle se fût déterminée à les produire, si le roi de la Grande-Bretagne et ses ministres avaient été exactement informés des droits respectifs et des faits qui ont rapport à nos possessions dans l'Amérique septentrionale. Nous n'aurions jamais imaginé, Monsieur, qu'un objet aussi peu important en lui-même que celui qui a donné lieu aux discussions actuelles pût occasionner une guerre. Ce n'est qu'avec le plus sensible regret que le roi se verrait forcé de renoncer à l'espérance d'une paix solide et durable, et la France aimera toujours infiniment mieux avoir l'Angleterre pour alliée que pour ennemie.

« Sa Majesté voudrait pouvoir espérer qu'on trouvera encore quelque expédient pour parvenir à rétablir la tranquillité en Amérique, et à prévenir tout ce qui pourrait la troubler en Europe. Le roi se prêtera avec empressement à tous les moyens qui pourront opérer cet effet salutaire, lorsqu'ils ne blesseront pas essentiellement la sûreté de ses possessions, les droits de sa couronne et sa propre considération. »

Le refus de passer à l'examen du contre-projet de Londres ne dut pas surprendre les conseillers du roi George. Dès le 11 mars, c'est-à-dire quatre jours seulement après la remise à Mirepoix du document officiel, Newcastle avait écrit en Hollande (1) : « Quoique ce contre-projet doive être reconnu comme parfaitement équitable par tous ceux qui examineront la question d'une façon impartiale, je ne suis pas assez optimiste pour m'attendre à ce qu'il soit accepté par la cour de France. Il est possible qu'elle nous fasse une réponse qui permette la continuation des pourparlers, mais je ne serai pas surpris si (d'après les préparatifs qu'ils

(1) Newcastle à Bentinck, 11 mars 1755.

sont en train de faire) ils mettent fin brusquement aux négociations... Ils savent que nous leur sommes à présent supérieurs en Amérique, et pour ce motif ils veulent un armistice de deux ans pour gagner du temps. »

Cependant, le ton résolu de la note française fit une grande impression sur l'esprit vacillant du ministère anglais. Le duc de Newcastle informa notre ambassadeur que le contre-projet n'était pas un ultimatum, et qu'il serait possible de faire des concessions sur certains points, et d'adoucir par quelques modifications de détails le caractère trop absolu des conditions du 7 mars. Pendant les derniers jours de ce mois, Mirepoix et Robinson eurent de longs entretiens, dont nous possédons le compte rendu fait par chacun des interlocuteurs (1). Les suggestions relatives à la nouvelle délimitation sont indiquées d'une façon identique; mais tandis que Mirepoix en laisse l'initiative au ministre anglais, ce dernier en attribue la paternité à l'ambassadeur français. Quel que fût d'ailleurs l'auteur responsable, les diplomates paraissent désireux de s'entendre, et il est permis de penser que s'ils avaient été munis des pouvoirs nécessaires, l'accord des prétentions rivales se fût promptement réalisé.

D'après les idées échangées, du côté de l'Acadie la frontière anglaise serait maintenue à une distance de 20 lieues au nord de la baie de Fundy; et à travers la zone réservée aux sauvages, une lisière ou bande de territoire laissée à la France assurerait la communication entre le Canada et les îles du golfe. Le fort Saint-Frédéric serait reporté en arrière, comme trop rapproché des colonies anglaises.

Au delà du lac Champlain et des établissements aux environs de Montréal, au sud du Saint-Laurent, du lac Ontario, de la rivière de Niagara et du lac Érié jusqu'à la pres-

---

(1) Mirepoix a Rouillé, 23 et 24 mars 1755. — Robinson a Newcastle, 22 mars 1755.

qu'île, une contrée de 20 lieues de profondeur serait déclarée neutre, et défense faite aux deux nations d'y créer des postes.

Le fort français de Niagara et le fort anglais d'Oswego seraient démolis. Du côté de l'Ohio, la limite anglaise ne toucherait pas le lac Érié, mais prenant son point de départ à Venango, sur la Rivière-aux-Bœufs, se dirigerait au sud jusqu'à la rencontre des premières pentes montagneuses de la Virginie. Entre cette ligne, et jusqu'aux possessions françaises, arrêtées à 20 lieues à l'est du Wabash, le pays serait réservé aux Indiens.

Ces propositions, plus favorables que celles du contre-projet du 7 mars, offraient aux Français l'avantage d'assurer la communication par terre entre le Canada et les îles du golfe Saint-Laurent, de maintenir sous la domination française des territoires étendus, tant aux environs de Montréal qu'entre le Wabash et l'Ohio, de repousser au-delà du lac Érié le pavillon anglais; enfin, d'après un système ingénieux que la diplomatie moderne a repris dans des négociations récentes, les terres des deux nations devaient être séparées, sur toute la longueur de la frontière, par une région réservée, nous dirions aujourd'hui un État tampon, appartenant en toute propriété aux indigènes, et dans laquelle tout établissement permanent était interdit.

Mirepoix transmit au ministre le précis de ses conférences avec Robinson, et souligna la nécessité d'une prompte réponse : « Comme nous touchons au moment du départ de nos escadres, écrit-il, j'ai cru important de mettre tous les instants à profit. »

Robinson, de son côté, après avoir indiqué à Newcastle les points saillants des nouvelles conditions de délimitation, finit ainsi (1) : « Le traité devra être définitif; j'ai fait de mon mieux; je vois plus clair que jusqu'à présent.

(1) Robinson à Newcastle, 22 mars 1755.

Il (Mirepoix) *s'est déboutonné assez* (en français), mais s'il n'a pas les pouvoirs il peut être désavoué ; ce qui est sûr, c'est qu'il n'a pas les pouvoirs nécessaires pour traiter en forme, plume à plume, et la main dans la main. Lord Holdernesse et moi avons trouvé le roi aujourd'hui dans les meilleures dispositions imaginables... Sa Majesté veut absolument un traité définitif... je me suis beaucoup servi auprès du roi, comme argument en faveur de la paix, de la situation en Espagne, de l'état de santé de la reine d'Espagne et de la position de Wall. »

Malheureusement le message du roi George (1) au Parlement, qui venait de reprendre ses séances, ne fut pas rédigé en termes qui indiquassent au pays les sentiments pacifiques dont les ministres se prétendaient animés. Aucune allusion ne fut faite aux négociations en cours. Le roi, après avoir rappelé ses déclarations de la session d'octobre 1754, se voyait « obligé d'annoncer au Parlement que la situation actuelle des affaires le force à augmenter ses troupes de terre et de mer, à prendre les mesures les plus propres à conserver la paix générale de l'Europe, et à sauvegarder les justes droits et les possessions de sa couronne en Amérique ».

Cet appel fut entendu, et un crédit d'un million de livres sterling mis à la disposition du ministère pour les dépenses de la flotte.

Au projet élaboré par Robinson et Mirepoix, Rouillé fit une réponse dilatoire. En principe, il se déclara prêt à l'examiner ; « mais pour parvenir à une paix solide et durable, écrit-il (2), il faudra nécessairement peser la nature et les circonstances des engagements qu'il s'agira de contracter, et combiner les droits et les concessions réciproques. Un travail aussi important demandera beaucoup

---

(1) Message au Parlement, 25 mars 1755.
(2) Rouillé à Mirepoix, 27 mars 1755.

d'explications et de temps; quel usage fera-t-on, en attendant, des armements qu'on a préparés, de part et d'autre? Comment sera-t-il possible de négocier avec fruit si les voies de fait continuent en Amérique et si elles commencent en pleine mer? » Pour parer à des éventualités dangereuses, le ministre propose de donner des ordres identiques aux gouverneurs et aux commandants des escadres, de leur interdire tout acte d'hostilité offensive, et, pour assurer la bonne foi des parties, d'échanger les instructions ainsi transmises. Suit un long verbiage sur les droits de la France : « C'est principalement sur les droits respectifs et bien constatés qu'il faut établir la base d'une négociation; pour rapprocher les intérêts et les convenances de part et d'autre, il faut en faire la comparaison et en peser les avantages et les inconvénients. C'est ce que nous ferons, en répondant aux propositions ou modifications, qui devaient vous être communiquées par M. le chevalier Robinson. »

La dépêche de Rouillé se croisa avec une lettre de Mirepoix qui, il faut lui rendre justice, ne se faisait à cette époque aucune illusion sur la gravité des événements (1). Après avoir rendu compte des débats sur le message et de l'attitude faible du ministère, il ajoute : « Cependant, les choses ne sont pas encore désespérées... si le roi juge que les dispositions des Anglais se rapprochent de nos principes, il n'y a pas de temps à perdre pour m'envoyer les instructions nécessaires à la négociation ultérieure. Je ne puis d'avance répondre de l'usage que j'en pourrai faire; mais les circonstances sont si critiques que je ne saurais trop tôt être en état de profiter de tous les instants. »

D'après ce que nous avons appris des opinions du roi George et de son cabinet, sur le danger de faire autre chose qu'un traité définitif, il n'était guère probable que

(1) Mirepoix à Rouillé, 28 mars 1755.

la trêve mise en avant pour la seconde fois par la cour de Versailles, et déjà écartée à Londres, fût consentie par le gouvernement anglais.

« Si la négociation continue, dit Robinson (1) après sa conférence avec l'ambassadeur de France, ce sera sur la base primitive d'une suspension d'hostilités;... M. de Mirepoix affecte cependant d'y voir une grande différence. La principale affaire est de savoir si quelques-uns de leurs navires sont partis, et jusqu'à quel point il est désirable d'imposer à eux et à nous, comme condition préliminaire, de ne plus envoyer de vaisseaux en Amérique. »

L'avis du roi George trancha la question. « Je crois, écrit-il (2) à Robinson, cette proposition semblable à la première, ce qui veut dire qu'ils nous trouvent en avance sur eux, et qu'ils cherchent à entraver nos armements, au moyen d'un armistice. »

Mirepoix prévoit ce refus : « Le gouvernement anglais, mande-t-il à sa cour (3), n'acceptera pas l'entente proposée par M. de Rouillé sur les instructions à donner aux gouverneurs et chefs d'escadre; l'opinion établie, à laquelle le ministère s'est laissé obliger de déférer, est que les Anglais sont prêts, et que nous pouvons encore ne pas l'être. » Le 5 avril, parvint la réponse officielle du ministère Newcastle. Le cabinet anglais repoussait toute idée de trêve et d'accord préalables, mais se déclarait disposé à continuer la discussion sur le fond du litige.

Une lettre de Robinson, datée du jour même du refus, dépeint très exactement l'état d'esprit du roi, de ses conseillers, et indique la légèreté et l'insouciance avec lesquelles la cour de Saint-James se laissait entraîner à la guerre.

(1) Robinson à Newcastle, 31 mars 1755.
(2) Réponse du roi à la note de Robinson sur les propositions françaises. (*Newcastle Papers*, CLXVIII.)
(3) Mirepoix à Rouillé, 1er avril 1755.

« Le roi, écrit-il à Newcastle (1), a bien voulu approuver ma conduite, croyant qu'il fallait donner cette satisfaction à l'ambassadeur français (2) ; mais il ne croit pas que cela produise grand'chose, et il se demande s'il ne vaut pas mieux avoir la guerre, puisque la France est si bas, nous si supérieurs sur mer, et un tel réveil d'opinion dans toute la nation. L'Angleterre n'aura jamais une si belle occasion… Sa Majesté ne nous accorde que dix jours pour attendre le retour du courrier et la réponse, qui sera décisive. »

Le même jour, Mirepoix adressa à l'abbé La Ville (3), à l'occasion de l'envoi de la note du gouvernement anglais, un billet confidentiel qui fait honneur au bon sens de l'écrivain, et que pourrait s'approprier en pareille occurrence plus d'un de nos diplomates contemporains :

« Les circonstances sont difficiles, et je vois avec douleur qu'elles sont dans le penchant de le devenir encore davantage ; le cœur me saigne de nous voir à la veille de nous prendre aux crins pour des objets aussi chétifs que ceux de la question actuelle. L'on s'est engagé, de part et d'autre ; et en conséquence des engagements, la matière s'est si fort épaissie que la résolution devient excessivement difficile, mais point encore impossible ; les choses peuvent encore se ramener, mais plus on différera, plus la besogne deviendra par elle-même raboteuse, sans compter le chapitre des accidents.

« Par mes dépêches j'ai marqué les articles cardinaux des Anglais, et ai rendu compte de leur plan général ; s'ils se rapprochent de nos principes, procédons, et que l'on ne

(1) Robinson à Newcastle, 5 avril 1755.
(2) Allusion à une modification apportée au texte de la réponse anglaise, sur la demande de Mirepoix.
(3) Mirepoix à La Ville, 5 avril 1755. L'abbé La Ville, après avoir été chargé d'affaires et ministre à la Haye, remplit les fonctions de premier commis aux Affaires Étrangères, de 1748 à 1751 et de la fin de 1754 à 1774.

diffère pas d'un instant à m'envoyer les instructions nécessaires pour entamer la matière. Notre dernière proposition, de concerter entre les cours les ordres à donner aux gouverneurs et commandants, n'a point été acceptée, comme je l'avais bien prévu.

« Les choses sont au point que les ministres ici n'oseraient prendre sur eux de convenir d'aucune mesure conciliante, jusqu'à ce que les points débattus soient terminés. L'article essentiel est la cession que les Anglais demandent de la presqu'île de l'Acadie et de vingt lieues sur la côte de la baie Française; c'est le point capital, sans lequel les ministres anglais ne peuvent convenir de rien. C'est à nous à prendre nos résolutions en conséquence.

« Voilà, mon cher abbé, le nœud gordien duquel nous devons partir. Le reste peut s'ajuster, et un peu plus ou un peu moins de terrain prohibé entre nous et les Anglais ne sera point un obstacle à la conciliation.

« Par toutes mes dépêches, je demande des instructions : c'est le seul moyen d'éviter les calamités menaçantes. Il faut que je sois en état de profiter de toutes les circonstances et de tous les instants. Si l'on se détermine à me les donner, elles ne peuvent être trop amples et trop précises. En un mot, il faut que je sache le fond du sac, ce que nous voulons, ce que nous consentons à relâcher et ce que nous voudrions obtenir; et que l'on s'en remette à ma prudence de l'usage que j'en ferai.

« Ayant à exciter les Anglais et à chercher à les faire aller en avant, je n'ai pu jusqu'à présent tirer des conjectures de ce qui peut convenir, que sur le peu que l'on m'a mandé qui ne convenait pas... Je ne sais rien sur nos droits et convenances. Je vous confierai de plus, mon cher abbé, que je n'approuve point du tout la proposition que nous faisons de se donner par écrit les questions ultérieures de la négociation. Pour ce qui me regarde personnellement, c'est bien tant mieux; c'est moins de besogne pour moi, et de plus je suis par là à l'abri de tout. Mais je vous avoue que je redoute fort ces écrits respectifs, et que j'ai tout lieu de craindre qu'au lieu d'eau ils ne jettent de l'huile sur le feu. Les Anglais couchent mal par écrit dans notre langue; quoiqu'ils traitent rondement et honnêtement, leur façon de libeller est louche et sèche, et nous ne sommes que trop disposés à prendre les choses du mauvais côté. Je redoute encore plus nos écrits que les leurs. Ce n'est pas ceux qui partiront du bureau des Affaires Étrangères; depuis que vous avez la main à la pâte, je ne crains rien de chez vous;... que l'on se borne au moins aux simples rédactions des propositions et surtout que l'on n'y ajoute point de mémoire d'explications. Que celles qui seront nécessaires me soient adressées, pour en faire l'usage qu'il conviendra, soit par écrit, soit verbalement.

« Enfin, mon cher abbé, je ne saurais trop tôt être muni de vos derniers mots. J'entends bien ce que vous pourrez me dire là-dessus, mais il est temps que le thème soit pris; si l'on ne peut le faire, il n'y a qu'à en jeter son bonnet par-dessus les moulins. »

Sur ces entrefaites, notre ambassadeur reçut enfin un mémoire (1) précisant les prétentions françaises. D'après celles-ci, les frontières respectives devaient être les hauteurs qui séparent le bassin de l'Atlantique de celui des lacs et des fleuves Saint-Laurent et Mississipi. Conformément à cette règle, les bords de l'Ohio et de ses affluents, une bande considérable de territoire, arrosée par les tributaires des lacs intérieurs et par ceux du Saint-Laurent, appartiendraient à la France, tandis que les possessions anglaises ne dépasseraient pas les monts Apalaches et les monts Alleghany. Le roi n'admettait aucun démembrement des établissements du Canada, et en Acadie réclamait la propriété de la rive nord de la baie Française (Fundy), ne

(1) Mémoire joint à la dépêche de Rouillé du 6 avril 1755.

laissant aux Anglais que la presqu'île de la Nouvelle-Écosse, moins Beaubassin et Chignecto, qui seraient terre française; l'isthme serait déclaré neutre, et les Acadiens auraient le droit de se retirer sur le territoire français.

Quelques jours après, Rouillé propose d'envoyer à Londres M. de la Gallissonnière, l'un des membres de la commission des limites, pour démontrer la justice des demandes de la cour de Versailles. Quant aux négociations (1), pour les continuer, il était indispensable que l'Angleterre renonçât à ses revendications sur trois points essentiels, et qu'elle reconnût les droits de la France : 1° sur les rives du fleuve Saint-Laurent et des lacs dont les eaux se jettent dans ce fleuve; 2° sur la zone de 20 lieues au nord de la baie Française; 3° sur le territoire entre l'Ohio et le Wabash. Sur ces trois points capitaux, le roi n'accepterait aucune transaction.

Par son ultimatum, la cour de Versailles s'attribuait la possession de tous les pays en litige, et maintenait sur le terrain diplomatique la position prise par ses représentants dans la commission des limites. De part et d'autre, on s'était beaucoup trop engagé pour accepter le compromis qui seul eût pu écarter la guerre.

La réponse à la note française ne se fit pas longtemps attendre. Le duc de Mirepoix reçut, le 25 avril, la notification que le gouvernement anglais persistait dans les conditions de son contre-projet du 7 mars. « La cour britannique se rapporte et s'en tient à ce qui y a été exposé, comme étant fondé sur les traités et paraissant absolument nécessaire à sa sûreté; elle est portée néanmoins à entrer dans un examen de tous les points contestés. »

Le commentaire ajouté à cette communication par l'ambassadeur est significatif (2) : « Ils ne veulent rien rabattre

(1) Rouillé à Mirepoix, 13 avril 1755.
(2) Mirepoix à Rouillé, 25 avril 1755.

de leurs prétentions, énoncées par leur contre-projet. Le gouvernement cède aux caprices du public; le parti est pris, et les dispositions actuelles de la cour tendent ouvertement à une rupture. Le duc de Newcastle, par impuissance, timidité et légèreté, suit le torrent comme les autres. Milord Grenville, qui a profité des circonstances pour reprendre son ancienne prépondérance dans le conseil de Sa Majesté Britannique, a déterminé les dernières résolutions. Il ne reste désormais aucun espoir pour la conciliation. Cependant, les ministres britanniques, quoique déterminés à la guerre, voudraient gagner du temps et tâcher de nous amuser encore de l'espérance d'une négociation. »

Mirepoix continue en annonçant que le roi d'Angleterre, « malgré les circonstances, les représentations de son cabinet, les murmures et le mécontentement général, avait décidé son départ pour le Hanovre », et l'avait fixé au 28 avril. Pendant son absence, le conseil de régence serait présidé par le duc de Cumberland, dont les sentiments bien connus à l'égard de la France ne laissaient aucun espoir pour un accommodement. Il termine en donnant des détails très précis sur les armements anglais, notamment sur les mouvements de l'escadre de l'amiral Boscawen, qui venait de relâcher à Plymouth. Quoique la guerre soit bien décidée, il ne croit pas que l'amiral ait des ordres de commencer par mer les hostilités. « Les Anglais veulent éviter de donner lieu à être accusés de l'agression; ils veulent d'ailleurs, s'ils le peuvent, gagner du temps;.. du côté du continent, je ne crois pas qu'ils soient prêts ». Puis il demande des instructions sur la conduite à tenir. Le voyage du roi lui fournit un prétexte pour quitter Londres où son séjour prolongé, alors que lord Hertford désigné pour l'ambassade de Paris n'est pas parti et ne songe pas à partir, serait peu conforme à la dignité de la France.

Il eût été bon pour la réputation diplomatique du ministre des Affaires Étrangères de Louis XV et pour celle de son ambassadeur, que la proposition de rappel formulée par ce dernier eût été acceptée par sa cour. Malheureusement il n'en fut pas ainsi. La lecture de la correspondance, échangée pendant les deux mois et demi qui s'écoulèrent entre le départ de l'escadre anglaise et l'arrivée à Londres de la nouvelle du combat naval du 10 juin, cause immédiate de la rupture entre les deux nations, nous montre le gouvernement français abandonnant la fière attitude qu'il avait prise en réponse au contre-projet anglais, entassant mémoire sur mémoire, argument sur argument, pour convaincre des adversaires qui n'en avaient cure, faisant des concessions inutiles parce que tardives, s'attirant les moqueries de l'Europe et perdant l'estime de ses alliés. Quant à Mirepoix, toujours honnête, quelquefois naïf, il écrit des dépêches contradictoires, change de ton à quelques jours de distance, et passe de la confiance absolue dans les déclarations pacifiques des ministres anglais à la dénonciation de leurs mensonges et de la perfidie britannique.

Pendant que le cabinet de Versailles et son représentant cherchaient à s'illusionner sur le succès éventuel de leurs démarches, la plupart des ministres étrangers accrédités auprès des deux cours ne se méprenaient pas sur l'issue probable de la négociation ; on trouve les preuves de ce sentiment général dans les volumes de dépêches interceptées, conservés aux Archives anglaises et françaises (1).

De ces dossiers, les lettres les plus importantes sont sans contredit celles du roi Frédéric et de ses représentants. Dès le 31 janvier, M. Michell, chargé d'affaires de Prusse à Londres, écrit : « Il n'est absolument question que de la situation critique dans laquelle cette cour-ci se trouve au moment présent vis-à-vis de la France ». Frédéric répond

---

(1) Voir la collection des « *Confidential Miscellaneous* » au *Record Office* à Londres, et la correspondance du roi de Prusse avec son ministre Knyphausen. Archives des Affaires Étrangères. Paris.

le 14 février : « De la manière que vous me peignez la situation présente de l'affaire touchant les différends entre la France et l'Angleterre, je crois qu'il serait à parier dix contre un qu'il s'en suivra la guerre, et que d'armement en armement des deux côtés, on viendra à la rupture, sans avoir eu le dessein et sans savoir comment. »

Une dépêche du 22 mars, à Michell, reproduit la même appréciation : « J'ai reçu votre rapport du 7 mars (1). Par toutes les nouvelles qu'il comprend, je suis bien aise de vous faire observer que ce qu'on appelle, là où vous êtes, des sentiments pacifiques et disputer pied à pied le terrain, nous paraît à nous autres ici ne vouloir que déguiser ses volontés, avoir pris son parti décidé de faire la guerre, et ne chercher qu'à gagner le temps pour s'y préparer assez. Aussi, pourvu qu'on continue dans le même train, il me paraît indubitable que le roi d'Angleterre, son ministère, et par conséquent la nation, ont résolu de rompre avec la France, malgré tout ce qu'on négocie avec le duc de Mirepoix. »

Enfin, vers la même époque, le roi de Prusse, dans un style aussi expressif qu'incorrect, écrit à Knyphausen (2), son ministre à Paris : « J'ai été aise de voir que M. de Rouillé commence, quoique un peu tard, d'ouvrir les yeux sur les illusions que les ministres anglais lui ont faites jusquelà par leurs protestations pacifiques, dont ils imposaient au duc de Mirepoix, d'ailleurs assez malhabile négociateur dans les affaires tant soit peu croustilleuses. Vous direz d'ailleurs à ce ministre (Rouillé), que comme il était tout clair de voir, par les lettres que le roi d'Angleterre avait faites depuis peu à ses alliés, que son parti est tout pris de rompre avec la France, qu'il n'en faudrait plus douter, mais regarder les choses et s'arranger là-dessus, tellement comme si la guerre était effectivement déjà déclarée. »

(1) Frédéric a Michell, 22 mars 1755.
(2) Frederic a Knyphausen, 1ᵉʳ avril 1755.

Frédéric ne se trompait pas. Dès les premiers jours d'avril, et avant le départ du roi George pour le Hanovre, le gouvernement anglais s'était décidé à prendre l'initiative des hostilités sur mer.

L'amiral Boscawen reçut, à la date du 16 avril (1), des instructions secrètes : il devait se rendre à Halifax avec son escadre, y rallier les vaisseaux anglais, qui se trouvaient déjà dans ces eaux sous les ordres du commodore Keppel, et se mettre en rapport avec le général Braddock. « Vous vous établirez en croisière, dit l'ordre, devant le port de Louisbourg, afin d'intercepter les navires français destinés pour ce port, pour le golfe ou fleuve Saint-Laurent, ou pour l'un quelconque des établissements français dans ces parages. Si vous rencontrez des vaisseaux de guerre français ou autres navires ayant à bord des troupes ou des munitions de guerre, vous ferez de votre mieux pour vous en rendre maîtres. Dans le cas où il vous sera fait de la résistance, vous emploierez les moyens dont vous disposez pour les capturer et les détruire. »

Les prises ainsi faites devaient être expédiées sur un port américain et ultérieurement en Angleterre; les personnes détenues seraient bien traitées et leurs effets respectés. Tout commerce entre les provinces anglaises et les colonies françaises de l'Amérique du Nord était interdit, et défense faite de fournir à celles-ci des vivres, des approvisionnements pour la marine ou des munitions de guerre. Enfin, l'amiral était autorisé à participer aux opérations sur terre, et à cet effet à se concerter avec le général Braddock.

L'escadre anglaise, après avoir fait relâche à Plymouth, mit à la voile, le 28 avril, pour l'Amérique. Le 3 mai suivant, la flotte française, composée des divisions des ami-

---

(1) Secret instructions for vice-admiral Boscawen, given at our Court at Saint-James, 16 avril 1755. *Record Office.*

raux Macnamara et Dubois de la Motte, partit de Brest pour la même destination.

Questionnés par Mirepoix (1) sur les instructions de leur amiral, les ministres anglais montrèrent un embarras qui eût été suffisant pour éclairer un gouvernement moins irrésolu que celui de Louis XV. « J'ai tâché de faire expliquer le chevalier Robinson plus ouvertement sur les ordres donnés à l'amiral Boscawen; je l'ai trouvé fort réservé sur cet article, et il m'a même témoigné qu'il ne pouvait m'y donner de réponse. L'on m'a assuré, de bonne part (2), que les ordres ont été envoyés en dernier lieu à l'amiral Boscawen dans le temps qu'il a relâché à Plymouth, pour attaquer notre escadre partout où il la pourrait joindre. » Quelques jours après, le ton change (3) : « En sortant du conseil, milord Grenville et le chevalier Robinson vinrent dîner chez moi... les ministres que j'ai déjà cités m'ont tous assuré positivement que l'avis que j'avais des ordres offensifs donnés à l'amiral Boscawen était absolument faux; et autant que je puis juger de ce qu'ils m'ont laissé entrevoir, l'amiral n'a ordre d'agir offensivement que dans le cas d'hostilités que nous pourrions exercer dans la péninsule de l'Acadie, ou sur leurs autres colonies établies. »

Pendant les mois de mai et juin, les pourparlers continuèrent à Londres. Les dépêches de Versailles indiquent une grande inquiétude au sujet les armements anglais, et un réel désir d'éviter la guerre. Rouillé, très persuadé du bon droit de la France, semble croire qu'en prolongeant la discussion il pourra convertir ses adversaires; il répond à la note anglaise du 25 avril par un travail sur l'interprétation des traités d'Utrecht et d'Aix-la-Chapelle (4): « Vous

---

(1) Mirepoix à Rouillé, 1ᵉʳ mai 1755.
(2) Mirepoix à Rouillé, 5 mai 1755.
(3) Mirepoix à Rouillé, 10 mai 1755.
(4) Rouillé à Mirepoix, 2 mai 1755.

verrez, dit-il, quel effet produira sur messieurs les ministres anglais la lecture des mémoires que j'ai eu l'honneur de vous envoyer, et tout ce que vous pourrez ajouter sur la droiture de nos intentions. Le roi vous laisse absolument le maître de décider le parti que vous croirez devoir prendre, soit pour revenir sur-le-champ auprès de Sa Majesté, soit pour prolonger votre séjour à Londres. » Le 9 mai, expédition de deux nouveaux mémoires : le premier contenant un exposé des faits, le second résumant « les principes » qu'accepterait la France, principes qui ne diffèrent guère de ceux déjà mis en avant (1), mais qui n'ont pas le caractère d'un ultimatum. « Je vous confie, mande le ministre (2), mais pour vous seul et sous le plus grand secret, que nous ne serions pas absolument éloignés d'ajouter aux conditions quelques clauses un peu plus favorables aux Anglais; mais nous ne le ferons qu'autant qu'ils seront absolument déterminés à finir, et à sentir le prix des sacrifices auxquels le roi veut bien se prêter par amour de la paix et pour le bonheur de l'Europe. »

Rouillé se garde bien de préciser la nature ou l'étendue de ces concessions. De son côté, notre ambassadeur, rassuré sans doute par les confidences qui avaient probablement suivi le dîner donné aux ministres anglais, renonce à ses projets de départ. Il pousse même la confiance dans le maintien de la paix jusqu'à louer un nouvel hôtel. « J'ai enfin trouvé gîte, écrit-il au ministre (3) dans une lettre particulière; je serai petitement et assez maussadement comme on l'est ici; mais j'aurai la tête à couvert. Ce n'est pas à bon marché. Il faudra bien en temps et lieu que vous m'aidiez un peu pour le paiement

---

(1) Parmi ces conditions, qui ne diffèrent de celles d'avril que sur des points de détail, figure la faculté pour les Acadiens de se retirer sur le territoire français.
(2) Rouillé à Mirepoix, 9 mai 1755.
(3) Mirepoix à Rouillé, 15 mai 1755.

du loyer. » Le même jour il remit à lord Grenville la pièce contenant les nouvelles conditions françaises.

La réponse officielle du gouvernement britannique fut ajournée sous divers prétextes jusqu'au 7 juin ; elle était négative, et insistait surtout, comme l'avait prévu Mirepoix, sur la cession de la rive septentrionale de la baie de Fundy ou Française. Le duc ne croit plus à la conciliation et revient à ses appréciations pessimistes sur la teneur des instructions de Boscawen (1). Quelques jours avant la remise de la note anglaise, il avait adressé à Mᵐᵉ de Mirepoix le billet suivant (2), qui montre le duc de Newcastle continuant son commerce de cadeaux et de politesses avec Mᵐᵉ de Pompadour : « Il y a cent mille ans que je ne vous ai écrit ; je n'aime point à le faire par la voie de la poste, car toutes mes lettres sont ouvertes, et depuis près de trois semaines les ministres ici me font attendre une réponse, qu'ils m'avaient promise avec diligence. Je l'attends avec grande impatience, non seulement parce que je pourrai vous écrire avec plus de liberté, mais parce que je pourrai aussi, quand mon courrier sera expédié, aller passer quelques jours à la campagne, ce dont j'ai grand besoin. Le duc de Newcastle envoie deux tonneaux de sa bière à Mᵐᵉ de P. (3) et deux petites barriques. J'aurais bien voulu qu'il y en eût de destinés pour vous, mais il vous sera aisé d'en obtenir votre part. Je le demanderai pour vous, et je le demanderai comme une répartition due ; car il n'est point du tout honnête, tandis que je griffonne ici comme un garçon procureur, et que j'y politique et mélancolise autant et plus qu'un Anglais, que l'on vous mène en garçonnage ».

Pendant toute la seconde phase de la négociation, Newcastle, dans sa correspondance, ne fait pas mystère de son

(1) Mirepoix à Rouillé, 7 juin 1755.
(2) Duc de Mirepoix à la duchesse, 2 juin 1755. Lettre interceptée. *Confidential Miscellaneous. Record Office.* Londres.
(3) Mᵐᵉ de Pompadour.

intention d'amuser la cour de Versailles en prolongeant des conférences qu'il sait inutiles. « M. de Mirepoix est venu me voir, écrit-il (1) au colonel Yorke, ministre anglais à la Haye; il m'a appris en confidence qu'il avait l'ordre de quitter son poste, mais qu'il était encore temps d'arranger les affaires; puis il m'a fait lire leur réponse à notre dernière note, qui est polie, mais ne contient que des généralités et indique cependant le désir de négocier. Il voudrait me faire croire, et je crois qu'il le pense lui-même, que si nous voulions entrer en pourparlers, son gouvernement serait raisonnable et nous donnerait satisfaction sur plusieurs points. Mais tout cela dépend encore de la connaissance qu'il peut avoir des dispositions de sa cour, sur lesquelles, nous le savons, il s'est souvent mépris. En outre, il est peut-être trop tard (2) maintenant. Il m'a dit qu'il avait reçu l'avis de s'adresser à moi le premier; je crois qu'il désirait savoir si Boscawen a l'ordre de les attaquer. Sur ce point, comme bien vous pensez, je n'ai pas satisfait sa curiosité. »

Un peu plus tard, c'est à lord Holdernesse (3), qui avait accompagné le roi George sur le continent, qu'il fait part de la confiance que lui inspire le cours des événements. Il vient d'apprendre le départ de Brest de l'escadre française : « Dans mon humble opinion, tout est arrivé, non pas seulement comme nous le croyions probable, mais aussi bien que nous pouvions l'espérer. La flotte française est partie pour l'Amérique du Nord. L'amiral Boscawen est au moins cent lieues en avance; il sera donc sur les lieux pour exécuter ses instructions, et aura tout le temps de réunir ses vaisseaux, qui auront été séparés pendant la traversée. Il pourra donc rejoindre et attaquer l'escadre

(1) Newcastle à Yorke, 6 mai 1755.
(2) Allusion a la possibilité d'hostilités par mer à la suite des instructions données a Boscawen.
(3) Newcastle a Holdernesse, 9 mai 1755. *Newcastle Papers*.

française, avant qu'elle puisse se réunir au rendez-vous que l'on suppose être Louisbourg. Si les huit vaisseaux armés en guerre (1) rentrent à Brest, après avoir escorté les transports pendant une certaine distance, ces transports devront nécessairement tomber de suite entre les mains de la flotte du roi en Amérique, et ici nous serons bien assez forts pour tout ce que les Français pourront nous opposer. »

Les prévisions de Newcastle, un moment troublées par le bruit d'une rencontre dans la Manche, se réaliseront de point en point. Le combat prévu n'aura lieu que dans les eaux du golfe Saint-Laurent.

Mirepoix annonce, sur ces entrefaites, au ministre anglais l'intention du gouvernement de Louis XV d'envoyer, comme représentant de la France auprès du roi d'Angleterre, pendant son séjour à Hanovre, M. de Bussy, commis aux Affaires Étrangères, et demande l'agrément du roi George pour ce choix. Dans le billet confidentiel qu'écrit Newcastle à ce sujet (2), il révèle un fait presque sans précédent dans les annales de notre diplomatie : « Ma lettre au roi est uniquement sur le compte de Bussy, qui a été autrefois salarié par nous quand il était en Angleterre. Je demande à Sa Majesté si, dans le cas de la venue de Bussy à Hanovre, nous devrions essayer de reprendre ces relations... Le bail que Mirepoix vient de faire ici d'une maison, et l'envoi de Bussy à Hanovre, prouvent qu'ils n'ont pas l'intention de rompre avec nous pour le moment. »

Bientôt survient une nouvelle avance de la cour de Versailles. « M. Mirepoix, écrit-il à Holdernesse (3), m'a communiqué ses dernières instructions relativement à la négociation secrète (4). Toute la conduite de la France est

---

(1) L'escadre armée en guerre de l'amiral Macnamara devait se séparer de la division et du convoi de M. Dubois La Motte à une certaine distance des terres.
(2) Newcastle à Holdernesse, *Private.* 16 mai 1755.
(3) Newcastle à Holdernesse. *Private.* 30 mai 1755.
(4) Nous n'avons trouvé aucune trace de cette négociation secrète, qui ex-

si mystérieuse et en apparence si faible que je ne prétends pas deviner ce qu'ils veulent. »

A la longue, la mansuétude du cabinet français embarrasse les ministres anglais. Le conseil de Régence, chargé de la direction des affaires pendant l'absence du roi George, est très perplexe sur les ordres à donner à l'amiral Hawke, commandant l'escadre de réserve à Portsmouth qui devait croiser dans la Manche. Newcastle se demande s'il faut commencer les hostilités en Europe ou attendre les événements d'Amérique; il expose ses doutes à son ami et collègue le chancelier Hardwicke, dans une épître, où il plaide le pour et le contre en termes qui révèlent à la fois le cynisme et l'indécision des conseils britanniques : « L'attaque de la flotte française (1), et encore plus de leur marine marchande sans avis préalable, sans déclaration de guerre, alors qu'une négociation est en train avec leur ambassadeur ici,.. serait considérée, j'en ai peur, comme un manquement à la bonne foi, et pourrait alarmer les autres puissances, et en particulier l'Espagne, qui pourrait s'imaginer qu'elle serait traitée un jour de la même façon... D'autre part, on dit avec beaucoup de raison que les ordres donnés à l'amiral Boscawen amèneront nécessairement la guerre. En réalité, il importe peu que les hostilités commencent en Amérique ou en Europe. Jusqu'à présent, la France a perdu, en nous laissant le temps de faire nos préparatifs d'une manière si complète... Un délai ultérieur ne pourra que lui être profitable, en permettant d'armer le reste de leur flotte, et de faire rentrer leurs navires qui reviennent des Indes Orientales et Occidentales... tandis que si nous nous servons de notre escadre, nous intercepterons toute leur navigation... Nous leur ferions un tort si grand que tout le royaume de

pliquerait les contradictions et hésitations de la diplomatie française. Serions-nous en présence d'un nouveau chapitre du Secret du roi?

(1) Newcastle à Hardwicke, 7 juin 1755.

France réclamerait contre la guerre. Il faut ajouter à ces considérations l'opinion du pays, qui s'attend à ce que l'on fasse quelque chose, après les énormes dépenses qui ont été effectuées. »

Aussi hésitant que le premier ministre, le conseil de Régence se refusa à suivre son président, le duc de Cumberland, qui s'était prononcé en faveur d'une action immédiate, et décida d'en référer au roi. Newcastle fait part à Holdernesse (1) de ses ennuis; il craint d'être condamné par le public, de passer pour un modéré; et cependant il ne veut pas assumer le rôle d'agresseur. Le roi partagea les scrupules de son premier ministre, et préféra attendre les nouvelles d'Amérique avant de sanctionner l'attaque.

Une des dernières dépêches de quelque importance dans cette fastidieuse correspondance est celle de M. de Rouillé en date du 29 juin (2). Après s'être élevé contre le système « que suivent les ministre anglais pour gagner du temps et nous amuser », après avoir flétri les procédés britanniques, les instructions données au général Braddock et fait la comparaison de la conduite des deux cours, le ministre ajoute : « Les choses étant dans cet état, Monsieur, le roi et son conseil pensent que nous en avons assez dit si les intentions sont pacifiques à Londres, beaucoup trop si elles ne le sont pas. Cependant, comme le même esprit de conciliation dirige toujours les résolutions et la conduite de Sa Majesté, elle ne tardera pas à vous faire adresser un mémoire, en réponse à celui que M. de Robinson vous délivra, le 6 de ce mois. »

Il est impossible de mieux dépeindre que ne le fait cette lettre l'état d'esprit de l'entourage de Louis XV. Convaincus de l'infériorité de la marine française, de l'impossibilité

---

(1) Newcastle à Holdernesse, 2 juillet 1755.
(2) Rouillé à Mirepoix, 29 juin 1755.

d'atteindre l'Angleterre autrement que par une guerre de terre dont ils sentent tous les dangers, et pour laquelle ils ne peuvent compter sur aucune alliance, presque tous, pour ces excellentes raisons, opposés à la rupture, les ministres du roi de France s'y laissent entraîner comme à la dérive; ils n'ont ni le courage de faire les concessions suffisantes pour assurer la paix, ni celui de prendre les résolutions viriles qu'eût exigées la perspective d'hostilités prochaines.

Au surplus, le canon de l'escadre de Boscawen mit fin à ces longues et inutiles discussions. Le 15 juillet, avant la remise du dernier mémoire annoncé, parvint à Londres la nouvelle de la prise de *l'Alcide* et du *Lys* par les Anglais. Le lendemain 16 juillet, Mirepoix reçut la visite du chevalier Robinson (1). « Il a cherché, mais faiblement, à excuser la conduite de l'amiral britannique, imputant ce qui s'était passé à un réel malentendu entre le vaisseau *l'Alcide* et le premier vaisseau anglais qui l'est allé reconnaître, voulant me faire entendre que cet événement ne devait pas nuire à la suite de la négociation. J'ai coupé court à la conversation, en lui déclarant que je n'écouterais rien de leur part, jusques à tant que j'aie reçu de nouveaux ordres. »

Dès le 18 juillet, c'est-à-dire aussitôt l'événement connu à Compiègne où était la cour, Rouillé enjoignit à Mirepoix de quitter Londres, sans prendre congé des princes et des ministres. M. de Bussy, de son côté, avait à peine eu le temps de faire le voyage de Hanovre et de présenter ses lettres de créance quand il reçut son ordre de rappel. Le ministre anglais n'eut donc pas à renouveler auprès de lui les tentatives de corruption auxquelles Newcastle avait fait allusion.

Avant son départ de France, le chargé d'affaires anglais,

---

(1) Mirepoix à Rouillé, 16 juillet 1755.

qui avait suivi le roi à Compiègne, put renseigner son gouvernement sur l'attitude et le langage du ministère. Après la réception des dépêches de Londres, Rouillé pria M. Ruvigny de Cosne de passer à son cabinet, lui fit le récit du combat et des explications du chevalier Robinson. « D'après le reste de sa conversation, écrit l'Anglais, l'appréciation du ministre français est que la cour de France avait été trompée, par des assurances répétées que nos armements n'avaient d'autre objectif que celui de la défense et la protection de nos colonies, et que l'attaque de leurs vaisseaux n'était qu'une suite de cette tromperie... Il me conseilla de ne pas paraître à la cour pour éviter d'entendre des propos désagréables. »

Dans une dépêche postérieure (1), Ruvigny rend compte des nouveaux discours de M. de Rouillé : « Il se plaint hautement de notre manque de bonne foi, tandis qu'eux agissaient, il l'affirme, avec la candeur et la sincérité la plus grande. Comme preuve à l'appui, il déclare que sa cour avait offert à celle de Londres de communiquer les ordres donnés à leur amiral si nous voulions faire de même. Cette proposition avait été absolument repoussée par les Anglais. Cependant, se fiant aux assurances reçues sur le caractère purement défensif de nos armements, et dans l'espoir que le désaccord pourrait être terminé par un accommodement, leur gouvernement avait maintenu M. de Mirepoix à Londres et nommé M. de Bussy à Hanovre. C'est à ce moment que l'ordre formel avait été donné à l'amiral Boscawen d'attaquer leur flotte. M. de Rouillé a ajouté que Sa Majesté Très Chrétienne a été profondément blessée de nos procédés. Les propos n'ont pas été tenus devant moi, mais j'ai l'assurance positive qu'il les a répétés à d'autres représentants des puissances étrangères. »

Quelques heures après, M. Ruvigny était avisé de son

(1) Ruvigny de Cosne à Robinson, 23 juillet 1755.

rappel (1) et repartit pour l'Angleterre sans prendre congé.

Bientôt on reçut à Londres et à Compiègne des détails sur le combat du 10 juin. L'escadre française qui était sortie de la rade de Brest le 3 mai, cinq jours après le départ de l'amiral Boscawen, était composée de deux divisions : la première, forte de six vaisseaux de ligne et de trois frégates armés en guerre sous les ordres de M. de Macnamara, lieutenant-général des armées de mer, après avoir escorté le convoi destiné à l'Amérique jusqu'à la hauteur du cap Finisterre, rentra à Brest, conformément aux ordres du roi. La division commandée par M. Dubois de la Motte ne comptait que trois vaisseaux de ligne et trois frégates prêts à combattre. Les dix autres bâtiments placés sous ses ordres n'étaient armés qu'en flûte; transformés en transports, ils avaient été privés de presque toute leur artillerie, qui avait été enlevée pour permettre le logement des troupes. Sur cette division étaient embarqués six bataillons, tirés des régiments de France, dont deux affectés à la garnison de Louisbourg, les quatre autres au Canada.

Messieurs de Macnamara et Dubois emportaient les instructions les plus pacifiques (2) : « Vous devez éviter, s'il est possible, la rencontre des escadres anglaises. Supposé que vous les rencontriez, vous vous tiendrez sur vos gardes relativement aux manœuvres qu'elles feront, et si elles vous donnent lieu de supposer qu'elles en veulent venir à une attaque, je trouverai bon que vous cherchiez à l'éviter autant qu'il sera possible, sans compromettre l'honneur de mon pavillon. »

La navigation fut heureuse jusque sur les bancs de Terre-Neuve, où la flotte française fut dispersée par un coup de vent et prise dans les brumes. Le 9 juin, trois vaisseaux, *l'Alcide*, de 64 canons, armé en guerre, *le Lys*, de

(1) Robinson à Ruvigny, 22 juillet 1755.
(2) Lettre du roi à M. de Macnamara, à Versailles, 10 avril 1755.

64, et *le Dauphin royal*, de 74, mais n'ayant que 22 et 24 canons en batterie, eurent connaissance de plusieurs voiles qu'ils crurent appartenir à leur escadre.

M. Hocquart, commandant de *l'Alcide*, fit signal de les reconnaître, mais la faiblesse de la brise ne permit pas de se joindre. Le 10 juin, au lever du jour, les bâtiments français étaient à environ 6 ou 7 milles sous le vent de l'escadre anglaise. « Ils firent des signaux (1), dit le rapport de Boscawen, et n'ayant pas eu de réponse de notre part. s'éloignèrent, toutes voiles dehors. A midi environ, le capitaine Howe, dans *le Dunkerk*, fut en travers du dernier; voyant que le vaisseau français ne diminuait pas ses voiles, je fis le signal de combat, qui fut de suite obéi par le capitaine Howe. »

Le récit du capitaine de Lorgeril, commandant *le Lys*, contient plus de détails (2) : « Dans cette position, M. Hocquart, qui se trouvait de l'arrière et que ses chasseurs approchaient, mit sa flamme et son pavillon, qu'il assura d'un coup de canon, au vent. Nous mîmes les nôtres et les Anglais mirent les leurs. Quelque temps après, nous remarquions un pavillon rouge au mât du petit perroquet de l'amiral, pour signal aux vaisseaux à portée des Français d'engager le combat.

« Conséquemment, *le Dunkerque,* de 60 canons, meilleur voilier que les autres, se trouvant à portée de la voix de *l'Alcide*, après quelques parlementages avec M. Hocquart, qui ne durèrent que le temps de le prolonger à portée de pistolet, lui envoya sa bordée haut et bas et une décharge de sa mousqueterie. M. Hocquart, qui n'attendait qu'un coup pour riposter de tous ses canons, lui répondit par un feu des plus violents, qui dura autant que ce vaisseau fut par son travers, et jusqu'à ce qu'il eût fait place à quatre

---

(1) Rapport de l'amiral Boscawen en rade de Louisbourg, 22 juin 1755.
(2) Rapport de M. de Lorgeril, capitaine de vaisseau, 16 juillet 1755.

autres, dont l'amiral était du nombre, qui eurent d'autant moins de peine à venir le combattre que la première volée du *Dunkerque*, à bout touchant, avait désemparé l'*Alcide* de son gouvernail et de ses principales manœuvres. « Avant de passer à la défaite du *Lys*, ajoute M. de Lorgeril, je ne puis me refuser à dire un mot du parlementage qu'il y eut entre l'*Alcide* et *le Dunkerque* immédiatement avant d'en venir aux prises. M. Hocquart lui fit crier de sa galerie par trois fois : « Sommes-nous en paix ou en guerre? » Il répondit par trois fois : « Nous n'entendons pas. » M. Hocquart prit lui-même le porte-voix et lui répéta deux fois la même question : « Sommes-nous en paix ou en guerre? M. Hault (Howe) lui répondit bien distinctement : « La paix! La paix! ». Sur cela, les deux capitaines se firent mutuellement quelques autres questions indifférentes, et ils n'eurent l'un et l'autre que le temps de passer sur leurs gaillards, qu'on entendit de l'*Alcide* très distinctement sortir de la bouche du capitaine Hault : « *Fire!* (Feu!) » Il fut sur-le-champ obéi. »

Le rapport du commandant Hocquart confirme ces renseignements : « La conversation ne fut pas longue. Le temps de prononcer mon nom (1) à l'ennemi, et le mot de paix fut immédiatement suivi de la bordée haute et basse, à bout touchant, avec la mousqueterie, qui nous a ainsi déclaré la guerre... La mer était trop belle pour perdre un seul coup, et nous étions si près que les boulets des canons anglais entraient dans le bordage. Cela joint à la confiance que doit donner le mot de *paix* prononcé par la bouche du capitaine nous fit perdre beaucoup de monde, surtout dans les batteries et sur le gaillard d'arrière. »

« Voilà certainement une paix bien singulière, ou plutôt une guerre bien singulièrement déclarée, » conclut M. de Lorgeril. Le combat de l'*Alcide* coûta aux Français

---

(1) Le capitaine du *Dunkerk* lui avait demandé son nom.

M. de Rostaing, commandant en second des troupes de terre, qui fut tué, et une centaine d'hommes tués et blessés. Les Anglais, d'après un rapport de Boscawen, n'eurent que sept tués et vingt-sept blessés.

Le *Lys* fut rejoint, vers les six heures, par trois vaisseaux anglais et forcé d'amener son pavillon; quant au *Dauphin Royal*, meilleur marcheur, il put s'échapper et gagner le port de Louisbourg. Les Anglais trouvèrent à bord de leur prise 400 hommes, appartenant aux bataillons des régiments de Languedoc et de la Reine, et près de 200,000 livres en espèces, dont une partie disparut, après un pillage dont les officiers français et anglais se renvoyèrent la responsabilité (1).

A la suite du combat du 10 juin, l'amiral Boscawen établit sa croisière devant le port de Louisbourg, et fit la chasse à tous les navires de commerce français rencontrés dans ces parages. Les bâtiments ainsi capturés furent déclarés de bonne prise et vendus à Halifax (2). Le chef d'escadre, Périer de Salverte, avait pu entrer à Louisbourg et y débarquer les deux bataillons qui devaient renforcer la garnison; le reste du convoi aux ordres du chef d'escadre Dubois de la Motte remonta le Saint-Laurent, et déposa à Québec les troupes destinées au Canada.

A Londres, les nouvelles d'Amérique reçurent un accueil des plus froids; la note dominante chez le public fut un sentiment de déception. Le ministère anglais comptait sur la capture de toute l'escadre de Dubois de la Motte, et pensait que la perte infligée à la France compenserait, au point de vue pratique, le mauvais effet moral de l'agression. L'at-

---

(1) D'après l'amiral Boscawen, le pillage aurait eu lieu avant la prise de possession par les Anglais; d'après M. de Lorgeril, l'argent disparu aurait été approprié par les matelots et même par les officiers anglais. Le commandant du *Lys* cite les noms de deux officiers des vaisseaux anglais *Défiance* et *Fougueux*, qui auraient été jugés et cassés pour fait de pillage.

(2) Lawrence aux Lords of Trade. Halifax, 23 août 1755.

taque avait eu lieu, le conflit devenait inévitable, mais le succès remporté était insignifiant et n'avait pas entravé l'arrivée en Amérique des renforts expédiés à Louisbourg et au Canada. « Je viens de recevoir de lord Anson, dit Hardwicke (1), la lettre particulière que l'amiral Boscawen lui adresse à la date du 21 juin. Nous avons fait ou trop ou trop peu; le désappointement que cause cette nouvelle me chagrine beaucoup. »

« Ce pauvre Boscawen, écrit Newcastle (2), n'a pas eu de chance; il n'a pris que deux vaisseaux; d'autres se sont échappés à la faveur du brouillard. Nous ne savons pas où est allé le reste de l'escadre. Probablement le gros des troupes et l'amiral ont remonté le Saint-Laurent. Malheureusement ce genre d'accident ne peut être évité. »

Le comte de Perron, ministre de Sardaigne, décrit l'état des esprits à Londres dans les termes suivants (3) : « Cette nation, qui demandait la guerre ci-devant à cor et à cri, paraît aujourd'hui très fâchée de se voir à la veille d'une rupture. Tout le monde convient qu'on a fait trop et trop peu, et que l'on s'est engagé mal à propos, et on est de fort mauvaise humeur. »

Mirepoix, pendant les derniers jours de son séjour à Londres, ne put s'empêcher d'exhaler sa colère contre les ministres anglais (4), qui l'auraient berné au sujet des instructions données à l'amiral Boscawen. « Le duc de Newcastle, écrit de Perron (5), était réellement au désespoir de ce que le duc de Mirepoix l'accusait de l'avoir trompé; mais je m'imagine qu'il est consolé à l'heure qu'il est, le chevalier Robinson m'ayant dit hier que Milord et lui

---

(1) Hardwicke à Newcastle, 14 juillet 1755.
(2) Newcastle à Holdernesse, 15 juillet 1755.
(3) De Perron au roi de Sardaigne, 17 juillet 1755. *Confidential Miscellaneous. Record Office*. Londres.
(4) Hop à Hop, 22 juillet 1755. *Record Office*. Londres.
(5) De Perron au roi de Sardaigne, 24 juillet 1755. *Record Office*. Londres.

en avaient reçu deux lettres fort polies, dans lesquelles il leur dit, entre autres choses, qu'il rendra toujours justice à la candeur avec laquelle ils ont agi avec lui. M. l'ambassadeur est un peu sujet à parler un jour d'une façon, et l'autre jour de l'autre. »

Celui-ci se borna, en effet, à prendre congé des ministres anglais par des billets conçus en termes courtois. Newcastle lui répondit sur le même ton (1). « Jamais n'ai-je eu à traiter avec un ministre de votre droiture, de votre politesse, de votre façon noble d'agir, et je me flatte que Votre Excellence est également contente de moi. »

Mirepoix quitta définitivement Londres le 22 juillet. « Il a payé très généreusement, écrit le chargé d'affaires d'Autriche, Zohrern, il a acquitté son loyer de 400 guinées, quoiqu'il n'eût occupé son hôtel que deux mois. »

Le bon accueil qu'il reçut à Compiègne (2), et les faveurs dont il fut l'objet quelques mois après, donnent lieu de croire que notre diplomate ne fut pas rendu responsable d'évènements qu'il avait fait tout au monde pour éviter, et de l'échec de négociations pour lesquelles il n'avait été, la plupart du temps, qu'un simple intermédiaire.

Les pourparlers qui précédèrent la rupture entre la France et l'Angleterre ne firent honneur ni à l'un ni à l'autre de ces pays. Le gouvernement de Louis XV était trop irrésolu pour ne pas se prêter au jeu d'outre-Manche. Il reste sourd aux avis qui lui parviennent de tous côtés sur les véritables desseins des Anglais, se laisse amuser par des conférences à l'issue desquelles il ne croit plus, ne sait pas mettre plus de vigueur dans ses paroles que de suite dans ses actes, ne s'efforce pas de conjurer le péril qui le

---

(1) Newcastle à Mirepoix, 24 juillet 1755.
(2) Mirepoix fut nommé, le 23 octobre 1755, à la lieutenance generale de Languedoc et au commandement de cette province; en septembre 1756, capitaine des gardes du corps, et le 25 février 1757, maréchal de France. Il mourut le 25 septembre 1757.

menace, et tout en soupçonnant la mauvaise foi de son adversaire, ne tente aucun effort, ne prend aucune disposition pour en tirer vengeance. Incapable d'accepter en temps utile des conditions qui eussent assuré la paix, la cour de Versailles n'a pas la prudence de prévoir la guerre, devenue presque certaine. Elle espère, contre toute probabilité, une solution pacifique, et dans cette attitude oiseuse laisse échapper, avec l'occasion d'agir, une bonne part de son autorité et de son prestige.

Plus on est faible à Paris, et plus on invoquera les droits de la couronne et la grandeur du roi. La monarchie française, sous la direction débile de son triste souverain, est déjà en décadence; mais elle conserve encore devant l'Europe, et surtout à ses propres yeux, les traditions et les décors d'un pouvoir dont elle n'a plus la réalité. Les ministres de Louis XV voudraient tenir le langage que son aïeul inspirait à leurs prédécesseurs; mais de la politique du grand roi, ils n'ont gardé que l'orgueil exagéré et l'obstination aveugle, qui causèrent les désastres de la fin de son règne. Ils refusent à l'Angleterre les sacrifices que demande cette puissance, non parce que l'intérêt de la France est sérieusement engagé dans la possession de territoires inhabités au fond de l'Amérique, mais parce que cette concession serait considérée comme un amoindrissement de la souveraineté du roi, comme une atteinte à sa dignité. L'intransigeance dans les rapports avec l'étranger ne se justifie que par la victoire, ou tout au moins par les mesures prises pour accroître le plus possible les chances de succès. La cour française ne sut appuyer les prétentions que lui soufflait sa vanité ni par l'énergie de ses décisions, ni par l'activité de ses préparatifs, ni par le triomphe de ses armes. C'est à bon droit qu'elle porte devant l'histoire la responsabilité de fautes qui entraînèrent la perte de son empire colonial, et la déchéance de son influence en Europe.

Le cabinet du roi George, malgré les hésitations de son chef, montra plus de suite dans sa conduite; mais comme le prouvera le récit des événements, s'il poussa l'habileté jusqu'à l'indélicatesse, il ne racheta l'incorrection de ses procédés ni par la fermeté de ses actes, ni par la virilité de ses conseils. L'Angleterre fut heureuse d'avoir pour adversaires le monarque indolent et les personnages incapables qui présidaient alors aux destinées de la France. Un gouvernement plus clairvoyant et plus résolu lui eût fait lourdement expier la perfidie de ses paroles et la brutalité de son agression.

CHAPITRE III

NÉGOCIATIONS DE L'ANGLETERRE AVEC L'ESPAGNE, L'AUTRICHE ET LA RUSSIE.

Pour la clarté et l'intelligence du récit, nous avons été obligés de suivre les négociations des cours de France et d'Angleterre, jusqu'à la date même de la rupture que produisit la nouvelle du combat de l'*Alcide* et du *Lys*. Il nous faut maintenant retourner sur nos pas, pour étudier les relations extérieures des deux gouvernements pendant les longs pourparlers de Londres, et pour examiner l'orientation qu'ils cherchèrent à donner à leur politique étrangère, en vue du contre-coup des incidents d'Amérique sur la tranquillité de l'Europe.

En ce qui concerne la lutte immédiate avec la France, malgré quelques fluctuations dues au caractère du premier ministre, les intentions du gouvernement anglais se dégagent, avec une netteté suffisante, de la correspondance d'Albermarle, des lettres de Newcastle et de ses collègues, des déclarations faites au parlement : il s'agissait tout d'abord de recouvrer le terrain perdu depuis quelques années en Amérique, et de chasser les Français de tout le territoire contesté. Pour atteindre ce but, il était naturel de profiter des avantages que valaient à la Grande-Bretagne les ressources de ses colonies en hommes et en argent, et l'avance de ses armements maritimes. Ces avantages seraient d'autant plus grands, que l'Angleterre, en précipitant les événements, ne laisserait pas à la France le temps de faire passer des renforts au Canada et de reconstituer sa flotte. Ce furent des considérations de cet ordre, qui dictèrent au ministère du roi George le refus des propositions d'armistice que lui fit la cour de Versailles.

Mais s'il était facile de pousser les hostilités en Amérique et de conserver la supériorité sur mer, le gouvernement de la Grande-Bretagne, et plus spécialement son roi, voyaient parfaitement le côté vulnérable de leur position. Inférieure sur mer et au Nouveau Monde, la France s'efforcerait d'intéresser à sa querelle d'outre-mer l'Espagne, maîtresse de la plus grande partie de ce continent, et engagée avec l'Angleterre dans des conflits que le voisinage faisait fréquemment surgir. En Europe, elle essayerait d'opérer une diversion en attaquant ou en faisant attaquer par ses alliés les États allemands du roi George.

Mue par ces craintes, influencée par les sentiments personnels du monarque, la cour de Saint-James chercha dès l'année 1754, c'est-à-dire avant que les dissentiments avec la France fussent entrés dans la phase aiguë, à obtenir de l'Espagne une attitude bienveillante, à activer les pourparlers déjà entamés avec la Russie, pour un traité de subsides, qui mettrait à la disposition de la Grande-Bretagne un corps d'armée considérable, à prendre à la solde du roi George les troupes des petits princes allemands du Nord, à renouveler les conventions de même nature passées avec la Saxe et la Bavière, et enfin à resserrer les liens de l'union contractée avec les Provinces-Unies et l'Autriche-Hongrie pour la défense des Pays-Bas. Isoler la France sur mer et sur terre, garantir de toute entreprise le Hanovre par l'appel des contingents allemands et autrichiens, interdire aux Français l'entrée des Pays-Bas par la remise en vigueur du traité des Barrières, obliger le roi de Prusse, seul ami de la France, à garder la neutralité par la menace d'une invasion des Russes : tel fut le plan de politique européenne tout d'abord poursuivi par le gouvernement anglais.

En Espagne, une révolution de palais adroitement menée assura la prépondérance de l'influence britannique. Le général Wall, venu de la légation de Londres pour remplacer Carvajal comme ministre d'État, était, malgré son origine irlandaise, dévoué à l'Angleterre. Il se trouva, à son arrivée à Madrid, ainsi que son collègue le duc d'Huescar, en opposition avec le marquis d'Enseñada, très favorable à l'alliance française. Leur rivalité, malgré les efforts du duc de Duras, ambassadeur de France, pour effectuer une réconciliation, amena la chute d'Enseñada, qui donna barre sur lui en outrepassant ou faussant les ordres du roi, au sujet d'un différend intervenu avec les Anglais sur la côte d'Honduras.

Cette erreur, habilement exploitée contre lui par l'envoyé anglais, Benjamin Keene, fut aggravée dans l'esprit de Leurs Majestés Catholiques par la découverte de négociations secrètes avec la cour de Naples, et d'intrigues avec les Jésuites du Paraguay, que le ministre espagnol encourageait sous main à résister aux conditions du traité récemment conclu avec le Portugal.

La correspondance de Newcastle indique à la fois l'intérêt qu'il attachait à une bonne entente avec l'Espagne, et la familiarité des rapports qu'il avait noués avec l'ancien ambassadeur pendant son séjour à Londres. A la nouvelle de la disgrâce d'Enseñada, il ne se possède plus de joie. « Le roi m'a ordonné, écrit-il à son ami (1), de vous mander : « Dites à Wall le plaisir que je ressens ; il a fait tout ce qu'il m'a promis ; je l'ai d'ailleurs toujours pensé d'après la dernière conversation que j'eus avec lui. » Après cela, ajoute Newcastle, il serait superflu de vous dire da-

---

(1) Newcastle à Wall, 14 août 1754.

vantage ». Keene (1) reçoit sa part des éloges : « Vous avez coupé par la racine toutes les intrigues françaises et toutes les influences que la France avait en Espagne »...

Au ministre anglais le général Wall répond (2) sur le même ton d'intimité : « Nous avons bu, M. Keene et moi, d'excellent bordeaux à la santé de Sa Majesté (Britannique) et de la famille royale. » — Puis il ajoute en anglais : « Nous nous sommes souvenus bien des fois de vos grâces (3), le ruban (4) fait très bien sur les épaules de mon ami; Billy, le gaulois (5), a été frappé et abattu ; mon maître s'en est aperçu et n'en a pas été fâché. »

On pouvait tout attendre d'un homme d'État aussi bien disposé. Aussi ne serons-nous pas surpris de voir la cour de Madrid rester sourde à toute proposition d'entente de la part de celle de Versailles, et conseiller à cette dernière un accommodement avec l'Angleterre. Quant au roi George, il put, sans crainte d'être contredit, déclarer dans son message au Parlement, du 14 novembre 1754 : « J'ai reçu dernièrement de mon bon frère, le roi d'Espagne, les assurances les plus fortes de sa ferme intention d'entretenir avec moi des relations d'amitié et de confiance. » Cependant, malgré ce langage si cordial, les litiges de l'Angleterre avec l'Espagne à la baie d'Honduras ne sont pas encore réglés. Aussi Newcastle reprend-il la plume avec son effusion ordinaire (6) : « Mon cher ami, il faut que vous trouviez un moyen d'arranger l'incident qu'Enseñada nous a valu..... autrement on n'aura plus confiance en nous, on ne nous croira pas ici, et votre crédit en souffrira partout... Pour l'amour de Dieu, ne fournissez pas le pré-

---

(1) Newcastle à Keene, 15 août 1754.
(2) Wall à Newcastle, 25 septembre 1754.
(3) Le duc et la duchesse de Newcastle.
(4) Keene venait de recevoir le grand cordon rouge de l'ordre du Bain.
(5) Allusion probable au duc de Duras, ambassadeur de France.
(6) Newcastle à Wall, 26 janvier 1755.

texte de dire que les événements démentent les paroles du roi. Nous n'oublierons pas de boire à votre santé; nous vous aimons tous, nous nous aimons les uns les autres. La duchesse de Newcastle vous fait cent mille compliments. A propos, j'oublie de vous remercier de votre conversation (1) avec Duras sur nos affaires. »

L'ambassadeur de France, le duc de Duras, remuant, actif, mais de caractère quelque peu brouillon, fit tout au monde pour décider le roi d'Espagne à prendre fait et cause pour son cousin, le chef de la maison de Bourbon. La tâche n'était pas facile. « Le ministre d'État (Wall), écrit-il (2), est livré à nos ennemis. Mais sa légèreté et son audace à se montrer partisan aussi zélé d'une cour étrangère peuvent nous en délivrer. Il ne s'arrêtera pas qu'il ne soit venu à bout de lier sa cour intimement avec celle de Londres ». Il est soutenu par le duc d'Huescar dévoué à l'alliance autrichienne, et par la reine, « qui trouve en lui les principes qu'elle a toute sa vie adoptés ».

Malgré son attachement à la maison royale de France, le roi ne fait rien sans prendre l'avis de la reine. Malheureusement, sa santé est affectée. « Il parle tout seul (3), se promène dans sa chambre en gesticulant beaucoup, souvent ne veut pas se lever; à table, il se met à chantonner et à siffler. » Pour peu que Huescar continue, « il le rendra fou tout à fait. » Duras fait une triste description de la cour de Madrid (4) : « Quatre secrétaires d'État gouvernent l'Espagne et n'ont entre eux aucune communication; chacun d'eux travaille séparément avec le roi.....; l'autorité se trouve partagée à la cour entre la reine et le père confesseur. Le roi, incertain entre deux personnes qui

---

(1) Allusion à une audience où Wall avait pris la défense des agissements des Anglais.
(2) Duras à Rouillé, 7 janvier 1755. Archives des Affaires Étrangères.
(3) Duras à Rouillé, 25 janvier 1755.
(4) Duras à Rouillé, 13 février 1755.

lui sont également chères, ne peut se décider. Il en résulte un chaos impénétrable, sur lequel il est bien difficile d'établir des conjectures solides. »

Duras n'écoute guère les conseils de son chef Rouillé, qui lui recommande (1) « une extrême attention à ne rien dire ou faire qui heurte publiquement de front la façon de penser des ministres, une défiance sage des rapports qui peuvent être intéressés ou suspects ». Il se jette dans les intrigues de cour, y associe sa femme et, au moyen d'un crédit de 30.000 livres qu'il obtient de Versailles, noue des relations avec le Père Barauna, confesseur du roi, et avec « la petite Portugaise » attachée à la personne de la reine. Il néglige les ministres pour s'adresser le plus possible à Leurs Majestés Catholiques : « Je leur fais ma cour assidûment, écrit-il (2), ce qui m'est d'autant plus à charge qu'elle me fait assister aux opéras italiens qui m'excèdent d'ennui; ils durent ordinairement six heures. Tous les matins, je passe une heure et demie au Retiro pour entendre une conversation où tout le monde assiste, qui n'est rien moins que plaisante. » Malgré tous ses frais, Duras ne gagne pas de terrain. Sa prophétie ne tarde pas à se réaliser : Wall devient de plus en plus anglais; il a de longues conférences avec Keene; dans ses rares conversations avec l'ambassadeur, il réfute avec colère les arguments que ce dernier tire des mémoires français sur les différends d'Amérique.

C'est en vain que le cabinet français cherche à agir sur l'esprit du roi d'Espagne, en lui faisant adresser par le roi Louis XV une lettre autographe. « La cour de Madrid ne répond, dit Rouillé (3), à notre confiance et à notre empressement, que par une réserve et une indifférence absolue. ». Pour entraîner la reine, très zélée pour l'Autriche

(1) Rouillé à Duras, 11 mars 1755.
(2) Duras à Rouillé, 12 avril 1755.
(3) Rouillé à Duras, 25 avril 1755.

dont l'influence est décidément victorieuse, notre envoyé propose (1) une déclaration par laquelle la France s'engagerait à respecter les États de l'impératrice Marie-Thérèse en cas de guerre européenne. Cette idée, examinée en conseil, fut, sur l'avis du maréchal de Noailles, repoussée comme prématurée. En guise de commentaire du mémoire expédié à Madrid (2), Rouillé, tout en reconnaissant combien il serait essentiel d'obtenir le concours de l'Espagne, avoue que dans l'état actuel il est impossible de compter sur le succès d'une négociation engagée dans ce but.

Enfin, le 26 juillet, parvint à Madrid une dépêche indignée du ministre des Affaires Étrangères (3), annonçant la prise des vaisseaux français. Ce courrier n'était postérieur que de quelques jours à l'arrivée d'un rapport du gouverneur de la colonie espagnole de la Floride, informant son gouvernement de l'attaque d'un fortin par un parti d'Anglais et d'Indiens. Duras, toujours convaincu de la sympathie du roi, voulut profiter de l'émotion produite par cet incident et se décida à en appeler des ministres au souverain. Dans une audience accordée le 29 juillet, il présenta à LL. MM. Catholiques une lettre et une note (4), demandant l'intervention de la cour de Madrid en faveur de la France. Ces pièces contenaient une véritable dénonciation de Wall et de sa politique : « La prévention particulière que M. Wall a apportée de Londres en faveur d'une nation toujours ennemie de notre illustre maison », lui enlève toute impartialité; l'ambassadeur anglais est entouré de solliciteurs, tandis que l'envoyé de France est à peine visité par les uns, alors que les autres « l'ont prié de ne leur

---

(1) Duras à Rouillé, 20 juin 1755.
(2) Mémoire du maréchal de Noailles sur les dépêches du duc de Duras, 2 juillet 1755. Rouillé à Duras, 16 juillet 1755.
(3) Rouillé à Duras, 20 juillet 1755.
(4) Pièces annexées à la dépêche de Duras du 4 août 1755.

jamais adresser la parole pour éviter les désagréments qu'on leur procurerait si on les soupçonnait de quelque liaison avec lui. Les alarmes, l'opinion de la nation ne parviennent pas aux oreilles du souverain ; l'exposé de ces faits a pour but de faire voir à Sa Majesté la partialité qui malheureusement s'est emparée de l'esprit de ceux qui ont le bonheur de l'approcher. » A ces documents était joint un billet écrit à Duras par Carvajal, quelque temps avant sa mort, dans lequel le ministre espagnol, tout en repoussant comme inopportune la conclusion d'un pacte de famille entre les deux branches de la maison de Bourbon, manifestait, au nom de son maître, le désir d'une parfaite entente entre les deux couronnes.

La démarche de l'ambassadeur français et la singulière communication qu'il fit au roi d'Espagne eurent les suites les plus désastreuses pour les intérêts de la cour de Versailles. Dès le lendemain de l'audience, Keene, mis au courant par ses amis, put intervenir à son tour. Il écrit à Robinson (1) pour lui faire part de son succès : « La vieille habitude d'être les esclaves de la France, et d'entendre parler en mal des Anglais, a créé des préjugés qui ne sont pas faciles à déraciner, même chez ceux qui veulent bien se laisser détromper. J'espère avoir accompli quelques progrès dans cette tâche... Je vous recommande beaucoup de retenue et de complaisance de la part de nos officiers, à l'égard de l'Espagne et des Espagnols; beaucoup dépend de leur attitude; j'espère qu'ils apprendront à oublier que les Espagnols sont nos ennemis. Wall dit que si jamais il est renversé, ce sera nous qui l'aurons fait... Duras s'est plaint dans son audience que tout le monde l'abandonnait pendant que Keene triomphait. Le confesseur du roi n'a échappé à une attaque d'apoplexie que grâce à une heureuse évacuation, et n'est pas encore rétabli; il parle de se

---

(1) Keene à Robinson, 30 juillet 1755. *Record Office.*

retirer (1)... S'il le fait, on le prendra au mot. Ariaga (2), si réservé, est très offensé contre Duras qui l'a, pour ainsi dire, nommé dans sa lettre, et quant à Valparaiso (3), sa conduite récente a largement compensé les inquiétudes que ses conversations fréquentes avec Duras m'ont occasionnées. »

De son côté, l'ambassadeur de France ne se fait guère d'illusions sur l'issue de sa tentative. Sans doute l'accueil du roi, qui a réservé sa réponse (4), a été bienveillant, mais Keene est resté enfermé trois heures avec le Grand Maître, le duc d'Albe (5) et Wall. Ariaga fait aveuglément les volontés de ce dernier, Valparaiso se désintéresse, et quant au jésuite (le confesseur), « occupé de conserver son emploi qu'il a déjà été au moment de perdre, il s'applique peu aux affaires d'État... Il règne un air de tranquillité dans la contenance de MM. d'Albe et Wall qui me fait trembler. »

Ce fut seulement le 6 août que Duras reçut la note de la cour (6), qu'il fit immédiatement traduire. Dans cette pièce, le roi regrettait la rupture entre la France et l'Angleterre, pensait que son intervention serait plutôt nuisible qu'utile, l'intérêt bien entendu des cours de Versailles et de Madrid demandant qu'il ne fût pas fait « trop d'ostentation de la bonne harmonie des deux cours et des branches de la maison de Bourbon, pour ne pas exciter la jalousie des autres nations. Cette crainte, et le désir de Sa Majesté Catholique de donner le repos à ses peuples ruinés, l'obligeaient à suivre les salutaires vues de procurer la paix et éviter une guerre qui, avec des

(1) Le confesseur fut, en effet, remplacé en septembre 1755.
(2) Ariaga, secrétaire d'État de la marine et des Indes.
(3) Valparaiso, secrétaire d'État des finances, que Duras considérait comme acquis à la politique française.
(4) Duras à Rouille, 4 août 1755.
(5) Le duc d'Huescar, devenu duc d'Albe à la mort de son père.
(6) Réponse de la Cour d'Espagne jointe à la dépêche de Duras, 6 août 1755.

événements douteux, produirait des maux irréparables. »

L'effet de ce document et, il faut le dire, des plaintes transmises au roi très chrétien par l'ambassadeur espagnol Masones (1) sur la conduite de Duras, ne se fit pas attendre. « La réponse faite à votre mémoire, lui écrit Rouillé (2), me fait juger que, quel que soit votre zèle et quelque habileté que vous y mettiez, vous ne devez pas espérer de parvenir à inspirer à la cour où vous êtes des sentiments conformes au bien et à l'avantage des deux couronnes. Je suis persuadé que vous en jugez de même, et, si cela est, il me semble que vous n'avez qu'un parti à prendre, qui est de demander votre retour comme l'ayant sollicité depuis longtemps. Je vous donne ce conseil et je le crois bon. » Puis il ajoute en guise de consolation : « Le roi et son conseil vous ont rendu toute la justice que vous méritez. » Duras demanda, en effet, son rappel, et quitta l'Espagne dans les premiers jours d'octobre.

On peut s'imaginer la joie du ministère anglais à la nouvelle de l'échec que le gouvernement français venait d'essuyer à Madrid. « Les efforts imprudents de Duras et de sa dame (*sic*), écrit Robinson (3), lui coûteront son ambassade; le roi d'Espagne se maintiendra dans la neutralité et restera fidèle à son amitié pour l'Angleterre et pour Vienne... Duras a mis contre lui et contre sa cour tous les ministres sans exception, aussi bien que Leurs Majestés Catholiques. » L'envoyé d'Espagne à Londres, M. d'Abreu, vint confirmer à Newcastle (4) les avis de Madrid : il donna l'assurance que le général Wall, loin de blâmer l'agression anglaise, considérait l'attaque de l'amiral Boscawen comme la suite des hostilités commencées par les Français en Amé-

---

(1) Don Jaime Masones de Lima et Sotomayor, ambassadeur en France depuis 1751 jusqu'en 1761.
(2) Rouillé à Duras, 13 août 1755.
(3) Robinson à Newcastle, 15 août 1755. *Newcastle Papers*.
(4) Newcastle à Hardwicke, 22 août 1755

rique, et les agissements de l'amiral Hawke, quels qu'ils fussent, comme justifiés d'avance par le rétablissement des fortifications de Dunkerque.

Un pareil langage méritait au moins quelques remerciments; aussi fut-ce en termes enthousiastes que le premier ministre les transmet à Keene (1). « Wall est aujourd'hui le favori et le héros de l'Angleterre; dites-lui de ma part : tout le monde est devenu Wallien. » Puis, en homme avisé, il révèle à cet ami dévoué le secret diplomatique, qui devait bientôt devenir le nouveau mot d'ordre de la politique anglaise : « Vous pouvez lui confier ce secret de ma part : nous sommes en train d'essayer d'obtenir même du roi de Prusse qu'il se tienne tranquille. » Le courrier d'Espagne emporta avec lui un billet de Newcastle pour Wall, presque aussi dithyrambique que la lettre officielle (2) : « Les dépêches de Keene, la déclaration d'Abreu mettent le comble à tous mes vœux, par rapport à vous et à vos mesures. Je veux seulement ajouter qu'on rend partout justice à la sagesse, l'équité et la grandeur d'âme du roi votre maître, et ses ministres y ont leur part. Comme je souhaite toujours que Claremont (3) ne soit pas entièrement oublié de vous, je prends la liberté de vous envoyer, par mon ami Canosa, quelques ananas. Si la reine en conserve le goût, Votre Excellence jugera s'ils sont dignes d'être présentés à Sa Majesté. Je n'ose pas vous prier de me nommer comme un serviteur dévoué à Leurs Majestés Catholiques. »

Pendant que les ananas des jardins de Claremont, destinés naguère à la marquise de Pompadour, prenaient le chemin de l'Escurial, où devait se trouver, à cette saison de l'année, la cour d'Espagne, Keene (4) faisait l'oraison fu-

(1) Newcastle à Keene, 23 août 1755.
(2) Newcastle à Wall, 25 août 1755.
(3) Résidence d'été du duc de Newcastle.
(4) Keene à Holdernesse, 1ᵉʳ septembre 1755.

nèbre de son collègue français. « La personnalité de Duras est un composé bien singulier; il a du talent, de l'esprit et plus d'acquis que n'importe lequel de ses compatriotes du même rang ou de rang inférieur; mais il n'a pas plus de jugement aujourd'hui qu'il n'en avait en venant au monde. Il m'a quelquefois donné bien du fil à retordre, mais dans l'ensemble j'ai été payé du mal que je me suis donné. Comme son remplaçant est un ecclésiastique, je le remettrai aux mains de Megazzi (1). »

A son retour en France, le duc de Duras n'eut pas à subir la disgrâce qu'aurait dû lui valoir son initiative maladroite; il fut bien accueilli par Louis XV, et nommé à l'emploi lucratif de gouverneur du château Trompette. Son successeur désigné, l'abbé de Bernis, ne prit pas possession de son poste, et l'intérim de Madrid fut confié pendant plusieurs mois à l'abbé Frieschmann qui avait rempli les fonctions de secrétaire pendant l'ambassade de Duras. Le prestige de l'Angleterre et de son habile représentant resta intact, et, malgré un timide essai de médiation au commencement de 1756, la cour d'Espagne conserva à l'égard du cabinet de Saint-James une attitude bienveillante, qui ne se modifia qu'avec le changement de souverain.

Du côté de la Russie, le ministère anglais fut tout d'abord beaucoup moins heureux. Toutes les tentatives que fit son envoyé, M. Guy Dickens, pour faire signer la convention de subsides avec son gouvernement, se heurtèrent à l'inertie de la czarine, à la volonté, clairement exprimée, du grand chancelier Bestushew d'exiger des conditions plus avantageuses pour son pays et pour lui-même (2). Cet état de choses se prolongea pendant les premiers mois de 1755. « Vendredi dernier, écrit Guy Dickens (3), le comte

---

(1) L'abbé Megazzi etait ambassadeur d'Autriche a Madrid.
(2) Guy Dickens à Newcastle, 28 janvier (8 février) 1755.
(3) Guy Dickens à Newcastle, 21 mars (1ᵉʳ avril) 1755.

Rasamousky a donné un grand banquet, que l'Impératrice a bien voulu honorer de sa présence, et auquel tous les ministres étrangers furent invités. Le même soir, je fus très malade et restai dans le même état toute la journée du lendemain...... Comme les Russes ne mangent ni viande ni beurre pendant le carême, on ne nous a servi au repas que toutes espèces de poissons accommodés à l'huile de noix, ce qui, d'après ce que j'entends dire, n'a pas plus convenu aux estomacs des autres convives qu'au mien. J'ai saisi l'occasion de demander au grand chancelier où en étaient nos affaires ; à quoi il a répondu qu'elles demeuraient au même point et que l'Impératrice n'avait pas encore lu les pièces qu'on lui avait soumises. »

On pensa évidemment que le pauvre Guy Dickens n'avait pas les aptitudes physiques et intellectuelles pour réussir à Pétersbourg, et on le remplaça par sir Hanbury Williams, qui reçut l'ordre de pousser les négociations, et de les appuyer d'offres pécuniaires, aussi libérales pour la Russie que pour les personnages de la cour. Le nouvel envoyé, malgré son insistance et l'argent qu'il distribua autour de lui, n'eut pas d'abord plus de succès que son prédécesseur. Les pourparlers traînèrent pendant tout l'été de 1755, et n'aboutirent qu'au mois de septembre à un traité d'alliance, dont nous rendrons compte en temps et lieu.

Mais c'était sur Vienne que le principal effort de la diplomatie anglaise devait être dirigé. Il était probable, en effet, que la France serait tentée de chercher dans les États continentaux du roi George une compensation aux pertes qu'elle pourrait éprouver en Amérique. L'armée française, chargée d'une opération contre le Hanovre, pour assurer son ravitaillement et couvrir sa ligne de retraite, devrait se saisir au préalable des places fortes des Pays-Bas autrichiens. De ce côté, il fallait prendre les premières précautions, et pour cela faire appel à l'Autriche et aux Provinces-

Unies de Hollande, alliées de l'Angleterre et participantes comme elle au traité des Barrières. Malheureusement, l'exécution de cet arrangement avait soulevé, depuis le traité d'Aix-la-Chapelle, des difficultés sérieuses, et donné lieu à un échange de notes, dont le ton, tout autant que le fond, avait singulièrement aigri les relations entre les gouvernements amis.

Dès la reprise de possession des Pays-Bas, qui suivit la paix de 1748, un différend s'éleva entre l'Impératrice-reine et les Puissances maritimes, au sujet de la reconstruction des forteresses de la frontière, que les Français avaient démolies pendant leur occupation. Le traité des Barrières, conclu en 1716 entre les trois pays, donnait, on le sait, à l'Angleterre et à la Hollande, le droit de fournir, comme garnison des places les plus rapprochées de la France, un corps de douze à seize mille hommes, dont les frais d'entretien étaient à la charge de l'Autriche; cette dernière devait, en outre, verser aux États Généraux un subside annuel d'un demi million de thalers. D'autre part, des avantages commerciaux et maritimes étaient garantis aux Anglais et aux Hollandais, au préjudice des habitants des Pays-Bas.

On se mit bien vite d'accord sur la nécessité de rétablir les garnisons et de restaurer les fortifications; mais, le principe de la dépense admis, il fut impossible d'arriver à une entente sur sa répartition, et encore moins sur le régime commercial, dont les Puissances maritimes demandaient le maintien, tandis que l'Impératrice-reine réclamait la suppression des clauses désavantageuses pour ses sujets. Les citadelles ne furent pas réparées, et l'Autriche suspendit le paiement des sommes qu'elle devait à la caisse des États Généraux. Ce fut en vain que sir Hanbury Williams, alors ministre anglais à Dresde, fut dépêché en mission extraordinaire à Vienne, en juillet 1753; lorsqu'il s'efforça de rappeler à l'impératrice les obligations de la convention, Marie-Thérèse, tout en colère, répondit (1), « avec des éclats de voix qui purent être entendus dans la pièce voisine, qu'elle était souveraine des Pays-Bas, et que c'était son devoir de protéger ses sujets, qui depuis si longtemps étaient opprimés par les clauses du traité des Barrières, et qui étaient privés des avantages naturels dont jouissent toutes les autres nations ».

Les négociations interrompues furent reprises en août 1754 par le gouvernement anglais, sur la nouvelle des hostilités qui venaient d'éclater en Amérique. Fidèle aux traditions dont s'inspirait dès cette époque la politique de la Grande-Bretagne, lord Holdernesse (2), tout en insistant pour la mise en état des forteresses et pour le versement de l'arriéré dû à la Hollande, ne voulut rien céder sur la question des privilèges commerciaux. La réponse négative de la cour de Vienne ne se fit pas longtemps attendre. L'Impératrice et son premier ministre, le comte Kaunitz (3), se refusèrent à toute entente, tant que les Puissances maritimes n'auraient pas étendu aux Pays-Bas des faveurs équivalentes à celles accordées à leurs nationaux.

Selon son habitude, Newcastle prend la plume à son tour et fait part de ses préoccupations au ministre anglais accrédité à la cour impériale, M. Keith (4). « Si la cour de Vienne nous met au pied du mur, elle aura à supporter les conséquences de ses agissements... J'espère que l'Impératrice-reine saura discerner son intérêt; je ne veux pas désespérer (quoique je n'y compte guère) de voir Kaunitz prendre le même parti. Quelle figure fera ce ministre si bien intentionné, si, grâce à son entêtement, l'alliance de la maison d'Autriche et des Puissances maritimes est rompue? »

---

(1) Williams à Newcastle 15 juillet 1753.
(2) Holdernesse à Keith, 27 août 1754. *Record Office.*
(3) Keith à Holdernesse, 21 novembre 1754.
(4) Newcastle à Keith, 7 janvier 1755.

Dans sa dépêche du 4 mars 1755, Keith (1) donne des avis plus satisfaisants : la cour de Vienne se prêtera à de nouveaux pourparlers, mais elle insiste toujours sur le traité de commerce; l'impératrice reste partisane de l'accord. « Eh bien! Keith, lui a-t-elle dit, j'espère que nous ferons quelque chose de bon, et qu'à la fin vous aurez du contentement. » Quant à Kaunitz (2), « son entêtement et son amour-propre l'empêchent de changer d'opinion... mais cependant, malgré tous ses défauts, M. Kaunitz est certainement fort capable, et il est aussi peu français et prussien que possible. »

Vers la même époque, le comte Colloredo, ambassadeur d'Autriche à Londres, soumit au gouvernement anglais un contre-projet (3), dont le point de départ était une garantie réciproque des États des confédérés; la défense des Pays-Bas serait confiée à un corps d'armée de 65,000 hommes, composé de 25,000 Autrichiens, 12,000 Hollandais, 10,000 Anglais et 18,000 Hessois, Saxons et Bavarois à la solde de l'Angleterre; ces forces seraient appuyées par les 60,000 Russes, pour le concours et l'entretien desquels des négociations étaient amorcées, comme on l'a vu plus haut, depuis plusieurs mois à Saint-Pétersbourg. Sans les craintes qu'inspiraient à la cour de Vienne le voisinage et une attaque possible du roi de Prusse, il aurait été facile, ajoutait le mémoire de Colloredo, de porter à 50 et même à 60,000 hommes le contingent autrichien des Pays-Bas, et d'assembler une seconde armée sur les bords du Rhin.

La cour de Vienne comptait évidemment sur les soldats moscovites pour tenir en échec les troupes du roi Frédéric. « C'est donc, écrit l'ambassadeur autrichien, le roi de

---

(1) Keith à Holdernesse, 4 mars 1755.
(2) Keith à Newcastle, 4 mars 1755.
(3) Mémoire présenté au duc de Newcastle par le comte de Colloredo, le 16 mars 1755. *Newcastle Papers.*

Prusse qui dérange toutes les mesures, et qui, par conséquent, expose l'Angleterre et la Hollande aux plus grands dangers, en occupant les forces de l'impératrice. Il n'y a que la Russie, et l'usage qu'on fera du secours qu'on en obtiendra, qui puissent remédier au vice radical de l'alliance. Elle sera à coup sûr triomphante, si elle surmonte, comme elle le peut, cet obstacle. »

Dans les dépêches de Marie-Thérèse à son représentant, nous trouvons l'exposé de sa politique et le résumé des conditions auxquelles elle subordonnait sa coopération. L'impératrice-reine, disait-on (1), n'a à se louer ni des procédés de l'Angleterre à son égard, ni de ses exigences vis-à-vis des populations des Pays-Bas; elle n'a aucun intérêt engagé dans le conflit avec la France, aussi insiste-t-elle pour le maintien de la paix ou tout au moins pour la continuation des pourparlers avec le duc de Mirepoix. Cependant, elle n'entend pas se dérober aux obligations de l'alliance; elle est prête à couvrir les États hanovriens du roi d'Angleterre contre toute agression, et à augmenter les troupes qu'elle entretient dans les Pays-Bas, mais elle n'accordera son aide que si l'Angleterre contribue à la protection de ce pays par l'envoi d'un corps de 10,000 soldats anglais et de 6,000 hessois, et garantit les États héréditaires de l'impératrice-reine contre toute entreprise du roi de Prusse.

Newcastle se montre très satisfait des nouvelles ouvertures : « J'avoue que le mémoire de Colloredo m'a fait plaisir, écrit-il au colonel Yorke (2) ; je ne pouvais pas endurer la pensée que notre administration abandonnerait la Hollande, la Flandre et tout le continent... le résultat des

---

(1) Kaunitz à Colloredo, 4 mars 1755 ; Marie-Thérèse a Colloredo, 3 avril 1755, cités par Arneth.

(2) Newcastle à Yorke, 18 avril 1755. Le colonel Yorke, ministre anglais à La Haye, fils de lord Hardwicke, lord Chancelier dans le ministère, était dans les termes les plus intimes avec le premier ministre.

propositions de Colloredo et de notre réponse devra être d'arriver à une entente pour la défense des Pays-Bas, ou du moins pour une partie de ce pays, dans laquelle j'espère que le port d'Ostende sera compris. »

Toutefois, le conseil des ministres et le roi en particulier (1) estimèrent que le sacrifice demandé à l'Angleterre était trop lourd, et qu'il fallait essayer d'obtenir des stipulations plus avantageuses. On entama à cet effet un véritable marchandage. D'après les contre-propositions anglaises, l'Autriche aurait à secourir le Hanovre s'il était menacé et à accroître son contingent, tandis que celui de l'Angleterre serait réduit à 8,000 Hessois et à 6,000 Saxons et Bavarois; quant aux soldats britanniques, il était impossible d'en disposer pour une campagne européenne. « Si le comte Kaunitz, écrit Newcastle à Keith (2), est réellement partisan de notre alliance, il profitera de l'occasion et acceptera nos propositions; nous ne pouvons pas faire plus, et encore à la condition qu'ils enverront de suite un renfort considérable en Flandre. »

Cependant, l'avenir devenait de plus en plus orageux. L'amiral Boscawen venait de mettre à la voile, muni d'instructions qui devaient, en cas de rencontre avec l'escadre française, faire éclater la guerre; d'autre part, le roi George, malgré les manifestations de l'opinion et les supplications de ses ministres, n'avait pas voulu renoncer à son voyage de Hanovre. Il était urgent de mettre les Pays-Bas et l'électorat à l'abri d'un coup de main de la France ou de ses alliés; aussi lord Holdernesse, qui avait été délégué pour représenter le ministère anglais auprès du roi pendant son séjour à Herrenhausen, fut-il chargé de se concerter avec les principaux personnages de la Hollande et avec les autorités autrichiennes des Pays-Bas, pour les mesures de précaution à prendre.

(1) Holdernesse à Newcastle, 18 avril 1755.
(2) Newcastle à Keith, 28 avril 1755.

Dès le 2 mai, Holdernesse transmet de Bruxelles (1) ses impressions. Les Autrichiens n'ont que 12,000 hommes dans la province, dont 6 à 7,000 devront être utilisés pour la garnison de Luxembourg ; les forteresses de la frontière sont en ruines, il n'y a pas de fonds en caisse et les États se refusent à en voter ; quant aux Hollandais, ils ont retiré le gros de leurs troupes sur Namur, sans même avertir de ce mouvement le prince Charles de Lorraine, gouverneur des Pays-Bas. L'inquiétude que cet état de choses inspirait à Holdernesse ne fut pas diminuée par le bruit (2) d'un combat naval qui aurait eu lieu dans la Manche. Il redouble d'activité, se rend à la Haye et réunit, chez le conseiller pensionnaire Stein, les principaux adhérents de la princesse régente d'Orange (3) et de l'alliance anglaise (4).

A cette assemblée, le ministre du roi George rendit compte de la situation des Flandres, exposa les intentions de la cour de Londres, et demanda à ses amis de la Hollande de s'expliquer sur le concours qu'ils espéraient apporter à l'œuvre commune. « On lui a répondu, dit le procès-verbal de la conférence, que dans l'état où sont les choses, n'ayant plus de barrière, il paraît qu'il est absolument impossible d'empêcher l'invasion des Pays-Bas. On lui a représenté le mauvais état de nos propres frontières, le manque d'argent, l'impossibilité de faire face partout,... que cependant nous pensons à nous mettre en état de défense au moyen d'une augmentation de troupes, en mettant nos frontières en état et en pourvoyant nos magasins. »

(1) Holdernesse à Newcastle, 2 mai 1755.
(2) Newcastle à Holdernesse, 6 mai 1755.
(3) Anna, fille du roi George II, veuve du prince d'Orange, régente des Provinces-Unies.
(4) A cette conférence furent présents, outre Holdernesse et le colonel Yorke, le prince Louis de Brunswick, commandant des troupes hollandaises, Charles de Bentinck, Stein, le greffier Fayel, le trésorier général Hop, et le secrétaire Larrey. — Voir le protocole d'une conférence tenue à la Haye, le 8 mai 1755. Archives diplomatiques, *Record Office*. Londres.

Sur l'invitation des délégués, les questions de Holdernesse et leurs réponses furent couchées sur le papier. D'après ces dernières, les représentants des Provinces-Unies déclarèrent que la concentration, à Namur, des troupes chargées de couvrir la province, était indispensable, et qu'ils étaient disposés à s'entendre avec le gouverneur autrichien pour l'évacuation définitive des places de Tournay, Ypres, Furnes et Dendermonde, et pour l'envoi à Namur de l'artillerie des forteresses abandonnées; quant à leurs propres forces, elles seraient à peine suffisantes pour la protection du territoire de la République. Les Hollandais terminaient en priant l'Angleterre de prendre à sa charge les subsides dus à la Saxe et à la Bavière, « ce qui faciliterait extrêmement toutes les autres mesures ici », et en demandant, à leur tour, « ce qu'en cas d'attaque la République peut attendre de ses alliés ».

Les explications du ministre anglais ne durent pas leur paraître des plus satisfaisantes : « Mylord Holdernesse nous a informés des propositions déjà faites par le roi à la cour de Vienne, de l'état de la négociation avec la Russie, des mesures prises pour conserver la tranquillité de l'Italie, des bonnes dispositions de la cour d'Espagne, de la négociation pour les 8,000 Hessois; que de tout cela résulteraient des moyens de défense, que le roi n'en épargnerait aucun pour soutenir la République; que pour le présent, il ne pouvait en dire davantage. »

A la lecture du protocole de la conférence de la Haye, le ministère Newcastle put se convaincre que les États Généraux, pas plus que l'impératrice, ne se souciaient de tirer les marrons du feu pour l'Angleterre. Il était manifeste que ces deux puissances se considéraient à bon droit comme étrangères au conflit américain; peu désireuses de voir la guerre s'étendre à l'Europe, elles ne s'engageraient qu'à la condition de voir leur allié maritime augmenter son concours militaire et financier. Or, l'accroissement de dépenses, pour lesquelles il faudrait solliciter des crédits du Parlement, était la grande préoccupation du roi, de Newcastle et de ses collègues; elle reparait à chaque instant dans la correspondance (1), et c'est elle qui fera échouer les pourparlers avec la cour de Vienne.

En effet, tous les efforts de Keith, de Fleming, ministre de Saxe à Vienne, partisan zélé de l'alliance anglaise, de Colloredo, qui était rentré en Autriche pour agir auprès de sa cour, se heurtèrent au refus absolu de dégarnir les États héréditaires pour renforcer le corps d'armée destiné aux Pays-Bas. « Cette cour, écrit Keith (2), a toujours le regard fixé sur le roi de Prusse; elle est jalouse de lui et de tout ce qu'il fait; aussi les mesures qu'elle prend sont-elles inspirées par ce qui leur parait être leur intérêt en ce qui regarde ce prince. M. Kaunitz m'a dit l'autre jour que Sa Majesté ne considérerait pas, il l'espérait bien, l'impératrice comme une alliée contre la France, mais aussi contre le roi de Prusse, qui, quoique moins puissant, était au moins aussi dangereux. Il a remarqué, avec beaucoup de raison, que l'avènement de cette puissance nouvelle avait bouleversé le vieil équilibre de l'Europe; le seul moyen de le rétablir était de s'assurer des Russes; il paraissait même croire qu'il n'y avait là qu'un palliatif et que le seul remède radical serait le rétablissement de l'ancien état de choses. »

Quand le roi George et son entourage eurent connaissance de la réponse de l'Autriche, leur émotion fut grande. « La cour de Vienne, écrit Holdernesse (3), refuse absolument d'envoyer des troupes aux Pays-Bas, tant que notre traité avec la Russie ne sera pas conclu et signé. Je n'ai jamais vu le roi aussi inquiet qu'il l'est depuis cette nouvelle. »

(1) Newcastle à Fleming, 28 avril 1755. Newcastle à Holdernesse, 23 mai 1755, etc., etc.
(2) Keith à Newcastle, particulière, 22 mai 1755.
(3) Holdernesse à Newcastle, 28 mai et 1er juin 1755.

Malgré cette défaite, il était impossible de laisser tomber la négociation ; il fallait profiter du répit que donnait la continuation des pourparlers de Londres avec le duc de Mirepoix pour tenter de nouveaux efforts auprès de l'impératrice. Le ton des dépêches qu'Holdernesse adressa à Keith (1) se ressentit de la « pique que le roi George avait contre la cour de Vienne, et de sa juste colère » au sujet de ses procédés. Après des récriminations très vives sur la conduite de l'Autriche, sur l'abandon des forteresses, le ministre anglais revient à la charge : « Vous voudrez bien insister avec le plus de vigueur possible auprès des ministres autrichiens, pour l'envoi immédiat de 30 à 35,000 hommes dans les Pays-Bas ; cette mesure doit être le préliminaire indispensable pour l'entente future à établir. » Il exprime l'espoir d'une prompte conclusion du traité russe ; « mais, ajoute-t-il, le temps presse, je ne dois pas vous cacher que les opérations par terre en Amérique auront probablement été entamées pendant le mois d'avril, et je n'oserai pas affirmer si les Français considéreront des voies de fait dans cette partie du monde comme une raison valable pour une déclaration de guerre contre le roi mon maître, ou pour une attaque contre ses alliés ou contre ses possessions sur le continent d'Europe. Quoi qu'il en soit, il est très probable que les hostilités auront lieu entre les escadres quand elles se rencontreront en Amérique. »

Holdernesse n'est rien moins que content du chancelier autrichien. Kaunitz, dans une conversation avec Keith, avait exprimé la crainte que la marche de renforts sur les Pays-Bas, loin d'empêcher l'action des Français, serait de nature à la provoquer. Ce raisonnement remplit d'indignation le ministre du roi George. « Le comte de Kaunitz, écrit-il, qui a vu, qui doit avoir une connaissance suffisante des maximes de la cour de France, peut-il croire

(1) Holdernesse à Keith, les 30 et 31 mai 1755.

réellement qu'elle attendra un prétexte pour mettre ses projets à exécution? La conduite de la cour de Versailles, alors qu'elle a violé le traité de la Sanction pragmatique au commencement de la dernière guerre, n'a-t-elle pas ouvert les yeux de Sa Majesté Impériale et de tous ses serviteurs fidèles? L'argument que les Français n'ont fait aucun mouvement important, aucun préparatif pour une invasion des Pays-Bas, est-il applicable aux circonstances présentes, alors que c'est une vérité notoire que les Français, dans un espace de deux fois vingt-quatre heures, peuvent s'emparer de ce qui était jadis une barrière?... Mais je n'ai pas besoin de vous en dire plus long sur ce qu'ils pourraient faire; je regrette de constater que le comte de Kaunitz a essayé de dissimuler ce qu'il pense de leurs projets. Je dis dissimuler, parce qu'il est impossible que ce qu'il vous a dit sur ce sujet soit l'opinion d'un homme de bon sens, encore moins celle d'un ministre qui a son expérience et qui a été comme lui employé en France. »

Les dernières propositions anglaises furent examinées, les 12 et 15 juin, par le conseil autrichien en présence de l'empereur et de l'impératrice, et donnèrent lieu à une réponse verbale, dont le précis fut communiqué à Keith, et à une réponse écrite, que ce ministre fut chargé de remettre à son gouvernement. Tout d'abord, M. de Kaunitz, dans la première pièce, reproduit les griefs de sa cour sur le ton et les procédés anglais (1). « On n'a pu être que très étonné de voir les représentations, que vient de faire M. Keith, à tel point opposées à ce que l'on croyait avoir lieu d'attendre que certainement, si les armées de l'Impératrice étaient à la solde de la Grande-Bretagne, on ne pourrait point en disposer plus décisivement...

(1) Précis de la réponse verbale donnée à M. de Keith sur les représentations qu'il a faites au chancelier d'État et de cour, comte de Kaunitz-Rietberg, en conséquence d'une lettre de mylord Holdernesse du 1er juin 1755. *Record Office*. Londres.

« Pour persuader Sa Majesté l'Impératrice à donner les mains pour la défense des Pays-Bas et de la Hollande, l'on commence par nous reprocher ce que l'Angleterre a fait pour la cause de la maison d'Autriche en différents temps. Toute l'Europe sera sans doute, sur cet objet, d'accord avec la cour de Vienne; et personne n'ignore que si la maison d'Autriche a trouvé des secours utiles dans son alliance avec les Puissances maritimes, elle les a payés souvent du sang et de la ruine de ses sujets, pendant que ses alliés s'agrandissaient et s'ouvraient de nouvelles voies de commerce et de richesses. C'est à regret que nous nous voyons dans la nécessité d'opposer ces vérités à d'injustes et d'éternels reproches. »

Après ce préambule dont l'amertume est au diapason de l'aigreur britannique, le ministre rappelle les pourparlers entamés à Londres par le comte de Colloredo, le vœu manifesté par la cour de Vienne en faveur du maintien de la paix, ses promesses de concours en cas de guerre, ses craintes du côté de la Prusse. « L'Impératrice, continue-t-il, en se déterminant, comme elle l'a fait d'abord, à laisser aux Pays-Bas toutes les troupes qu'elle y a pour la défense de la République et de l'Angleterre, et en prenant la résolution d'attaquer le roi de Prusse dès qu'il marcherait contre les États de Hanovre, se chargeait du soin d'occuper à ses risques le plus dangereux ennemi de l'alliance. Lord Holdernesse pendant son séjour à Bruxelles et la Haye a pu se convaincre de l'impossibilité de compter sur l'aide des Provinces-Unies; quant à l'Angleterre, quels sacrifices fait-elle? En échange des 35,000 hommes qu'on nous demande, on nous offre un traité à conclure avec la Russie, « si cette cour y est réellement disposée », une convention pour l'emploi de 8,000 Hessois et le renouvellement des traités avec la Saxe et la Bavière. Sa Majesté Impériale avait clairement compris, dans sa déclaration du *Casus fœderis*, l'électorat de Hanovre; Sa Majesté Britannique, au contraire, ne lui promet rien en qualité d'électeur... Nous n'entrerons pas non plus dans le détail des arguments au moyen desquels on veut nous persuader que nous pouvons, dès à cette heure, faire assez de fond sur le secours russien pour pouvoir détacher sans risque des troupes pour les Pays-Bas. L'Angleterre n'imagine pas sans doute que nous ne comprenions parfaitement la grande différence qu'il y a d'un traité à faire à un traité conclu, de 60,000 Russiens sur le papier, dans des quartiers très éloignés les uns des autres, à 80,000 Prussiens qui peuvent se rassembler dans quinze jours de temps et fondre sur les États de l'Impératrice... Cependant, pour arrêter le cours de ces dissensions pernicieuses, Sa Majesté l'Impératrice, plus touchée du triste état de l'alliance que sensible aux procédés qu'on a pour elle, veut bien encore faire un dernier effort, en s'expliquant sans détour sur ce qu'elle peut faire pour ses alliés et sur ce qu'elle croit devoir exiger d'eux. Et en conséquence elle a donné ordre d'en faire part, par écrit, à M. Keith. »

Dans la note écrite, nous trouvons résumées les offres de l'Autriche : « L'Impératrice veut bien s'engager, indépendamment des garnisons de Luxembourg et de Namur, à mettre 30.000 hommes en campagne aux Pays-Bas encore cet été, à condition cependant *sine qua non :* 1° qu'il s'y trouvera dans le même temps en campagne 20,000 hommes de troupes anglaises ou à la solde de l'Angleterre ; 2° que la République y aura dans le même temps, et joindra à l'armée combinée, ses contingents déterminés par le traité de la Barrière, ou du moins 8,000 hommes ; et 3° dans la ferme confiance que Sa Majesté Britannique voudra bien s'expliquer clairement sur les secours qu'en vertu des traités elle se propose de donner à Sa Majesté l'Impératrice, tant en qualité de roi qu'en qualité d'électeur ; 4° que Sa Majesté Britannique s'engage à conclure le plus tôt possible les traités subsidiaires qu'elle a déjà déclaré vouloir faire, et à employer pour la défense de l'Impératrice contre le roi de Prusse les Russiens qui passeront à la solde de l'Angleterre, nul arrangement aussi bien ne pouvant faciliter autant à Sa Majesté l'Impératrice le moyen d'empêcher ce prince d'attaquer les possessions de ses alliés ; 5° que Sa Majesté Britannique emploiera les moyens nécessaires pour s'assurer du roi de Sardaigne, de façon qu'il n'y ait rien à craindre pour l'Italie ; et enfin 6° que sur tous ces articles, on dressera et signera provisionnellement une convention, en se réservant de part et d'autre de convenir du commandement de l'armée des Pays-Bas, d'un plan d'opérations et de tous les détails qui en dépendent.

« Sur ce pied, les troupes de Sa Majesté l'Impératrice se mettront en marche pour les Pays-Bas, dès que l'on aura l'avis certain que les 20,000 hommes à la solde de l'Angleterre sont en mouvement pour s'y rendre, et qu'il sera parvenu à Sa Majesté la déclaration positive de Sa Majesté Britannique sur tous les autres articles détaillés ci-dessus. »

Il suffit de parcourir les dépêches de Holdernesse et les longs mémoires de Kaunitz, pour voir que si les deux cours n'étaient pas d'accord sur les conditions de l'action commune, elles l'étaient encore moins sur le langage et les procédés qui auraient pu amener une entente.

Avant même d'avoir reçu les pièces que nous venons d'analyser, la cour de Hanovre se met à douter des bonnes intentions du chancelier de Marie-Thérèse ; elle veut être renseignée sur les instructions données au comte de Stahremberg, représentant de l'Autriche à Paris, et sur une conversation de ce dernier avec M. Rouillé. « Ce n'est pas la première fois, écrit Holdernesse (1), que le comte Kaunitz a affecté un mystère peu obligeant et inutile, même pour des choses insignifiantes ; mais dans le cas actuel, il y a quelque chose d'exceptionnellement obscur dans les agis-

(1) Holdernesse à Keith, 17 juin 1755.

sements du ministre impérial, et je ne dois pas vous cacher que d'autres cours commencent à soupçonner quelque duplicité dans la cour de Vienne. »

Par le même courrier, le ministre du roi George insiste pour obtenir une réponse catégorique aux trois questions suivantes : 1° Dans le cas d'une attaque contre le Hanovre, par la France ou par ses alliés, la cour de Vienne est-elle déterminée à assister le roi George? 2° Quels seront le nombre et la composition des corps d'armée que l'Autriche fournira pour cet objet? 3° Dans combien de temps ces troupes seront-elles prêtes à marcher?

On peut s'imaginer les sentiments que dut éveiller dans l'esprit de Kaunitz et de sa souveraine une pareille demande, où perçaient les préoccupations personnelles du roi George et le tranquille égoïsme de la politique anglo-hanovrienne. Aux interrogations de Holdernesse le cabinet autrichien opposa une fin de non-recevoir absolue, et Keith, malgré ses plaidoiries persistantes (1), fut renvoyé à la note du 15 juin, qui devait être considérée comme l'ultimatum de l'impératrice-reine.

A Herrenhausen, la réponse verbale et la réponse écrite ne reçurent pas un meilleur accueil. « Il serait bien inutile, mande Holdernesse à Newcastle (2), de vous décrire l'indignation du roi quand il a pris connaissance des pièces inconvenantes et offensantes qui ont été communiquées à son ministre à Vienne... Pour le moment, le roi m'a ordonné de ne pas répondre à la dépêche de M. Keith. » Toutefois, le délégué du cabinet de Saint-James ne croit pas possible de repousser les propositions autrichiennes; il s'émeut des sacrifices que l'on impose à l'Angleterre et s'en réfère à son chef dont il suivra les instructions, et qui « lui donnera une nouvelle preuve de son amitié en lui

---

(1) Keith à Holdernesse, 27 juin 1755.
(2) Holdernesse à Newcastle, 29 juin 1755.

traçant librement et avec détails la ligne de conduite qu'il doit tenir... Vous connaissez, d'ailleurs, ajoute-t-il, ma docilité et mon attachement respectueux. »

L'arrivée à Hanovre du comte Fleming, dont nous avons déjà signalé l'intervention à Vienne, ne fut pas sans influence sur les résolutions des conseillers du roi George. « Holdernesse, écrit-il (1) à M. de Brühl, est tout à fait déconcerté et croit à un éclat tant en Angleterre qu'en Hollande. Le ministère d'ici (2) en est au désespoir et ne sait que faire pour calmer le roi. J'ai cru qu'il était nécessaire de parler et de relever les esprits; j'ai pris occasion de représenter à Holdernesse, qui m'a tout communiqué avec beaucoup de confiance, qu'il ne fallait pas se heurter à ce qu'il y avait d'inutile et de désobligeant dans la réponse de la cour impériale; que ce ton de hauteur lui était naturel, mais que je le priais de s'attacher uniquement à ce qu'il y avait dans la dite réponse de raisonnable et de conforme au désir de l'Angleterre. »

Les arguments de l'envoyé saxon et les avis des ministres hanovriens, MM. de Münchhausen et Steinberg, très favorables à l'alliance autrichienne, ramenèrent le sang-froid dans l'esprit de leur collègue anglais et de leur souverain. Le 6 juillet (et sans attendre les instructions si humblement demandées), Holdernesse communique à Newcastle (3) un mémoire, préparé par les Hanovriens avec l'assentiment de Sa Majesté Britannique. Les auteurs de cette pièce reconnaissaient la nécessité de sacrifices plus lourds et d'une action plus directe de George II, en sa double capacité de roi et d'électeur.

« Pour se défendre, disaient-ils, contre la France et la Prusse, il faut : 1° faire agir la Russie par diversion; 2° former une armée considérable en Allemagne; et 3° une au-

(1) Fleming à Brühl, 30 juin 1755. *Newcastle Papers*.
(2) Les ministres hanovriens et notamment M. de Munchhausen.
(3) Pièce annexée à la lettre de Holdernesse à Newcastle, 6 juillet 1755.

tre armée pour la défense des Pays-Bas. On se flatte que le traité dont il est question avec la Russie remplira le premier de ces objets. Pour le second, il pourra s'effectuer moyennant une convention entre Sa Majesté, comme électeur de Hanovre, par laquelle le roi s'engagera à fournir un contingent dont le chiffre sera à fixer : la cour de Vienne 40,000 hommes, et le roi de Pologne 20,000. Cette armée sera postée de façon à pouvoir se joindre dès le premier mouvement de l'ennemi, et servira pour la défense ou de l'électorat du Hanovre, ou de la Saxe, ou des États allemands de l'Impératrice, selon que le cas l'exigera. Pour ce qui regarde le troisième point, on fera d'abord marcher vers les Pays-Bas les troupes hessoises à la solde de Sa Majesté, les 6,000 Bavarois que l'on est en droit d'exiger en vertu du traité de 1750, auquel corps on joindra 6,000 hommes de troupes anglaises, ou l'on négociera un pareil nombre dans l'Empire, à Wurtzbourg, par exemple, ou ailleurs. L'Impératrice se trouvant rassurée par rapport au roi de Prusse, moyennant la diversion russienne et l'armée d'Allemagne, enverra d'abord 25 à 30,000 hommes de ses troupes pour la défense des Pays-Bas. Lesquelles mesures une fois prises, on ne peut douter que la Hollande ne se mette aussi en état de défendre son foyer. »

Holdernesse, dans la lettre qui accompagnait ce document, expliquait que le roi s'attendait à recevoir « quelque secours » de l'Angleterre, dans le cas où il signerait, en sa qualité d'électeur, le traité d'alliance projeté, mais qu'il lui était impossible de préciser ni l'importance ni la nature de ce secours, sans lequel il ne pourrait pas supporter les frais d'entretien d'un effectif considérable.

Aussitôt les dépêches du Hanovre reçues à Londres, Newcastle se concerta avec lord Hardwicke sur les moyens de concilier la défense des États électoraux avec les nécessités de la situation parlementaire, et avec les ressources financières de la Grande-Bretagne. L'ampleur du projet imaginé par Münchhausen et Holdernesse l'effraye : il se préoccupe du coût qu'entraînera son exécution; il s'inquiète des objections que rencontrera la demande de nouveaux crédits pour une guerre continentale. Il était évident, en effet, que l'opinion du public anglais se prononçait de plus en plus contre les traités de subsides, qui constituaient la base de l'arrangement élaboré à Hanovre. Pour résister aux attaques qui se produiraient dans la Chambre des communes, pour répondre aux orateurs de l'opposition, il était indispensable de modifier la composition du cabinet, de remplacer Robinson, dans ses fonctions de « leader » de la Chambre basse, par un personnage plus éloquent et plus versé dans la stratégie parlementaire.

Au premier rang des hommes politiques en disponibilité figurait Pitt, dont le talent oratoire était déjà en renom, dont l'autorité était reconnue de tous, mais que des propos virulents sur les faiblesses de George pour ses sujets allemands faisaient regarder par ce dernier comme un ennemi personnel.

Newcastle, fort embarrassé, est persuadé qu'il ne fera voter des fonds pour la défense du Hanovre qu'avec le concours de Pitt et de ses amis; d'autre part, il connaît les sentiments du souverain à leur égard, et craint de soulever un orage en parlant de leur entrée au ministère. Fidèle aux habitudes de son esprit, sans s'en prendre directement aux projets du roi, il se garde bien de les approuver et cherche des expédients et des palliatifs : « Les dépenses prévues pour le budget de 1756, écrit-il à Holdernesse (1) dans la dépêche qui devait passer sous les yeux du monarque, atteignent déjà la somme de cinq millions de livres sterling; on ne pourra les couvrir que par le prélèvement d'un million sur les fonds de l'amortissement et

(1) Newcastle à Holdernesse, 11 juillet 1755.

par l'emprunt d'un autre million. Cependant, une attaque sur le Hanovre devant être la conséquence des affaires américaines, le Parlement ne pourrait pas refuser de contribuer à la défense de ce pays; c'est ainsi que l'Angleterre pourrait prendre à sa charge l'augmentation des troupes de l'électorat, et ajouter aux 8,000 Hessois déjà à sa solde (1) un corps de Saxons ou de Brunswickois. » « Le Danemark (2), ajoute Newcastle, pourrait, en cas d'attaque, venir au secours de Sa Majesté. Sir Thomas Robinson a aussi quelque idée que les cercles de l'Empire sont obligés d'assister tout membre appartenant au cercle qui serait attaqué. »

Dans une lettre particulière notée : « Entre nous », adressée à son collègue (3), Newcastle est beaucoup plus explicite : « Les dépêches que porte ce courrier trancheront le sort de notre ministère; car si nous sommes obligés d'entreprendre des mesures que, dans les conditions et circonstances du royaume, nous ne pourrons faire voter, ou si Sa Majesté ne veut pas nous permettre le concours de ceux qui nous sont nécessaires, ce serait en vain que nous tenterions des impossibilités... Nous voudrions bien nous tirer d'affaire dans la Chambre des communes sans parler à Sa Majesté de M. Pitt et de lord Egmont, mais nous ne le pouvons pas, et nous sommes bien forcés de le dire. »

Nous relevons l'expression des mêmes préoccupations dans un billet intime du chancelier au premier ministre (4) : « Le plan de nos collègues du Hanovre m'a fait grand peur. L'exécution en Allemagne d'un projet si

---

(1) Un traité avait été signé, le 18 juin 1755, avec le landgrave de Hesse-Cassel, d'après lequel l'Angleterre prenait à sa solde un corps de 8,000 Hessois.

(2) Le Danemark avait refusé le 17 mai, sous prétexte de sa neutralité, une proposition de l'Angleterre de prendre à sa solde 6,000 Danois pour les garnisons d'Irlande.

(3) Newcastle à Holdernesse, 11 juillet 1755.

(4) Hardwicke à Newcastle, 14 juillet 1755.

étendu et si coûteux rencontre toutes espèces d'objections et de difficultés...... C'est d'ailleurs commencer du mauvais côté, car au lieu de mettre en premier rang la défense des Pays-Bas, l'objet principal paraît être une guerre en Allemagne, qui ne peut viser que le roi de Prusse. »

Lord Hardwicke, en parlant ainsi, montrait sa perspicacité habituelle; la véritable raison qui empêcha l'entente entre l'Angleterre et l'Autriche fut la divergence d'intérêts et d'objectifs qui existait entre les deux cours. Tandis que le gouvernement anglais ne s'inquiétait que de la France, Marie-Thérèse et son ministre ne pensaient qu'au conquérant de la Silésie et aux moyens de recouvrer la province perdue. « Quand j'ai parlé au comte Kaunitz, écrivait à cette époque Keith (1), d'appeler un corps autrichien à la défense des États du Hanovre : « Ce n'est pas la méthode de les défendre », me dit-il; et comme je lui demandais : « Comment prétendez-vous donc le faire? » — « En attaquant le roi de Prusse, morbleu ! » s'écria-t-il. — Il s'arrêta court aussitôt ces paroles prononcées et changea de discours, et je ne pus pas le ramener sur ce sujet, quoique je le tentasse plusieurs fois. »

Peu de jours après l'envoi des dépêches de Newcastle citées plus haut, éclata la rupture avec la France; elle ne fit qu'accroître les embarras du ministère anglais. « On veut une guerre maritime, écrit Newcastle (2), pas d'opérations sur le continent, pas de traités de subsides. » L'opposition se manifesta au sein même du conseil, dont l'un des membres, le chancelier de l'Échiquier, M. Legge, refusa de signer les mandats relatifs aux premiers versements dus au landgrave de Hesse pour l'entretien des 8,000 soldats passés à la solde de l'Angleterre. Il fallut songer sans retard à la reconstitution du cabinet.

(1) Keith à Holdernesse, 27 juin 1755.
(2) Newcastle à Holdernesse, 25 juillet 1755.

Hardwicke fut chargé de voir M. Pitt, de s'enquérir de ses vues sur la politique extérieure et de le sonder sur les conditions qu'il imposerait pour donner son concours au ministère Newcastle. Le résultat de l'entrevue fut peu encourageant (1). Prêt à pousser les opérations de guerre sur mer et en Amérique malgré la dépense qu'elles occasionnaient, obligé de reconnaître les obligations de l'Angleterre vis-à-vis du Hanovre, Pitt se déclarait contraire aux traités de subsides, à cause des lourdes charges qu'ils entraîneraient pour les contribuables. L'occupation du Hanovre par les troupes françaises ou prussiennes ne pouvant être que temporaire, le roi George ne courait aucun risque de perdre ses États électoraux, qui lui seraient rendus à la paix. Mieux vaudrait lui accorder une indemnité de cinq millions après la guerre que payer des subventions annuelles pour la défense de ses possessions.

Décidément les nécessités de la crise gouvernementale qui grondait dans le palais de Westminster l'emportaient sur les difficultés continentales. Newcastle, reléguant au second plan les Pays-Bas et le Hanovre, n'a d'autres soucis que le remaniement ministériel et le prompt retour de son maître, sans la présence duquel il est impossible de rien conclure. Il se console d'ailleurs de l'échec des négociations avec l'Autriche, par l'espoir d'une réconciliation avec le roi de Prusse, qui commençait dès cette époque à écouter les ouvertures de la cour de Saint-James. L'entente avec le chef d'un État protestant, plus sympathique au peuple anglais que la catholique Marie-Thérèse, serait bien accueillie de l'opinion; sa neutralité dans le conflit menaçant serait une garantie plus efficace et moins coûteuse, pour la protection du Hanovre, que l'alliance avec la cour de Vienne.

A Herrenhausen, la situation devient des plus tendues;

(1) Hardwicke à Newcastle, 9 août 1755.

George ne peut se résigner à renoncer au projet qu'il avait élaboré de concert avec ses ministres hanovriens; il ne veut pas qu'on lui parle d'abréger son séjour sur le continent, et fait retomber sur Holdernesse le poids de son mécontentement (1). « J'ai été reçu ce matin, écrit ce dernier, comme *un chien dans un jeu de quilles*. Quand on envisage de près le moment de partir, l'on devient d'une humeur terrible. »

Malgré la répugnance qu'il rencontre de la part de son souverain, Holdernesse obéit aux suggestions de Newcastle, mais il ne peut s'empêcher de manifester les regrets que lui cause le renversement de la politique suivie jusqu'alors par l'Angleterre. « Je frémis, dit-il (2), à la pensée d'abandonner le système du continent, quoique je sente la force des raisonnements dont vous vous servez dans vos lettres officielle et particulière... Jamais je ne croirai que les avantages les plus grands que nous pourrons emporter en Amérique compenseront le danger de voir la France occuper la Flandre, s'emparer d'Ostende, d'Anvers et peut-être de Flessingue, tandis que nous resterons seuls, sans un allié à opposer à un ennemi aussi supérieur. » La grosse question pour le moment est la rentrée à Londres : « Le roi, écrit-il à Newcastle (3), ne veut pas admettre l'utilité ou la nécessité de son retour. Il y a assez de rois en Angleterre, m'a-t-il dit, je ne suis rien là-bas; je suis vieux et ai besoin de repos; si je rentre, on ne fera que me taquiner et m'ennuyer au sujet de cette s..... Chambre des communes. Nous nous sommes séparés bons amis et je puis vous assurer que ni vos conseils sur les Affaires Étrangères, ni vos insinuations sur un retour prochain en Angleterre, n'ont fait la moindre impression à votre désavantage, quoique

---

(1) Holdernesse à Newcastle. « Entre nous », 23 juillet 1755, les mots en italiques sont en français dans les lettres.

(2) Holdernesse à Newcastle. « Entre nous », 30 juillet 1755.

(3) Holdernesse à Newcastle. « Entre nous », 3 août 1755.

nous soyons fort tristes à ces deux occasions; mais, ma foi, je crois que le retour est encore ce qui lui tient le plus au cœur. »

Les pourparlers qu'on entama pendant la dernière partie du séjour à Hanovre avec le duc de Brunswick, et par son entremise avec le roi Frédéric (1), eurent raison sans doute des dernières résistances de Holdernesse. Le 6 août, après avoir laissé pendant plus d'un mois sans réponse les propositions de Vienne, il signifia à Keith, par quelques mots secs et hautains, qu'elles n'auraient pas de suite : « Il me serait facile, écrit-il (2), de réfuter les arguments faux de la pièce ridicule que vous avez jointe à votre dépêche du 19 juin, mais ce serait entrer sans nécessité dans une altercation inutile; ceux qui ne veulent pas entendre siffler le serpent n'acquerront l'expérience que quand ils seront mordus. Les ministres impériaux ont été bien souvent informés que le roi d'Angleterre ne voudrait, ni ne pourrait participer aux affaires du continent, qu'autant que les Hollandais lui prêteraient quelque secours; les ministres de l'empire ont tellement fortifié le pouvoir de leurs ennemis dans ce pays, entravé à un tel point la possibilité d'une action vigoureuse de leurs amis, qu'aucun des projets concertés avec la princesse royale, pendant mon séjour à la Haye, n'a pu être mis en exécution. Je ne veux pas vous relater tous les propos et toutes les suppositions auxquels a donné lieu, en Hollande et en Angleterre, la conduite déplaisante et mal raisonnée des ministres de Leurs Majestés, mais vous vous rendrez compte de la teneur et de l'effet de ces commentaires, quand vous apprendrez que je n'ai aucune communication à vous faire, de la part du roi, au sujet du contenu de vos dépêches. »

Ainsi finit la négociation avec l'Autriche. Elle ne fut pas

---

(1) Voir plus loin le récit de ces pourparlers.
(2) Holdernesse à Keith, 6 août 1755.

reprise, et les rapports entre les deux gouvernements devinrent de plus en plus froids jusqu'à la brouille définitive, qui n'eut lieu que deux ans plus tard.

La cour de Vienne sut interpréter le silence du cabinet de Saint-James; le refus de l'Angleterre de s'engager du côté de l'Allemagne était significatif. Contre Frédéric, il n'y avait évidemment rien à espérer des Puissances maritimes, aussi Marie-Thérèse se décida-t-elle à offrir à l'adversaire héréditaire de la maison de Habsbourg, au roi de France, l'alliance que l'Angleterre repoussait avec dédain. Dès la fin de ce même mois d'août 1755, le comte de Stahremberg reçut l'ordre de faire les ouvertures qui aboutirent au renversement de l'équilibre européen.

S'il est juste de rendre hommage à l'esprit de suite et de logique qui dirigea les conseils de l'Autriche et qui inspira sa conduite, il serait difficile de ne pas signaler les contradictions, les hésitations et l'incohérence de la politique anglaise. Sans doute, il eût été très agréable aux contribuables du Royaume-Uni d'obtenir le concours de l'Autriche et de la Hollande pour la protection des Pays-Bas sans bourse délier, ou tout au moins sans encourir d'autres dépenses que celles de la convention hessoise et du traité projeté avec la Russie; sans doute, il y avait tout avantage à conserver pour la marine britannique et pour l'Amérique les ressources du budget, à retenir pour la défense de l'Angleterre le peu de soldats nationaux dont pouvait disposer cette puissance. Mais une fois convaincus qu'un marchandage ultérieur serait inutile, que les conditions de l'Autriche étaient un ultimatum, les hommes d'État de la Grande-Bretagne nous semblent avoir agi avec une singulière légèreté et une rare imprévoyance, en déclinant un arrangement dont le rejet laissait leur patrie dans un isolement des plus dangereux.

La résolution prise à l'égard des propositions de la cour de Vienne coïncida, il faut le reconnaître, avec les premières avances au roi de Prusse. La visite des princesses de Brunswick à Herrenhausen, pendant laquelle on parla pour la première fois d'une réconciliation avec Frédéric, eut lieu au commencement de juillet; la note que Holdernesse fit remettre à ce prince est datée du milieu d'août; enfin c'est vers la même époque que la correspondance entre Newcastle et son collègue, contient la première expression des espérances que faisaient concevoir les lettres reçues de Potsdam, par l'entremise du duc de Brunswick. Mais les propos échangés étaient encore trop vagues, l'attitude de Frédéric trop réservée, pour qu'il fût possible de faire fond sur la rupture par ce prince des liens qui l'attachaient à la France. Aussi estimons-nous que, si l'espoir d'une entente avec la Prusse fut une fiche de consolation pour la diplomatie anglaise, il ne pesa que d'un poids bien faible sur les décisions du cabinet de Londres. C'est avant tout à des considérations purement britanniques et parlementaires qu'il faut attribuer l'échec des négociations avec l'Autriche.

Par suite de l'abandon de ses vieilles amitiés, l'Angleterre restait absolument isolée en Europe. Les hostilités commencées contre la France sur mer et en Amérique devaient, selon les prévisions, s'étendre au continent et amener, à titre de représailles, l'invasion du Hanovre par les armées de Louis XV. A cette attaque, le roi George ne pouvait opposer que ses Hanovriens, les 8,000 Hessois qu'il venait de prendre à sa solde, et les Saxons, dont le concours, promis par un traité sur le point d'expirer, pouvait être considéré comme des plus problématiques. Le roi de Prusse n'avait fait qu'une réponse évasive aux ouvertures du ministère britannique; rien n'autorisait à croire qu'il eût déserté son ancien allié. La conduite passée de ce prince, son caractère inquiet, et l'absence de scrupules qui caractérisait ses actes quand son intérêt était en jeu, permettaient de supposer qu'il prendrait part à la guerre s'il y voyait avantage, et que la perspective d'un agrandissement de ses États aux dépens du Hanovre ne le laisserait pas indifférent.

Le traité avec la Russie n'était pas encore signé, les vues de cette cour paraissaient bien incertaines ; les Hollandais, divisés et peu disposés à se mêler à la lutte, ne pouvaient être entraînés que par l'action combinée et énergique de Vienne et de Londres ; Marie-Thérèse elle-même, réduite à ses propres forces, ne ferait pas grands efforts pour la défense des forteresses des Pays-Bas ; peut-être même se résignerait-elle, comme semblaient l'indiquer les conversations de Stahremberg avec Rouillé, à une convention de neutralité avec la France. Dans des conditions pareilles, la sécurité du roi George, de l'Angleterre elle-même, n'exigeait-elle pas le léger sacrifice d'hommes et d'argent que réclamait l'impératrice-reine pour la cause commune ?

Faut-il voir, dans Newcastle, l'initiateur de cette politique insulaire, habile selon les uns, égoïste selon les autres, d'après laquelle la Grande-Bretagne doit se désintéresser des conflits du continent européen pour se consacrer tout entière à ses intérêts maritimes et coloniaux ? Pour combattre une telle appréciation, nous n'aurions qu'à comparer les hésitations de Newcastle avec la décision de son successeur, Pitt (1), qui obtint du Parlement anglais des sacrifices énormes pour soutenir le roi Frédéric pendant la guerre de sept ans, et qui envoya les régiments britanniques participer aux opérations militaires de l'Allemagne. Les préoccupations constantes et mesquines du premier ministre anglais ne laissaient aucune place aux grandes conceptions, aux projets de vaste envergure. Plaire au roi, sans mécontenter la Chambre des communes, sacrifier l'avenir, dont il n'essayait même pas de calculer les probabilités, au pré-

(1) Newcastle lui-même fit partie du cabinet de juin 1757, dont Pitt était le chef.

sent qui assurait son maintien au pouvoir, tromper ses adversaires, ruser avec ses amis, obtenir le plus en donnant le moins : tels furent les principes qui dictèrent la conduite de Newcastle, et dont l'application aux négociations avec l'Autriche aboutit au résultat négatif que nous venons de constater.

Quoi qu'il en soit, et quelque contradictoire que puisse paraître la ligne suivie, le gouvernement anglais, tout en se désintéressant de la guerre sur le continent, n'en continua pas moins ses efforts pour terminer le traité russe, depuis si longtemps sur le tapis. L'envoyé Williams (1) avait été autorisé à élever le montant des subsides annuels offerts à la Russie; grâce à cette concession importante, grâce aux sommes libéralement distribuées à la cour de Saint-Pétersbourg, les signatures purent être échangées le 19/30 septembre 1755 (2). D'après les clauses de cette convention qui devait avoir une durée de quatre ans, une alliance défensive existerait entre les deux puissances. La Russie maintiendrait en Livonie un corps de 55,000 hommes, sur lesquels, dans le cas de l'attaque des États du roi d'Angleterre ou de ses alliés, et sur la réquisition de ce prince, un corps de 45,000 hommes serait mis en mouvement par terre, et un détachement de 10,000 soldats transporté par mer; le gouvernement anglais aurait également à sa disposition une escadre russe de 40 à 50 galères avec leurs équipages. La garantie des États du roi s'étendait à l'électorat du Hanovre. L'Angleterre s'engageait à envoyer ses vaisseaux dans la mer Baltique en cas de guerre, à obtenir du roi de Pologne le libre passage pour les forces moscovites, à verser une subvention annuelle de 500,000 livres sterling, à compter du jour où le corps d'armée aurait

(1) Holdernesse à Williams, 17 juin 1755.
(2) Le traité anglo-russe de 1755 est signé par sir Hanbury Williams, ambassadeur d'Angleterre, le grand chancelier Bestushew et le vice-chancelier Woronzow.

franchi les frontières, à payer par an 100,000 livres sterling pour son entretien pendant la paix.

Enfin, un article séparé et secret contenait « l'engagement de s'entre-communiquer, confidentiellement et fidèlement, tout ce qui pourra avoir trait à quelque négociation avec l'ennemi commun ».

En acceptant cette condition, le chevalier Williams, imbu des principes de l'alliance autrichienne, jusqu'alors considérés comme la base de la politique étrangère de sa cour, avait cru faire merveille.

A Londres, dans les cercles ministériels, l'impression ne pouvait pas être aussi favorable. L'opposition grandissante contre la guerre continentale et contre le système de subsides, le langage des hommes d'État dont Newcastle recherchait le concours pour reconstituer son ministère, faisaient prévoir des difficultés parlementaires, que la connaissance du nouveau traité ne serait pas de nature à aplanir. D'autre part, les pourparlers entamés avec le roi de Prusse pendant les mois d'été faisaient espérer, sinon une réconciliation sincère, tout au moins une amélioration dans les rapports avec ce monarque. Il était possible qu'on obtînt de lui une déclaration de neutralité; et si cette perspective se réalisait, le secours des Russes, désormais inutile contre la Prusse, servirait à protéger le Hanovre contre une entreprise française.

La marche des événements, la crise ministérielle, la lenteur des communications entre Londres et Pétersbourg, n'avaient pas permis de mettre l'ambassadeur anglais au courant du changement de situation. Newcastle essaya de réparer cette omission; il écrivit à Williams une lettre (1), dans laquelle il observait que la rédaction proposée, pour la convention qu'on allait conclure, reposait sur la supposition d'une attaque du Hanovre par le roi de

---

(1) Newcastle à Williams, 2 octobre 1755.

Prusse, regardé jusqu'alors comme l'ennemi commun des deux pays ; que cette hypothèse n'était plus vraisemblable et qu'il y avait lieu de reviser le texte en conséquence. Quand cette dépêche parvint à Saint-Pétersbourg, il était trop tard : l'acte officiel était signé depuis plusieurs jours.

En dépit du dissentiment qui, comme nous le verrons, s'accusa de plus en plus entre les cours de Russie et d'Angleterre, sur l'interprétation de l'expression « ennemi commun » contenue dans l'article secret, malgré l'inexécution d'arrangements sur le but desquels on ne put se mettre d'accord, la convention de Pétersbourg eut une influence capitale sur les événements, et constitua un avantage réel pour l'Angleterre. Ce fut, en effet, la nouvelle de la conclusion, et l'impression exagérée que le roi Frédéric conçut du prestige anglais à la cour de la czarine, qui décidèrent ce prince à écouter les ouvertures du cabinet de Saint-James et à se lier avec lui par le traité de Westminster.

Comme on le voit, les résultats de la campagne diplomatique entreprise par le ministère anglais pendant le séjour du roi George au Hanovre, étaient dans leur ensemble fort contradictoires, et en tout cas très inattendus.

C'est avec raison que Holdernesse, à la veille de rentrer à Londres, écrivait à Newcastle (1) : « Vous devez reconnaître quelle différence énorme il y a entre les vues de l'Angleterre aujourd'hui, et celles qu'elle entretenait quand je suis parti de Londres. »

Au moment où les ordres donnés à l'amiral Boscawen rendaient inévitable la rupture avec la France, les ministres anglais visaient pour leur politique étrangère un triple objectif : resserrer les liens de l'alliance avec la Hollande et l'Autriche, obtenir la neutralité bienveillante de l'Espagne, et s'assurer par des traités de subsides l'aide

---

(1) Holdernesse à Newcastle. « Entre nous », La Haye, le 5 septembre 1755.

de la Russie et des États protestants du nord de l'Allemagne.

Le refus d'accéder aux conditions posées par la cour de Vienne avait fait échouer la première et principale partie de la combinaison. Ce premier échec devait en entraîner un second : il était fort à craindre que la brouille avec l'Autriche n'entravât les efforts tentés pour conserver l'appui de la Hollande ; les États généraux de ce pays, soucieux de leur sûreté, semblaient disposés à prêter l'oreille aux propositions de neutralité que leur faisait la France. Sur les autres points de son programme, le gouvernement du roi George put enregistrer un succès complet en Espagne, et un succès apparent en Russie. Quant aux traités de subsides avec les princes allemands, le seul conclu fut celui du landgrave de Hesse. Des considérations d'ordre parlementaire firent ajourner les conventions qu'il eût été facile de signer avec la Saxe, le Brunswick et d'autres petits États de l'empire.

En résumé, au commencement de l'automne de 1755, l'Angleterre avait perdu ou était sur le point de perdre ses anciens alliés, et, en compensation de cet abandon presque certain, pouvait inscrire à son avoir le traité russe échafaudé sur un malentendu, et les chances bien problématiques d'un accord avec le roi de Prusse.

CHAPITRE IV

CONDUITE DE LA FRANCE. — SON ATTITUDE VIS-A-VIS DE LA PRUSSE. — NÉGOCIATIONS AVEC LA SAXE. — NÉGOCIATIONS SECRÈTES AVEC L'ANGLETERRE.

Nous venons de voir presque toutes les puissances d'Europe envisager avec inquiétude les suites probables du conflit menaçant entre la France et l'Angleterre, et Newcastle, avec l'activité prodigieuse et le flair politique qu'il est juste de lui reconnaître, élaborer sur le continent tout un système d'alliances, que la versatilité de son esprit et la timidité de son caractère lui faisaient abandonner avant conclusion. Pendant ce temps, le gouvernement du roi Louis XV donna au monde le triste spectacle d'une imprévoyance, d'une indécision, qu'expliquent, sans l'excuser, l'apathie du monarque, les circonstances de la cour et l'incapacité des ministres.

Deux mois après le retour de Mirepoix à Londres, dès le commencement de mars, Rouillé avait connaissance des propositions anglaises; il les avait déclarées inadmissibles et avait donné à son ambassadeur l'ordre de suspendre toute nouvelle démarche auprès de la cour de Saint-James. C'est donc à cette époque que le cabinet de Versailles dut examiner la perspective d'hostilités maritimes et coloniales, peser l'avantage ou le danger de leur transformation en guerre européenne, et étudier, pour cette éventualité, le plan d'opérations le plus favorable.

Les conseillers de Louis XV songèrent tout d'abord à chercher dans les Pays-Bas autrichiens et en Allemagne une compensation aux pertes auxquelles on était exposé. L'Angleterre, plus forte sur mer et en Amérique, était vulnérable du côté du Hanovre, que le roi George plus Allemand qu'Anglais, plus attaché à son électorat qu'à son royaume, aurait à cœur de défendre avec ses troupes et celles de ses alliés. L'intervention de ces derniers, parmi lesquels figurait au premier rang l'impératrice-reine de Hongrie, serait le prétexte de l'occupation des Pays-Bas, qui serviraient de gage, comme dans la dernière guerre, pour le recouvrement des territoires dont les Anglais pourraient s'emparer dans le Nouveau Monde. Pour la lutte à engager, la France devrait faire appel au concours du roi de Prusse, qui ne résisterait probablement pas à l'appât d'un agrandissement de ses États, aux dépens d'un oncle cordialement détesté.

Pour nous rendre compte de l'opinion dans les cercles officiels, nous aurons recours à un mémoire (1) de l'époque, dont l'auteur, probablement un commis des Affaires Étrangères, analyse à grands traits la situation et dépeint avec clarté les préoccupations et les desseins de la cour de Versailles. Tout d'abord, il constate la supériorité probable des Anglais en Amérique et sur mer; et de cette constatation il déduit la nécessité d'une « diversion par terre, vigoureuse et bien combinée », dont le théâtre tout indiqué sera la province des Pays-Bas. « Mais quelle raison légitime, ou même quel prétexte plausible aurons-nous à faire valoir pour justifier l'attaque des Pays-Bas? L'impératrice-reine à qui ils appartiennent n'aura eu nulle part, ni directe ni indirecte, à la guerre qui nous sera suscitée par les Anglais. Cette princesse fait même déclarer d'avance à Vienne

---

(1) Mémoire, 18 mars 1755. Archives des Affaires étrangères. Angleterre, quatre premiers mois 1755.

par le comte de Kaunitz, et à Versailles par le comte de Stahremberg, qu'elle voit avec une peine extrême les apparences d'une rupture prochaine entre la France et l'Angleterre. La cour de Vienne a même demandé formellement si, dans le cas d'une guerre entre la France et l'Angleterre, le roi attaquerait les Pays-Bas. Il est évident que c'est le seul endroit où le roi puisse porter la guerre avec avantage ; mais après des déclarations si précises de la part de la cour de Vienne, il ne serait guère possible de prendre ce parti sans l'avoir fait précéder de toutes les démarches convenables et nécessaires, pour éviter le reproche d'une invasion injuste et violente. »

Le mémoire met au premier rang des mesures à prendre le rétablissement des fortifications de Dunkerque (1). « On croit qu'en même temps qu'on fortifiera cette place, il faudra : 1° réclamer la garantie de toutes les puissances qui ont concouru au traité d'Aix-la-Chapelle ;

« 2° déclarer à la cour de Vienne et aux États Généraux des Provinces-Unies que, le roi d'Angleterre étant l'agresseur, la France est en droit de leur demander des secours, mais que Sa Majesté se borne à exiger de leur fidélité à leurs engagements qu'ils ne formeront aucune opposition aux mesures auxquelles le roi s'est déterminé ; ... que l'intention de Sa Majesté est d'envoyer une armée dans l'Électorat de Hanovre, et que, pour exécuter ce dessein, le roi demande aux deux puissances de retirer leurs troupes de toutes les places méditerranéennes des Pays-Bas et de la ville de Maestricht, et de s'engager par une convention formelle à ne pas permettre que les Anglais débarquent dans les places maritimes d'Ostende et de Nieuport, ou dans les pays soumis à la domination des Provinces.

« Pendant l'occupation française, les prérogatives de l'impératrice et des États Généraux seraient respectées,

(1) L'un des articles du traité d'Utrecht, reproduit par le traité d'Aix-la-Chapelle, interdisait à la France de fortifier le port de Dunkerque.

leur administration civile conservée. Le roi serait prêt à donner toutes les sûretés raisonnables que les deux puissances pourront exiger pour la restitution des Pays-Bas sans aucune restriction ; mais que les moments sont précieux, et qu'il n'y en a pas un seul à perdre. Cette proposition sera sans doute rejetée, ou du moins éludée, et dès lors le roi sera en droit de regarder la cour de Vienne et la République des Provinces-Unies comme complices du roi d'Angleterre, et par conséquent de s'emparer des Pays-Bas à main armée.

« 3° Il conviendra, en même temps qu'on fera cette demande, de requérir le passage de l'armée française par les États des princes dont il faudra traverser le territoire pour pénétrer jusqu'au Hanovre.

« 4° Il sera nécessaire de se concerter avec le roi de Prusse et les autres princes allemands qui sont alliés du roi, ou qui ont des troupes à sa solde.

« 5° Il sera également convenable de faire une déclaration à la diète de l'Empire, dans l'esprit de celle qui y fut faite en 1733 au nom du roi. »

L'auteur du document conseillait enfin de sonder les intentions des cours de Madrid, Naples et Turin, sans leur « faire des réquisitions formelles, qui pourraient être prématurées ».

Un mémoire, rédigé vers la même époque par MM. Ledran et de Bussy (1), aboutit aux mêmes conclusions. Compenser les succès probables de la Grande-Bretagne sur mer et aux colonies par la menace d'un débarquement en Angleterre, par l'occupation des Pays-Bas, et par l'invasion du Hanovre; se servir du Prétendant pour susciter des troubles au gouvernement de George II; resserrer sans perte de temps les liens de l'alliance avec le roi de Prusse,

---

(1) Mémoire sur la rupture de l'Angleterre et la France en 1755. *Angleterre. Mémoires. Documents.* Vol. XLI.

« si on veut empêcher ce prince soupçonneux d'écouter les propositions des adversaires » ; l'employer contre le Hanovre si possible, le laisser neutre s'il préfère ce parti; lancer contre l'Autriche la Porte Ottomane, se rapprocher de l'Espagne, et pendant ce temps continuer les négociations avec l'Angleterre : tel était le programme indiqué pour la politique à suivre par le cabinet de Versailles.

Aucune suite ne paraît avoir été donnée à ces suggestions. D'après le comte de Stahremberg (1), et à en juger par les mémoires dont ils furent les auteurs, MM. de Puysieulx (2), de Saint-Severin et le maréchal de Noailles (3) se prononcèrent contre toute idée de guerre européenne, ce fut leur opposition qui fit rejeter le projet relatif aux Pays-Bas et au Hanovre. Il était peut-être difficile de justifier une agression contre les États d'une souveraine qui tenait à Paris le langage le plus pacifique, et qui déclarait se désintéresser d'un conflit auquel elle était complètement étrangère. Mais ces scrupules n'étaient guère de mode au dix-huitième siècle; ils n'avaient pas empêché la France de prendre part à l'attaque dirigée contre la même princesse après la mort de l'empereur Charles VI, ils n'eussent pas suffi à détourner le gouvernement de Louis XV de ses visées belliqueuses.

D'après nous, si le cabinet de Versailles ne prit aucune résolution et se borna à repousser l'idée d'une opération immédiate en Allemagne et en Flandre, il faut attribuer l'adoption de la politique d'atermoiement aux hésitations, à la paresse du monarque, à l'influence de la favorite très hostile à une guerre dont les accidents pouvaient ruiner son crédit, et surtout à la médiocrité des conseillers de la couronne, prêts à accepter du hasard des événements une déci-

---

(1) Stahremberg à Kaunitz, 18 juin 1756.
(2) Avis de Puysieulx, 21 juillet 1755. — Memoire de Saint-Severin, 11 août 1755. Archives des Affaires Étrangères. — *Mémoires et Documents*, 54.
(3) Noailles au Roi, 20 juillet 1755, lettre citée, par C. Rousset.

sion dont ils eussent été incapables de prendre l'initiative.

Pour avoir un aperçu des sentiments qui dominaient autour du roi, de la timidité qui régnait dans le ministère, nous puiserons, à défaut de documents français, dans les dépêches de Knyphausen (1). Ce jeune diplomate qui avait rempli les fonctions de secrétaire du comte maréchal Keith pendant son ambassade, fut appelé, au commencement de 1754, à le remplacer dans le poste important de chargé d'affaires du roi Frédéric en France. Malgré son âge (il n'avait que vingt-cinq ans au moment de sa nomination), et une fortune des plus modestes, que ne relevait guère le maigre traitement d'un fonctionnaire prussien, Knyphausen, grâce à ses bonnes manières, son esprit distingué, ses goûts artistiques, grâce surtout au prestige que lui donnait la représentation de l'allié intime de la France, sut prendre place dans les cercles de la cour et de la ville. Doué d'une perspicacité peu ordinaire et d'une activité incessante, il mit à profit ses relations sociales pour la correspondance qu'il entretenait avec le roi et avec les ministres de Berlin. Il écrivit à son souverain des lettres qui doivent leur intérêt, autant à la liberté dans les appréciations, à l'indépendance dans les conseils, qu'à la sûreté et à l'ampleur des informations. C'est à sa prose que nous emprunterons le tableau pris sur le vif des fluctuations quasi journalières de la politique française. Quelque sévères que soient ses jugements sur la direction des affaires, et quelque libres que soient ses critiques des ministres qu'il voit à l'œuvre, Knyphausen reste pendant son séjour à Paris partisan convaincu de l'accord entre son gouvernement et celui de la France; il fait tous ses efforts pour faire prévaloir ses vues, et pousse le courage jusqu'à désapprouver son maître quand celui-ci contrarie le principe dont il s'est constitué le défenseur.

(1) Dodon-Henri, baron de Inn et Knyphansen, conseiller de légation et ministre du roi de Prusse à la cour de France.

Nous avons déjà relevé, dans les épîtres innombrables que Newcastle échangeait avec ses collègues, la trace de l'intervention occulte de Louis XV dans les pourparlers à Londres; nous avons constaté les attentions du premier ministre anglais pour Mme de Pompadour, et les excellents rapports qu'il s'efforçait de maintenir avec elle au moment même où la rupture avec la France était devenue certaine. Knyphausen, dans ses dépêches, fait allusion aux bruits qui circulaient sur l'action de la favorite, et lui attribue une grosse part dans la responsabilité des événements. « La sécurité du ministère, écrit-il (1), a été nourrie par la ferme résolution où il a vu le roi de maintenir la paix, et elle est en même temps la cause du peu de fermeté que M. de Mirepoix a marqué à Londres. Votre Majesté aura souvent été surprise de voir la conduite de cet ambassadeur en contradiction avec des ordres positifs que le sieur Rouillé m'a dit lui avoir donnés; mais je sais de bonne part qu'il a une correspondance particulière avec le roi et la marquise, et que les instructions qu'il reçoit par cette voie sont ordinairement très contraires à celles du ministère, et que leur langage est toujours celui de la paix et de la douceur. »

Sous l'impression de l'optimisme du souverain et de son entourage, le ministre des Affaires Étrangères resta longtemps sourd aux avis que Frédéric lui faisait passer sur les intentions hostiles des Anglais. Il ne voulut pas croire aux « vues offensives » du roi George et de ses conseillers; le 18 avril 1755 (2), il déclara au représentant de Prusse que, « quand même les deux escadres se rencontreraient, il avait peine à croire que les Anglais voulussent être les agresseurs. » Même après le départ de l'amiral Boscawen, Rouillé (3) « qui est naturellement porté à se flatter,

(1) Knyphausen à Frédéric, 21 avril 1755.
(2) Knyphausen à Frédéric, 18 avril 1755.
(3) Knyphausen à Frédéric, 2 mai 1755.

adopta avec avidité » un renseignement de Mirepoix, d'après lequel « l'amiral britannique aurait eu l'ordre de ne pas attaquer l'escadre française, mais seulement de la suivre et de l'accompagner ».

Cependant les rapports des agents français à l'étranger vinrent confirmer ceux de Knyphausen et troubler le flegme du cabinet de Versailles. Le chevalier de la Touche, ministre français à Berlin, raconte (1) une conversation avec le roi de Prusse qui indique les sentiments de ce prince et la cordialité des relations entre les deux gouvernements. Frédéric lui montre le modèle en bois d'une pièce de campagne avec tout ce qui est relatif à son usage, lui en explique le mécanisme, l'engage à la faire essayer par l'artillerie française, ou à envoyer un officier de cette arme (2) l'expérimenter à Berlin. Puis il aborde le sujet du conflit américain; l'entente lui paraît impossible, l'Angleterre songe à s'assurer des alliances; elle négocie avec la Russie, la Saxe, les princes allemands. Que fait la France? quels sont ses projets? La Touche répond par une allusion au traité entre la France et la Prusse, « qui est fondé sur des principes qui doivent le rendre éternel. » Le roi de Prusse me dit, continue la Touche : « Savez-vous, monsieur, le parti que je prendrais dans la circonstance présente si j'étais le roi de France? Je ferais marcher, dès que la guerre serait déclarée ou que les Anglais auraient commis quelques hostilités contre la France, un corps de troupes considérable en Westphalie, pour le porter tout de suite dans l'électorat de Hanovre : c'est le moyen le plus sûr de faire chanter ce ..... » Ici, le roi de Prusse qualifiant le roi d'Angleterre, son oncle, d'une épithète cavalière qu'il est inutile de vous rendre,

---

(1) La Touche à Rouillé, 5 avril 1755. Archives des affaires étrangères.
(2) Un officier d'artillerie fut, en effet, envoyé à Berlin et reçut un excellent accueil du roi.

gagna son cabinet, et me laissa seul dans son appartement. »

Encouragé par cette boutade, Rouillé insinue à Knyphausen (1) que Frédéric pourrait prendre à son compte l'opération du Hanovre : « On se flatte que Votre Majesté, écrit l'envoyé, voudrait non seulement y concourir, mais même s'en charger en entier ; que la situation de ses États la mettait à même de pouvoir exécuter une pareille entreprise avec promptitude et succès, et qu'elle trouverait dans l'électorat du Hanovre de quoi se dédommager (2) amplement des frais dans lesquels la guerre pourrait la constituer. »

Dans une dépêche postérieure de trois jours, Knyphausen donne une esquisse des projets militaires de la cour de France (3) : « Tandis que Votre Majesté frappera le coup, on se propose ici de faire entrer une armée en Flandre, pour tenir en échec la cour de Vienne, ainsi que la République de Hollande..... Quant à l'Allemagne, il semble que l'on croit qu'il suffirait qu'il y eût dans le commencement, et jusqu'à ce que la reine de Hongrie se fût déclarée, un corps de troupes sur les frontières de ce pays, du côté de Limbourg et d'Aix-la-Chapelle, qui pût, en cas de besoin, se porter dans le pays de Hanovre et marcher au secours de Votre Majesté. »

Knyphausen reçut l'ordre (4) de répondre d'une façon évasive aux ouvertures de Rouillé, tout en employant « les

---

(1) Knyphausen à Frédéric, 25 avril 1755.
(2) Le langage que Knyphausen attribue à Rouillé diffère, sinon dans le fond au moins dans la forme, des propos que Frédéric relate dans son *Histoire de la guerre de sept ans*, vol. I, p. 58. D'après le roi, Rouillé aurait dit à son ministre : « Écrivez, Monsieur, au roi de Prusse, qu'il nous assiste dans l'expédition du Hanovre : il y a là de quoi piller. Le trésor du roi d'Angleterre est bien fourni, le roi n'a qu'à le prendre ; c'est, Monsieur, une bonne capture. »
(3) Knyphausen à Frédéric, 28 avril 1755.
(4) Frédéric à Knyphausen, 6 mai 1755.

termes les plus doux, les plus ménagés ». « Vous ferez observer, écrit le roi, que j'avais, chaque été, 60,000 Russes en Courlande sur les confins de la Prusse, ce qui n'était pas un petit objet; que, de plus, les Saxons avaient pris des engagements avec l'Angleterre (1); que, du troisième côté, la cour de Vienne pouvait assembler en moins de rien 80,000 hommes sur mes frontières; et qu'en quatrième lieu, je n'étais pas jusqu'à présent bien assuré des intentions ni du Danemark ni de la Porte Ottomane, et qu'à moins de me voir puissamment épaulé d'un côté, il me serait impossible de me charger de tout le poids de la guerre. »

Ici, le roi donne l'ordre à son envoyé de rappeler, « bien adroitement et en termes bien doux qui ne sentent le moindrement le reproche », l'abandon dans lequel il avait été laissé par la France en 1745, malgré le traité d'alliance de 1744, alors que ses États étaient menacés d'une invasion des armées autrichiennes et saxonnes. A cette époque, on lui aurait répondu « que je pouvais me tirer d'affaire aussi bien que je l'entendais. » La dépêche finit en déclarant qu'il était « bien éloigné de vouloir jamais faire le moindre reproche sur tout ceci, mais qu'il était cependant nécessaire que, sur une affaire de si grande conséquence, il eût ses sûretés pour y être soutenu. »

Les talents diplomatiques de M. de Knyphausen ne furent pas mis à l'épreuve. Rouillé ne revint pas sur le projet d'invasion du Hanovre; le maréchal de Lowendahl qu'il avait été question de faire partir pour Berlin à l'effet de se concerter sur les plans de campagne à adopter, mourut après une courte maladie, et tout fut ajourné dans l'espoir d'une entente avec l'Angleterre.

Vers la fin de mai, les préoccupations de la cour de Ver-

---

(1) Le traité de l'Angleterre et de la Hollande avec la Saxe, en date du 13 septembre 1751, stipulait un subside annuel de 48,000 livres sterling en échange d'un corps de 6,000 hommes, en cas de guerre. Ce traité expirait en 1756.

sailles, momentanément assoupies, furent réveillées par les bruits d'un rapprochement entre l'Angleterre et la Prusse, mis en circulation par les gazettes de Londres et de la Haye, mais aussitôt démentis par le gouvernement de Berlin (1) et son représentant à Paris (2). « Le sieur Rouillé m'a témoigné mardi dernier, écrit Knyphausen (3), qu'il était surpris que Votre Majesté ne songeât pas au renouvellement du traité d'alliance. » L'avis des ouvertures que ferait l'Angleterre au roi « cause beaucoup d'inquiétudes au ministre, et c'est apparemment cette même appréhension qui lui a fait naître l'idée de renouveler le traité d'alliance. »

Un voyage que fit Frédéric sur les bords du Rhin vers la fin du printemps de 1755, et la coïncidence de son passage près de Hanovre avec le séjour du roi George dans cette ville, donnèrent lieu aux racontars de presse auxquels nous venons de faire allusion. De Wesel, le roi, accompagné de deux officiers, fit une excursion à Amsterdam. Ses connaissances musicales lui permirent de se faire passer pour maître de chapelle du roi de Pologne (4), et son incognito fut si bien observé qu'il put « tout voir (5) et tout examiner sans avoir été reconnu, ayant été traité sur les chantiers comme un particulier qui donne au portier un florin pour tout voir. » Ce fut pendant son séjour à Wesel que le roi Frédéric reçut la visite de Darget, son secrétaire du temps passé, qui d'après l'historien Koser aurait été chargé par le gouvernement français d'une mission spéciale auprès de son ancien patron, et de Knyphausen qui était venu de Paris pour se rendre aux ordres de son maître.

(1) La Touche à Rouillé, 31 mai 1755.
(2) Rouillé à La Touche, 22 juin 1755.
(3) Knyphausen à Frédéric, 6 juin 1755.
(4) Koser : *Frédéric le Grand*, vol. I, p. 574.
(5) Lettre d'Amsterdam, 25 juillet 1755. *Confidential Miscellaneous*. Record Office.

L'on peut s'imaginer l'interrogatoire que fit subir le roi à son envoyé sur l'apathie du cabinet de Versailles, sur l'insouciance du ministère qui, malgré les conseils qu'il lui donnait, se laissait amuser par les Anglais. A l'occasion de cette entrevue, Frédéric se plaignit de la médiocrité du chevalier de La Touche (1), et suggéra son remplacement par un personnage possédant le crédit et la capacité nécessaires pour négocier le renouvellement du traité d'alliance, et pour discuter les questions multiples qui surgissaient entre les deux cours.

Knyphausen se trouvait à Compiègne (2) quand arriva l'avis de la prise de *l'Alcide* et du *Lys*. Il flétrit en termes vigoureux l'agression des Anglais, décrit l'effet produit par cet événement sur la cour, et relate les premières résolutions du gouvernement français : « Telles sont en gros (3) les particularités que l'on a apprises touchant cet acte d'hostilité, qui porte tous les caractères de la trahison la plus odieuse et la plus marquée. Il me serait difficile de peindre l'impression que cette nouvelle a faite sur l'esprit de M. Rouillé et de la plupart de ses confrères.

« Peu de jours avant l'arrivée du courrier de M. de Mirepoix, je trouvai encore ce ministre plongé dans cette sécurité et cet assoupissement dont je lui ai si souvent, mais inutilement, représenté le danger et l'indécence. Rien n'a jusqu'à ce moment été capable de l'ébranler, et la secousse qu'il vient de recevoir a été d'autant plus forte qu'il ne l'a point prévue un instant.

« Il y a eu, depuis la réception de cette nouvelle, deux

---

(1) Dans sa dépêche du 20 juillet, Knyphausen annonce le remplacement de La Touche; dans sa dépêche du 24 juillet, il fait part de la désignation du duc de Nivernais, et d'accord avec Rouillé demande si ce choix convient au roi.

(2) C'est vers cette époque que Knyphausen se plaint de la réduction de 1200 à 600 écus de l'indemnité qui lui était allouée pour les voyages de Compiègne à Fontainebleau. Frédéric fit rétablir le crédit primitif.

(3) Knyphausen à Frédéric, le 20 juillet 1755.

comités et deux Conseils d'État, et l'on se trouve d'autant plus embarrassé sur le parti que l'on prendra, que l'on ne s'était fixé jusqu'à présent à aucun plan d'opération. »

Dans la partie de son journal consacrée à cette époque, le marquis d'Argenson (1) se contente de la mention suivante : « Vendredi, 18 de ce mois, il se tint à Compiègne plusieurs comités dans le jour, le soir un grand conseil. Le roi avait l'air fort triste à son grand couvert; les ministres avaient, ou affectaient, le même air de consternation. »

On s'explique aisément l'émotion du roi, l'abattement de son ministère. Depuis la discussion des mémoires de fin mars, près de quatre mois s'étaient écoulés, et pendant cette période aucun préparatif sérieux de guerre n'avait été fait, aucune mesure n'avait été prise par le gouvernement de Louis XV pour le concert avec les puissances amies, rendu indispensable, à la fois par les événements et par le caractère du principal de ses alliés.

L'indécision de la cour de Versailles se reflète dans sa correspondance politique, qui présente un contraste frappant avec celle du roi de Prusse. C'est une comparaison bien curieuse, en effet, que celle des lettres que Knyphausen écrivait à Frédéric ou recevait de lui, et des dépêches qu'échangeait Rouillé avec les représentants français à l'étranger. Là, tout est mouvement et vie; le roi interroge et renseigne; dans un français peu correct, mais dont les expressions ne manquent ni de saveur ni de cachet, Frédéric pose des questions nettes et précises; il veut qu'on lui réponde sur le même ton et ne tolère ni lieux communs ni appréciations banales. Quoique absolu dans ses idées, il accepte la contradiction, sait même gré au contradicteur, sauf cependant à ne prendre conseil que de lui-même; porté par la tournure de son esprit à la critique et au sar-

(1) *Mémoires du marquis d'Argenson*, vol. IX, p. 46.

casme, il saura cependant reconnaître le zèle dans la fonction et récompenser ceux qui en font preuve. Le roi de Prusse mérita d'être bien servi et il le fut. Les rapports de Knyphausen sont bons à consulter, nourris d'indications et font honneur à leur auteur.

La prose de Rouillé ne présente, au contraire, que peu de relief; peu ou pas d'informations sur les événements, de longues périodes où le ministre dicte en style gourmé les communications à faire aux cabinets étrangers, des détails sans fin, une langue dont la correction de forme ne peut racheter le vide du fond : telles sont les caractéristiques des lettres du département.

Quant à la conduite des affaires, elle répond à ce qu'on pouvait attendre des qualités des deux rois. Frédéric, dévoré d'activité, fait tout par lui-même, surveille ses finances, instruit et commande ses armées, dirige ses agents à l'étranger. Son esprit, fertile pour la conception, est aussi vif pour la décision que prompt à l'exécution. A l'avantage de son royaume de Prusse, qui se confond avec le sien, il subordonne toute autre considération : fidélité à ses engagements, reconnaissance pour les services rendus, respect pour les droits des gens, n'ont pour lui, en matière internationale, aucune valeur; s'il invoque ces principes dans ses documents publics, c'est qu'il en connaît les effets sur des intelligences moins sceptiques que la sienne. Sa politique est celle des intérêts; le sentiment, l'idéalisme n'y ont pas de place.

Aussi absolu, aussi jaloux de son pouvoir, Louis ne sait pas l'exercer; il règne et ne gouverne pas; bien doué de la nature, mais sans acquis, il est indolent à l'extrême ; méfiant de son entourage, il se laisse mener par lui; il cède à l'influence de l'habitude plutôt qu'à celle de l'affection et de la confiance. Sans énergie pour prendre en mains les affaires du pays, il ne veut pas se fier à ses conseillers officiels; comme ses contemporains, Frédéric,

Marie-Thérèse et George, il aura sa politique personnelle, qu'il n'osera pas imposer à son cabinet, mais qu'il pratiquera en dehors de ses ministres, et le plus souvent en arrière d'eux.

A l'époque qui nous occupe, le crédit de Mme de Pompadour est omnipotent à la cour; c'est elle qui distribue les portefeuilles, nomme les généraux, appelle les uns au pouvoir sans souci de leurs aptitudes, et congédie les autres sans égard pour leur mérite. Pendant cette période si critique de notre histoire, nous voyons les départements les plus importants, ceux de la Guerre, de la Marine, des Affaires Étrangères, changer chaque année de titulaires, et tomber entre les mains d'hommes qui, pour la plupart, ne sont désignés que par la médiocrité de leurs moyens et l'absolu de leur dévouement à la favorite.

Au moment de la rupture, le cabinet français se composait du comte d'Argenson, ministre de la Guerre; MM. de Séchelles, contrôleur général; Machault, garde des Sceaux et ministre de la Marine; Rouillé, ministre des Affaires Étrangères; Saint-Florentin, chargé des affaires du clergé. Étaient membres sans portefeuilles : le maréchal de Noailles, MM. de Puysieulx et Saint-Severin (1).

Les avis différèrent au sujet du parti à prendre vis-à-vis de l'Angleterre : d'après d'Argenson, M. Rouillé, le comte d'Argenson, et le maréchal de Belle-Isle, qui avait été appelé à prendre part aux délibérations quoiqu'il ne fît pas encore partie du cabinet, se prononcèrent pour la guerre de terre et pour une action vigoureuse aux Pays-Bas et sur le Rhin ; « mais tout à coup », ajoute-t-il (2), « le roi, écoutant d'autres conseils, a amorti ce grand feu et a penché pour des desseins pacifiques, ce dont je le loue pour mon compte, quoique quelques-uns l'en blâment. »

(1) Ces trois derniers donnèrent leur avis motivé contre l'extension de la guerre au continent. *Voy.* p. 160.
(2) *Mémoires du marquis d'Argenson*, vol. IX, p. 77.

Le cardinal de Bernis, dans ses *Mémoires*, mentionne l'opposition faite par M. de Machault aux projets du comte d'Argenson. « Ce dernier (1) devait désirer la guerre de terre, pour rendre son ministère brillant et sa personne plus nécessaire; M. de Machault devait désirer au contraire que la guerre ne fût que maritime, pour des raisons également personnelles. »

Knyphausen, admirablement renseigné par ses amis, fait le tableau de la situation (2) : « On me paraît déterminé à ne point faire sur-le-champ la guerre à l'Angleterre, quoiqu'on y soit autorisé par l'acte d'hostilité qu'elle vient de commettre. On pousse même la délicatesse qu'on témoigne à cet égard, au point qu'on ne veut user d'aucunes représailles dans le premier moment... Je sais même, à n'en pas douter, que quelqu'un des ministres ayant proposé dans le conseil de faire arrêter, sans perte de temps, tous les navires marchands appartenant à l'Angleterre qu'on trouverait dans les ports de la France, cet avis a été rejeté. J'ai tâché de pénétrer les motifs de cette résolution, et voici ceux qui m'ont paru être les plus plausibles :

« On veut d'abord charger l'Angleterre de toute la haine de cette guerre, et l'on ne veut s'en venger que lorsque l'infraction qu'elle a faite à la paix sera connue et avérée de toute l'Europe. En second lieu, on espère que cette modération en imposera à l'Angleterre et que, dans l'intervalle, elle ne voudra point se porter à aucun nouvel acte d'hostilité, ce qui est d'autant plus désirable que tous les vaisseaux marchands qu'on attend de l'Amérique et des Indes orientales sont actuellement en chemin. En troisième lieu, on croit que l'on pourra se servir utilement du temps que l'on consacrera ainsi à la dissimulation, pour exécuter les mesures que l'on a prises pour la défense du royaume

---

(1) Bernis, *Mémoires*, I, 212.
(2) Knyphausen à Frédéric, 24 juillet 1755.

ainsi que pour l'entreprise d'une guerre tant maritime que terrestre, et pour se concerter avec les cours alliées. »

L'envoyé prussien explique que le gouvernement français caresse l'espoir de la restitution des prises et d'une réparation éclatante de la part de la cour de Londres, et ajoute : « Mais si on ne veut point attaquer l'Angleterre, on incline encore moins à attaquer ses alliés; » on se bornerait à réclamer l'assistance de toutes les Puissances contractantes du traité d'Aix-la-Chapelle, contre l'infracteur commun.

De son côté, La Touche fut mis au courant, par une dépêche de Rouillé en date du 18 juillet (1), des intentions de sa cour. Le ministre parle, en accents émus, de l'affront fait à Sa Majesté Très Chrétienne, et annonce la communication prochaine d'un plan d'opérations militaires au roi de Prusse, « dans l'amitié duquel elle a une véritable confiance. Ce prince partagera le ressentiment que le roi doit avoir de ce qui vient d'arriver. » La Touche s'empresse de solliciter une audience de Frédéric à Potsdam, et donne de cette entrevue le récit suivant (2) : « Ce prince était occupé à son ordinaire à l'inspection de la parade de la garde, après laquelle il m'a fait appeler dans son cabinet. Il ne m'a point donné le temps de lui parler de ce qui faisait l'objet de mon voyage; il m'en a prévenu, me détaillant l'événement arrivé, et a ajouté que ma cour a dû s'attendre à cette duplicité de la part de la cour de Londres, et qu'il vous en avait fait avertir par M. de Knyphausen... « Quel parti a donc à prendre aujourd'hui votre cour dans cette circonstance? a continué ce prince. Je n'y vois que celui d'assembler un gros corps de troupes sur vos frontières de la Flandre... Vous auriez le temps encore, cette année, de faire les sièges de Tournay, de Mons et de

(1) Rouillé à La Touche, 18 juillet 1755.
(2) La Touche à Rouillé, 28 juillet 1755.

Bruxelles, auxquels vous pourriez ajouter, si la saison le permettait, la prise de Charleroi et de la citadelle d'Anvers.

« La rapidité, avec laquelle ce prince faisait faire au roi la conquête d'une partie des Pays-Bas, allait envahir toute la Flandre autrichienne, et peut-être la Hollande, si pour tâcher de le pénétrer, je n'avais pris le parti de lui représenter que, quoique j'ignorasse les vues et les projets de Sa Majesté, il me semblait que l'exécution du plan qu'il venait de me tracer ne ferait point tomber sur les Anglais la vengeance que Sa Majesté voulait tirer de l'insulte faite à ses vaisseaux en Amérique, mais bien sur les alliés de l'Angleterre. »

« Que voudriez-vous donc faire? » a repliqué Sa Majesté Prussienne; « les Anglais sont supérieurs à vous sur mer, et vous ne pouvez point porter vos armées dans l'électorat d'Hanovre, faute de places d'entrepôt. » — « Et pourquoi non? » ai-je réparti à ce prince; « Sa Majesté n'a-t-elle pas en Allemagne vingt mille hommes à sa solde (1)? N'y a-t-elle pas des alliés puissants, qui ont des troupes et des places d'armes, comme Juliers et Dusseldorf, Münster, et autres? » — « Non », répliqua avec vivacité Sa Majesté Prussienne; « ce parti ne peut point vous convenir; mais si vous portez vos armes dans les Pays-Bas, n'allez point faire comme vous fîtes au commencement de la dernière guerre; faites assembler et marcher une armée assez nombreuse, et frappez des coups d'importance, et vous forcerez par là l'Angleterre et ses alliés à vous respecter. » La Touche termine en disant avec beaucoup de raison : « Ce langage, Monseigneur, est bien différent de celui que Sa

---

(1) Le traité de 1741, entre la France et la Prusse, spécifiait l'entretien par la France de 20,000 soldats des principautés allemandes, qui étaient à la disposition du roi de Prusse; il avait déjà été question de l'emploi de ce corps de troupes, mais l'accord ne s'était pas fait à ce sujet. Voir à cet égard les dépêches de La Touche du commencement de juillet.

Majesté prussienne m'a tenu dans les premiers jours de mai. »

Tous les jours, Frédéric s'attend à une demande formelle de coopération de la part de la cour de Versailles. Jugeant les intentions des autres d'après ce qu'auraient été les siennes en pareille circonstance, il est convaincu que la guerre va éclater en Europe, que les troupes françaises occuperont les Pays-Bas autrichiens, comme base d'opérations contre le Hanovre et comme gage pour la paix à venir. Inquiet sur les menées de l'Autriche et de la Russie, il entend garder la neutralité ou ne s'engager qu'à bon escient, aussi remet-il des instructions à Knyphausen pour le cas d'une proposition sérieuse de la part de la France. Tout d'abord (1), sans se prononcer sur le rôle qu'il se réserve, il conseille à a cour de Versailles de s'entendre avec le Danemark pour l'invasion du Hanovre; il indique les acquisitions de territoire qui pourraient intéresser cette puissance, et les moyens de traiter avec elle. Quelques jours plus tard, il s'étend sur ses griefs contre le gouvernement de Louis XV; « cependant, ajoute-t-il (2), en faisant ces insinuations aux ministres, vous vous servirez des termes les plus doux que vous saurez imaginer, afin de ne pas les rebuter, ni trop blesser leur délicatesse ». Quant à l'opération contre le Hanovre il refuse d'y participer; « mes circonstances et mes arrangements ne me permettraient absolument pas de pouvoir agir dans cette année-ci »; d'ailleurs, il ne saurait se mettre en mouvement que si la Porte Ottomane se déclare pour la France, et en tout cas il ne prendrait part à l'attaque qu'avec l'aide du Danemark.

Dans la dépêche du 9 août adressée à Knyphausen (3), le roi de Prusse, mieux fixé sur l'état d'esprit et sur les fluctua-

---

(1) Frédéric à Knyphausen, 29 juillet 1755.
(2) Frédéric à Knyphausen, 2 août 1755.
(3) Frédéric à Knyphausen, 9 août 1755.

tions du cabinet français, donne plus de précision à ses instructions; il exprime son étonnement « du parti faible » que prend la France, ne comprend pas « cette douceur » qui fera perdre au gouvernement français la considération dont il jouit en Europe; « mais, » continue-t-il, « des pertes pour eux plus importantes encore, ce seront celles du temps et de l'occasion qu'on ne retrouve jamais quand on les laisse échapper, ainsi que toute leur conduite de modération ne leur fera ni différer ni éviter la guerre générale que l'Angleterre leur prédestine. Voilà un raisonnement que je fais pour moi, et dont je crois qu'il sera trop tard pour faire usage envers eux. »

Puis, abordant la question des concours que la France pourrait rechercher, Frédéric déclare tout d'abord que son traité l'oblige à défendre les possessions de ce pays en Europe, mais point du tout celles d'Amérique. Il lui sera difficile de donner un avis sur l'article des alliances à contracter en Allemagne, « parce que le ministère français n'a ni projet ni système arrêtés. »

Le landgrave de Hesse-Cassel a traité avec l'Angleterre (1); l'électeur de Bavière et le duc de Wurtemberg sont trop voisins de l'Autriche pour agir sans l'assentiment de cette puissance; le duc de Brunswick, si le mariage de sa fille avec le prince de Galles n'a pas lieu, sera prêt à renouveler sa convention avec la France, mais il demandera le « doublement » des subsides qui lui étaient accordés. Quant à la Saxe, les sentiments du comte de Brühl sont trop connus pour qu'on puisse se fier à lui (2); « il se jouerait des ministres de France et ne manquerait pas de

(1) Le traité de l'Angleterre avec le landgrave de Hesse-Cassel avait été signé des le 18 juin 1755.
(2) Le comte de Bruhl, ministre du roi de Pologne, électeur de Saxe, dans une dépêche a l'envoyé saxon à Londres, M. Wiedmarckter, en date du 21 septembre 1755, informe ce dernier qu'il a communiqué au roi d'Angleterre l'offre du gouvernement français de conclure avec l'electeur-roi un traité de subsides. *Miscellaneous Confidential. Record Office.* Londres.

communiquer toutes les propositions qu'on lui avait faites aux cours d'Angleterre, de Vienne et de Russie. » « Les ministres de France peuvent se laisser ballotter par le comte de Brühl ; pour lui, il lui convient mieux d'avoir un ennemi connu que de l'avoir caché. »

Frédéric développe ensuite le plan d'action que la France aurait dû adopter. Il aurait fallu, selon lui, aussitôt après le départ de la flotte, augmenter de 100,000 hommes l'armée, exiger de la cour de Vienne l'exécution de ses engagements comme garante de la paix d'Aix-la-Chapelle ; en cas de refus, envahir les Pays-Bas et détenir cette province comme équivalent du Canada. Entre temps on se serait entendu avec le Danemark ; cette coopération assurée, un corps de 30 ou 40,000 Français pourrait, en empruntant le territoire des alliés, pénétrer dans les États électoraux du roi George ; il s'appuierait sur les places fortes de Dusseldorf et Wesel. L'occupation du Hanovre par les troupes françaises et danoises déterminerait Sa Majesté Britannique à solliciter la paix.

« Pour ce qui me regarde, moi, ajoute le roi, vous n'avez qu'à parler toujours aux ministres de France de la bonne volonté que j'avais de leur être utile ; mais vous leur montrerez en même temps, d'un côté toutes les forces de la Reine-Impératrice réunies contre moi dans les pays héréditaires, et de l'autre côté une formidable armée des Russes qui allait s'assembler en Livonie, de sorte que vous les ferez juger eux-mêmes combien ces conjonctures me mettaient dans une inactivité parfaite, jusqu'au moment qu'on puisse les faire changer (1). »

Cet exposé si complet de la situation telle que l'envisa-

(1) La dépêche si importante du 9 août, que nous venons de résumer, fut expédiée au feld-maréchal Dessau, à Wesel, et de là, apportée à Paris par le lieutenant Hopeken, qui la remit le 15 août à Knyphausen. Elle figure cependant dans la collection des dépêches interceptées, au ministère des Affaires Étrangères.

geait le roi de Prusse et des intentions de ce monarque, fut perdu pour le cabinet français. Pendant le mois écoulé depuis le rappel de Mirepoix, les conseils de la timidité avaient prévalu : le conflit serait restreint à l'Amérique : la France ne prendrait pas l'initiative d'une guerre européenne, n'exercerait aucunes représailles contre les attaques anglaises et se contenterait de dénoncer l'agresseur aux puissances de l'Europe. S'il faut croire Knyphausen, l'opinion de la favorite aurait été pour beaucoup dans ce revirement. Mme de Pompadour, écrit-il (1), « a été aussi surprise que mortifiée de la conduite des Anglais..... Cependant, elle emploiera tout son crédit pour assoupir cette querelle, s'il est possible, et ce ne sera qu'à la dernière extrémité qu'elle consentira à une guerre de terre, qui éloignerait le roi de sa personne, et lui ferait perdre l'habitude de la voir et de la consulter. »

L'abandon de toute idée d'hostilités sur le continent met fin aux projets de plans de campagne à concerter avec les alliés de la France. « Votre Majesté, écrit Knyphausen (2), peut être persuadée qu'on n'exigera rien d'elle pendant le cours de cette année. » Deux jours après, l'envoyé du roi de Prusse rend compte d'une autre conversation avec Rouillé. Après avoir fait au ministre les assurances habituelles sur les sentiments et sur la fidélité de son maître : « J'ai, dit-il, établi insensiblement pour principe que Votre Majesté ne pouvait agir en faveur de cette cour, qu'autant que les démarches qu'on lui proposerait seraient compatibles avec sa sûreté, et qu'elle y trouverait son avantage. Ce principe n'a jamais rencontré aucune opposition de la part du sieur Rouillé et des autres ministres ; il a été trouvé si raisonnable, et adopté si généralement, que les amis les plus intimes de la marquise et des ministres, et

---

(1) Knyphausen à Frédéric, 14 août 1755; l'opinion exprimée est aussi celle du marquis d'Argenson et du cardinal de Bernis.
(2) Knyphausen à Frédéric, le 17 août 1755.

nommément le duc de Nivernais (1) ainsi que le maréchal de Belle-Isle, en ont fait usage eux-mêmes vis-à-vis de moi et de plusieurs personnes de ma connaissance. »

Pendant tout l'automne de l'année 1755, la cour de Versailles ne se départit pas de l'indécision qui lui avait valu les critiques sanglantes de Frédéric. Elle ne fit rien pour renouveler avec ce prince le traité de 1741, et n'entama aucune négociation sérieuse pour recruter d'autres alliés. Nous ne pouvons, en effet, reconnaître ce caractère aux pourparlers engagés avec le roi Auguste, électeur de Saxe. Les ouvertures, en août, de M. de Lynar, chargé d'affaires, les offres apportées par le comte de Broglie en novembre 1755 (2), furent très froidement accueillies à Dresde, où l'on voulait bien se faire payer la neutralité, mais où l'on était déterminé à ne pas se commettre contre l'Angleterre et l'Autriche, qu'on supposait encore étroitement unies. Pendant les années 1755 et 1756, M. de Brühl, premier ministre de l'électeur-roi, mit tout en œuvre pour obtenir la prorogation de la convention encore en vigueur avec la Grande-Bretagne, et se servit des propositions françaises pour essayer de vaincre la résistance du cabinet anglais.

Nous avons vu, au courant de l'été, le comte Fleming, ministre saxon à Vienne, profiter de son séjour auprès du roi George en Hanovre pour travailler avec ardeur à une ligue de l'Angleterre, de l'Autriche et de la Saxe, et à la formation d'une armée d'observation, destinée à défendre le Hanovre et la Saxe contre une attaque du roi de Prusse. Le roi George et Holdernesse, tout d'abord partisans très chaleureux de ce projet, avaient dû y renoncer devant les objections du Conseil de régence et de Newcastle. Pour se

(1) Désigné pour une mission extraordinaire à Berlin et agréé par Frederic dans sa lettre du 9 août.
(2) Voir, sur cette négociation, Vitzthum : *Die Geheimnisse des Sächsischen Cabinets*.

débarrasser de l'insistance de Fleming (1), ils avaient ajourné leur réponse définitive jusqu'à leur retour à Londres.

C'est en vain que le ministre du roi Auguste essaya de renouer l'affaire; à Westminster, on ne voulait plus voter des crédits pour le continent; aussi ses insinuations tombèrent-elles dans le vide. Plus le gouvernement de Saxe multiplie les démarches de M. de Wiedmarckter, son représentant à Londres, et moins les conseillers du roi George sont disposés à prêter l'oreille aux demandes de solliciteurs devenus importuns.

Le comte de Brühl fait intervenir les avances françaises. « Je ne veux pas, écrit-il (2), vous laisser ignorer, Monsieur, une circonstance assez essentielle, dont nous n'avons pas hésité de faire d'abord une communication confidentielle au roi d'Angleterre, savoir : que la France vient de nous offrir nouvellement encore des conditions, qui nous dédommageront au-delà de ce que nos subsides actuels importent, si nous voulions nous engager envers elle à une simple neutralité et nous dédire d'un renouvellement de notre traité subsidiaire avec les Puissances maritimes. » Le roi de Pologne a bien voulu « suspendre jusque-là tout engagement avec la France, mais nous espérons, d'un autre côté, que ce même motif engagera la cour où vous subsistez à hâter ses explications, et à ne rien demander, de notre part, qui pût nous faire repentir de notre prédilection. »

Le marchandage tenté n'eut aucun succès auprès du gouvernement anglais; Wiedmarckter ne put obtenir que des réponses dilatoires (3).

---

(1) Holdernesse à Newcastle, 5 septembre 1755.
(2) Brühl à Wiedmarckter, 21 septembre 1755. *Miscellaneous Confidential. Record Office.*
(3) Wiedmarckter à Brühl, 10 octobre 1755. *Miscellaneous Confidential. Record Office.*

Brühl revient à la charge : « L'ambassadeur de France, écrit-il (1), sera ici au premier jour. Nous sommes déjà prévenus en gros des conditions qu'il aura à nous offrir, et il n'est pas douteux qu'il ne nous presse beaucoup sur notre résolution. » Le ministre saxon affirme hautement sa « prédilection marquée » pour le traité avec l'Angleterre; « mais, ajoute-t-il, il n'y aurait aucun juste reproche à nous faire au cas qu'au défaut du soulagement bien mérité, dont on nous refuserait la continuation, nous acceptassions le dédommagement offert par la France aux conditions innocentes d'une simple alliance. »

Sur ces entrefaites, le comte de Broglie, revenu en droite ligne de Versailles, apporte un projet d'arrangement avec subside financier, et devient de plus en plus pressant. Brühl, fort embarrassé, traîne les négociations en longueur, et compte sur l'arrivée du nouvel envoyé anglais annoncé, lord Stormont (2) qui, « à coup sûr, ne viendra pas les mains vides ». Wiedmarckter a moins d'espoir : « Lord Holdernesse, écrit-il (3), me dit en haussant les épaules que les affaires étaient changées. » La cour de Saxe ne put se résigner à l'abandon de l'Angleterre, et malgré la nouvelle du traité de Westminster, conclu entre cette puissance et le roi de Prusse, continua des obsessions qui durent paraître de plus en plus déplacées à Newcastle et à ses collègues, et qui, il est presque superflu de le dire, n'aboutirent à aucun résultat.

De son côté, le roi de Prusse, admirablement renseigné par ses représentants (4) et par ses agents secrets,

---

(1) Bruhl à Wiedmarckter 26 octobre 1755. *Miscellaneous Confidential. Record Office.*

(2) Bruhl à Wiedmarckter, 5 et 14 décembre 1755. *Miscellaneous Confidential. Record Office.*

(3) Wiedmarckter à Bruhl, 19 décembre 1755. *Miscellaneous Confidential. Record Office.*

(4) D'après Vitzthum, vol. I, p. 255, qui cite une dépêche de Bruhl, Ly-

eut bientôt vent des tentatives faites pour enrôler la Saxe parmi les alliés de la France. Très mal disposé pour son voisin le roi de Pologne, et pour M. de Brühl, qu'il considérait à bon droit comme dévoué à la cour de Vienne, il manifesta à Paris (1) la surprise et le mécontentement que lui causaient ces ouvertures, chercha à éclairer le ministère français sur les véritables sentiments de la cour de Dresde, et finit par déclarer (2) que, si le gouvernement de Louis XV se liait avec elle, il refuserait de renouveler son traité avec la France. Ces représentations eurent leur effet : à Versailles, on avait trop à cœur la nécessité de ménager un allié aussi susceptible que Frédéric pour ne pas lui sacrifier, au moins pour le moment, une conception qui d'ailleurs n'avait pas reçu un accueil bien encourageant. De nouvelles instructions furent, en conséquence, données au comte de Broglie. « Ma négociation avec la Saxe », écrit ce dernier (3) à M. de Bonnac, ministre français à la Haye, « est absolument accrochée; j'ai reçu l'ordre de n'en plus parler du tout et d'attendre que le ministère de Sa Majesté polonaise m'en reparlât, et j'imagine que, malgré le besoin d'argent où on est ici, un peu de honte les retiendra et les empêchera de me rechercher. » Les pourparlers, ainsi interrompus, ne furent pas repris.

Quant à l'affaire bien autrement importante de l'accord avec la Prusse, elle ne fit pas le moindre progrès pendant les derniers mois de 1755. Entre l'Angleterre et l'Autriche, il y eut, comme nous l'avons vu, commerce fréquent de notes, de projets et de contre-projets, et si les parties ne

---

nar, chargé d'affaires de France, aurait fait lire ses instructions à son collègue prussien M. de Maltzahn.
(1) Frédéric à Knyphausen, 30 août — 18 octobre 1755.
(2) Frédéric à Knyphausen, 28 octobre — 18 novembre 1755.
(3) Broglie à Bonnac, 14 janvier 1756. Correspondance secrète. Affaires Étrangères.

purent s'entendre, du moins surent-elles à quoi s'en tenir sur les points de dissentiment. Rien de pareil ne se passa entre la France et la Prusse; les conversations entre Rouillé et Knyphausen furent longues et multiples, mais les paroles échangées n'eurent pour sanction ni proposition, ni acte diplomatique d'aucune sorte.

Sans avoir dans son allié une confiance que l'expérience du passé n'eût pas justifiée, le gouvernement de Louis XV regardait le roi de Prusse comme attaché à la France par les liens indissolubles de son propre intérêt. Les réticences qui se produisaient chaque fois que le nouveau traité était mis sur le tapis, soit à Versailles, soit à Berlin, s'expliquaient par le désir de Frédéric de faire payer ses services le plus cher possible; aussi, eût-il été imprudent de lui montrer trop d'empressement. Toute négociation fut ajournée jusqu'à la mission du duc de Nivernais; mais on ne fit rien pour hâter le départ de cet envoyé qui, nommé au mois d'août, ne quitta Paris qu'à la fin de décembre 1755.

Il faut ajouter que le langage du représentant de Prusse accrédité à la cour de Versailles était de nature à rassurer les ministres de Louis XV sur les sentiments de son maître. Knyphausen était, comme on le sait, partisan convaincu de la bonne entente avec la France, et tout en partageant l'avis de son souverain sur les avantages d'une neutralité qui éloignerait de son pays les dangers et les malheurs d'une guerre européenne, il était persuadé que cette attitude réservée pouvait parfaitement se concilier avec le maintien des relations amicales entre les deux puissances.

Les sympathies françaises de son ministre furent même l'objet des plaisanteries du roi : « Pour ce qui regarde le contenu de votre rapport, écrit-il (1), vous ne vous

(1) Frédéric à Knyphausen, 17 septembre 1755.

fâcherez pas quand je vous dirai que je vous trouve français jusqu'au bout des ongles, quand vous préférez la conduite que les Français ont tenue jusqu'à présent à celle des Anglais. »

Frédéric avait, dès le début du conflit, manifesté son opinion sur le parti à prendre ; aussi est-il facile de comprendre le mépris que lui inspirèrent les conseils hésitants et la politique incohérente de la cour de Versailles. Toute sa correspondance particulière avec Knyphausen, depuis mars jusqu'en novembre 1755, n'est qu'un tissu de sarcasmes et de critiques amères sur la faiblesse et l'irrésolution du ministère de Louis XV. Peu à peu, à force de réflexions sur des agissements si différents de ceux qu'eussent été les siens en pareille occurrence, il en cherche les motifs, s'irrite de ne pas les trouver dans les dépêches de Paris, et s'en prend à Knyphausen (1). « J'ai reçu votre rapport du 9 octobre, qui ne m'a guère plus instruit que la gazette publique de Leyde... Une nonchalance aussi marquée ne peut, à la fin, que me rebuter extrêmement, et je ne puis plus vous dissimuler que ma patience commence à se lasser, et que pourvu que vous ne vous en corrigiez pas, il me serait trop préjudiciable de laisser mes intérêts dans les mains d'un homme qui en a aussi peu de soins que vous. » Le pauvre Knyphausen ne méritait pas le blâme que lui infligeait l'impatience de son maître ; il ne pouvait que consigner dans ses lettres les projets contradictoires de Rouillé et la direction vacillante des affaires de France.

A ce ministre qui parlait toujours d'alliances sans en négocier ou confirmer une seule, Frédéric réplique par un exposé, qui dépeint la situation en termes aussi vrais que saisissants (2) : « Puisque vous dites que la France ne veut point se décider avant qu'elle ne se soit concertée avec

(1) Frédéric à Knyphausen, 21 octobre 1755.
(2) Frédéric à Knyphausen, 18 octobre 1755.

ses alliés, expliquez-moi, je vous prie, qui sont proprement ces alliés qu'elle veut exciter? Elle n'est point d'accord avec l'Espagne; pour la cour de Turin, elle ne la comptera pas entre ses alliés; son traité avec moi va finir au mois de mai de l'année qui vient; ainsi il ne reste que le Danemark, la Suède et l'Électeur palatin pour se concerter. »

L'esprit chercheur et agité de Frédéric s'ingénie à découvrir, dans la reprise de pourparlers avec l'Angleterre, les causes de l'impassibilité du cabinet de Louis XV. « Je commence à croire, écrit-il (1), qu'il faut qu'il y ait quelque chipotage secret, soit directement, soit par l'entremise de quelque cour, entre l'Angleterre et la France... puisque sans cela il n'y a pas moyen de comprendre la tranquillité de la cour où vous vous trouvez, et qu'elle ne remue pas auprès de ses alliés pour les animer à prendre fait et cause avec elle. » Quelques jours plus tard, c'est du côté de l'Autriche qu'il dirige ses soupçons (2) : « Il m'est venu à la pensée, s'il n'y a pas, peut-être, quelque chipotage secret entre les cours de Versailles et de Vienne... Bien que ceci ne soit qu'une simple pensée qui m'est venue, cependant comme elle n'est pas destituée de toute vraisemblance... vous devez bien vous orienter là-dessus, quoiqu'avec toute précaution requise, et m'en mander votre sentiment. »

C'est à l'espoir persistant d'un accommodement avec l'Angleterre qu'il faut probablement attribuer les défaillances si vertement relevées par le roi de Prusse. Quelque invraisemblable que cela puisse paraître, le cabinet de Versailles n'avait pas perdu, pendant l'automne de 1755, l'illusion d'une réconciliation avec l'Angleterre. Malgré la capture des bâtiments français, malgré l'expédition de

(1) Frédéric à Knyphausen, 25 octobre 1755.
(2) Frédéric à Knyphausen, 15 novembre 1755.

Braddock et la prise des forts de l'Acadie, la première émotion passée, les vues pacifiques du roi et de la favorite reprirent le dessus.

Aux négociations officielles rompues par le rappel de Mirepoix, avaient, en effet, succédé des pourparlers officieux entre les ministres anglais et des agents secrets de la France. Dans les archives du quai d'Orsay, on trouve toute une correspondance adressée de Londres par un Sr P.., qui paraît avoir eu, dans les derniers mois de 1755 et au commencement de 1756, des entrevues fréquentes avec Newcastle et Fox. M. d'Argenson (1) dans son journal, et Frédéric dans ses lettres, font aussi mention d'une mission secrète en Angleterre, dont aurait été chargé le marquis de Saint-Simon.

Les documents anglais ont également conservé la trace de ces tentatives de rapprochement. Lord Hardwicke, dans un billet à Newcastle (2), parle d'avances faites par M. Silhouette, qui avait fait partie de la commission des limites. Quelques jours après, sir Joshua van Eck, banquier à Londres, transmet au premier ministre (3) une proposition émanant du gouvernement français, d'après laquelle « il serait conclu un armistice, sous la condition *sine qua non* de la restitution des prises et du retour à l'état de choses antérieur à l'ouverture des hostilités. » Aucune réponse ne semble avoir été faite à cette ouverture, à en juger par une lettre de Thomas Walpole (4) à son père Horace Walpole : « Je suis peiné et surpris que vous et le duc n'ayez pas prêté plus d'attention aux insinuations pacifiques que sir Joshua a reçues d'ici... Le roi n'est pas encore découragé (*disgusted*) et reste dans les mêmes

---

(1) *Mémoires du marquis d'Argenson*, IX, 123.
(2) Hardwicke à Newcastle, 13 octobre 1755.
(3) Van Eck à Newcastle, 3 novembre 1755.
(4) Thomas Walpole à Horace Walpole. Paris, 28 novembre 1755.

dispositions amicales ; personne n'a été mis au courant de la négociation, excepté le roi, Mons. G... le, Mons. R...llé (1) et notre ami, qui est un protestant de réputation bien établie ; il a du talent et est bien affecté pour nos deux gouvernements. Tout a été fait sous les yeux du roi, qui a lu les lettres de sir Joshua avec beaucoup de satisfaction, mais votre silence prolongé a été considéré comme signifiant peu de désir d'aller au-devant des intentions pacifiques de Sa Majesté Très Chrétienne, et permet de donner au discours énergique du trône et à l'adresse de la Chambre des communes la signification d'une déclaration publique contre les partisans de la paix. C'est sous cette impression que la marquise a fait appeler hier notre ami, pour savoir si tout était perdu ; il a essayé de calmer son impatience et il doit avoir une seconde audience à Versailles. »

Newcastle communique cette lettre, que Walpole lui avait apportée aussitôt reçue, à son confident ordinaire Hardwicke, et ajoute la remarque suivante (2) : « Je suis de l'avis d'Horace (Walpole) et je crois qu'il faut y faire attention..... Ces ouvertures faites de France, par des voies diverses, indiquent le désir d'arriver à une entente ; et il me semble qu'étant données nos circonstances, nous ne devrions pas les négliger, mais essayer de voir si ces pourparlers sont sérieux ou non. La réponse que l'on propose de faire ne peut donner lieu à objection, sauf en ce qu'elle contient la promesse de restituer les prises faites ; et je l'avoue, je considère que nous ne devons pas avoir de doute à ce sujet, quoique mon ami sir J. Barnard se soit prononcé hier pour la condamnation..... Le pis de notre affaire, c'est que tout le monde voit la presque impossibilité de continuer la guerre, et que personne n'ose commencer à négo-

---

(1) Ces lettres indiquent évidemment le ministre des Affaires Etrangères.
(2) Newcastle à Hardwicke, 30 novembre 1755.

cier en vue de la paix, ou même avouer que la paix est à
souhaiter à n'importe quelles conditions, car tout le
monde s'imagine que la guerre nous vaudra la destruction
de la marine française. »

Quelles que fussent les intentions du gouvernement anglais, il est certain que le langage conciliant de Londres
exerça une influence réelle sur les sentiments hésitants de
Louis XV et de son véritable ministre des Affaires Étrangères, la marquise de Pompadour. Du roi et de la favorite,
l'illusion gagna rapidement les ministres; l'on ne demanda pas mieux que de croire à un retour de l'opinion anglaise en faveur de la paix, et à une manifestation dans
ce sens du Parlement, qui devait se réunir pour la session d'automne; aussi les représailles contre les agressions anglaises, tant de fois annoncées, furent-elles de
nouveau ajournées (1) jusqu'à ce que les résultats des
débats sur l'adresse fussent connus.

C'est en apprenant cette nouvelle que Frédéric s'écrie (2) :
« Je me borne ici en faisant la réflexion..... que jamais
Louis XIV n'attendait à se décider en conséquence de ce
qu'un Parlement anglais avisât, mais que, bien au contraire, celui-ci était obligé de régler ses délibérations
conformément aux entreprises de Louis. »

En dépit des bonnes paroles des ministres anglais, leur
gouvernement avait poursuivi les hostilités sur mer avec
d'autant plus d'activité que leur adversaire montrait plus
de faiblesse. Dès le 16 juillet (3), le vice-amiral Hawke (4),
commandant l'escadre de la Manche, reçut l'ordre d'intercepter la division de M. du Guay, et tout vaisseau de

---

(1) Knyphausen à Frédéric, 24 octobre — 31 octobre — 7 novembre 1755.

(2) Frédéric à Knyphausen, 11 novembre 1755.

(3) Lendemain du jour où parvint à Londres la nouvelle du combat naval du *Lys*.

(4) Instructions de Vice Admiral Sir Edw. Hawke, 16 juillet 1755. *Record Office*. Londres.

guerre, ou navire marchand français ayant à bord des cargaisons de valeur, qu'il trouverait sur sa route.

Ces instructions furent confirmées (1), et l'ordre de prise étendu sans exception à tout bâtiment français, par dépêche du 6 août suivant. Hawke annonce, le 7 septembre, l'amarinage (2) de six navires de commerce, dont trois revenant de Saint-Domingue et deux de Terre-Neuve; le commandant du *Monmouth* capture, vers la même époque, cinq long-courriers en route de Nantes pour Saint-Domingue ou en destination du Groënland, un caboteur et jusqu'à des bateaux pêcheurs. Le capitaine Rous (3), avec une petite flottille, fut chargé de détruire les établissements de pêche de la côte française à Terre-Neuve; le 14 septembre, il rentra à Halifax, après avoir brûlé les habitations, les hangars et les bateaux des cinq havres visités, pris quatre bâtiments chargés de poisson, et enlevé cinquante-sept habitants, pour la plupart femmes et enfants, qu'il déposa à Louisbourg.

C'est à bon droit que le marquis d'Argenson pouvait écrire dans son journal, à la date du 22 septembre (4): « Les Anglais nous prennent tous nos navires marchands et ne savent plus qu'en faire dans leurs ports..... De notre côté, nous brillons par une exquise équité et générosité : nous leur avions pris une frégate avec le gouverneur de la Caroline, nous l'avons renvoyée en Angleterre ». La division de M. du Guay (5) avait, en effet, rencontré la frégate anglaise le *Blandford*, de 32 canons, qui portait en Amérique M. Lyttelton, gouverneur de la Caroline du

---

(1) *Admiralty Records*, 1755.
(2) *Admiralty Records*, 1755.
(3) *Admiralty Records*, 1755.
(4) *Mémoires du marquis d'Argenson*, IX, 97.
(5) Cet officier, qui avait remplacé M. de Macnamara dans le commandement de l'escadre de Brest, était rentré, après une croisière sur les côtes du Portugal, sans rencontrer la flotte anglaise.

Sud ; le chef d'escadre, prévenu des hostilités exercées par les Anglais, s'en empara et la conduisit à Brest. Le roi, aussitôt informé, donna ordre de relâcher la prise ; il poussa même la mansuétude jusqu'à rapatrier, après guérison, quelques matelots anglais, laissés malades à Brest. M. Michell, chargé d'affaires de Prusse à Londres, souligne la nouvelle de la restitution des observations suivantes (1) : « Cela n'empêchera pas ces gens-ci d'aller leur train en avant ; au contraire, ils seront charmés qu'on les laisse prendre sans risque tous les vaisseaux français qu'ils pourront rencontrer en mer. » Peu de jours après, le résident prussien estime les captures anglaises à 100 navires, d'une valeur de 300,000 livres sterling, avec des équipages de 2,600 matelots ; il ajoute (2) : « Une déclaration de guerre contre la France est une démarche assez peu essentielle dans le moment présent, puisqu'on continue de faire autant de mal aux Français que si l'on était en rupture ouverte avec eux. »

Les appréciations de Knyphausen (3) ne sont guère plus flatteuses pour le système adopté par la cour de Versailles : « Les effets de cette nouvelle politique, qui présente un enchaînement de phénomènes aussi ridicules qu'humiliants pour la France, n'ont pas été avantageux jusqu'à présent à la nation. L'on évalue à plus de dix millions de livres les prises faites par les Anglais, et je suis certain que le nombre des matelots que l'État perd par là monte à plus de 3,000. Aussi les banqueroutes, effet ordinaire de l'oppression du commerce, commencent-elles déjà à se faire sentir, et il y en a plusieurs fort considérables à Marseille et dans d'autres villes. »

Il faut reconnaître, cependant, que si la France n'avait

---

(1) Michell à Frédéric, 16 septembre 1755.
(2) Michell à Frédéric, 30 septembre 1755.
(3) Knyphausen à Frédéric, 20 octobre 1755.

encore rien fait pour repousser l'agression de l'Angleterre et venger son honneur fort compromis, des mesures avaient été prises pour renforcer les troupes de terre et de mer, et pour activer les armements maritimes. Dans le courant de juillet, chaque bataillon d'infanterie avait été augmenté de 160 hommes, versés par la milice (1); les fortifications de Dunkerque, du côté de la mer, avaient été poussées avec vigueur; des camps avaient été formés sur le littoral et sur la frontière allemande. Le principal effort porta d'ailleurs sur les arsenaux; les constructions furent stimulées, et le ministre put se flatter d'opposer bientôt aux Anglais 80 vaisseaux de ligne et 60 frégates.

On a peine à comprendre l'inaction du gouvernement français. Sans doute, il lui fallait le temps nécessaire pour se préparer à la lutte maritime, pour laquelle, à l'exclusion de la guerre de terre, il semblait pencher; sans doute, il eût été plus qu'imprudent d'exposer des forces insuffisantes dans un engagement contre les escadres anglaises; mais il eût été facile d'exercer des représailles sur la marine marchande de la Grande-Bretagne, en lançant contre elle nos croiseurs ou nos corsaires. Il est même probable que ces représailles bien justifiées auraient mieux servi la cause de la paix, que l'attitude passive érigée en système par le roi très chrétien.

Dès les premières séances du Parlement anglais, qui se réunit le 13 novembre, il fut apparent que, s'il existait au sein des deux chambres une minorité, plus puissante par le talent que par le nombre, contraire aux traités de subsides que George II avait signés pour la défense de ses États électoraux, l'unanimité de l'opinion donnait son approbation aux hostilités contre la France, et en réclamait la poursuite énergique. Tous les crédits demandés par l'administration pour la flotte et l'armée de terre furent

(1) *Mémoires du marquis d'Argenson*, vol. IX, p. 47.

votés sans grands débats; mais il n'en fut pas de même des arrangements conclus avec le landgrave de Hesse (1) et avec la cour de Russie (2).

La résistance que soulevèrent ces conventions, née au sein du ministère, s'étendit au Parlement. La guerre commencée avec la France, dirent les adversaires, était une cause essentiellement anglaise; elle avait pour raison la défense des colonies d'Amérique; c'était sur cet objet qu'il fallait concentrer toutes les ressources de la nation, au lieu de surcharger les contribuables pour la protection éventuelle du Hanovre. Le traité russe aurait comme résultat probable de mécontenter le roi de Prusse, contre lequel il était évidemment dirigé, et de provoquer un conflit européen que, dans les circonstances actuelles, il paraissait possible d'éviter. Plusieurs membres du gouvernement: Legge, ministre des finances, Pitt, chef du département de la solde de l'armée, et George Grenville, se mirent à la tête de l'opposition; mais, malgré leurs efforts, une adresse approuvant la politique étrangère du roi George fut adoptée (3) à la Chambre des communes par une majorité de 311 voix contre 105, et les traités sanctionnés par un vote à peu près équivalent. Les dissentiments qui avaient éclaté à propos de ce débat entraînèrent une modification du cabinet. Sir Thomas Robinson fut remplacé par M. Fox (4) comme *leader* de la Chambre des communes, et MM. Legge, Pitt et Grenville furent congédiés.

Si, vers cette époque, à en juger par la lettre de Walpole que nous avons citée plus haut, tout espoir de réconciliation ne fut pas perdu dans l'entourage de Louis XV,

---

(1) Ce traité, signé le 18 juin, mit à la disposition et à la solde du roi d'Angleterre un corps de 8,000 soldats.

(2) Le traité russe fut signé le 19/30 septembre 1755. Voir plus haut les conditions.

(3) Lord Mahon, *History of England*, IV.

(4) Le remplacement de Robinson par Fox fut décidé en principe, dès le retour du roi du Hanovre.

le ministre Rouillé fut obligé d'ouvrir enfin les yeux sur la gravité de la situation. D'autres motifs d'inquiétude venaient, en effet, se joindre à ceux que suggéraient les votes du Parlement anglais. Le roi de France, attaché par les liens du sang à la famille royale d'Espagne, accoutumé à l'alliance de cette puissance, avait cru pouvoir compter sur l'appui moral, sinon effectif, de la cour de Madrid. Les tentatives dans ce sens, faites pendant l'été par le duc de Duras, n'avaient pas été, il est vrai, couronnées de succès, mais on pouvait attribuer cet échec aux démarches intempestives de notre envoyé; on avait tout lieu d'espérer que le nouvel ambassadeur, l'abbé de Bernis (1), réussirait où son prédécesseur avait échoué, et qu'en attendant son arrivée, la cour de Madrid conserverait la neutralité la plus stricte à l'égard du conflit naissant.

Un passage du message du roi George fit évanouir cette chimère; le roi d'Angleterre enregistrait les assurances que lui faisait Sa Majesté Catholique de persister dans les sentiments pacifiques qu'elle avait manifestés. Il devint évident que le crédit de sir Benjamin Keene avait prévalu auprès de la cour d'Espagne, et que cette puissance, loin d'intervenir en faveur de la France, réservait toute sa bienveillance pour sa rivale.

Aux désillusions causées par les débats de Westminster et par l'attitude du cabinet de Madrid, vinrent bientôt s'ajouter de sérieuses préoccupations au sujet des pourparlers que, d'après la renommée, le roi de Prusse aurait engagés avec la cour de Londres. Dès le mois de juin, et plus tard au mois d'août, vers la fin du séjour de George à Herrenhausen, le bruit avait couru d'un rapprochement entre le neveu et l'oncle. Le ministre de France à Berlin (2)

(1) L'abbé de Bernis fut nommé ambassadeur en Espagne en août 1755, mais ne prit pas possession de son poste.
(2) La Touche à Rouillé, 23 septembre 1755.

communiqua à sa cour « un article d'une gazette de cette capitale, qui a marqué positivement que, la veille du départ du roi d'Angleterre de Hanovre, on aurait bu publiquement, à la table de ce prince, à la santé de Sa Majesté Prussienne comme un allié futur ». Cette dépêche se croisa avec une lettre de Rouillé, qui s'émeut à son tour (1). « Les nouvelles publiques et les avis particuliers assurent si positivement que le roi d'Angleterre doit envoyer incessamment un ministre à Berlin pour une négociation importante avec le roi de Prusse, que je ne puis que vous recommander de redoubler de vigilance sur cet objet. »

Mais la mauvaise impression produite par ces rumeurs ne résista pas aux franches explications de Knyphausen. Frédéric avait écrit (2) : « Je ne veux pas vous laisser ignorer, et vous pouvez même en glisser quelque chose dans vos entretiens avec M. de Rouillé, qu'on m'est venu faire des ouvertures assez singulières et importantes, dont je me réserve, cependant, de communiquer le détail au duc de Nivernais dès qu'il sera arrivé chez moi. » Le représentant de Prusse s'empressa de donner connaissance de cet avis à M. Rouillé : « Le ministre », rapporte-t-il (3), « m'a paru extrêmement édifié de la bonne foi avec laquelle Votre Majesté en agit avec sa cour, et a été d'autant plus touché de cette marque de confiance, qu'on commençait à soupçonner, et qu'on croyait même savoir ici, par les lettres de Londres, que l'Angleterre avait entamé une négociation avec Votre Majesté, et qu'elle était prête à être terminée. Je ne saurais donc cacher à Votre Majesté que cette ouverture a produit ici un très bon effet, et qu'elle a entièrement rassuré le ministère sur les appréhensions qu'il avait conçues à cet égard. » Quelque temps

(1) Rouillé à La Touche, 27 septembre 1755.
(2) Frédéric à Knyphausen, 12 septembre 1755.
(3) Knyphausen à Frédéric, 2 octobre 1755.

après, c'est le chevalier La Touche (1), qui se porte garant des intentions de la cour de Berlin : « Quoiqu'il me revienne de différents pays que les bruits qui ont couru sur la défection du roi de Prusse s'y renouvelaient avec force, je ne vois rien ici qui doive donner consistance à cette nouvelle. »

Rouillé était encore trop favorable à la personne et à la politique de Frédéric, et trop persuadé de l'intérêt supérieur que ce prince avait à conserver le bon accord avec la France, pour ajouter foi aux articles des gazettes de Hollande et d'Angleterre, et aux avis plus précis que le comte de Stahremberg, envoyé d'Autriche à Paris, ne cessait de lui glisser; mais il connaissait le caractère remuant et inquiet du roi, et ne pouvait avoir perdu le souvenir de l'imprévu et du sans-gêne que ce souverain avait quelquefois montrés dans sa conduite à l'égard de ses alliés; aussi crut-il prudent de presser le départ du duc de Nivernais, que devait malheureusement retarder encore un gros rhume des plus inopportuns.

Nous aurons recours encore une fois aux dépêches de Knyphausen pour décrire l'état d'esprit du cabinet de Louis XV à cette époque (2). « Le ministère de France est très impatient de savoir le duc de Nivernais arrivé à Berlin, non seulement parce qu'il regarde la guerre comme inévitable et qu'on est très empressé d'être instruit des intentions de Votre Majesté, mais aussi parce que l'on prétend savoir, par la voie de la Haye et par celle de Vienne, que la cour d'Angleterre se donne de grands mouvements pour détacher Votre Majesté de la France et pour l'entraîner dans son parti... Quoique ce ministre ne m'ait point fait part de ce soupçon, j'ai cependant cru devoir en prévenir Votre Majesté, d'autant plus que je sais de fort bon

---

(1) La Touche a Rouille, 21 novembre 1755.
(2) Knyphausen à Frédéric, 21 novembre 1755.

lieu qu'il en est extrêmement alarmé, et qu'on lui donne journellement des avertissements à cet égard. »

La réponse du roi, en date du 2 décembre (1), contient les déclarations les plus catégoriques de fidélité à la France : « Je vous sais gré de l'avis que vous m'avez donné touchant les nouvelles dont on a imposé aux ministres de France, comme si je m'étais laissé entraîner dans le parti de l'Angleterre. Vous ne manquerez pas de vous ouvrir là-dessus envers M. de Rouillé, en lui protestant que tout ce qui lui était revenu n'était absolument que des insinuations malignes et controuvées par mes ennemis, qui ne prétendaient mieux que me désunir avec la France, mais dont il n'y avait pas un mot de vrai, et que, ni moi avais pris aucun engagement avec l'Angleterre, ni le duc de Brunswick (2) fait nul traité avec la cour de Londres. Ce que vous pouvez hardiment assurer à M. de Rouillé, à qui vous ferez d'ailleurs bien observer à cette occasion, combien étaient dangereux les soupçons que mes ennemis avaient pris à tâche d'inspirer souvent à la France, contre moi, par de fausses insinuations dont lui, M. de Rouillé, aurait plus d'un exemple, et combien au contraire avaient été fidèles les avis que j'avais communiqués à la France, mais qui très souvent n'avaient guère fait impression, jusqu'à ce que, quelquefois trop tard, les événements les avaient vérifiés. »

Il y avait beaucoup trop de vérité dans cette dernière assertion, les démentis de Frédéric, dont le ministre eut bientôt, grâce aux agissements de la poste, le texte sous ses yeux (3), étaient trop conformes aux sentiments qu'on

(1) Frédéric à Knyphausen, 2 décembre 1755.
(2) Le bruit courait que le duc de Brunswick avait mis un contingent d'hommes à la disposition de l'Angleterre.
(3) Le gouvernement français se procurait les copies de toutes les lettres échangées entre Frédéric et son représentant à Paris; le texte conservé aux Archives des Affaires étrangères est, du moins pour les lettres que nous avons examinées, conforme à celui de la *Politische Correspondenz Friedrichs des Grossen*, publiée à Berlin.

lui attribuait, pour qu'on ne fût pas rassuré sur ses intentions. Nous trouvons, dans une lettre de Knyphausen, en date du 19 décembre (1), l'expression du soulagement réel qu'éprouvèrent le roi Louis et ses conseillers à la réception du message de Berlin : « Je ne saurais, écrit l'envoyé prussien, assez exprimer à Votre Majesté la joie qu'a causée au sieur Rouillé et à tous ses confrères l'explication dans laquelle elle a bien voulu entrer. Le sieur Rouillé m'a dit qu'il en rendrait aussitôt compte au roi qui, quoiqu'il n'eût jamais ajouté foi aux insinuations malicieuses qui lui avaient été faites par les ennemis de Votre Majesté, recevrait cependant ce nouveau gage de son amitié avec une reconnaissance bien sensible. »

La joie de Louis XV et de son cabinet fut de courte durée. La nouvelle du traité de Westminster, signé à Londres le 16 janvier 1756, allait bientôt dissiper les illusions qu'ils avaient gardées sur la fidélité de leur allié, et détruire la confiance qu'ils pouvaient accorder aux protestations si énergiques transmises par son représentant.

1) Knyphausen a Frédéric, 19 décembre 1755.

CHAPITRE V

NÉGOCIATIONS DE FRÉDÉRIC AVEC L'ANGLETERRE. — TRAITÉ DE WESTMINSTER. — IMPRESSION PRODUITE PAR CE TRAITÉ. — NEUTRALITÉ DE LA HOLLANDE. — RÉQUISITOIRE FRANÇAIS A LA COUR DE LONDRES.

Pour juger de la véracité et de la sincérité des déclarations du roi de Prusse au sujet de ses relations avec l'Angleterre, il faut nous rendre compte des phases que traversa la négociation avec cette puissance, et pour cela remonter à la fin du printemps de 1755, à l'époque du séjour que fit le roi George à son château de Herrenhausen.

En très mauvais termes avec son oncle depuis quelques années, sur le point d'en venir aux mains avec lui en 1753, à l'occasion de l'affaire des prises et du refus de payer les intérêts de la dette de Silésie (1), Frédéric s'était cependant rapproché de l'Angleterre vers la fin de 1754, lors des incidents causés par la conversion au catholicisme du prince héritier de Hesse-Cassel. Cet événement avait vivement inquiété les protestants allemands; le vieux land-

(1) Frédéric, mécontent de ne pouvoir obtenir une indemnité de l'Angleterre pour la capture de navires prussiens pendant la dernière guerre, avait suspendu le payement des intérêts de la dette de Silésie, dont les titres étaient entre les mains des banquiers de Londres.

grave, adhérent zélé de la doctrine réformée, avait exigé de son fils l'engagement de laisser élever ses enfants dans la religion nationale, de respecter la foi de ses futurs sujets et de ne porter aucune atteinte à l'exercice de leur culte. Pour plus de sûreté, il avait fait garantir cette promesse par les principales puissances protestantes, l'Angleterre, la Prusse, la Suède et le Danemark.

L'action commune des cours de Londres et de Berlin dans cette circonstance avait donné lieu à un échange de politesses, dont, de part et d'autre, on avait depuis longtemps perdu l'habitude.

Un voyage que fit le roi de Prusse dans l'Allemagne du Nord et dans ses États rhénans, vers la fin de mai 1755, fut l'occasion d'une nouvelle tentative de réconciliation. Le programme de l'excursion comprenait un séjour à Brunswick, et l'itinéraire à suivre s'éloignait peu de la ville de Hanovre et du château de Herrenhausen, où le roi George se trouvait en villégiature depuis quelques semaines. Les liens de parenté qui existaient entre les deux monarques, les égards que se doivent les têtes couronnées, semblaient indiquer la convenance d'une démarche dont le voisinage fournirait le prétexte. S'il faut s'en rapporter à l'historien Koser (1), à la demande formulée par l'intermédiaire de la cour de Brunswick de traverser le territoire de l'électorat, les ministres hanovriens auraient répondu en promettant l'accueil le plus aimable à l'illustre voyageur. Ce dernier se serait retranché derrière son incognito pour décliner toute espèce de réception et d'honneurs officiels.

Le récit que nous empruntons à la correspondance intime de Holdernesse avec Newcastle donne de l'incident une version très différente. Suivant le ministre anglais, ce fut le roi de Prusse qui fit les premiers pas, et le roi d'Angleterre qui ne voulut pas voir son neveu.

(1) Koser, *le Roi Frédéric le Grand*, vol. I, p. 577.

Un billet confidentiel de lord Holdernesse (1), daté des premiers jours de juin, apprit à Newcastle que, d'après des rapports venus de Brunswick, le roi de Prusse serait disposé à profiter de son passage dans cette ville pour rendre visite à son oncle, le roi de la Grande-Bretagne. La réponse de Newcastle est empreinte de la plus grande réserve (2). Il ne fonde pas grand espoir sur la démarche de Frédéric, mais il pense qu'elle pourra avoir une influence heureuse sur les négociations en cours avec l'Autriche. « La France sera fort intriguée et n'osera pas poursuivre ses projets d'attaque du Hanovre. J'aurais été le dernier, ajoute-t-il, à conseiller au roi de faire des avances au roi de Prusse, mais je suis heureux d'apprendre que Sa Majesté raisonne d'une façon si juste et qu'elle ne repoussera pas les ouvertures qui lui seraient faites de ce côté. J'espère même (quoique je le sache fort désagréable pour le roi) que Sa Majesté se prêtera à une entrevue, qui n'aboutira à rien qu'à un échange de politesses. »

La lettre de Newcastle se croisa avec une dépêche de Holdernesse (3) : « C'est le prince Ferdinand de Brunswick, relate-t-il, qui, à la demande du roi de Prusse, a écrit à son frère le duc dans le sens que je vous ai indiqué... Le duc est chargé de la négociation et promet de faire de son mieux pour empêcher la rencontre, quoique le roi Frédéric la désire beaucoup. »

Quinze jours après, le ministre anglais donne de nouveaux détails : « Les pourparlers avec le roi de Prusse, écrit-il (4), *se sont dissipés en fumée* (5); son principal

(1) La lettre de Holdernesse ne se trouve pas dans la correspondance de Newcastle; mais il est facile d'en rétablir le contenu d'après la réponse de ce dernier.
(2) Newcastle à Holdernesse, 6 juin 1755. Cette dépêche, ainsi que les suivantes, est extraite des *Newcastle Papers*, British Museum.
(3) Holdernesse à Newcastle. « Entre nous », 7 juin 1755.
(4) Holdernesse à Newcastle. « Entre nous », 18 juin 1755.
(5) En français dans le texte.

but était, paraît-il, d'avoir une entrevue avec Sa Majesté. Les ministres de Sa Majesté (1) m'assurent qu'ils ont fait tout leur possible pour amener le roi à y consentir, et même à manifester le désir qu'elle eût lieu; mais Sa Majesté n'a pas voulu écouter leurs avis, et Sa Majesté Prussienne, ayant échoué dans le détail auquel il tenait le plus, n'a pas jugé convenable d'envoyer complimenter le roi; il est passé incognito à un mille allemand d'ici. On a cru un moment qu'il serait venu presque sous les remparts de Hanovre, car c'était son chemin le plus direct. Sa Majesté avait donné l'ordre de le saluer des batteries de la ville. Je regrette que cela ne soit pas arrivé; peut-être une petite politesse de ce genre en eût-elle entraîné une autre : *l'appétit vient en mangeant* (2). »

Un projet de mariage entre la famille royale d'Angleterre et la maison de Brunswick vint servir de prétexte aux essais de rapprochement. Le charme de la princesse Anne-Amélie (3) désarmera la rancune du vieux roi et ouvrira la porte à de nouvelles avances.

Mais laissons la parole à Holdernesse (4) : « La mère (duchesse de Brunswick) et la fille sont arrivées ici incognito, hier au soir ...... La première scène de la comédie se joua dimanche au soir. Sur les cinq heures, les deux jeunes princesses, accompagnées de Mme la présidente Münchhausen, se rendirent au jardin. Sa Majesté les rencontra par hasard, et les comtesses (5) furent présentées. On fit jouer les eaux, la promenade dura longtemps, et enfin Sa Majesté ramena lui-même les illustres étrangères à l'Oran-

(1) Munchhausen et Steinberg, ministres hanovriens du roi.
(2) En français dans le texte.
(3) Antoinette-Amélie, duchesse de Brunswick, mère de la princesse Anne-Amélie, était sœur de Frédéric.
(4) Holdernesse à Newcastle. « Entre nous », 6 et 9 juillet 1755. Cette dernière lettre est écrite en français.
(5) La duchesse et ses filles avaient pris le titre de comtesses à cause de leur incognito.

gerie avec toute la galanterie et la politesse que Votre Excellence lui connaît dans de pareilles rencontres. On se mit au jeu, et le roi m'ayant fait approcher de sa table me fit l'honneur de me présenter ; il me retint même longtemps derrière sa chaise et me donna tout le temps de considérer ce qui avait excité la curiosité de tous les spectateurs. La partie finie, Sa Majesté embrassa les comtesses, et elles partirent sur les neuf heures, très contentes de leur réception, et laissant la cour enthousiasmée de leur figure. leur douceur, politesse, esprit, etc.

« Le lendemain matin (lundi), la comtesse mère, accompagnée de ses deux filles, parut dans la tente du roi, et se vit accueillie de la manière du monde la plus précieuse ; on la traita de « chère nièce », et ses filles d' « aimables cousines. » Le roi leur donna à dîner en particulier à Hanovre, à la maison du prince. J'eus l'honneur d'y assister, et pendant tout le repas ce ne fut que politesses de part et d'autre. On tabla longtemps ; la conversation devint générale et animée, l'on y but des santés « en verres couverts », et l'on ne se sépara que pour prendre un peu de repos, en attendant la comédie. Pendant le spectacle, force politesses ; la promenade s'ensuivit, et le grand jet d'eau brilla de toute sa force ; l'on dansa dans la galerie en retour du jardin : j'eus l'honneur de danser tant des menuets que des anglaises avec les deux comtesses. Le roi se retira d'abord après le souper, ayant encore embrassé tendrement les « aimables cousines », dont il témoigna hautement être très content, bien qu'elle (Sa Majesté) penche visiblement en faveur de l'aînée, et il n'a pas tort. Mais il faut contenter votre curiosité et vous parler plus en détails sur « cette aînée. »

« Ce n'est point une beauté ; ses traits ne sont pas réguliers ; elle a même un défaut : le nez est tant soit peu grand et avance trop, par conséquent on la voit avec plus d'avantage de front que de profil ; mais en revanche elle a de beaux yeux, le regard fin et spirituel, la bouche jolie, le sourire gracieux, la physionomie intéressante et un ensemble qui plaît. »

Après cette description, pour laquelle le noble lord avait puisé dans sa connaissance de notre langue, et qui lui valut les compliments de ses collègues, Holdernesse revient aux affaires sérieuses : « J'espère, écrit-il (1), que nous retirerons quelque profit de la visite de la duchesse de Brunswick. Son Altesse Royale a dit à Münchhausen que le roi de Prusse lui avait affirmé qu'il ne se laisserait jamais entraîner à attaquer les possessions du roi en Allemagne, et qu'elle avait toute raison de croire que Sa Majesté Prussienne consentirait à laisser son mari prêter ses troupes au roi. J'ai profité de l'occasion... et démontré (au roi) la difficulté pour ne pas dire l'impossibilité de mettre en pratique le projet immense (2) qui a été récemment élaboré, et la nécessité qui en résulte pour nous de cultiver les moindres bonnes dispositions de la part du roi de Prusse. Mes observations n'ont pas été mal accueillies. »

Newcastle et ses collègues venaient d'examiner le projet d'alliance austro-saxonne dont parle Holdernesse; ils étaient fort soucieux des moyens de concilier la défense des États électoraux de leur souverain, avec l'opposition grandissante contre la guerre continentale et contre les dépenses qu'elle entraînerait; aussi reçurent-ils avec soulagement les nouvelles de Hanovre. Les propos prêtés au roi de Prusse par sa sœur la duchesse de Brunswick, paraissaient indiquer, sinon le désir d'un rapprochement réel, tout au moins des velléités d'un échange de vues, auquel il pouvait être avantageux de tendre l'oreille. La neutralité de Frédéric, si on pouvait l'obtenir, serait un expédient à la fois économique et populaire, et constituerait

(1) Holdernesse à Newcastle. « Entre nous », 9 juillet 1755.
(2) Allusion au projet d'alliance avec l'Autriche, la Hollande et la Saxe, préparé par les ministres hanovriens du roi.

un succès diplomatique fort utile pour le rétablissement d'un prestige très ébranlé.

Telle fut la pensée qui dicta à Newcastle une lettre au président Münchhausen, dans laquelle il proposait de suivre les pourparlers avec le roi Frédéric. « Si ce prince, écrit-il (1), pouvait être retenu, soit par la crainte, soit par un égard prétendu pour la tranquillité de l'empire, soit par une attention pour sa sœur et sa famille, ou telle autre considération que ce soit, cette disposition doit être certainement encouragée. Et si l'apparence du mariage en question peut y contribuer, c'est une raison de plus pour en entretenir l'idée. » Les avantages de la neutralité prussienne seraient considérables. « Les troupes que Sa Majesté est en droit de demander, en vertu de son traité avec la Russie (2), ne seront point requises;... on épargnera par là la dépense énorme des troupes russiennes si elles étaient à notre solde, et on procurerait (à ce qu'il me semble) une sûreté la plus solide et la plus réelle pour les États allemands du roi. » Holdernesse partage l'avis de son chef; il préfère de beaucoup l'alliance autrichienne; mais si l'entente avec la cour de Vienne est impossible, il faut s'arranger avec la Prusse. Pour réussir avec Frédéric, il est indispensable de conserver les dehors avec l'Autriche. « Si Sa Majesté, écrit-il (3), nous croit encore en bons rapports avec nos vieux amis, elle sera obligée de se préoccuper d'avoir sur le dos à la fois les deux Impératrices et la Saxe, et sera d'autant plus disposée à être raisonnable qu'elle aura peu à espérer dans une mêlée générale. Münchhausen appuiera toute mesure qui sera de nature à faciliter son projet de mariage. Lady Yarmouth soutient, avec plus de réserve cependant, le projet des mi-

---

(1) Newcastle à Münchhausen, 23 juillet 1755.
(2) Newcastle escomptait les résultats du traité en cours de négociation avec la Russie, qui ne fut signé à Pétersbourg que le 30 septembre.
(3) Holdernesse à Newcastle. « Entre nous », 3 août 1755.

nistres allemands, et elle est persuadée qu'il pourra amener une réconciliation entre nous et la cour de Berlin. »

Le ministre hanovrien prépara, en effet, une note (1), que le duc de Brunswick se chargea de faire parvenir à son beau-frère, et dans laquelle la cour électorale sollicitait des explications sur l'attitude du roi de Prusse en cas de guerre, et engageait le duc et la duchesse à obtenir de ce prince une déclaration de neutralité, pour l'hypothèse d'une invasion du Hanovre par une armée française.

Pendant ce temps, le projet de mariage, auquel font allusion les lettres de Holdernesse, commençait à prendre forme. La beauté et les qualités d'esprit et de cœur de la princesse Anne-Amélie, firent une profonde impression sur le roi George, et l'indiquèrent à son choix comme épouse du prince de Galles, son petit-fils. Très séduit par la perspective d'une alliance aussi brillante, le duc de Brunswick se montra enclin à écouter la proposition d'un traité de subsides que les ministres anglais voulaient signer avec lui. Malheureusement, il était encore lié par les engagements contractés avec la France, d'après lesquels, moyennant une subvention payée par cette puissance, il devait tenir un corps de troupes à la disposition du roi de Prusse (2). Était-il possible de conclure un nouvel arrangement avec l'Angleterre, avant l'expiration de l'ancien avec la France? Le duc ne crut pouvoir mieux faire que de consulter sur cette question délicate son royal parent.

Peu à peu, la correspondance s'étendit bientôt de ce point spécial au sujet des rapports entre le roi George et son neveu. Ce fut par l'entremise du prince Ferdinand de Brunswick que parvint à Berlin une lettre fort embar-

---

(1) Cette note est reproduite dans la correspondance de Frédéric. Vol. XI, p. 247.

(2) Le duc de Brunswick s'était engagé à fournir au roi de Prusse un corps de 4,000 hommes, et recevait pour cet objet un subside annuel de 100,000 livres du gouvernement français.

rassée du duc régnant (1), dans laquelle celui-ci s'excusait sur l'intérêt du mariage de sa fille et ses liens de famille avec la maison de Hanovre, pour transmettre à son beau-frère la note de Münchhausen. La première avance de la cour de Hanovre fut bientôt suivie d'une démarche de lord Holdernesse, qui se rendit à Brunswick. « J'ai trouvé, écrit-il (2), Son Altesse Sérénissime très bien disposée, et décidée à prendre les mesures qui pourraient être utiles à Sa Majesté . . . . Le duc de Brunswick a été réservé sur les effets que nos ouvertures pourraient produire dans l'esprit de Sa Majesté Prussienne, mais la duchesse s'est ouverte davantage; elle m'a assuré dans les termes les plus positifs qu'elle avait les meilleures raisons de croire que le roi, son frère, ne demanderait pas mieux que de ne pas se mêler à la guerre en ce moment. Ce prince avait déjà obtenu ce qu'il désirait (la Silésie) et ne songeait qu'à conserver cette province. Il lui avait dit tout récemment qu'il ne prendrait pas part au conflit actuel, à moins d'y être forcé par la conduite des alliés de Sa Majesté Britannique. »

Dans la pièce communiquée à Berlin (3), le gouvernement anglais demandait au duc de Brunswick de solliciter de Frédéric une promesse formelle de n'entreprendre rien, directement ou indirectement, contre les États allemands du roi George, de ne prêter aucun secours à la France pour leur attaque, de ne pas s'opposer aux mesures défensives que prendrait le roi, et même d'empêcher la France d'envahir elle-même le Hanovre. « La réciprocité à accorder à Sa Majesté Prussienne, ajoutait-on, pourra être facile à trouver. »

En réponse à cette ouverture, Frédéric écrivit deux

(1) Cette lettre, dont la date n'est pas donnée dans la correspondance de Frédéric, devait remonter au 4 ou 5 août.
(2) Holdernesse à Newcastle, « très secret », 14 août 1755.
(3) Précis du discours de milord Holdernesse. *Correspondance de Frédéric*, vol. XI, p. 252.

lettres. La première (1), destinée à être transmise à la cour de Hanovre, ne contenait que des lieux communs sur les regrets que lui causaient les incidents américains, sur le peu d'importance des objets en discussion, sur le danger d'une guerre européenne; volontiers, le roi se chargerait d'une médiation auprès de la France pour empêcher les hostilités, et verrait avec plaisir l'Angleterre requérir le même service de l'Autriche, de la Hollande ou de l'Espagne. La seconde, d'un caractère tout à fait confidentiel, est à citer presque en entier (2) : « Vous ne devez pas être surpris si vous recevez une double lettre de ma part; vous pourrez juger facilement que je dois être surpris de la déclaration que les Anglais exigent de moi. Si c'était dans d'autres circonstances, ils n'auraient de moi aucune réponse, mais je me prête à leur chipotage en considération de vos intérêts et de ceux de ma nièce. Je suppose donc, dans la lettre que je vous écris, et qui est ostensible,.. que vous ne m'avez pas communiqué *in extenso* la conversation de lord Holdernesse. Vous pouvez jouer le rôle de l'entremetteur dans toute cette affaire-ci... Ils vous tiendront compte de cette complaisance, et je me flatte que de cette façon le mariage de ma nièce ne sera pas rompu. Pour moi, je suis prêt de me charger de la médiation... Mais je suis en même temps obligé de vous confier, sous le sceau du plus inviolable secret, que jamais ils ne m'extorqueront la déclaration qu'ils prétendent. Cependant, il convient à vos intérêts et aux miens qu'on ne leur en fasse point perdre l'espérance, mais que vous les flattiez, en cas qu'ils ne se contentent pas de la médiation, qu'il ne fallait pas se décourager d'abord et qu'il fallait revenir plus souvent à la charge; ensuite de cela on pourra les amuser en

---

(1) Frederic au duc de Brunswick, 12 août 1755. *Correspondance de Frédéric*, vol. X, p. 252.
(2) Frédéric au duc de Brunswick, 12 août 1755. *Correspondance de Frédéric*, vol. X, p. 252.

leur demandant des éclaircissements sur toutes sortes de sujets, en faisant de ma part naître des difficultés, etc. Mais, pour Dieu, ne montrez cette lettre-ci à personne ; il vous importe autant qu'à moi que le secret reste entre nous deux (1). Dans le fond, je vois que le roi d'Angleterre a la peur bien chaude pour son électorat, et je commence à soupçonner qu'il n'est pas satisfait de la cour de Vienne, sans quoi il ne s'adresserait jamais à moi. »

Le même jour, Frédéric, qui ne se doutait pas que toutes ses lettres de Londres étaient interceptées par le gouvernement anglais, dévoila à ce dernier sa pensée intime dans une dépêche qu'il adressa à Michell, où il interrogeait son envoyé sur les idées des régents et des ministres anglais à son égard, et sur les intentions qu'on lui supposait en cas de conflit européen.

A la réception du courrier de Berlin, le duc de Brunswick laisse éclater sa joie : « C'est avec extase que j'ai lu vos lettres... Que ne puis-je y joindre les images sincères de la reconnaissance, de la vénération, du dévouement, enfin du cœur entier qui est, et qui sera pendant qu'il existe, pénétré des grâces de Votre Majesté, si éminentes et infinies envers moi et ma maison ! »

Après cet exorde dont le lyrisme dut faire sourire son sceptique correspondant, le duc explique que le départ de lord Holdernesse a empêché la remise du billet ostensible du roi de Prusse. Sur l'autorisation de Frédéric, il envoie la pièce au ministre, et reçoit de celui-ci une réponse qu'il expédie à Berlin. Ce document, en date du

---

(1) La presse de Hollande et de Londres avait déjà fait mention des pourparlers engagés au commencement d'août. Le 12 du mois, M. de Hellen, chargé d'affaires prussien a la Haye, écrivait à son collègue Michell : « Il y a des nouvellistes qui parlent d'une neutralité que le roi notre maître aurait conclue avec Sa Majesté Britannique moyennant quelques milliers de guinées ; cela se fonde sur vos gazettes, qui ne sont pas toujours des Evangiles ». — Hellen à Michell, 12 août 1755. *Confidential Miscellaneous. Record Office.*

21 août (1), débute, contrairement au style habituel de l'auteur, par un compliment : « La pièce communiquée sent partout la capacité supérieure de la main d'où elle est partie ; mais le roi (George) a d'abord remarqué que le jugement qu'on porte sur les affaires d'Amérique provient d'un défaut d'informations qui influe sur le reste. Sa Majesté ne s'en étonne pas, parce que le roi de Prusse n'a jusqu'ici entendu qu'une des parties. » Holdernesse justifie en quelques mots la conduite de sa cour, et promet de préparer pour Frédéric, aussitôt après son retour à Londres, un exposé complet des prétentions britanniques. « En attendant ces détails, le roi serait bien aise de savoir ce que Sa Majesté peut attendre de Sa Majesté Prussienne en cas que, contre toute justice, la France entreprît quelque chose contre les États allemands du roi, en conséquence de démêlés purement anglais. »

Frédéric se garde bien de répondre de suite à cette question indiscrète, et s'excuse de ce retard (2) en alléguant ses occupations « au camp où il se trouve actuellement, pour faire faire des manœuvres à quelques-unes de ses troupes » ; mais, après quelques jours de réflexion, il cherche à renouer les pourparlers, qu'allait interrompre le retour du roi George en Angleterre, et écrit au duc de Brunswick (3) : « J'ai songé que mon traité d'alliance fait avec la France finira au printemps de l'année qui vient, ce qui me laisse la liberté d'agir alors conformément à mes intérêts et à ma convenance. Quoique je ne prendrais aucun autre engagement avant que le terme dans ce traité soit expiré, je ne désavouerai cependant point Votre Altesse, si elle veut en attendant donner à entendre au ministre anglais avec lequel elle est en correspondance là-dessus, mais toujours comme d'elle-même et sans que je sois mêlé encore, que

(1) *Correspondance de Frédéric*, vol. XI, p. 272.
(2) Frédéric au duc de Brunswick, 25 août 1755.
(3) Frédéric au duc de Brunswick, 1er septembre 1755.

pourvu qu'on me fasse faire des propositions raisonnables de la part du roi d'Angleterre, l'on pourrait peut-être arriver au but qu'on s'était proposé relativement à la neutralité des États du Hanovre ; qu'il ne fallait cependant pas s'attendre que je m'y ouvrirais le premier. »

Tout en gardant le secret sur les avances de Holdernesse, Frédéric donne de nouveau l'ordre à Michell (1) de sonder le terrain à Londres, et le consulte sur ce que penserait le ministère anglais d'un traité garantissant la sécurité des possessions allemandes de leur souverain. Presque à la même date, 6 septembre, il demande à Knyphausen (2) de le renseigner sur les instructions que la cour de Versailles préparait pour le duc de Nivernais, dont la mission lui avait été annoncée.

Pendant une tournée qu'il fit à cette époque en Silésie, le roi de Prusse reçut des informations précieuses. M. de Maltzahn, son chargé d'affaires, avait depuis longtemps à ses gages un employé de la chancellerie de Dresde, et par ce canal avait réussi à se procurer des copies de la correspondance échangée entre le comte de Brühl et les représentants de la cour de Saxe à l'étranger. C'est ainsi que Frédéric eut entre les mains (3) une dépêche du comte Fleming, envoyé à Hanovre par le roi Auguste à l'effet de solliciter le renouvellement du traité de subsides avec l'Angleterre. Fleming mandait à Dresde que les négociations entamées avec l'impératrice n'avaient pas abouti ; que la cour du Hanovre, très effrayée des conséquences de cet échec, avait été rassurée par les déclarations pacifiques du roi de Prusse ; sur ces entrefaites, le comte Colloredo, ambassadeur d'Autriche, qui se trouvait aussi sur les lieux, ayant demandé des explications, Holdernesse lui avait af-

(1) Frédéric à Michell, 2 septembre 1755.
(2) Frédéric à Knyphausen, 6 septembre 1755.
(3) Maltzahn à Frédéric, 5 septembre 1755. La copie de la dépêche de Fleming était annexée à celle de Maltzahn.

firmé que le roi de la Grande-Bretagne « s'en tiendrait envers le roi de Prusse aux simples termes de ménagement et de précaution auxquels la situation du Hanovre les obligeait. » Cette déclaration n'avait pas entièrement dissipé les soupçons des ministres d'Autriche et de Saxe sur les intentions de Frédéric, qu'on croyait néanmoins peu disposé à écouter les propositions belliqueuses de la France.

Ainsi prévenu de la réserve que le gouvernement anglais entendait conserver à son égard, Frédéric se rapproche de nouveau de ses anciens amis, et manifeste (1) à Versailles le désir de mettre le duc de Nivernais au courant « des ouvertures singulières et importantes » qui lui avaient été faites. On sait l'impression favorable que cette communication fit dans l'esprit du ministère français, et il y a tout lieu de supposer qu'à cette époque, malgré son intrigue avec l'Angleterre, Frédéric était résolu à maintenir l'alliance française, et à prêter une oreille attentive aux projets que le duc de Nivernais aurait été chargé de lui soumettre. Pour obtenir ce résultat, il aurait fallu agir avec promptitude et décision. Malheureusement, le cabinet de Louis XV ne possédait ni l'une ni l'autre de ces qualités, ne songeait ni à l'importance du rôle que le roi de Prusse était appelé à jouer dans le conflit approchant, ni à l'urgence de placer auprès de lui un représentant possédant l'autorité et le crédit nécessaires pour recevoir ses confidences et surveiller ses agissements. La Touche, en effet, dont le remplacement avait été arrêté sur la demande de Frédéric lui-même, n'était pas admis dans l'intimité du prince, et ne puisait ses informations que dans les entretiens avec les ministres Podewils et Finkenstein, aussi ignorants que lui-même des vues secrètes de leur maître.

Aussitôt rentré en Angleterre, Holdernesse reprit ses

(1) Frédéric a Knyphausen, 13 septembre 1755 (dépêche déjà citée).

relations épistolaires avec le duc de Brunswick. Il lui fit parvenir, pour l'édification du roi, un long mémoire sur les droits et revendications de la Grande-Bretagne en Amérique, appuyé d'une carte de ce continent illustrant probablement les prétentions anglaises; et dans la lettre (1) qui accompagnait cet envoi, il aborda, avec des réticences dignes de son correspondant, la question capitale de la neutralité : « J'avouerai, Monseigneur, que mon entière ignorance de ce que le roi de Prusse pourrait croire « proposition acceptable », m'a empêché jusqu'ici de toucher cette corde; mais j'ai lieu de croire que, si le roi de Prusse voulait bien s'expliquer ouvertement en faveur de la neutralité d'Hanovre et sur l'entretien de la paix en Allemagne, on choisirait un ministre anglais de confiance, et qui ne serait pas désagréable à Sa Majesté Prussienne, pour cette négociation, qui pourra se terminer à Berlin sous les yeux mêmes du roi de Prusse. »

Une offre pareille ne laissa pas que d'embarrasser Frédéric. Recevoir un ministre britannique, c'était inquiéter la France, démasquer son jeu, afficher sa conversion sans en avoir recueilli les bénéfices. Il fallait éviter le piège que lui tendait le gouvernement de son oncle; aussi mit-il un soin tout particulier à rédiger sa réponse. Le recueil de la correspondance de Frédéric le Grand, que nous avons citée si souvent, ne contient pas moins de quatre brouillons de la dépêche du 13 octobre, que le roi adressa à son beau-frère, pour être communiquée au cabinet anglais. Dans les premières lignes de la version définitive (2), le roi fait une courte allusion au mémoire et aux cartes, qu'il paraît avoir assez mal étudiées puisqu'il confond l'Ohio avec Cayenne; puis il aborde le sujet principal : « Je passe à

---

(1) Holdernesse au duc de Brunswick, 30 septembre 1755.
(2) Frédéric au duc de Brunswick, 13 octobre 1755. *Correspondance de Frédéric*, vol. XI, p. 334.

présent de l'Amérique en Europe, et de l'Europe à notre chère patrie. Si j'ai bien compris votre lettre, je crois y avoir entendu que le roi d'Angleterre exige de moi une déclaration de neutralité pour ses États de Hanovre. » La Prusse n'a jamais eu le dessein d'attaquer ce pays et ne désire que le maintien de la paix; « mais comment le roi d'Angleterre veut-il prétendre de moi, qui ne suis ni en liaison ni en traité avec lui, que je lui réponde des événements futurs, lui qui ne s'explique point de ses propres desseins? »

Ici Frédéric rappelle son intervention en faveur du Hanovre en 1741; « mais, à présent, les conjonctures sont différentes; je suis à la vérité allié de la France, notre traité est simplement et purement défensif, mais sous quel prétexte et avec quelles couleurs pourrais-je couvrir une démarche aussi singulière, que serait de ma part celle de prescrire des bornes aux mesures qu'elle peut prendre? » Le gouvernement français lui remettrait en mémoire le concours prêté lors des affaires de l'Ost-Frise (1) et de l'indemnité pour les prises. « Ne m'accuserait-on pas avec justice d'ingratitude envers des alliés dont je n'ai pas à me plaindre, et d'étourderie de m'être engagé d'un côté à seconder le roi d'Angleterre sans savoir ses intentions ni ses desseins?

« Je serai en tout temps disposé à recevoir ceux que le roi d'Angleterre voudra m'envoyer, et, pour mon particulier, à lui donner des marques de l'estime et de la considération que j'ai pour lui. Je dois cependant vous avertir qu'en qualité d'homme qui gouverne un État dont le bonheur et la garde me sont confiés... je dois lui sacrifier mes penchants, mes haines, mon personnel, et en un mot toutes mes passions ; qu'ainsi, si le roi d'Angleterre ou quel-

---

(1) Pour la succession de l'Ost-Frise, la France avait appuyé les titres du roi de Prusse contre ceux du roi George.

que prince de l'Europe me fait des propositions, il faut avant tout que les intérêts de la Prusse s'accordent avec ceux de la nation qui me fait des propositions. »

La dépêche ostensible, dont la composition avait donné tant de peine, fut complétée par un billet confidentiel (1), où le roi épanche ses sentiments intimes, découvrant à la fois son antipathie pour la cour de Londres et son désir de ne pas rompre avec elle : « Il faut voir à quoi cela mènera, et si messieurs les Anglais n'ont pas envie de se moquer de vous et de moi. N'est-ce pas bien singulier que ces gens demandent que j'épouse leurs intérêts, lorsque actuellement j'ai deux gros démêlés avec eux qui ne sont pas vidés? On dirait que toute la terre, aux dépens des intérêts propres d'un chacun, est obligée d'entreprendre la défense de ce fichu pays. On exige de moi des déclarations dans un temps qu'on ne s'explique pas soi-même ; ils veulent que je plante là la France, et que je me repaisse de la gloire d'avoir préservé leur pays d'Hanovre, qui ne me regarde ni en noir ni en blanc. Ces gens, ou veulent me duper grossièrement, ou ils sont fols et imbus d'un amour-propre ridicule. Cependant, je vous prie de leur donner des espérances, dans une lettre particulière dont vous accompagnerez la copie de la lettre ostensible que je vous écris, et de leur marquer que le duc de Nivernais venait ici pour faire un nouveau traité, le mien expirant au mois de mai prochain.

« Je suis bien fâché de vous ennuyer par ce galimatias politique, mais je ne saurais faire autrement dans ce moment-ci ; ma situation est critique ; il ne me convient point de m'aventurer et de faire des étourderies dont je pourrais peut-être me repentir. D'ailleurs, ces gens sont si boutonnés qu'ils me donnent lieu de les soupçonner, et que je crois presque qu'ils ne pensent qu'à gagner du temps, à m'en-

(1) Frédéric au duc de Brunswick, 13 octobre 1755.

dormir à présent pour planter là, vous et moi, le printemps qui vient, lorsqu'ils auront arrangé leur jeu et qu'ils croiront pouvoir se passer de moi. »

Dans le langage de Frédéric, et surtout dans les lignes qu'il adresse à son beau-frère, on sent percer les inquiétudes que lui causaient sans doute les pourparlers de l'Angleterre à Pétersbourg, qu'il sait être sur le point d'aboutir, et qui, à en juger d'après les propos de la czarine et de son entourage, doivent être dirigées contre lui. Aussi, dès le lendemain du départ du courrier pour Brunswick, le roi enjoignit-il à Michell (1) de confirmer les ministres anglais dans l'idée « qu'une marche des troupes russiennes en Allemagne ne peut que l'obliger bon gré mal gré à entrer dans la guerre ».

En dépit de la réserve diplomatique de lord Holdernesse et des embarras parlementaires au milieu desquels se débattait le ministère Newcastle (2), le gouvernement britannique était au moins aussi désireux que Frédéric d'arriver à une entente. « J'ai obtenu du roi, écrit Newcastle (3), l'autorisation pour Holdernesse d'écrire dans les termes qu'il convient au duc de Brunswick. Cette négociation doit être sérieusement activée. »

A Londres, on était, comme nous l'avons dit, parfaitement renseigné sur la pensée secrète du roi de Prusse; presque toute la correspondance échangée entre le monarque et son chargé d'affaires était ouverte par la poste (4)

---

(1) Frédéric à Michell, 14 octobre 1755. *Confidential Miscellaneous*. Record Office.
(2) Le cabinet se trouvait désorganisé par le refus de Legge, ministre des finances, de s'associer à la politique des traités de subsides et par la nécessité de remplacer Robinson comme *leader* de la Chambre des communes.
(3) Newcastle à Hardwicke, 3 octobre 1755.
(4) Les Archives du *Record Office* à Londres, sous le titre : *Confidential Miscellaneous*, contiennent presque toutes les dépêches du roi de Prusse et de son représentant Michell, ainsi que de nombreuses lettres des ministres de Saxe, de Bavière, de Hesse, de Danemark, de Sardaigne; quelques lettres

et passait sous les yeux du roi George et de ses ministres. « Le roi m'a parlé, écrit Newcastle (1), de la lettre interceptée du roi de Prusse et dont le contenu lui a fait plaisir. Mes propositions de neutralité, a dit Sa Majesté, que je lui ai transmises par le duc de Wolfenbuttel (2), arriveront à point. »

Malgré les bonnes dispositions du roi George et de son premier ministre, le gouvernement anglais fut trop absorbé par les soucis que lui préparaient les débats du Parlement pour suivre de près la négociation pendante : il laissa écouler plus d'un mois avant de répondre à la dernière lettre de Berlin.

Frédéric ne s'explique pas ce silence, dont il ne comprend pas les raisons. Préoccupé des desseins de la Russie, édifié sur les sentiments personnels d'Élisabeth, informé de la signature du traité si longtemps en suspens, il voit dans l'entente avec le roi d'Angleterre, devenu l'allié intime de la cour de Pétersbourg, le moyen d'éviter un conflit avec la puissance du Nord, peut-être même de détacher cette dernière du giron de la cour de Vienne. Par contre, il est fixé sur le vide des instructions préparées pour le duc de Nivernais, et ne croit au gouvernement français ni le pouvoir ni la volonté de l'assister dans une lutte contre les deux impératrices. Aussi penche-t-il de plus en plus pour un arrangement qui, en assurant la tranquillité sur les frontières russes, lui laissera sa liberté d'action contre l'Autriche.

A deux reprises, le roi de Prusse demande à son beau-frère (3) s'il n'a pas reçu d'avis de Londres; il insiste sur

---

des ambassadeurs d'Espagne et d'Autriche, et deux ou trois billets du duc de Mirepoix.

(1) Newcastle à Hardwicke, 12 octobre 1755.
(2) Autre titre porté par le duc de Brunswick.
(3) Frédéric au duc de Brunswick, 24 novembre 1755. *Correspondance de Frédéric*, vol. XI, p. 397.

l'intérêt de connaître la réplique anglaise avant l'arrivée de l'ambassadeur français, dont on lui annonce le départ prochain. D'autre part, il interroge Michell sur la teneur et la portée de la convention anglo-russe du 30 septembre.

Enfin, le cabinet de Saint-James se décida à renouer la conversation. Holdernesse (1) adressa, le 21 novembre, au duc de Brunswick une lettre, dont le contenu n'était pas de nature à dissiper les doutes que Frédéric avait conçus sur la sincérité de la cour britannique. L'Anglais paraphrasait les déclarations faites au Parlement, assurait Son Altesse Sérénissime que le traité de Pétersbourg était purement défensif, que les troupes à la solde de l'Angleterre ne se mettraient en mouvement que dans le cas où quelque puissance viendrait à attaquer les royaumes ou États du roi George. « Il aurait été à souhaiter, ajoutait-il en conclusion, que le roi de Prusse eût bien voulu s'expliquer un peu plus clairement par rapport à l'envoi d'un ministre anglais à sa cour. »

Frédéric, peu satisfait de cette communication énigmatique, et peu enclin à un acte qui le compromettrait aux yeux de la France, reprend son attitude réservée. « Il faut, écrit-il (2), ne pas témoigner le moindre empressement, et voir si cela éveillera ces gens d'outre-mer... S'ils ont l'intention de nous tromper, ce que je soupçonne fort, ils en seront pour leur courte honte. Mon oncle s'enorgueillit facilement, tout lui prospère ; cela suffit pour lui faire mépriser le reste de la terre. Mais ayons patience et attendons. »

Le même jour (2 décembre 1755), le roi de Prusse donne l'ordre à Knyphausen (3) de protester auprès du cabinet

---

(1) Holdernesse au duc de Brunswick, 21 novembre 1755. *Correspondance de Frédéric* vol. XI, p. 413.
(2) Frédéric au duc de Brunswick, 2 décembre 1755. *Correspondance de Frédéric*, vol. XI, p. 413.
(3) Frédéric à Knyphausen, 2 décembre 1755. *Correspondance de Frédéric*, vol. XI, p. 409. Dépêche déjà citée.

français « contre les insinuations malignes de ses ennemis, et d'affirmer qu'il n'avait pris aucun engagement avec la cour de Londres ».

Ce langage, on l'a vu plus haut, produisit un excellent effet sur Louis XV et sur ses conseillers, qui commençaient à s'émouvoir des bruits répandus sur la négociation en cours; véridiques, si l'on se contente de les prendre à la lettre le 2 décembre, ils ne l'auraient pas été trois jours plus tard. Le 5 décembre, en effet, un rapport reçu de Michell modifia complètement les vues de Frédéric. Le chargé d'affaires de Prusse, devinant les desseins de son maître et interprétant ses intentions, d'après l'esprit plutôt que d'après le texte des dépêches qu'il recevait de Berlin, avait fait auprès des ministres anglais une démarche significative.

« Michell, écrit Holdernesse (1) à Newcastle, est allé, ce matin 21 novembre, chez M. Fox (2), et, entre autres choses, il lui a demandé de lui communiquer une copie du traité russe quand ce document sera soumis au Parlement; cette communication serait le préliminaire et une mesure décisive pour une meilleure entente avec le roi son maître. Fox m'a envoyé Michell, et je viens vous demander si vous croyez désirable de donner satisfaction à sa requête. »

L'assentiment de Newcastle ne se fit pas attendre. Le 25 novembre, Holdernesse appela Michell (3), lui remit une copie du traité anglo-russe, y compris quelques articles secrets, lui annonça que l'Angleterre était disposée, non seulement à renouveler les actes de garantie antérieurs, « mais encore à s'unir étroitement » avec la Prusse; que

---

(1) Holdernesse à Newcastle, 21 novembre 1755. *Newcastle Papers*.
(2) Fox avait remplacé en octobre Robinson, comme secrétaire d'État aux Affaires Étrangères, département du Sud.
(3) Michell à Frédéric, 28 novembre 1755. *Correspondance de Frédéric*, vol XI, p. 418.

cette puissance était maîtresse de conserver la paix dans le nord comme l'Espagne l'était dans le sud; que, pour engager le roi à entrer dans les vues de l'Angleterre, « on apporterait à Londres toutes les facilités du monde pour terminer à l'amiable, et sur un pied raisonnable, les différends qui existaient entre les deux cours, au sujet de l'affaire des bâtiments capturés durant la dernière guerre. »

Michell rendit compte de cette importante conversation, et ajouta que ces assertions lui avaient été confirmées par le duc de Newcastle, et qu'il croyait à leur entière sincérité. A sa dépêche était jointe une copie du traité de Pétersbourg.

La garantie de la possession de la Silésie, la sécurité du côté de la Russie, le règlement des litiges pendants étaient des avantages positifs auxquels on pouvait bien sacrifier l'amitié de la France. Aussi, Frédéric n'hésita pas; et avec cette décision qui corrigeait la vivacité de ses conceptions et la mobilité de ses impressions, il transmit à Michell (1) l'acceptation des propositions anglaises.

« Vous direz aux ministres anglais, écrit-il à Londres, qu'étant dans l'intention de contribuer de tout mon pouvoir au maintien de la paix de l'Europe, je ne trouvais rien de plus raisonnable que de commencer par affermir la tranquillité de l'Allemagne. Après quoi, vous leur direz mot pour mot ce qui suit, sans y altérer une parole : Que je croyais que la chose pourrait se faire en concluant, entre le roi d'Angleterre et moi, un traité de neutralité pour l'Allemagne, pour le temps des démêlés qui subsistent actuellement en Europe, sans y nommer les Français ni les Russes pour éviter de choquer personne, et pour me laisser par ces ménagements en situation de travailler plus ef-

---

(1) Frédéric à Michell, 7 décembre 1755. *Correspondance de Frédéric*, vol. XI, p. 418.

ficacement à la réconciliation des deux nations belligérantes, ou brouillées ou désunies. »

Frédéric finit sa lettre en prenant acte des offres de la garantie de la Silésie, du remboursement des prises, et en se déclarant prêt à terminer promptement la négociation.

A Berlin, le secret des pourparlers avec l'Angleterre avait été jusqu'alors strictement gardé. Ce n'est que vers le milieu de décembre que le roi, par l'entremise du conseiller privé Eichel, fit part au comte Podewils de son désir et de son espoir de conclure un arrangement avec le gouvernement britannique. Le vieux ministre ne put s'empêcher d'ajouter (1) aux félicitations que motiva cet avis, quelques mots qui laissent voir ses inquiétudes sur les périls auxquels serait exposé le système de l'alliance française, dont il était partisan zélé. « Peut-être aussi qu'on trouverait moyen, avec le temps, de faire goûter au parti contraire la nécessité de cette démarche, et qu'elle ne serait pas si contraire à ses véritables intérêts, comme il pourra l'envisager d'abord. »

Il devenait indispensable aussi de mettre Knyphausen au courant de l'accord avec l'Angleterre, tâche qui ne laissait pas d'être délicate. Fidèle à son système d'invectiver les gens envers lesquels il se sentait des torts, Frédéric commence par s'élever, en termes presque injurieux, contre la conduite du ministère français (2), « qui obligera les alliés de la France à penser à leur propre sûreté. » Quelques jours plus tard, il mande (3) que « des lettres particulières, venues de Londres, marquent comme quoi on y avait résolu d'envoyer quelque ministre à ma cour, dont cependant il ne m'est rien revenu qui paraissait vérifier ces bruits. » Enfin, la dépêche du 27 décembre apprend au

(1) Podewils au roi, 17 décembre 1755.
(2) Frédéric à Knyphausen, 9 et 13 décembre 1755.
(3) Frédéric à Knyphausen, 20 décembre 1755.

résident prussien que « l'Angleterre me fait faire des propositions pour le maintien de la tranquillité de l'Allemagne ».

Pendant ce temps, les événements marchèrent rapidement. La conclusion de l'affaire ne souffrit aucun délai à la cour de Saint-James. Dès la réception du consentement de Frédéric, Michell eut des conférences avec Newcastle, Fox et Holdernesse, et reçut de ce dernier un projet de convention, qu'il expédia aussitôt à Berlin.

Le jour de l'an 1756, Podewils fut appelé dans le cabinet du roi, qui lui lut les rapports de Michell et le consulta sur la rédaction anglaise. Ce fut sur la demande de son conseiller que l'expression « Allemagne » fut substituée dans le texte à celle de « l'Empire germanique », de manière à exclure de la garantie de neutralité les Pays-Bas autrichiens; et pour éviter tout malentendu, un article secret stipula cette exclusion en termes formels. Le contre-projet prussien, qui ne différait que sur ce point de ce qui avait été préparé à Londres, fut vite couché sur le papier et retourné à Michell, avec les instructions et les pleins pouvoirs nécessaires.

Dans la lettre (1) qui accompagnait cet envoi et qui porte la date du 4 janvier 1756, le roi promet de reprendre, aussitôt que le traité sera ratifié, le paiement du capital et des intérêts de la dette de Silésie; en compensation, il recevra l'indemnité promise par Holdernesse pour les prises, et dont le montant ne sera pas inférieur à la somme de 20,000 livres sterling; enfin, il insiste sur la nécessité d'une prompte solution, « vu que de la part de la France le duc de Nivernais arrivera au premier jour ici, et qu'il faut, en conséquence, que je puisse me décider sur mon parti à prendre. »

A Londres, on consentit sans difficulté à la modifica-

---

(1) Frédéric à Michell, 4 janvier 1756.

tion proposée par le roi de Prusse, et la convention fut signée le 16 janvier 1756. Elle porta le nom de White-Hall, mais est généralement connue dans l'histoire sous le nom de Westminster, appellation qui appartient plus proprement au traité de 1744, conclu également entre les mêmes gouvernements.

La pièce diplomatique ne contenait que quatre articles, dont un secret. Les deux puissances contractantes affirmaient leur résolution de maintenir la paix en Allemagne, et de s'opposer à l'entrée ou au passage dans l'empire de toutes armées étrangères; elles se renouvelaient la garantie réciproque de leurs possessions. L'article secret était relatif à l'exclusion des Pays-Bas autrichiens du bénéfice des arrangements stipulés.

Il fut impossible de garder longtemps le silence, et quelques heures après l'échange des signatures, la nouvelle fut annoncée à tous les cabinets de l'Europe.

Dès le 2 janvier, M. Alt, représentant du landgrave de Hesse, signalait (1) à sa cour les entrevues fréquentes du chargé d'affaires de Prusse avec les ministres anglais; il supposait qu'il s'agissait d'une déclaration à faire à la France par le roi Frédéric, « qu'il ne voulait pas de troupes étrangères dans le Saint-Empire pour y troubler le repos ».

Le jour même de la signature, M. d'Abreu, ambassadeur d'Espagne à Londres (2), communiqua à son collègue M. Grimaldi, ministre à La Haye, les principales clauses de la convention. M. Wiedmarckter, ministre de Saxe, écrit au comte de Brühl (3) : « M. Michell a signé, le 16, un traité entre Sa Majesté Britannique et le roi de Prusse. Jamais

---

(1) Alt au landgrave de Hesse, 2 janvier 1756. *Confidential Miscellaneous*. *Record Office*.

(2) Abreu à Grimaldi, 16 janvier 1757. Ce ministre était au courant des négociations dès la fin de décembre (Fox à Newcastle, 26 décembre 1755). *Confidential Miscellaneous*. *Record Office*. Londres.

(3) Wiedmarckter à Brühl, 20 janvier 1756. *Confidential Miscellaneous*.

événement n'a été si peu attendu ; ce ne fut que dimanche le 18, que la plupart des ministres étrangers l'apprirent à la cour. Si cette importante nouvelle surprit tout le monde, le comte de Colloredo en est dans une consternation extrême. »

Auprès du public anglais, le traité de Westminster rencontra l'approbation générale. Peu disposée à s'imposer des charges pour la défense du Hanovre, la Chambre des communes avait, en dépit de l'autorité presque despotique qu'exerçait le ministère, assez mal accueilli la convention avec la Russie qui, d'après les orateurs de l'opposition, semblait viser le roi de Prusse. C'est en vain qu'Holdernesse et Fox avaient répliqué en insistant, comme preuve de leurs sentiments amicaux pour ce prince, sur la communication qui lui avait été faite. Il restait dans les esprits un malaise que vint augmenter la présentation dans les premiers jours de 1756 de l'ultimatum du gouvernement français. Aussi la satisfaction fut-elle grande quand on apprit que le monarque considéré jusqu'alors comme le principal appui de la France, non seulement ne lui prêterait pas son concours, mais garantirait les Etats allemands du roi George contre une attaque de sa part. « La joie est générale dans la nation, écrit l'envoyé saxon (1) ; on regarde la paix sur le continent comme assurée ; et, ajoute-t-il avec une pointe de mélancolie, on n'aura plus besoin de voter des subsides aux princes d'Allemagne. »

Dans les cercles officiels, jusqu'aux derniers jours qui précédèrent la terminaison, on était moins optimiste. La correspondance des ministres indique peu de confiance dans leur nouvel allié : « Je connais trop, écrit Newcastle (2), le caractère du roi de Prusse, pour me fier entièrement aux apparences favorables ; mais notre devoir nous oblige

---

(1) Wiedmarckter à Brubl, 20 janvier 1756. *Confidential Miscellaneous*.
(2) Newcastle à Munchhausen, 23 décembre 1755. *Newcastle Papers*.

à mettre sa sincérité à l'épreuve. » Son collègue, le président de Münchhausen, lui répond (1) sur le même ton : « Dieu veuille que le roi de Prusse y donne les mains de bonne foi! L'on ne peut sans doute jamais être entièrement sûr de son fait avec ce prince, mais ce qui augmente mes espérances par rapport à cette négociation, c'est qu'outre des raisons qui regardent le propre intérêt de la Prusse,... c'est que le duc de Brunswick... remue ciel et terre pour inspirer de meilleures dispositions au roi. »

Le duc et la duchesse de Brunswick, dont les ambitions matrimoniales avaient été le principal moteur du zèle déployé pour l'alliance anglaise, n'obtinrent pas la récompense qu'ils avaient attendue de leur intervention. La princesse douairière de Galles se montra hostile au projet de mariage imaginé à Herrenhausen, et eut assez d'influence sur son fils, le futur roi George III, pour lui faire décliner, malgré l'insistance de son grand-père, la main de la princesse Anna (2).

A Pétersbourg, la nouvelle de l'accord entre la Prusse et l'Angleterre devait soulever le plus vif mécontentement. Comment concilier le traité de Westminster avec la convention du mois de septembre, et surtout avec l'article secret de cette convention, d'après lequel les parties prenaient « l'engagement de s'entre-communiquer confidentiellement et fidèlement tout ce qui pourra avoir trait à quelque négociation avec l'ennemi commun? » Pouvait-il y avoir doute sur l'intention qu'avaient eue, au moment de la signature, les parties contractantes, de désigner par ces mots le roi de Prusse, détesté de la czarine, et suspect à bon droit au gouvernement britannique à cause de son alliance avec la France?

(1) Munchhausen à Newcastle, 30 décembre 1755. *Newcastle Papers.*
(2) Cette princesse épousa le duc de Saxe-Weimar et fut la protectrice et l'amie de Gœthe et de Schiller.

Ce fut en vain que Holdernesse s'efforça d'expliquer la contradiction entre la politique de septembre 1755 et celle de janvier 1756, et de justifier la modification des vues de son gouvernement. Dans sa dépêche à sir Hanbury Williams (1), le ministre débute en reconnaissant que les premiers pourparlers noués avec la Russie avaient été dirigés dans le principe contre le roi de Prusse. Mais depuis l'échange des signatures la situation avait changé; au courant des débats parlementaires, il avait été affirmé que les clauses du traité de Pétersbourg ne pouvaient plus être considérées comme visant ce souverain. En dernier lieu, des négociations avaient été entamées avec la cour de Berlin; elles allaient aboutir selon toute probabilité à un arrangement qui assurerait la paix sur le continent européen « si le roi Frédéric est sincère dans les engagements qu'il va prendre ». Dans le cas, d'ailleurs invraisemblable, où le roi aurait « quelque intention sinistre dans les ouvertures qu'il nous a faites », il serait possible qu'il fît des tentatives directes ou indirectes pour exciter la cour de Pétersbourg, « en nous représentant comme disposés à abandonner l'alliance russe et à entreprendre secrètement des projets contre cette puissance, alors que tout le contraire est vrai…. En réalité, c'est notre accord avec la Russie qui a déterminé le roi de Prusse à se lier avec nous; aussi la czarine peut-elle se glorifier d'avoir assuré la tranquillité de l'Europe par un coup de plume, et d'avoir obtenu ce résultat sans effusion de sang. » En terminant, Holdernesse avertit son ambassadeur du déplaisir que l'Autriche avait manifesté à l'occasion du langage conciliant tenu à la Chambre des communes sur le compte du roi Frédéric; il le met en garde contre les agissements de la cour de Vienne et lui enjoint de conserver le silence le plus absolu sur les pourparlers avec la

(1) Holdernesse à Williams, 26 décembre 1755. *Record Office*. Londres.

Prusse, même vis-à-vis du grand chancelier, « à moins que des intrigues étrangères rendent cette communication nécessaire, dans l'intérêt de la confiance parfaite et de l'alliance intime que le roi George désire très sincèrement maintenir avec l'impératrice de Russie. » A sa lettre, le ministre anglais joignit une copie du projet soumis à l'approbation de Frédéric.

On peut s'imaginer l'embarras de Williams à la réception des instructions tant soit peu embrouillées de son chef. Allait-on conclure avec un souverain dans la loyauté duquel on paraissait avoir une si mince confiance? Quelle attitude assumer au sujet d'une négociation dont il serait impossible de garder le secret, et dont la cour à laquelle il était accrédité ne manquerait pas d'être avisée par ses propres agents? L'ambassadeur anglais chercha à se tirer d'affaire en hâtant le plus possible la ratification de sa convention, qui était encore en suspens : l'essentiel était de conclure; on s'expliquerait ensuite. Grâce à son activité, grâce à l'or qu'il répandit et aux promesses dont il se montra prodigue, il obtint la signature désirée. La dépêche en date du 10 février fit part à Londres de ce succès diplomatique. La czarine s'était enfin déterminée à apposer son cachet sur la pièce qu'elle avait conservée devant elle pendant cinq semaines, sans prendre de décision. Un retard de quarante-huit heures aurait tout compromis; la nouvelle du traité de Westminster venait d'arriver, et avait profondément irrité l'Impératrice Élisabeth qui ne dissimulait pas ses sentiments à l'égard du roi Frédéric.

La cour de Pétersbourg ne chercha pas à revenir sur un consentement qui n'était dû qu'à une véritable surprise, mais elle prit des précautions pour éviter à l'avenir toute équivoque; aussi, lors de l'échange des ratifications, les deux chanceliers Bestushew et Woronzow eurent-ils soin de remettre à Williams une note, d'après laquelle l'expression de « l'ennemi commun », visé par l'article secret et contre lequel devaient être employées les forces russes à la solde anglaise, ne pourrait s'appliquer qu'au roi de Prusse.

Cet incident donna lieu à des explications fort aigres, dont nous rendrons compte en temps et lieu. Mais, dès cette époque, il devint manifeste que le cabinet de Saint-James éprouverait les plus grandes difficultés à rapprocher les souverains de Pétersbourg et de Berlin, et à maintenir dans le même camp des puissances dont les sentiments et les intérêts paraissaient si opposés.

En Hollande, l'impression générale fut favorable au traité. L'abandon par l'Angleterre de l'alliance autrichienne avait eu son contre-coup sur la politique extérieure des Provinces-Unies. On a vu plus haut les tentatives de Holdernesse lors des conférences tenues en mai 1755 à Bruxelles et à la Haye, pour obtenir un accroissement des forces militaires de la République et un concours efficace à la défense des Pays-Bas autrichiens. Le ministre anglais, tout en se plaignant (1) du grand trésorier Hop et du pensionnaire Stein, peu portés pour les mesures vigoureuses suggérées par l'Angleterre, quitta la Haye, satisfait en apparence des promesses faites par les membres du conseil de la Régence. Après le départ de Holdernesse, les avis timorés reprirent le dessus. « Les Hollandais, écrit Yorke (2), par stupidité ou par quelque chose de pire, ne veulent pas croire à la guerre… L'on aura beau mettre en avant le projet d'approvisionner Namur et d'augmenter les effectifs de l'armée, je suis convaincu que l'on ne prendra de décision sur ces deux points que quand les Français seront en mouvement, c'est-à-dire trop tard. »

C'est en pure perte que Newcastle multiplie ses lettres, supplie Yorke de redoubler d'efforts (3), fait un appel à la

(1) Holdernesse à Robinson, 9 mai 1755. *Newcastle Papers*.
(2) Yorke à Newcastle, 23 mai 1755.
(3) Newcastle à Yorke, 4 juillet 1755.

sympathie personnelle de son ami Bentinck et de tous les clients de la maison d'Orange. Le mouvement en faveur de la neutralité des Provinces-Unies grandit de jour en jour. Née parmi les représentants des villes de la province de Hollande appelées à contribuer pour plus de la moitié aux dépenses de l'État, l'opposition à tout conflit avec la France, motivée par les risques et les charges qui en résulteraient, gagna jusqu'aux partisans les plus dévoués de la princesse régente. De son côté, Newcastle, fidèle à son système de tout demander à ses alliés sans rien donner en échange, avait indisposé les esprits en refusant catégoriquement (1) le payement de 70,000 livres sterling que les Provinces-Unies prétendaient leur être dues par l'Angleterre, et qui leur auraient été fort utiles pour les premiers armements. « La conduite de la cour de Vienne, écrit Yorke (2), a ruiné l'alliance. Tout le monde proclame ici que la République ne doit pas se mêler de la querelle;... le pensionnaire M. Stein incline pour la neutralité.... Il sera très difficile d'enrayer le courant d'opinion qui insiste pour que l'on sonde la cour de France sur ses intentions, avant de prendre les mesures militaires proposées par la princesse. »

Le silence de Holdernesse, pendant le court séjour qu'il fit en Hollande au mois de septembre, avant de s'embarquer pour l'Angleterre, ne laissa plus d'illusions aux personnes les plus inféodées à la vieille alliance. Il devint évident que l'Angleterre se désintéressait des affaires du continent, que la cour de Vienne, n'ayant pu s'entendre avec elle pour la protection des Pays-Bas, chercherait à conclure, peut-être aux dépens de ses voisins, un arrangement avec la France. La perte (3) d'une partie de la province de

(1) Newcastle à Yorke, 4 juillet 1755. *Newcastle Papers*.
(2) Yorke à Newcastle, 4 juillet 1755.
(3) Conversation de la princesse régente, relatée par Yorke dans sa dépêche à Holdernesse « most secret », du 7 octobre 1755.

Gueldre, des bouches de l'Escaut, la liberté pour le commerce et la navigation d'Ostende, constitueraient la rançon imposée à la République qui, réduite à ses seules forces, serait incapable de résister à une invasion française. La régente et ses conseillers se plaignirent amèrement de la désertion du gouvernement de George II, et exprimèrent leurs regrets d'être obligés d'écouter son adversaire.

Ces sentiments d'inquiétude et de mécontentement furent fortement accrus par la demande du ministère anglais (1) d'avoir à fournir pour la défense de la Grande-Bretagne le contingent de 6,000 hommes, stipulé par les anciens traités conclus entre les deux puissances. Cette requête des plus embarrassantes coïncidait justement avec l'arrivée du comte d'Affry, envoyé extraordinaire de France, qui avait pour mission, de concert avec son collègue M. de Bonnac, le représentant ordinaire de la cour de Versailles, d'exiger des Provinces-Unies une déclaration de neutralité. A cette double invitation, on répondit d'une façon évasive. On se garda bien de refuser à l'Angleterre le secours réclamé ; mais sous le prétexte des formalités qu'entraînait la constitution très compliquée de la République (2), on ne fit rien pour réunir les 6,000 hommes. A Versailles, on s'excusa d'être obligé d'obtempérer à la réquisition anglaise, et on proposa d'étendre aux Pays-Bas autrichiens la neutralité dont la France ne parlait que pour la Hollande. La riposte du gouvernement de Louis XV à ce contre-projet était facile à prévoir ; aussi ce fut un soulagement réel pour le gouvernement hollandais de voir assurer par le traité de Westminster la tranquillité de l'Allemagne, et éloigner de leur territoire le danger du passage d'une armée française. « La satisfaction à la nouvelle

---

(1) Yorke à Newcastle, 9 décembre 1755.
(2) Voir sur l'organisation des Provinces Unies : *La République des Provinces-Unies en 1630*, par Albert Waddington. Paris, 1893.

du traité prussien est générale, écrit Yorke (1); seuls, le prince Louis et le comte Bentinck, partisans du vieux système, sont mécontents. »

Si, à Londres et à La Haye, l'accord intervenu entre les souverains protestants fut reçu avec un sentiment général de surprise, mêlé à la joie chez les uns, à la méfiance ou au regret chez les autres, à Paris la note presque unanime fut celle de l'indignation et de la colère. Nous avons vu, dans ses lettres de la fin de décembre, le roi de Prusse faire à Knyphausen « quelques insinuations » sur des négociations avec l'Angleterre. Ce fut seulement le 3 janvier, alors qu'il avait en main depuis trois jours le texte du projet de la convention, qu'il se décida à s'exprimer plus clairement (2). « Après ceci, je vous dirai encore que, de la part des Anglais, on continue à me faire des propositions relativement à la neutralité de l'Allemagne. » Frédéric expose les dangers dont il est menacé de la part de l'Autriche et de la Russie, dans le cas d'une invasion française du Hanovre; puis il ajoute : « Comme les circonstances deviennent par là très critiques à mon égard, et quand je réfléchis d'ailleurs que je n'ai point d'allié sur lequel je saurais me confier pour en être soutenu efficacement; que de plus aucun traité ni aucune liaison ne m'obligent à prendre part à des querelles qui ne regardent que les affaires indiennes, et que mon traité avec la France va expirer, sans déranger mes nouvelles alliances défensives à faire avec la France, je pourrais bien me voir forcé d'accepter la neutralité. Vous pourrez bien en dire quelque chose convenablement à M. de Rouillé. »

Knyphausen, qui connaissait bien son maître, sut lire entre les lignes, comprit que les choses étaient plus avancées qu'on voulait bien le dire, et répondit (3) par une

(1) Yorke à Newcastle, 27 janvier 1756. *Newcastle Papers*.
(2) Frédéric à Knyphausen, 3 janvier 1756. *Correspondance*, vol. XII, p. 8.
(3) Knyphausen à Frédéric, 21 janvier 1756. Archives des Affaires Étrangères.

dépêche, qui témoigne du bon sens, de la clairvoyance, des excellentes informations et de l'intelligent dévouement de son auteur. Il est juste d'observer que le roi de Prusse, tout en restant sourd à des conseils qui arrivaient d'ailleurs trop tard, sut gré à son ministre de sa franchise et de son indépendance. La lettre du ministre de Prusse est intéressante, non seulement par les appréciations sur la politique à suivre, mais aussi par l'exposé des vues et des tendances de la cour de Versailles.

« Comme cette négociation (avec l'Angleterre) me paraît être de la plus grande importance, tout le zèle que j'ai pour le service de Votre Majesté se ranime en cette occasion, et me détermine à lui faire les observations suivantes qui pourraient échapper à sa pénétration, et que me suggère la connaissance que j'ai du local de la France et de la façon de penser du ministère. Ces observations concernent uniquement la forme des démarches que Votre Majesté aura à faire en cette occasion vis-à-vis de la France, et non le fond de la question, car elle se sera aperçue plus d'une fois que je suis persuadé que la neutralité est le parti qui convient le mieux à ses intérêts dans la conjoncture présente.

« Le royaume de France est gouverné par un prince qui, étant tout à fait livré à la dissipation et peu sensible à la gloire, redoute la guerre comme une calamité qui appesantirait considérablement un fardeau qu'il se sent incapable de porter.

« Le ministère auquel il accorde sa confiance est peu éclairé sur les véritables intérêts du royaume, souvent divisé sur ce qui les concerne, peu capable de résolution, et animé continuellement par cet amour immodéré de la paix qu'il puise dans la soumission aveugle qu'il a pour les volontés de son maître, et que nourrit le sentiment de sa propre faiblesse et de sa dépendance.

« Ce même conseil est dirigé par une femme, qui a un

intérêt tout particulier au maintien de la paix, et qui ne peut pas manquer d'avoir la plus grande répugnance pour tout ce qui peut suspendre les plaisirs et l'inaction du roi, sur lesquels sont fondés son crédit et son existence à la cour. »

Dans de telles conditions, et avec un appui aussi faible, Knyphausen considère qu'il serait dangereux de s'engager dans les aventures d'une guerre européenne; la neutralité s'impose donc à la Prusse. Mais ne serait-il pas possible de prendre ce parti, sans sacrifier l'entente avec la France, et sans froisser une puissance dont les ressorts sont intacts et à laquelle un simple changement de gouvernement ou d'influence de cour pourrait rendre son ancien éclat?

Le ministère français serait assez porté à consentir à respecter le territoire germanique; il ne compte plus sur Frédéric pour une attaque contre le Hanovre; il veut concentrer tous ses efforts contre l'Angleterre; les membres les plus influents du cabinet paraissent avoir renoncé à toute idée d'une diversion, qui mettrait la France aux prises avec les alliés continentaux de l'ennemi. Le roi de Prusse aurait tout intérêt à profiter de ces dispositions. Aussi Knyphausen engage-t-il son souverain à ne point conclure sa négociation avec l'Angleterre en arrière de la France, mais à obtenir de cette dernière son acquiescement à ce que l'Allemagne reste en dehors du conflit. « Tout me confirme dans l'opinion où je suis qu'une pareille proposition ne serait nullement désagréable au roi personnellement, ni à Mme de Pompadour, ni au maréchal de Noailles, ni au garde des sceaux qui, quoique conduits par des motifs très différents, se sont tous réunis pour déterminer le roi à se borner à une guerre maritime, système que rien ne saurait mieux consolider que la neutralité de l'Allemagne. La seule personne dans le conseil qui s'opposerait vraisemblablement à cette proposition serait le comte d'Argenson, qui ne peut pas manquer de désirer une guerre de terre par l'accroissement de crédit et d'autorité qu'il en reçoit. Mais cette résistance serait bientôt vaincue par les efforts que feraient Mᵐᵉ de Pompadour et le garde des sceaux pour contrebalancer le poids de ses représentations ; et comme l'un et l'autre sont ses ennemis jurés, ils seraient charmés de lui donner un nouveau dégoût et d'en faire trophée.

« Il sera donc aussi facile de faire consentir la France à la neutralité de l'Allemagne, si Votre Majesté s'y prend de la façon que je viens de lui indiquer, qu'il sera difficile de calmer cette cour et de conserver sa confiance, si elle négocie secrètement avec l'Angleterre et qu'elle ne lui fasse part de son traité qu'après qu'il sera conclu. Dans ce dernier cas, le roi de France sera non seulement humilié de ce manque de confiance, mais l'on soupçonnera aussi que ce traité renferme des mystères dangereux pour la France, et il en résultera un levain d'aigreur qui produira des fermentations continuelles. »

S'appuyant sur ces déductions, Knyphausen conseille à son maître d'affirmer franchement au duc de Nivernais son intention bien arrêtée de rester étranger au conflit, de démontrer la nécessité de cette attitude, de communiquer à l'envoyé de Louis XV les propositions anglaises, et de lui offrir le renouvellement de son alliance avec la France.

L'acquiescement à la position ainsi prise sera obtenu, pense le ministre prussien, parce que la cour de Versailles ne voudra pas « voir passer un allié aussi considérable dans le parti opposé », et parce que Nivernais, très désireux de ne pas revenir les mains vides, « s'emploiera avec zèle à faire aboutir la mission dont il est chargé. Une conduite aussi franche et aussi sincère, conclut Knyphausen, fera en même temps beaucoup d'honneur à Votre Majesté vis-à-vis de la France, et l'on n'aura aucun reproche à lui faire. »

Deux jours après l'expédition du rapport que nous venons de citer, Knyphausen rend compte d'une conversation avec Rouillé, dont les aveux viennent confirmer ses pronostics (1). Le ministre français a reconnu « ingénument » que la France n'avait, pour le moment, aucun projet d'invasion en Hanovre.

Sur ces entrefaites, l'on apprit à Paris, par les bruits de Londres et de la Haye, les allées et venues des courriers prussiens et la conclusion probable d'un arrangement entre la cour de Saint-James et celle de Berlin. Rouillé fit aussitôt part de sa surprise au représentant du roi de Prusse : « Quelque authentiques que fussent ces nouvelles (2), il avait cependant beaucoup de peine à y ajouter foi; la façon dont Sa Majesté se comporterait dans la conjoncture présente deviendrait dorénavant la mesure de la confiance que le roi son maître prendrait en elle, et cette boussole dirigerait toutes les actions à son égard. »

De dépêche en dépêche, nous voyons s'envenimer le débat et s'accentuer les reproches du gouvernement français. C'est en vain que Knyphausen cherche à expliquer la conduite de son maître par sa situation critique vis-à-vis de la Russie et de l'Autriche, à démontrer l'innocuité du traité de Westminster; qu'il essaye de faire diversion en mettant sur le tapis les offres de médiation que Frédéric se déclarait prêt à faire aux parties belligérantes. « J'ai cru, écrit-il (3), ne pas devoir perdre un moment pour faire cette participation au ministère de France; mais je ne saurais dissimuler à Votre Majesté que le sieur Rouillé n'a été que médiocrement affecté de cette communication. Il m'a parlé avec beaucoup plus de chaleur que la première fois sur le traité, en me disant qu'il était bien douloureux pour la France de se voir abandonnée dans la

(1) Knyphausen à Frédéric, le 23 janvier 1756.
(2) Knyphausen a Frederic, 23 janvier 1756.
(3) Knyphausen à Frédéric, 2 février 1756.

conjoncture présente par celui de ses alliés en qui elle avait le plus de confiance; et qu'il était bien plus cruel encore que, par l'effet d'une réticence qui lui paraissait être sans exemple, le même prince qui venait de faire un traité avec le seul ennemi qu'eût Sa Majesté Très Chrétienne, se fût rendu le dépositaire de ses pensées les plus secrètes et les plus importantes (1); qu'il n'aurait jamais cru que son ministère servirait d'époque à un évènement aussi affligeant. Le sieur de Séchelles, que j'ai vu le même jour, m'a parlé à peu près dans le même sens : il me laissait à considérer combien cet événement devenait affligeant pour la cour, par le mystère qu'on lui en avait fait, et le ridicule qu'il jetait sur la mission du duc de Nivernais. »

Deux circonstances devaient fort aggraver le dépit et la colère que causait à la cour de Versailles la défection de son allié. Le traité de Westminster avait été signé quelques jours après le refus opposé par le gouvernement anglais à l'ultimatum que venait de lui adresser la cour de France, et, pour ainsi dire, le jour même de l'arrivée à Berlin de l'envoyé extraordinaire du roi Louis XV. Il était permis de supposer que cette coïncidence de dates n'était pas purement fortuite. En effet, la garantie de la neutralité de l'Allemagne par le roi Frédéric, en soulageant le roi George du gros souci de la défense de ses États électoraux, avait pu avoir une influence décisive sur la réponse de ce dernier à la réquisition française. D'autre part, la précipitation apportée par le roi de Prusse à la conclusion de la convention, indiquait chez ce prince le désir de se lier les mains avant l'entrée en scène de l'ambassadeur français, dans le but probable de répliquer par une fin de non-recevoir aux propositions qui lui seraient faites par son entremise.

(1) Allusion aux informations que le duc de Nivernais avait été chargé de donner à Fréderic sur les armements et les ressources de la France.

La cour de Versailles s'était enfin décidée à sortir de l'attitude passive que, depuis le rappel du duc de Mirepoix, elle avait gardée vis-à-vis des provocations de l'Angleterre. Nous avons raconté plus haut les pourparlers secrets qui avaient eu lieu, tant à Londres qu'à Paris, entre les émissaires plus ou moins autorisés des deux cours. Vers la fin de l'année 1755, le duc de Newcastle, effrayé par la menace du débarquement d'une armée française en Angleterre, et encore peu édifié sur les intentions du roi de Prusse, manifestait des tendances conciliantes : « Ce que dit Bunge (1), écrit-il (2), du désir de la France de conclure la paix est d'accord avec tous nos rapports et avec les lettres de Walpole que je vous envoie; nous verrons mardi ce que le roi en dira. Si ces bruits sont exacts, nous pourrions sans grand inconvénient proposer à nouveau les mêmes conditions que nous avions offertes dans le temps. » Fort de l'assentiment du lord chancelier (3), le premier ministre mande (4), quelques jours après, au duc de Devonshire : « Nous recevons tous les jours de France des rapports sur les dispositions pacifiques, surtout celles du roi et de la dame. Votre vieil ami Horace (5) voudrait les encourager, car nos informations nous parviennent par le canal de son ami sir Joshua (Van Eck). Sans doute il ne faut pas négliger ces ouvertures, qui n'ont qu'un caractère général. »

Au moment même où Newcastle écrivait le billet que nous venons de citer, une note officielle, en date du 21 décembre 1755, résumant les demandes de la cour de Versailles, arriva à Londres par la voie de la Haye, et par l'intermédiaire des ministres français et anglais de cette

---

(1) Il s'agissait d'une dépêche interceptée écrite par M. Bunge, envoyé de Suède à Paris, et adressée au ministre suédois Hopken. *Newcastle Papers.*
(2) Newcastle à Harwicke, 28 décembre 1755.
(3) Hardwicke à Newcastle, 29 décembre 1756.
(4) Newcastle à Devonshire, 2 janvier 1756.
(5) Horace Walpole.

résidence. Ce document, dont l'abbé de Bernis (1) affirme avoir été à la fois l'inspirateur et le rédacteur, était une mise en demeure au gouvernement anglais d'avoir à rendre les prises faites depuis le commencement des hostilités, tant sur les vaisseaux du roi que sur la marine marchande. Aussitôt cette satisfaction donnée, le gouvernement de Louis XV se déclarait prêt à reprendre la négociation pour la fixation des limites dans l'Amérique. Une réponse négative de la part de la cour de Londres serait considérée comme équivalant à une déclaration de guerre.

Le ton et les expressions de la note n'étaient pas de nature à aplanir les objections de fond que ferait surgir la réquisition française. L'exposé des motifs parlait « des brigandages de la marine anglaise, des pirateries que les vaisseaux de guerre anglais exerçaient depuis plusieurs mois... au mépris du droit des gens, de la foi des traités, des usages établis parmi les nations policées et des égards qu'elles se doivent réciproquement. »

Quelque justifiée que pût paraître au roi et à ses ministres la flétrissure des procédés du gouvernement britannique, il est difficile de faire cadrer le langage employé avec le désir de la paix qu'affichaient encore la favorite et son entourage (2). Au dire de Bernis lui-même, et à en juger par la communication aux cours étrangères de la pièce française, par les mesures militaires (3) que prit la cour de Versailles au moment même de son envoi, l'ultimatum fut destiné à clore officiellement le système d'ater-

---

(1) *Mémoires du Cardinal de Bernis*, vol. I, p. 247, etc.
(2) Une dépêche de Yorke contient le récit d'une conversation entre M. de Massones, ambassadeur d'Espagne à Paris, et la marquise de Pompadour, dans laquelle cette dernière affirme son désir de travailler au maintien de la paix. Yorke à Newcastle, 20 janvier 1756.
(3) Le maréchal de Belle-Isle fut nommé au commandement de toutes les côtes de l'Atlantique et de la Manche, le 27 décembre; le maréchal de Richelieu, à celui des côtes de la Méditerranée, quelques jours après *Mémoires de Luynes*, t. XIV, p. 352, etc.

moiement et d'effacement dans lequel s'était cantonné le gouvernement français pendant le second semestre de 1755 ; le refus que l'Angleterre devait infailliblement lui opposer serait à la fois la justification et le signal des représailles auxquelles on s'était enfin arrêté.

La cour de Saint-James ne pouvait, en effet, accorder une restitution, qui eût été le désaveu de la politique suivie depuis l'origine du conflit par le ministère Newcastle, et sanctionnée par les votes répétés du Parlement. Aussi les hésitations ne furent-elles pas longues sur la teneur de la réponse à faire. La réquisition parvint entre les mains de Fox le 3 janvier 1756 ; dès le 10 de ce mois, Newcastle rend compte (1) de la décision du conseil : « Les Français nous ont envoyé un mémoire des plus insolents, nous enjoignant de rendre les bâtiments capturés et qualifiant ces prises d'actes de piraterie et de brigandage ; ils considéreront notre refus comme une déclaration de guerre. Nous avons décidé de répondre négativement par une note très courte, dans laquelle nous démontrons que nos agissements ont été motivés par les attaques de la France et dictés par l'obligation de soutenir l'honneur du roi, les droits de sa couronne et la sûreté de ses États. Quelques-uns d'entre nous auraient été partisans d'une déclaration de guerre immédiate ; mais on a pensé que nous ne retirerions aucun bénéfice de cette mesure, qui probablement aliènerait la Prusse, mécontenterait l'Espagne, et nous ferait considérer comme les agresseurs par d'autres puissances de l'Europe. »

Dans sa réplique, le gouvernement anglais se borna à faire l'apologie de la conduite adoptée vis-à-vis de la France, et tout en repoussant la restitution des prises comme mesure préliminaire, informa la cour de Versailles que Sa Majesté Britannique continuait à « souhaiter la con-

(1) Newcastle à Devonshire, 10 janvier 1756.

servation de la tranquillité publique », et qu'elle « se prêterait volontiers à un accommodement équitable et solide ».

A la cour de Versailles, on n'essaya pas de renouer officiellement les pourparlers, auxquels le cabinet de Londres, à en juger d'après les termes dont il s'était servi, ne voulait pas fermer la porte. A partir de ce moment, l'attitude de la France ne variera plus ; le ministère de Louis XV, soit dans les conversations officieuses, qui se prolongèrent encore pendant quelque temps (1), soit dans sa réponse aux offres de médiation que lui firent, dans les premiers mois de 1756, les rois de Prusse et d'Espagne, ne démordra pas des conditions posées dans son ultimatum, et insistera sur la remise des bâtiments capturés comme préambule de toute négociation.

Réveillé de sa longue torpeur, le gouvernement de Louis XV renonça à tout espoir de rétablir la paix, et se décida enfin à demander aux armes la réparation des insultes qu'il avait essuyées de la part de l'Angleterre. De grands efforts furent faits pour mettre sur le pied de guerre les troupes de terre et pour activer les armements maritimes. Le maréchal de Belle-Isle fut chargé de la surveillance des côtes de l'Océan et de la Manche, et appelé au commandement de l'armée destinée à l'invasion des Iles Britanniques ; le maréchal de Richelieu reçut le mandat d'inspecter les côtes de la Méditerranée et d'organiser une expédition contre l'île de Minorque, occupée par les Anglais en 1708 et restée entre leurs mains depuis cette époque.

(1) Vernet à sir Joshua Van Eck. Paris, 24 janvier 1756. Cette lettre, communiquée à Newcastle, fut écrite probablement par le négociant français dont parle Walpole dans sa correspondance de Paris. Vernet était un banquier de Genève.

CHAPITRE VI

MISSION DU DUC DE NIVERNAIS. — OFFRES DE MÉDIATION
DE FRÉDÉRIC.

Les derniers pourparlers entre l'Angleterre et la Prusse eurent lieu au moment du voyage du duc de Nivernais, et de l'arrivée de cet ambassadeur à Berlin. Cette coïncidence, que nous avons déjà relevée, fut fort mal interprétée à Versailles. Le cabinet de Louis XV, dont la susceptibilité dépassait de beaucoup la clairvoyance, dut amèrement regretter les retards apportés à une mission dont les résultats eussent été tout autres, si elle avait eu lieu en temps opportun.

Quels que fussent les projets de la cour de France, ou plutôt quelle que fût son indécision sur le parti à prendre, la nécessité d'avoir un représentant autorisé auprès de Frédéric était si évidente, que l'on cherche en vain les motifs qui firent différer pendant cinq mois le départ du duc de Nivernais. Le prestige que donnaient au roi de Prusse ses talents et sa puissance militaires, son caractère remuant et inquiet, le sans-gêne avec lequel il savait rompre des engagements qu'il pouvait considérer comme contraires à ses intérêts, le souvenir des difficultés inséparables d'une action commune ou même d'une entente avec un allié aussi versatile, toutes ces raisons indiquaient l'urgence qu'il y avait à remplacer le plus promptement possible à Berlin le chevalier de la Touche, dont le crédit était tombé plus bas que jamais depuis la nomination de son successeur.

Faut-il attribuer l'inaction de la cour de Versailles à son espoir d'un accommodement avec l'Angleterre, ou aux négociations secrètes entamées avec la cour de Vienne? Il est difficile de le croire; car ces dernières, comme on le verra plus loin, n'avaient guère fait de progrès pendant l'automne de 1755; et en ce qui concerne la Grande-Bretagne, évidemment cette puissance, très émue de l'éventualité d'une guerre continentale, eût été fort impressionnée par une mutation diplomatique que l'opinion aurait commentée dans le sens d'un resserrement des liens de l'alliance franco-prussienne.

Nous expliquerions plutôt les ajournements répétés du voyage de Nivernais, par le manque de suite dont le gouvernement de Louis XV donna tant de preuves à cette époque. Incapable d'adopter une politique définie, divisée dans ses conseils, rebelle par circonstances et par tempérament à tout acte de vigueur, la cour de France remit volontiers au lendemain la décision à prendre, dans l'espoir que les événements la rendraient inutile.

Si à Versailles on ne songeait pas à presser l'entrée en fonctions du nouvel envoyé, à Berlin on était très désireux d'avoir un aperçu des propositions dont il serait porteur. Dès les premiers jours de novembre, alors que l'issue de la négociation anglaise était encore incertaine, le roi de Prusse (1), grâce à l'activité de Knyphausen, eut connaissance des instructions dont la rédaction avait été confiée à M. de Bussy (2), commis aux Affaires Étrangères. D'après le résumé donné par le ministre prussien, la France désirait s'en tenir à une guerre maritime et

---

(1) Knyphausen à Frédéric, 24 octobre 1755.
(2) M. de Bussy était ministre français à Hanovre au moment de la rupture.

coloniale; mais elle ne se dissimulait pas qu'elle ne pouvait compter sur l'Espagne et qu'il faudrait supporter seule tout le poids des hostilités. Un échec sérieux sur mer la forcerait à transporter le théâtre des opérations sur le continent d'Europe; dans ce cas, elle ferait appel aux puissances amies de l'Angleterre comme signataires de la paix d'Aix-la-Chapelle, et réclamerait leur concours contre le perturbateur de la tranquillité publique; une réponse négative justifierait et entraînerait une invasion de leurs territoires par les armées françaises. Sur les moyens et le mode de cette attaque éventuelle, il y aurait lieu de s'entendre avec le roi de Prusse, aussi bien que sur la défense des États de ce monarque contre une diversion des Russes. Dans l'hypothèse d'une coopération active contre le Hanovre, on avait au sein du conseil émis l'idée qu'on pourrait offrir à Frédéric, comme prix de ses services, la garantie de la principauté de l'Ost-Frise qui lui était contestée par l'Angleterre, et la possession des îles de Tabago, Saint-Vincent et Sainte-Lucie, dont la Grande-Bretagne et la France se disputaient la propriété. On lui laisserait l'alternative de renouveler purement et simplement le traité de 1741, ou bien de l'adapter aux conjonctures présentes et aux engagements qu'il jugerait à propos de prendre. Enfin le duc de Nivernais devait se « procurer des notions sûres et précises, sur les propositions que l'on soupçonne le roi d'Angleterre d'avoir fait faire à Sa Majesté Prussienne », et obtenir l'assentiment de la Prusse au traité de subsides que le gouvernement français voulait conclure avec la Saxe. Sauf la mention des petites Antilles, qui n'est pas reproduite dans le mémoire officiel, le résumé de Knyphausen ne s'écarte pas beaucoup du texte définitif.

La copie de ce dernier document, qui existe aux archives des Affaires Étrangères, porte les mentions : « Elles (les instructions) ont été lues dans un comité, et on a profité des réflexions qui y ont été faites »; et en marge : « Lu au conseil, 12 novembre 1755 ; Sa Majesté en a approuvé les dispositions contenues dans les instructions de M. le duc de Nivernais, que j'ai signées (*sic*) le même jour ». Ces annotations, qui paraissent être de la main de Rouillé, indiquent bien le caractère de la pièce, et autorisent la supposition que nous devons y trouver la pensée officielle du cabinet de Louis XV.

Le résumé préparé pour le roi divise en dix chefs les questions soulevées. Tout d'abord, on dénonce les procédés de l'Angleterre, ses intrigues en Allemagne, sa convention avec la Russie, ses efforts pour obtenir la coopération de la Hollande et pour entretenir la division des partis en Suède. En ce qui concerne les pourparlers entre la Prusse et le cabinet de Saint-James : « Le duc de Nivernais paraîtra informé des différentes propositions que l'on prétend que les cours de Vienne et de Londres font au roi de Prusse pour le détacher de l'alliance de la France, ou du moins pour prendre le parti de la neutralité. » L'association de l'Autriche et de l'Angleterre semblerait démontrer que le ministre des Affaires Étrangères, ou tout au moins ses collaborateurs, n'étaient pas informés de la brouille survenue entre les Puissances maritimes et leur ancienne alliée, qu'ils ignoraient les sentiments réciproques des souverains de la Prusse et de l'Autriche, et qu'ils n'avaient aucun soupçon de la négociation secrète liée à Paris avec cette dernière (1).

On attribuait avec raison les hésitations de Frédéric à la crainte d'une attaque de la Russie ; aussi le mémoire s'étend-il longuement sur les mesures à prendre pour conjurer ce péril, et pour résister au corps moscovite qui pouvait être envoyé au secours du Hanovre. Déclara-

---

(1) Cependant, à la date du 12 novembre, Rouillé devait être initié depuis peu de temps, il est vrai, à la négociation de Stahremberg et Bernis.

tion de la Porte Ottomane appuyée de quelques mouvements de troupes, opposition du parti français en Pologne à la traversée de ce pays par les colonnes russes, union maritime de la Suède et du Danemark, prorogation des arrangements en vigueur avec les princes allemands (1), conventions nouvelles avec la Bavière et la Saxe, « quoiqu'on n'ignore pas la prévention du roi de Prusse contre cette alliance », et avec le prince héritier de Hesse-Cassel dans le cas de la mort de son père, sacrifices financiers que le gouvernement de Louis XV est prêt à faire, augmentation de ses forces de terre et de mer : tel est l'ensemble des suggestions qui fourniront à l'ambassadeur autant d'arguments pour raffermir Frédéric dans l'accord avec la France.

Par déduction logique, ces préliminaires conduisent au but principal de la mission, le renouvellement de l'alliance avec la Prusse : « Le duc de Nivernais fera sentir à Sa Majesté Prussienne qu'outre que ce parti convient à la bonne intelligence des deux cours, il paraît indispensable dans les circonstances actuelles, pour faire connaître à toute l'Europe qu'elles persistent invariablement dans les principes d'union et de politique qu'elles ont adoptés... Le parti que le roi de Prusse prendra là-dessus paraissant être la pierre de touche de ses intentions, M. le duc de Nivernais mettra toute sa dextérité à les pénétrer par le moyen de cette négociation. » L'envoyé français avait pleins pouvoirs pour prolonger les traités existants avec le roi de Prusse et les princes allemands, et pour en conclure de nouveaux avec les autres États de l'Empire.

Aux reproches que l'on prévoyait à propos de l'inac-

(1) La France avait signé des traités de subsides avec l'électeur de Cologne, l'électeur palatin, le duc de Brunswick, le margrave de Baireuth, les ducs de Deux-Ponts et de Wurtemberg. En vertu de ces conventions, 20,000 hommes, entretenus par le trésor français, étaient mis à la disposition du roi de Prusse.

tion de la France sur le continent, l'ambassadeur devait répondre en la motivant par le zèle du roi « pour la tranquillité de ses alliés, et en particulier de celle du roi de Prusse qu'il veut éviter de compromettre ». De plus, il était important pour Sa Majesté « d'éloigner d'elle les moindres apparences d'agression en Europe, afin de ne pas fournir à l'Espagne un prétexte de ne se pas déclarer pour la France, et aux alliés de l'Angleterre de prendre parti contre elle (la France)... » Le mémoire finit par l'air de bravoure habituel : « Sa Majesté, en même temps qu'elle n'a rien négligé pour sa défense par mer, s'est mise en état... de porter la guerre sur le continent, partout où l'intérêt de la couronne et celui de ses alliés pourront le rendre nécessaire. »

Au document principal étaient annexés des suppléments : 1° sur les affaires d'Italie, où l'on croyait pouvoir compter sur la Sardaigne, qui « doit bien savoir que ce n'est pas celui qui a le Milanais qui le lui donnera, mais celui qui ne l'a pas » ; 2° sur le prétendant anglais, dont on n'entend pas se servir ; et 3° sur les moyens d'empêcher l'intervention des Russes en Allemagne. S'il faut s'en rapporter aux instruc- tions de Nivernais et aux demandes formulées vers cette époque à Vienne (1), l'entreé en ligne d'un corps de troupes moscovites paraît avoir été l'une des préoccupations dominantes du cabinet de Versailles. C'est dans cet ordre d'idées qu'il faudra entretenir Frédéric d'un projet de protestation à la diète de Ratisbonne, à laquelle les princes allemands amis de la France « dénonceraient l'appel des Russes par l'électeur du Hanovre pour servir contre la France? »

Dans ces développements, nous trouvons des indications inattendues : s'il est en effet naturel pour le ministre français d'insister sur la résolution de la cour de Vienne

(1) Voir le chapitre suivant.

de recouvrer la Silésie, il est étrange de le voir attribuer à cette puissance le dessein de négocier avec le roi de Prusse l'échange de la province perdue contre les Pays-Bas ou la Poméranie suédoise.

Pour l'édification de Nivernais, aux pièces que nous venons de citer le département des Affaires Étrangères ajouta un manuscrit, daté du 23 novembre 1755, dans lequel, à côté d'une revue très optimiste de la situation européenne, se trouvent des informations sur les chiffres à employer « pour assurer la correspondance contre l'infidélité des postes d'Allemagne », sur l'alternative (1) qui ne devait être concédée qu'en cas de nécessité absolue, et enfin les portraits des principaux ministres de la cour de Berlin.

Quelques-uns de ces derniers, malgré le rôle relativement effacé des personnages décrits, sont curieux à reproduire :

« Le comte de Podewils est un homme franc, simple, juste, rempli de probité, connaissant très bien les affaires, grand travailleur, fort attaché aux intérêts du roi son maitre, et bien persuadé que son union avec la France est le seul système qui lui convienne. Cet assemblage de bonnes qualités lui a concilié l'estime publique avec le suffrage du roi de Prusse; mais quoiqu'il possède sa confiance, il a peu de crédit. Souvent même il est trompé par ce prince, et c'est peut-être par cette raison qu'il est d'une timidité extrême pour parler à ce prince sur les choses qu'il a faites et qui peuvent lui être désavantageuses.

« M. Eichel (le mémoire dit Hecle) est inconnu et inaccessible à tout le monde; il travaille tous les jours avec le roi de Prusse et expédie toutes les affaires. Il a sous lui plusieurs secrétaires, aussi invisibles que lui. Il est le seul qui con-

(1) L'alternative avait trait à l'ordre de préséance des puissances contractantes; la diplomatie française s'efforçait de donner invariablement le premier rang à Sa Majesté Très Chrétienne.

naisse les affaires que traite Sa Majesté Prussienne, à l'exclusion des autres ministres. C'est de son bureau, qui est censé celui du roi de Prusse, qu'émanent tous les ordres, tant pour l'intérieur du royaume que pour l'extérieur. »

Parmi les nombreuses pièces confiées à l'ambassadeur, figuraient des notes détaillées sur l'état de l'armée française, son effectif en hommes, chevaux et canons, son approvisionnement et ses armements; sur la flotte, le nombre des vaisseaux en mer, dans les ports et en construction, et sur les ressources financières de la France.

A en croire la situation remise à Nivernais, les troupes de Louis XV présentaient un ensemble très respectable. Indépendamment des 6 bataillons détachés au Canada, on disposait de 236 bataillons, composés d'environ 148,000 hommes, sur lesquels près de 30,000 étaient recrutés à l'étranger. La cavalerie, y compris la maison du roi, était formée de 214 escadrons, encadrant 30,000 cavaliers; l'artillerie, divisée en 5 bataillons, était forte de 3,800 hommes et avait un matériel de 150 pièces de campagne, qui ne seraient munies d'attelages qu'après la déclaration de guerre. En outre, comme réserve et pour la garnison des places fortes, il restait 107 bataillons de milices, avec un total de 53,500 hommes qu'il serait facile d'accroître.

Quant à la flotte, le département de la marine comptait sur 45 vaisseaux de ligne pouvant prendre la mer, et 15 vaisseaux sur chantier et en réparation. Grâce à de nouvelles constructions, on espérait porter ce chiffre à 80 ou 100. Comme frégates, 26 bâtiments étaient armés ou prêts à l'être, et 12 en construction, dont 4 seraient achevés dans l'année courante.

Des opérations sur le continent étaient étudiées dans les trois hypothèses suivantes : Entrée des Russes en Allemagne par la Pologne ou par une autre voie. — Marche des Hanovriens, Hessois ou autres auxiliaires anglais vers les Pays-Bas. — Occupation par les Anglais des places d'Ostende, d'Ypres ou Nieuport. Si l'une quelconque de ces éventualités se réalisait, l'armée française entrerait immédiatement dans les Pays-Bas autrichiens. A cet effet, un plan de campagne dressé par le maréchal de Belle-Isle prévoyait la conquête des Pays-Bas, le siège de Namur et celui de Maëstricht, dans le cas où les Hollandais ne resteraient pas neutres. Le corps expéditionnaire, qui pourrait être porté à 100 bataillons et 50 escadrons, aurait facilement raison des 40 bataillons et des deux régiments de cavalerie dont se composaient les forces autrichiennes. Ce projet stratégique devait être communiqué à Frédéric, en cas d'entente pour une action commune.

A la notice sur les ressources militaires de la France, était joint un aperçu de la situation financière. Les dépenses correspondant à ce que nous appellerions aujourd'hui le budget de la guerre étaient évaluées à 70 millions; les départements de la marine et des colonies devaient absorber 30 millions. En regard, on évaluait les revenus ordinaires à 115 millions, et on s'était procuré, grâce au renouvellement de la ferme générale et aux avances des officiers de chancellerie et des gens de finance, une recette extraordinaire de 100 millions, suffisante pour couvrir les premiers frais des hostilités.

Malheureusement, si les renseignements sur l'armée et le trésor, que l'envoyé de Louis XV emporta avec lui, ne manquaient ni d'ampleur ni de précision, il n'en fut pas de même des desseins politiques de la France, que les mémoires et les communications verbales du ministre laissaient encore très mal définis. Nivernais, quelques jours avant son départ, s'adressa à Rouillé pour obtenir sur ce point capital des instructions explicites. « Je crois devoir, écrit-il le 11 décembre (1), avoir l'honneur de vous rappeler le petit agenda que vous me remîtes le jour que vous

(1) Nivernais à Rouillé 2 décembre 1755, dépêche citée par Lucien Perey.

me fîtes l'honneur de venir chez moi à Paris. Le premier article de cet agenda porte que le conseil du roi a balancé jusqu'à présent, et balance encore, entre le parti de faire une guerre de terre ou de se borner à une guerre de mer avec l'Angleterre, c'est-à-dire que le conseil du roi n'a pas encore pris de parti. Je ne puis me dispenser d'avoir l'honneur de vous demander si c'est encore là le langage que je devrai tenir au roi de Prusse, et si c'est sur cette base que je devrai échafauder mes discours et ma négociation. »

La réponse du ministre (1) ne dut pas ajouter beaucoup aux lumières de l'ambassadeur : « Je suis à portée, Monsieur, écrit Rouillé, de m'expliquer avec vous aujourd'hui plus nettement. Le roi ne se connaît d'ennemis que l'Angleterre; il ne veut pas en augmenter le nombre et craint encore plus d'occasionner une guerre générale en Europe. Sa Majesté se propose donc de tirer une juste satisfaction du roi d'Angleterre, et d'employer tous les moyens que Dieu lui a mis en mains pour se venger de ce prince, soit par ses forces navales, à l'augmentation desquelles on travaille sans relâche, soit en attaquant ses États de Hanovre, soit en l'allant chercher jusque dans Londres. Voilà, Monsieur, quelles sont jusqu'à présent les intentions de Sa Majesté. Elle désire qu'on les tienne fort secrètes, mais elle me permet de vous en faire part, afin que vous puissiez les confier à Sa Majesté Prussienne. »

En prenant connaissance d'un programme qui, sous de grands mots et avec une apparence de mystère quelque peu ridicule, résumait les indécisions caractéristiques du cabinet français depuis la rupture avec l'Angleterre, Nivernais dut se dire qu'il n'y avait guère à compter, pour la tâche dont il était chargé, sur la direction du ministre des Affaires Étrangères. En revanche, le crédit dont il

(1) Rouillé à Nivernais, 15 décembre 1755. Dépêche citée par Lucien Perey.

jouissait auprès du roi, l'appui qu'il pouvait attendre de Mme de Pompadour, son amie, et du maréchal de Belle-Isle, son parent, lui permettaient une initiative qui eût été vertement blâmée chez des diplomates moins bien en cour. Dans ces conditions, il pouvait avoir dans le succès de sa misson d'autant plus de confiance, qu'au moment de son départ il devait ignorer la négociation secrète avec la cour de Vienne. S'il eut des soupçons à cet égard, comme semblent le prouver certains passages de sa correspondance, ils lui furent probablement inspirés par les bruits qu'il recueillit, et par les avis que lui firent passer ses amis de France pendant son séjour en Prusse.

Ainsi armé de toutes pièces, le duc de Nivernais partit de Paris le 22 décembre 1755 (1). A Leipzig, où il se reposa le 7 janvier, il reçut un courrier de France et un billet de Mme de Pompadour, dans lequel la favorite s'applaudissait de l'envoi de l'ultimatum à la cour anglaise. « Le parti est bon et ferme, écrit-elle (2). Vous savez que telle a toujours été ma façon de penser; vous pouvez en assurer très affirmativement Sa Majesté Prussienne Frédéric II, ainsi que du peu d'intérêt que je prends à la banque anglaise. » L'envoyé extraordinaire, arrivé à Berlin le 12 janvier 1756, eut sa première audience du roi de Prusse le 14 de ce mois, un mercredi, à 4 heures du soir. Dans l'entretien qui dura cinq quarts d'heure, Frédéric aborda de suite le sujet de sa correspondance avec le ministère anglais; il eut soin de rappeler qu'il en avait averti le cabinet de Versailles; que d'ailleurs dans ces pourparlers, « il n'y avait rien qui pût répugner aux engagements qu'il a avec nous, et qu'il ne pût montrer et publier hautement ». La conversation roula ensuite sur les différends en Amérique, sur les opérations à entreprendre contre

(1) Voir, sur la mission du duc de Nivernais, l'intéressant ouvrage de Lucien Perey : *Un petit-neveu de Mazarin*; 1890, in-8°.
(2) Ce billet est reproduit par Lucien Perey.

l'Angleterre, sur les projets et les moyens d'action de la France que Nivernais paraît avoir exposés en détail, et sur l'attitude des principales puissances européennes. L'envoyé français résume ainsi ses impressions (1) : « Ce qui me paraît résulter assez clairement de tout ce qu'il m'a dit, c'est un aveu qu'il est depuis longtemps en négociation avec l'Angleterre; qu'il a, ou qu'il affecte, une grande crainte de l'invasion des Russes; qu'il n'a pas envie de prendre avec nous aucune mesure qui pût le compromettre; que l'ouvrage qui devrait être tout simplement de faire un nouveau traité d'alliance avec lui sera probablement fort difficile, quoiqu'il paraisse sentir que nos ennemis sont les siens et que les siens sont les nôtres. »

Frédéric semble avoir été surpris du silence que l'ambassadeur avait gardé au sujet de la prorogation du traité de 1741, et fait part de cette impression à Knyphausen (2) et à Podewils (3).

La seconde entrevue eut lieu le 17 janvier. Nivernais, inquiété par le bruit de l'arrivée prochaine d'un ministre anglais à la cour de Berlin, entame franchement la question. « Je crois voir clairement, » écrit-il à Rouillé (4), « que le roi ne veut prendre aucun engagement qui le forçât à une offensive; mais je ne crois pas devoir désespérer de l'amener à un traité d'alliance défensive. Il est certain que le voisinage des Russes et le concert des trois cours de Vienne, de Pétersbourg et de Londres, le tiennent en grande crainte, et j'ai lieu de croire par tout ce qu'il m'a dit, et le ton dont il me l'a dit, qu'il n'a pas à présent envie de remuer. »

A partir de ce moment, les conférences avec les ministres prussiens et les audiences du roi se succèdent de jour

---

(1) Nivernais à Rouillé, 17 janvier 1756. Archives des Affaires Étrangères.
(2) Frédéric à Knyphausen, 17 janvier 1756. *Correspondance*, vol. XII.
(3) Frédéric à Podewils, 18 janvier 1756.
(4) Nivernais à Rouillé, 20 janvier 1756.

en jour. Le 22 janvier, Nivernais (1) apprend de toutes parts que la négociation avec l'Angleterre se poursuit activement; mais il ne doute pas que le roi, comme il l'a fait promettre par Knyphausen, ne fasse part à la France des propositions qu'on lui fait; « c'est une marque de confiance qu'il doit à celle que le roi lui donne... Quand j'ai parlé sérieusement au roi de Prusse d'un renouvellement d'alliance avec nous, il m'a répondu que c'était tout ce qu'il désirait, et qu'il ne varierait jamais dans ses sentiments, et qu'il me priait de rédiger par écrit un projet de traité. Cela ne me paraissait pas difficile; mais depuis les nouvelles connaissances que m'a données ce prince, cela ne me paraît pas aisé, et je vais vous mettre, Monsieur, en état d'en juger. » Ici, la dépêche contient, d'après le récit même de Frédéric, l'historique des pourparlers avec l'Angleterre. « Il s'agit, explique l'ambassadeur, d'une convention entre les deux cours qui, si elle n'est pas signée actuellement, est au moment de la signature. Le roi de Prusse m'a montré, avec l'air et les assurances de la plus grande ouverture, les lettres qu'il a écrites et reçues à ce sujet, c'est-à-dire qu'il m'en a fait prendre devant lui une lecture fort rapide.

« L'objet et la substance sont d'opérer une neutralité pour l'Allemagne, les Pays-Bas non compris, de garantir l'électorat de Hanovre et d'empêcher l'introduction des Russes en Allemagne. Lors de la signature de ladite convention, l'Angleterre fait espérer au roi de Prusse une somme de 18 à 20,000 livres sterling, en lui promettant un arrangement définitif et satisfaisant sur les dettes de Silésie. La dernière lettre de M. Michell qu'on m'a fait voir est du 4 de ce mois, et porte que l'ultimatum de l'Angleterre, par rapport à la convention projetée, était joint à ladite lettre; le roi de Prusse ne m'a point communiqué ledit acte du

---

(1) Nivernais à Rouillé, 22 janvier 1756.

projet, mais il m'a dit que c'était un oubli de son secrétaire et qu'il me le communiquerait samedi. La dernière lettre de ce prince que j'ai vue est datée du 15, en réponse à celle du 4 de M. Michell, et paraît contenir l'ultimatum de ce prince, et il paraît entièrement déterminé à signer la convention. »

A cette nouvelle aussi précise qu'inattendue le diplomate français avait exprimé son étonnement : « Je lui ai laissé voir, comme mon sentiment particulier, que je trouvais quelque chose de malsonnant dans cette démarche et que j'y voyais peu de gloire et d'utilité pour lui. » Frédéric se justifia en faisant « une longue et très éloquente énumération de toutes les raisons qui lui rendent ce parti nécessaire. » Désir du maintien de la paix, crainte d'une attaque de la Russie, « puissance formidable, parce qu'elle est inépuisable en hommes, à qui il ne peut faire aucun mal et qui peut aisément le ruiner en ravageant la Prusse », avantage de brouiller les cours de Londres, de Vienne et de Pétersbourg : tels sont les motifs qui ont dicté sa conduite; l'arrangement ne portera pas, selon lui, préjudice à la France, qui ne songe pas à commencer la guerre en Allemagne. « Le roi, dit Nivernais, mêle à ces raisonnements les plus fortes et les plus fréquentes assurances de son amitié pour le roi, de son zèle pour nos intérêts, de la conviction où il est que sa liaison avec la France est et doit être pour lui inviolable et fondamentale. » Il affirme qu'il aurait été prêt à agir avec la France pendant le séjour du roi d'Angleterre en Hanovre, mais les circonstances ont bien changé depuis la conclusion du traité anglo-russe. « Cependant, » a-t-il ajouté avec un scepticisme que le diplomate est sans doute trop poli pour souligner, « comme la convention avec l'Angleterre n'est due qu'aux préoccupations du moment, si l'intérêt n'était plus le même, il trouverait facilement un prétexte pour se délier; qu'on pouvait s'en rapporter à lui, qu'il connaissait son intérêt, que ce qu'il faisait actuellement était dicté par le moment et n'était que pour le moment; enfin que nous devions compter sur la permanence de ses sentiments pour nous, et de sa liaison avec nous. »

Le roi de Prusse, à plusieurs reprises, laisse percer le désir d'être « le pacificateur, l'arbitre de l'Allemagne, et le conciliateur entre la France et l'Angleterre;... sa vanité serait flattée de ce rôle brillant... Il me paraît on ne peut pas moins instruit de la nature et de l'importance de notre contestation avec l'Angleterre, et il serait très impropre par cette raison, aussi que pour bien d'autres, à être le médiateur et le conciliateur de ce procès. Cependant, c'est ce qu'il désire passionnément, et il a chargé M. Michell de le proposer à Londres. »

Nivernais termine sa longue dépêche en demandant s'il faut faire un traité, portant « sur l'intérêt général et fondamental des deux puissances, ou « s'il convient de s'en tenir vis-à-vis du roi de Prusse à des assurances d'amitié »... « En renouvelant avec lui notre alliance », fait-il observer avec beaucoup de sens, « d'une manière quelconque, nous donnons un nouvel aliment à la défiance que ses ennemis ont eue jusqu'à présent, et nous demeurons en mesure avec lui pour tirer parti des circonstances que la politique ou le hasard peuvent amener. J'attendrai vos ordres, Monsieur, sur cette alternative importante, et je ne tiendrai jusque-là qu'une conduite suspensive et des discours applicables à tout. »

L'envoyé de France est plus satisfait de son audience du 24 janvier : « Monsieur, » écrit-il le 25 (1), « je crois ne devoir pas désespérer d'empêcher le roi de Prusse de signer sa convention avec l'Angleterre. J'ai eu hier une conférence de deux heures trois quarts avec lui, dans laquelle il m'a fait lire le projet anglais de la dernière

(1) Nivernais à Rouillé. 25 janvier 1756.

convention et le contre-projet envoyé de sa part. Cet acte ne contient rien autre chose que ce que j'ai eu l'honneur de vous en marquer dans ma dépêche du 22. »

De nouveau, l'entretien porte sur les difficultés de la position de la Prusse ; l'ambassadeur reconnaît l'avantage pour cette nation de garder la neutralité, mais il est convaincu que Louis XV, par zèle et par amitié pour le roi, renoncerait à l'attaque du Hanovre. Un traité avec la France garantissant la neutralité de l'Empire sur la demande de Frédéric, ferait de ce dernier l'arbitre de l'Allemagne et lui donnerait un rôle à la fois conforme à ses intérêts et à ses sentiments, et « digne de sa réputation, de sa gloire, et de sa supériorité en tout genre. » Nivernais, peut-être un peu entraîné par la force de sa propre argumentation, croit « avoir beaucoup ébranlé » son interlocuteur.

Les protestations d'affection pour la France, d'estime pour son représentant, les promesses pour l'avenir, tous les discours du roi empruntaient une séduction particulière au tour original du langage, à la fertilité d'imagination, à la franchise apparente, à l'abandon familier d'un causeur aussi admirablement doué. C'est sans doute sous le charme de cette conversation brillante que l'envoyé ajoute : « Enfin, sans me rien dire de positif qui pût me persuader de l'abandon ou de la non-réalité de sa convention, il me donne lieu d'espérer, par l'air et la manière dont il m'a parlé, qu'il ne serait pas impossible de l'en détourner. Au reste, je ne connais pas assez la manière de négocier de ce prince pour porter un pronostic assuré, et même pour avoir une opinion déterminée. » La dépêche conclut en posant deux questions, dont la première quelque peu naïve, ce nous semble : « 1° Si le roi souhaite que j'empêche autant qu'il me sera possible la signature de cette convention du roi de Prusse avec le roi d'Angleterre ; 2° Si, dans le cas où cette convention aurait lieu, Sa Majesté souhaite nonobstant que je fasse un traité d'alliance défensive avec le roi de Prusse. »

Par un revirement d'idées fort naturel, Nivernais se demande si la réalisation du traité anglais est aussi avancée qu'on veut bien le lui dire, et si les ouvertures si confidentielles qu'il a reçues n'ont pas pour but de masquer le désir qu'aurait le roi d'obtenir des conditions plus avantageuses de la France, soit au point de vue du concours financier, soit à celui de l'alternative dans le texte de l'acte à intervenir.

Cette réflexion fait bien ressortir la différence entre l'esprit des deux diplomaties : tandis que Frédéric tout à la politique des intérêts, ou comme nous dirions aujourd'hui, des résultats, s'inquiète peu de la forme et oublie au besoin l'étiquette et le cérémonial pour agir sur le négociateur avec lequel il traite (1), Rouillé consacre de longues pages à l'alternative, c'est-à-dire à la question de l'ordre dans lequel figureront dans la rédaction les puissances contractantes; et Nivernais lui-même, malgré une largeur d'idées et une intelligence incontestables, ne peut se défendre de penser à ce point de procédure.

Les illusions de l'ambassadeur furent de courte durée. Le 27 janvier, il est appelé chez le roi. « C'était pour m'apprendre, écrit-il (2), que sa convention avec le roi d'Angleterre était signée (3). En me donnant cette nouvelle, il me parut quelque embarras dans son maintien, et il me dit qu'il ne s'attendait pas que les ministres d'Angleterre le prissent au mot si promptement. Je lui répondis que je serais bien étonné qu'ils ne l'eussent pas fait. » Au roi, qui répète pour la troisième fois la justification de sa conduite

---

(1) Voir Lucien Percy sur la réception du duc de Nivernais à la cour de Frédéric.
(2) Nivernais à Rouillé, 28 janvier 1756.
(3) Le courrier qui rapporta de Londres le traité signé arriva à Berlin le 25 janvier. *Correspondance de Frédéric*, vol. XII, p. 54.

et qui réitère ses protestations de dévouement à la France, Nivernais se contente de répliquer qu'il souhaitait » bien sincèrement qu'il eût pris, en cette occasion, le parti le plus convenable pour sa gloire et ses intérêts ; et pour éviter d'avoir l'air ni piqué, ni humilié, ni mécontent », il se jette dans « des discours vagues de politique générale ».

Frédéric fit, à cette époque, tous les efforts possibles pour effacer l'impression pénible que devait produire l'accord avec la cour de Saint-James. Suivant son habitude de donner des conseils qui ne lui coûtaient rien, il entreprit Nivernais (1) sur le projet d'une invasion de l'Angleterre, dressa avec lui un plan de campagne, et indiqua les points du territoire de son nouvel allié qui lui paraissaient le plus vulnérables. Comme preuve de son désir de maintenir la cordialité de ses relations avec le cabinet de Versailles, le roi déclara qu'en remettant à ses représentants copie de la convention de neutralité de l'Allemagne, signée avec l'Angleterre, il aurait soin d'expliquer que cet acte diplomatique ne changerait rien aux engagements qui le liaient à la France (2).

Pendant quelque temps, Nivernais, sans instructions de son ministre au sujet des événements récents, ne sut quel langage tenir sur le traité de Westminster, qui était tombé dans le domaine public. Il se tira d'affaire avec esprit, en ayant recours à une de ces indispositions qu'expliquaient et la délicatesse de sa santé et la rigueur du climat.

Les dépêches de Versailles, qui lui parvinrent enfin, manifestèrent hautement le dépit de la cour, les soupçons sur les clauses secrètes de la convention, et l'intention d'ajourner le renouvellement de l'alliance prussienne. Malgré ces avis, sur le sens desquels il était impossible de se

---

(1) Nivernais à Rouillé, 31 janvier 1756.
(2) Les dépêches adressées à Knyphausen, Klinggraeffen, Maltzahn et Hellen (ministre prussien à la Haye), à la date du 31 janvier, contiennent des instructions conçues dans ce sens.

méprendre, l'envoyé français n'abandonna pas l'idée d'un arrangement avec Frédéric, et, il faut le reconnaître, donna d'excellentes raisons à l'appui de sa thèse (1) : « Je vous enverrai en même temps un projet de traité que je vais rédiger par articles, tel que je le conçois faisable, dans les vues suivantes : de conserver une apparence d'union qu'on puisse réaliser quand les circonstances le permettront, d'infirmer ou de discréditer aux yeux de l'Europe et aux yeux de l'Angleterre elle-même la convention du 16 janvier, et enfin d'arrêter l'opinion que l'Angleterre affecte de répandre d'un revirement de système de la part du roi de Prusse, qui ne paraît pas convenir à la réputation de nos affaires, à moins que nous n'y correspondions par quelque revirement analogue (2). Au reste, il me semble qu'il nous importe peu qu'il soit de bonne ou de mauvaise foi que le roi de Prusse se lie avec nous dans ce moment-ci, dès qu'il n'est question que d'une alliance défensive, et même que ce que l'Europe en pensera doit aussi nous être indifférent, car si on pense que son traité avec nous répugne à sa convention avec l'Angleterre, on pensera pareillement que sa convention avec l'Angleterre est infirmée par son traité avec nous. »

Vers la fin de février, l'ambassadeur français fit, sur l'invitation de Frédéric, un séjour de trois jours au palais de Potsdam. Aussitôt de retour à Berlin, il rend compte des nombreux entretiens qu'il a eus avec son royal hôte, dont il subit évidemment de plus en plus le charme. « Le roi de Prusse (3) est vraiment humilié du doute où il croit que nous sommes de sa bonne foi. Ce prince m'a fait des protestations les plus respectables, sur son honneur et sur sa parole de roi, que sa convention ne contient pas une

(1) Nivernais à Rouillé, 20 février 1756.
(2) Cette allusion semble indiquer que Nivernais avait eu vent des négociations secrètes avec l'Autriche.
(3) Nivernais à Rouillé, 27 février 1756.

syllabe de plus que la copie qu'il m'a donnée. Enfin il a été jusqu'à me dire qu'il consentait qu'on le regardât comme un infâme et comme le dernier des hommes, s'il y avait dans sa convention un seul mot par delà ce qu'il nous a communiqué... Quant à la garantie et au secours stipulés par les anciens traités conclus entre l'Angleterre et la Prusse, et remis en vigueur par la convention récente (1), ce prince m'a dit que la garantie générale des Royaumes et États était une affaire purement de style, et que cette stipulation ne s'effectuerait pas plus qu'en 1745 ; qu'alors, il avait été requis de fournir son secours de 10,000 hommes, qu'il s'en était exempté et qu'il ne serait pas embarrassé de s'exempter encore cette fois-ci. Je lui ai demandé si, dans le cas où nous ferions avec lui un traité défensif, il se croyait en état d'y stipuler des secours en notre faveur. Il m'a assuré qu'il n'y trouvait aucune difficulté. »

En réponse aux reproches de son interlocuteur sur le secret gardé au sujet des propositions anglaises, Frédéric s'excuse avec habileté. « Il m'a avoué qu'il était au désespoir que cela se fût passé, quant à la forme, comme cela s'est passé; qu'il était bien fâché d'avoir été obligé de conclure si vite et d'avoir été pris au mot si promptement par les Anglais; qu'il ne l'avait pas prévu; que d'ailleurs, la communication de sa négociation aurait été impossible et dangereuse à vous faire avant mon arrivée : impossible, parce que la première dépêche du sieur Michell, contenant les premières ouvertures de l'Angleterre, était du 28 novembre, et qu'alors il me croyait en chemin ou prêt à y être; dangereuse, parce qu'en nous faisant part d'une convention aussi essentiellement nécessaire à sa sûreté, il aurait dû attendre et notre examen, et nos réflexions, et nos conseils, et nos objections. » Durant le temps qu'eût de-

(1) Rouillé avait observé que le traité de 1742, renouvelé par celui de 1756 stipulait l'obligation pour la Prusse d'envoyer des secours à l'Angleterre en cas de requisition de cette dernière.

mandé cet échange de vues entre les deux cours, il serait resté exposé à une attaque des Russes.

Ce fut pendant la visite de Potsdam qu'eut lieu l'incident bien connu de l'ouverture des cassettes par l'ambassadeur en présence du roi.

Nivernais en rend compte dans les termes suivants : « Il était arrivé dans la nuit un courrier de la Haye, et je trouvai dans le cabinet du roi les deux boîtes scellées, que j'ouvris (1). Dans l'une étaient les pleins pouvoirs échangés; dans l'autre, le traité ratifié, que je lus, aussi bien que l'article séparé, ratifié aussi. Il n'y avait pas d'autre article séparé; il n'y avait, dans la convention, ni dans l'article secret, rien que ce qui vous a été communiqué. »

Au courant de l'une des nombreuses causeries de Potsdam, Frédéric fit porter la conversation sur le rapprochement de la France et de l'Autriche, dont le bruit lui revenait de toutes parts; il posa la question sous forme de conseil : « Dans la première conférence, écrit Nivernais, il m'a proposé une idée, qu'il a nommée singulière, en me disant qu'il croyait que nous pouvions en tirer un grand parti dans les circonstances présentes. Ce serait, m'a-t-il dit, en propres termes, que nous voulussions amadouer la cour de Vienne, en la leurrant de l'élection d'un roi des Romains, et que nous fissions avec elle un traité de neutralité. Il me dit qu'avec cette perspective, la cour de Vienne se prêterait au dit traité, qui ne manquerait pas de choquer vivement la cour d'Angleterre et l'éloignerait de celle de Vienne; qu'alors il profiterait de cette aigreur pour engager l'Angleterre à retirer la Russie de l'alliance de la cour de Vienne, et que la triple alliance une fois dissoute serait le plus grand bien qui pût arriver à notre système. Vous sentez bien, Monsieur, que j'ai ap-

(1) Dans sa dépêche du 2 mars à Knyphausen, Frédéric fait le même récit et dit que les cassettes furent ouvertes en présence de Nivernais.

précié ce roman politique pour ce qu'il vaut, et j'ai compris sans peine que cela voulait dire seulement que le roi de Prusse a quelque soupçon que nous traitons avec la cour de Vienne. Je ne me suis pas trompé, car le lendemain la poste de France et celle d'Autriche étant arrivées, il me dit qu'il croyait qu'on avait eu la même idée à Versailles, qu'il m'avait communiquée, d'un traité avec Vienne; qu'on le lui mandait aussi de Vienne. Je lui répondis comme j'avais fait la première fois, que je n'avais nulle connaissance de rien de semblable. »

Un des interrogatoires sur les pourparlers autrichiens, que Frédéric fit subir au diplomate français, donna lieu, de la part de ce dernier, à une répartie aussi vive que spirituelle. Au roi qui lui parle des avis sûrs qu'il recevait de Vienne, Nivernais répond en rappelant le conseil qu'il avait reçu de lui à Potsdam. Frédéric réplique « qu'il faudrait agir de concert (1) ». L'ambassadeur sut profiter de l'occasion : « Quant au concours convenable entre bons alliés, Sa Majesté Prussienne ne trouverait personne en Europe qui en sentît comme moi et autant que moi la nécessité, ma cour ne s'étant jamais écartée de ce principe, et le bonheur que j'ai d'être auprès de Sa Majesté Prussienne en est une preuve non équivoque ». « Le roi, ajoute-t-il, a parfaitement bien entendu ce que je voulais dire, et s'est mis à faire de nouveau l'apologie de sa convention. »

Ce n'était pas la première fois qu'on parlait à Nivernais des négociations qu'on soupçonnait la France d'avoir nouées avec l'impératrice; dans sa dépêche du 10 février, il fait allusion aux bruits qui couraient « que nous avons fait un traité avec la cour de Vienne et que c'est ce qui a occasionné la convention avec l'Angleterre. » Rouillé, dans une lettre qui se croisa avec celle de Berlin, agite le même sujet. Il avait déclaré à Knyphausen qui l'interrogeait,

---

(1) Nivernais à Rouillé, 9 mars 1756.

« que cette idée était trop contraire aux préjugés qui subsistent depuis trois cents ans..., pour n'avoir pas l'air d'une récrimination. » Quelques jours après, nouvelle question du Prussien. « Je lui ai demandé, avait riposté le ministre (1), si c'était un conseil qu'il voulait nous donner, et en ce cas s'il nous le donnait de bonne foi. »

Comme conclusion des conférences de Potsdam, Nivernais, de plus en plus acquis au maintien de l'entente avec Frédéric, rédigea et expédia à Paris un projet d'alliance défensive, prorogeant le traité en cours qui devait expirer le 5 juin 1756. Un article secret stipulait la garantie de la Silésie, la faculté pour les navires prussiens de trafiquer pour le compte français, et un secours de 10,000 hommes à la France en cas d'attaque et de réquisition de cette puissance.

Cette pièce, datée du 27 février, dut partir de Berlin au moment même de l'arrivée du courrier de Paris qui apportait à l'envoyé extraordinaire ses lettres de rappel, signées le 19 de ce mois. Une dépêche du ministre, écrite le même jour, exprimait toute la sollicitude qu'occasionnait à Versailles l'état de santé du duc : « Le roi vous permet, lui mandait-on, d'en faire usage (des lettres de rappel) plus tôt ou plus tard, suivant ce que pourra exiger votre santé, à laquelle Sa Majesté s'intéresse véritablement. »

Malgré cette autorisation sur la portée de laquelle il était difficile de se tromper, malgré les avis plus ou moins déguisés que devait contenir la correspondance soutenue qu'il entretenait avec Mme de Pompadour (2) et le maréchal de Belle-Isle, Nivernais s'acharna à poursuivre une œuvre dont sa cour ne désirait plus l'achèvement. Sous prétexte d'attendre la réponse à la proposition qu'il vient de transmettre à Paris, il ajourne son retour en France. « Si Sa

(1) Rouillé a Nivernais, 19 fevrier 1756.
(2) Les dépêches échangées avec le ministre des Affaires Etrangeres mentionnent a plusieurs reprises des billets destinés à Mme de Pompadour, avec prière de les lui faire parvenir.

Majesté, écrit-il (1), a pris le parti de faire ici un traité d'alliance défensive, je crois qu'il sera utile que je travaille à cet ouvrage, et que je le conduise jusqu'à la forme d'un projet respectivement convenu et rédigé; et, dans ce cas, cela retarderait mon départ de quelques semaines, peut-être de fort peu, car ici ce n'est pas seulement de la diligence qu'il y a dans les résolutions, c'est de la soudaineté. »

Entre le cabinet de Versailles et son représentant à Berlin, la divergence de vues s'accusait de plus en plus. Soit par obéissance à l'attraction que Frédéric savait exercer sur ceux qu'il admettait dans son intimité, soit par désir de ne pas revenir les mains vides d'une mission autour de laquelle on avait fait tant de bruit, soit par la raison politique qu'il avait fait valoir, Nivernais était devenu partisan d'un accord quelconque avec la Prusse. Le roi de France, au contraire, n'avait pu se résoudre à pardonner l'offense, et se décidait, non sans de grandes hésitations et quelques regrets, à abandonner le système de l'alliance prussienne pour écouter les ouvertures de l'impératrice Marie-Thérèse. A l'ambassadeur qui n'avait pas voulu saisir le sens caché des inquiétudes que l'on manifestait à Paris sur les dangers pour une santé débile d'un séjour prolongé à Berlin, Rouillé écrivit un billet (2), qui ne permettait plus l'équivoque. « J'avais cru, Monsieur, que vous auriez compris par les lettres particulières que j'ai eu l'honneur de vous écrire, par vos deux derniers courriers, que le roi ne croit pas devoir se presser de renouveler son traité avec le roi de Prusse. Il faut donc vous confier ce secret, afin que vous preniez vos arrangements pour votre retour, de façon cependant que la cour où vous êtes n'en prenne aucun ombrage. Nous avons, Monsieur, depuis près de deux ans, proposé de renouve-

(1) Nivernais à Rouillé, 9 mars 1755.
(2) Rouillé à Nivernais, 13 mars 1755.

ler ce traité : le roi de Prusse a fait la sourde oreille jusqu'au temps où il a fait sa convention avec le roi d'Angleterre. Actuellement il le désire, et Sa Majesté ne croit pas devoir se presser de se déterminer dans la circonstance présente. »

Pendant les derniers jours de sa mission, Nivernais eut, un peu malgré lui, à s'occuper de la médiation que Frédéric avait offerte à la France et à l'Angleterre, et que les puissances belligérantes avaient acceptée plutôt par égard pour le médiateur que par espoir d'un résultat utile. Seul, le roi de Prusse avait pris son rôle au sérieux. La grosse difficulté était la restitution des prises, sur laquelle la France insistait comme mesure préliminaire de tout pourparler, tandis que l'Angleterre entendait la rattacher au fond de la négociation. Frédéric fit de son mieux pour tourner l'obstacle en offrant sa garantie; mais la mauvaise volonté des parties fit échouer ses efforts.

Le gouvernement français, devenu, depuis son ultimatum de décembre 1755, aussi belliqueux qu'il avait été pacifique avant cette époque, peu enclin à des concessions quelconques, était encore moins disposé à les faire par l'intermédiaire de son ancien allié. La cour de Saint-James, rassurée par le traité de Westminster sur la sécurité du Hanovre, se montrait peu soucieuse de braver l'opinion en rendant sans conditions les bâtiments, dont le public anglais avait sanctionné la capture par ses clameurs et par le vote de ses députés.

Avec si peu de bon vouloir de part et d'autre, les tentatives de rapprochement ne pouvaient aboutir; elles traînèrent cependant jusqu'à la déclaration de guerre faite par l'Angleterre en mai 1756, à la suite de l'expédition de Minorque.

Nivernais eut son audience officielle de congé, le 27 mars. Il se loue beaucoup du roi, qui le combla de grâces et de témoignages d'amitié. « Il n'a pris aucune humeur, mande-t-il à Paris, du retardement du traité, et persiste dans le système de conserver et cimenter notre union. » Si l'aimable et brillant ambassadeur avait pu jeter un coup d'œil sur les dépêches de son royal interlocuteur, il est probable qu'il n'eût pas tenu un langage aussi optimiste.

Parfaitement renseigné par son représentant de Paris, Frédéric n'avait pas attendu la fin de la mission extraordinaire pour se rendre compte que le gouvernement français n'était plus disposé au renouvellement. Il attribua d'abord à une blessure d'amour-propre les hésitations manifestées par la France, mais il ne s'arrêta pas longtemps à cette explication. Quelle que fût la susceptibilité de Louis XV et de son entourage, il n'était pas possible de supposer que la cour de Versailles, en abandonnant son seul allié, se fût résignée à l'isolement la veille d'un conflit qui pouvait s'étendre à toute l'Europe. Si le cabinet français ne voulait pas écouter ses avances, c'est qu'il cherchait d'un autre côté, à Vienne probablement, le concours qui lui faisait défaut à Berlin. Aussitôt cette pensée entrée dans le cerveau soupçonneux du roi, elle se fait jour, comme nous l'avons vu, par des questions insidieuses à Nivernais, par des demandes formulées, presque en termes identiques, aux ministres prussiens de Paris, Vienne, Londres et Dresde, et par la communication, sous forme interrogative aux uns, des renseignements que lui fournissaient les autres.

L'une des caractéristiques de la correspondance diplomatique de Frédéric est, en effet, le soin tout particulier avec lequel il veille à ce que ses envoyés à l'étranger soient bien au courant des nouvelles que donnent leurs collègues. Sans doute il ne leur dit pas tout ; il ne confiera pas à ses agents de Vienne et de Paris les incidents de sa négociation avec l'Angleterre, mais il les tiendra suffisamment au courant de sa politique générale, des faits, des bruits et des commérages contemporains, pour que, bien instruits eux-mêmes, ils puissent à leur tour recueillir des informations sûres. Rien de pareil dans les relations du gouvernement français avec ses représentants : les dépêches du département qui se reproduisent à de longs intervalles, aussi sèches dans le fond que diffuses dans la forme, à moins d'être adressées à un ministre chargé d'une affaire spéciale, sont dénuées de tout intérêt; elles ne contiennent ni données sur les événements, ni indications sur les vues d'ensemble du cabinet français. Nos malheureux diplomates, embarrassés pour répondre aux questions qu'on leur pose, se renferment la plupart du temps dans un silence qui ressemble fort à la morgue et, mal stylés le plus souvent, sont dans l'impuissance de faire des rapports utiles à leur cour.

Knyphausen, vers la fin de janvier, avait signalé à son maître les entrevues fréquentes de l'ambassadeur d'Autriche, M. de Stahremberg, avec M. Rouillé. Frédéric n'attacha pas grande importance à cette nouvelle. « Jusqu'à présent, écrit-il (1), j'ai de la peine à croire que la France ait tant d'amis de reste qu'elle voudrait m'en dégoûter entièrement, mais il est nécessaire pour cela que vous attendiez que la première fougue de leur vivacité soit passée; alors il est à croire qu'ils auront au moins autant de flegme à l'égard de leurs alliés qu'ils en ont eu envers leurs ennemis. » Les pourparlers avec l'Autriche, pense le roi, ne peuvent viser que la neutralité, un traité d'alliance défensive, ou une attaque contre la Prusse; la première hypothèse lui paraît seule vraisemblable. « Enfin, ajoute-t-il, il ne saura guère manquer que je sois bientôt éclairé sur les intentions de la France; car si les ministres refusent de renouveler le traité avec moi, cela me servira de boussole qu'ils veulent prendre parti ailleurs. »

Dès ce moment, sans renoncer à l'espoir de conclure

(1) Frédéric à Knyphausen, 10 février 1756.

avec la France, on rechercha à Berlin une intimité plus grande avec l'Angleterre, qu'on avait un peu négligée depuis l'arrivée de Nivernais. Le 14 février, Michell (1) reçoit l'ordre d' « insinuer à lord Holdernesse, dès que l'occasion s'offrira de le faire sans affectation..., que la cour de France, par un dépit secret sur notre convention, commençait de chipoter avec la cour de Vienne ». Dans la même lettre, Frédéric consulta son représentant « sur la possibilité d'une alliance étroite défensive avec l'Angleterre, la Russie et la Hollande ».

Deux jours après, parvenait à Potsdam le dernier courrier de France, en date du 8 février. Knyphausen (2) relate sa conversation avec Rouillé qui est en possession des premiers rapports de Nivernais. Le ministre français, « en termes modérés et marqués plutôt au coin de la douleur qu'à celui du ressentiment », avait exposé ses griefs : il s'était montré « extrêmement blessé du mystère et de la dissimulation dont on avait usé envers la France, et mortifié du ridicule que ce traité jetait sur l'ambassade de M. de Nivernais, et qui s'étendait à sa personne, ainsi que sur ceux qui avaient excité le roi à cette mission. » Rouillé ne pouvait concevoir « comment la gloire et la délicatesse du roi ne s'étaient pas trouvées blessées de recevoir la participation des projets les plus secrets (3)... d'une puissance avec les ennemis de laquelle il venait d'entrer en alliance; qu'il n'était pas moins difficile d'interpréter comme Elle (Sa Majesté Prussienne) avait pu se permettre de parler à l'ambassadeur de son allié d'un traité pour la signature duquel elle avait déjà envoyé des ordres, comme d'un traité pour lequel Elle était encore en négociation ».

(1) Frédéric à Michell 14 février 1756.
(2) Knyphausen à Frédéric, 8 février 1756. La dépêche presque entière est reproduite dans la *Correspondance de Frédéric*, vol. XII, p 115 et suivantes.
(3) Allusion a la communication de renseignements sur les ressources militaires et navales de la France.

Après avoir épuisé le chapitre des plaintes, Rouillé avait énuméré les préjudices pour la France, et les dangers pour la Prusse, qui découleraient des nouveaux engagements contractés vis-à-vis de l'Angleterre. Nous lisons dans la correspondance de Frédéric le résumé des arguments du ministre français et de ceux qu'il leur opposait sous forme d'une note intitulée (1) : « Raisons de maître Rouillé pour réfuter la défense de ma conduite, et des motifs qui ont fait faire à maître Frédéric la convention de neutralité pour l'Allemagne. »

Dans sa dépêche à Knyphausen du 16 février (2), le roi rétorque les observations faites à son envoyé, et termine sa justification en déclarant que la France ne pouvait être plus offensée de l'attitude de la Prusse que de celle de l'Espagne, et que « l'arrivée du duc de Nivernais ne peut rien aggraver, vu que ce n'est pas le caractère de la personne, mais les conditions acceptables qui décident du succès de la mission ».

Quelque soin que mit le roi à répondre aux griefs de la cour française, il dut surtout porter son attention sur le compte rendu de la séance tenue par le conseil de Louis XV, le 4 février, dans laquelle avait été discutée la question du renouvellement proposé par Nivernais. Plusieurs membres du conseil s'étaient prononcés contre un nouveau traité qui serait préjudiciel aux intérêts et à la dignité du roi; ils avaient rappelé la défection du roi de Prusse à l'occasion de la paix de Breslau (3), et avaient réclamé le rappel immédiat de Nivernais.

« Mais après des débats très vifs », ajoutait Knyphausen, « on est enfin convenu qu'il serait imprudent d'aliéner tout

---

(1) *Correspondance de Frédéric*, vol. XII, p. 114.
(2) Frédéric a Knyphausen, 16 février 1756.
(3) Frédéric, quoique lié à la France par le traité du 5 juin 1742, avait traité avec Marie-Thérèse et signé avec elle, sans la participation de la France, la paix de Breslau, le 11 juillet 1742.

à fait Votre Majesté, et de se livrer entièrement au ressentiment dont on était animé… Le maréchal de Belle-Isle a fort influé sur cette résolution… Il est le seul qui ait osé parler au roi et au ministère en faveur du renouvellement de son alliance. »

Le 23 février, arrivent de nouveaux renseignements de Paris. Knyphausen mande (1) que les mauvaises impressions produites par la convention de Westminster ont été accrues à la lecture du texte communiqué par Nivernais : il soupçonne la cour de Vienne « d'avoir entamé une négociation secrète auprès du ministère de France, dans la vue de profiter du refroidissement que peut avoir occasionné le traité avec l'Angleterre »; il croit, d'après des propos recueillis ou surpris, que « cette négociation se traite entre M. Rouillé, l'abbé de Bernis, le comte Stahremberg, Mme de Pompadour et l'abbé La Ville, et que les autres ministres de France n'en ont aucune connaissance, pas même le comte d'Aubeterre (2) qui devrait naturellement en être instruit. » Cette dépêche parvint à Potsdam après le séjour que venait d'y faire Nivernais, et par conséquent après les entretiens résumés dans son rapport du 27 février, dont nous avons cité plusieurs passages. C'était en connaissance de cause que le conseiller Eichel pouvait écrire (3) au comte Podewils, que le langage du ministre à Paris était fort différent de celui que venait de tenir son représentant à Potsdam.

Cependant, le ton du cabinet français devenait plus rassurant : Knyphausen rendait compte (4) d'une longue conversation avec Rouillé, au cours de laquelle ce dernier

(1) Knyphausen à Frédéric, 13 février 1756.
(2) M. d'Aubeterre, ambassadeur de France à Vienne, ne fut averti des négociations entamées entre les deux cours qu'après la signature du traité du 1er mai 1756.
(3) Eichel à Podewils. *Correspondance de Frédéric*, vol. XII, p. 137.
(4) Knyphausen à Frédéric, 22 février 1756.

avait insisté sur l'incompatibilité des anciens arrangements de Londres, remis en vigueur (1) par l'acte du 16 janvier, avec le maintien de l'alliance prussienne; mais sans doute pour adoucir l'effet de cette remarque, il avait ajouté que l'accession de la France au traité de 1747, conclu entre la Prusse et la Suède, rendait inutile la signature d'une nouvelle convention; le ministre avait d'ailleurs professé les sentiments les plus amicaux pour le roi de Prusse, et confirmé la nomination du marquis de Valory comme remplaçant du chevalier de la Touche.

Cette déclaration, et surtout l'envoi d'un diplomate qui passait à bon droit pour *persona gratissima* à Berlin, autorisait à penser, d'après Knyphausen, « que la cour de France ne cherche point à entrer dans aucune ligue contre Votre Majesté, en haine de sa démarche (vis-à-vis de l'Angleterre); au moins, n'ai-je pas lieu de supposer que ce soit son intention dans le moment présent, comme je l'avais d'abord soupçonné. Je suis également porté à croire que la crainte qu'on a de se voir privé entièrement de l'alliance de Votre Majesté, et de la voir passer dans le parti opposé, fera qu'on consentira très incessamment, pour peu qu'elle y insiste, au renouvellement du traité d'alliance défensive, malgré les difficultés qu'on y trouve actuellement. Quant à ce qui concerne le rétablissement de la confiance entre Votre Majesté et la France, il est certain que la convention de neutralité qu'elle vient de conclure avec l'Angleterre, a considérablement affaibli celle que les ministres, et tous ceux qui prennent part aux affaires, avaient placée en elle, et qui n'a peut-être jamais été aussi étendue ni plus sincère qu'elle l'était à l'époque de cet événement. »

Malgré l'opinion de son représentant et en dépit du dé-

(1) Plus spécialement le traité de Westminster de 1742, par lequel le roi de Prusse s'était engagé à défendre les Etats du roi de la Grande-Bretagne et à lui fournir un secours en troupes.

menti que ce dernier avait recueilli de la bouche du ministre au sujet des ouvertures autrichiennes (1), Frédéric, tout en continuant de désirer la conclusion d'un nouvel accord avec la France, ne compte plus sur ce résultat. Le 7 mars, il écrit (2) à Podewils, qui lui avait soumis un projet rédigé probablement de concert avec Nivernais : « Je doute fort jusqu'ici que la France veuille entamer une telle négociation, vu que, si elle l'eût voulu, elle l'aurait d'abord fait, au lieu que jusqu'à présent elle n'a fait que demander mille explications frivoles, apparemment pour gagner le temps de faire ses affaires avec la cour de Vienne. »

Plus on perd l'espoir à Berlin de rétablir l'entente cordiale avec le cabinet de Versailles, et plus on se rapproche de celui de Londres ; les rapports de Michell avec les ministres anglais semblent plus intimes. Le roi ordonne à son chargé d'affaires (3) d'attirer l'attention d'Holdernesse sur les pourparlers entre les gouvernements de Marie-Thérèse et de Louis XV, dont le bruit croît de jour en jour, et d'insister, pour que l'Angleterre s'assure le concours de la Russie qu'il ne faut, à aucun prix, laisser entraîner par l'Autriche.

Sur ces entrefaites, les informations de Paris prennent un caractère plus précis ; Knyphausen raconte (4) que « la cour de Vienne vient de faire proposer à la France... d'échanger la partie des Pays-Bas autrichiens qui avoisine la Flandre française contre les duchés de Parme et de Plaisance, dont l'infant don Philippe est maintenant en possession... L'on assure que cette idée a été extrêmement goûtée ici. » L'envoyé « persiste toujours à croire que la négocia-

---

(1) Knyphausen, dans sa dépêche du 27, avait enregistré un nouveau démenti de Rouillé ; mais, en présence des renseignements positifs qui lui étaient parvenus, il ne conseillait pas d'y ajouter foi.
(2) Frédéric à Podewils. *Correspondance de Frédéric*, vol. XII, p. 175.
(3) Frédéric à Michell, 9, 11 et 16 mars 1756.
(4) Knyphausen à Frédéric, 15 mars 1756.

tion entamée par la cour de Vienne n'est point dirigée directement contre la Prusse », mais il reconnaît que le but visé « est de dissoudre entièrement les liaisons de la France avec Votre Majesté, et que c'est la première branche d'un projet qui se rapporte à des vues beaucoup plus vastes et beaucoup plus éloignées. »

Ces nouvelles importantes furent immédiatement transmises aux ministres prussiens accrédités à Londres (1), Vienne (2) et Dresde (3).

De son côté, Podewils profita de la visite d'adieu de Nivernais pour lui parler des bruits venus de Paris (4). L'ambassadeur se tira d'affaire avec esprit : « Ah! je sais ce que c'est : c'est apparemment de la cession de la Flandre et de quelque autre partie du Pays-Bas que la cour de Vienne nous offre. Mais cela ne serait pas si mauvais pour la France, et surtout pour l'infant don Philippe, à qui on a fait le plus chétif et le plus misérable établissement du monde par la possession des pays de Parme et de Plaisance; car autant voudrait-il le nourrir chez nous à Versailles, à Fontainebleau, ou à Meudon; il n'en coûterait pas plus à la France, et l'Espagne y trouverait son compte. »

Frédéric, informé de cette conversation, fit la réflexion suivante (5) : « Je verrai ce que je pourrai apprendre du duc de Nivernais aujourd'hui, mais il appartient à cette catégorie de gens qui ne disent pas tout ce qu'on veut savoir d'eux. »

Dans la dernière entrevue entre l'envoyé français et le roi de Prusse, qui eut lieu à Potsdam le 5 avril (6), les deux interlocuteurs durent se borner aux propos aima-

---

(1) Frédéric à Michell, 27 mars 1756.
(2) Frédéric à Klinggræffen, 27 mars 1756.
(3) Frédéric à Maltzahn, 26 mars 1756.
(4) Podewils à Frédéric, 2 avril 1756.
(5) Frédéric à Podewils, 3 avril 1756.
(6) Frédéric à Knyphausen, 6 avril 1756.

bles et aux compliments bien tournés, dans l'art desquels Nivernais était, comme on le sait, fort accompli; car nous ne trouvons aucune trace des dires du diplomate dans la volumineuse corespondance du monarque.

Tandis que Frédéric négociait avec Nivernais et cherchait, au moins pendant les premières semaines du séjour de ce dernier, à sauvegarder, par un arrangement avec la France, la neutralité qui était alors le but de sa politique, l'Angleterre se désintéressa presque complètement des incidents que nous venons de relater.

Le refus opposé à la réquisition française entraînait la continuation d'hostilités, que cette fois la cour de Versailles paraissait décidée à engager à fond. Les préparatifs d'invasion, qu'annonçaient tous les avis du continent, donnèrent lieu en Angleterre à une de ces paniques qui se renouvellent périodiquement chez nos voisins, et qu'explique la faiblesse des ressources militaires du royaume insulaire. Pendant l'hiver et le printemps de 1756, les conseillers du roi George n'eurent d'autre souci que celui de protéger l'Angleterre contre le débarquement des corps de troupes dont on annonçait la réunion sur les côtes de la Normandie et de la Picardie. Les garnisons de la Méditerranée, la sécurité du Hanovre, les renforts réclamés par l'Amérique, tout fut négligé pour le principal objet. A défaut des bataillons indigènes, insuffisants ou trop récemment levés pour pouvoir être utilisés, on appela en Angleterre le contingent hessois, la plus grande partie des troupes hanovriennes; on réclama, d'ailleurs sans succès, à la Hollande, les 6,000 hommes qu'en vertu des traités anciens cette puissance devait mettre au service de la Grande-Bretagne. La convention signée avec le roi de Prusse paraissait écarter tout danger pour les États électoraux du roi George; il fallait profiter de cette heureuse circonstance pour concentrer sur l'Angleterre, directement menacée, toutes les forces dont on pouvait disposer.

Préoccupé de la défense du territoire national, résolu à ne prendre aucune part à une guerre européenne dont l'éventualité ne semblait plus à craindre, le ministère britannique ne songea plus à consolider les bases de l'accord intervenu avec la Prusse. Les quatre premiers mois de l'année 1756 s'écoulèrent sans que le poste de Berlin, depuis si longtemps vacant, fût rempli.

Newcastle et ses collègues croyaient que Frédéric, en traitant avec eux, avait été déterminé par le désir d'assurer la tranquillité de ses États (1), mais ils n'estimaient pas que le traité du 16 janvier pût amener une rupture entre ce prince et la France. La mission de Nivernais, l'accueil fait à cet ambassadeur, le langage tenu par Rouillé, faisaient prévoir la signature d'un arrangement qui serait la contre-partie de celui de Westminster. Une dépêche interceptée (2) du chargé d'affaires de Suède à Paris vint confirmer cette impression : M. Rouillé avait affirmé au représentant de la puissance du Nord, dont les relations cordiales avec la France étaient notoires, qu'il connaissait depuis longtemps les pourparlers entre l'Angleterre et le roi Frédéric; les détails de la convention ne lui avaient pas encore été communiqués, « mais il était sûr qu'elle ne contenait rien de contraire aux intérêts de la France, Sa Majesté Prussienne étant trop clairvoyante pour prendre des engagements nuisibles à ses alliés naturels. Sa Majesté Très Chrétienne n'avait jamais eu l'intention de commencer une guerre de terre, aussi les nouveaux engagements du roi de Prusse n'apportaient-ils aucun changement aux opérations projetées par la France. » Bunge, tout en attribuant cette attitude du cabinet français au désir de ne pas manifester un dépit qui, quelque justifié qu'il pût être, eût été contraire à la dignité de la

(1) Newcastle à Hardwicke, 28 décembre 1755. *Newcastle Papers*.
(2) Bunge à Hopken, 31 janvier 1756. *Newcastle Papers*.

couronne, pensait qu'en effet le traité de Westminster n'empêcherait pas la France de donner libre cours à la vengeance qu'elle voulait prendre des procédés anglais. Peu de jours après, le cabinet de Londres apprenait, par la même voie (1), le désir de Frédéric de renouveler son accord avec la France, et l'hésitation de cette puissance à accepter la proposition.

Dans une situation pareille, toute démarche de la Prusse tendant à se rapprocher de l'Angleterre devait être favorablement interprétée; aussi les offres de médiation de Frédéric, dont nous avons vu le peu de succès auprès de Rouillé, furent-elles mieux accueillies à Londres. « Notre nouvel allié, le roi de Prusse, écrit (2) Newcastle, paraît bien agir. Il s'est montré disposé à s'employer à un arrangement (avec la France); nous ne nous y sommes pas refusés, et l'avons autorisé à s'avancer autant que la raison et la prudence nous permettent de le faire; car ici le public est encore emballé pour la guerre. » L'intervention pacifique de Frédéric continua, comme on le sait, pendant le printemps, et donna lieu à une correspondance suivie entre Berlin et Londres.

Aux yeux du ministère britannique, le traité conclu avec Frédéric ne devait être que l'acheminement vers une ligue des principales cours de l'Europe contre la France. D'après ce système, la Prusse se joindrait à la Russie, à l'Autriche-Hongrie, à l'Empire, à la Hollande, pour conserver le repos du continent. La France, complètement isolée, incapable de lutter sur mer contre la Grande-Bretagne, serait bientôt réduite à accepter la paix aux conditions que le cabinet de Saint-James voudrait lui accorder.

Newcastle, dans un billet adressé au président Münchhausen, se défend d'avoir renoncé à ses vieilles amitiés.

---

(1) Bunge à Hopken, 6 février 1756. *Newcastle Papers.*
(2) Newcastle au duc de Devonshire, 7 mars 1756. *Newcastle Papers.*

« Bien loin d'avoir abandonné par là (en traitant avec le roi Frédéric), écrit-il (1), l'ancien système, on a certainement suspendu ou prévenu pour le présent sa ruine..... et on donne lieu de pourvoir à sa sûreté pour l'avenir. » Münchhausen s'exprime dans le même sens dans une lettre au saxon Fleming (2). D'après lui, l'accommodement avec la Prusse n'a pour objet que le maintien de la tranquillité en Allemagne; il ne doit donner aucun sujet d'inquiétude ni à l'Autriche, ni à la Saxe, avec lesquelles le roi George désire rester en bonnes relations.

A Vienne, l'envoyé anglais reçut l'ordre de tenir le même langage. Dans une dépêche en date du 23 mars, adressée à Keith par lord Holdernesse, se trouvent la justification de la conduite tenue par l'Angleterre à l'égard de la Prusse, et l'exposé de la politique qu'elle aurait désiré faire prévaloir en Allemagne avec l'aide de l'Autriche. Pour empêcher tout trouble en Europe, la réconciliation du roi de Prusse avec la Grande-Bretagne et ses alliés était indispensable. Le seul moyen d'atteindre le but était de rassurer ce prince contre les intentions hostiles qu'il prêtait à l'impératrice, en lui garantissant la paisible possession de ses États actuels. Cette garantie était d'autant plus conforme aux vues du roi George, que jamais ce souverain n'avait songé à donner son appui pour la reconquête de la Silésie. Si la cour de Vienne gardait quelque illusion sur ce chapitre, il était grand temps de la lui enlever. Le traité russe n'avait pas été fait contre la Prusse, mais il n'en constituait pas moins une sécurité additionnelle pour l'Autriche. « Le roi George, en effet, ne peut pas admettre des soupçons ou des insinuations sur la bonne foi du roi de Prusse, ni attribuer à ce prince le dessein d'attaquer l'Impératrice en Allemagne; mais si un pareil soup-

---

(1) Newcastle à Münchhausen, 13 février 1756.
(2) Munchhausen à Fleming, 26 février 1786. *Vitzthum*, vol. 1, p. 295.

çon se trouvait vérifié, si Sa Majesté Prussienne devenait l'agresseur contre la maison d'Autriche, le roi se regarderait comme libre, malgré le traité récent, de remplir ses engagements vis-à-vis d'elle, et de réclamer le concours de la czarine, tel qu'il a été stipulé par le traité signé avec cette princesse. »

Faire avorter les négociations entre les cours de Vienne et de Versailles, dont parlaient les dépêches interceptées de l'envoyé suédois (1), les rapports de Paris et les confidences de Berlin, amener un rapprochement entre l'Autriche et la Prusse, former une coalition de toutes les puissances continentales contre la France, assurer ainsi la tranquillité de l'Allemagne et la sécurité du Hanovre, déterminer Marie-Thérèse à prendre à sa charge la défense des Pays-Bas : tel était l'objectif général indiqué à l'ambassadeur anglais. L'idée de rétablir l'union entre la Russie, la Prusse et l'Autriche, ressort également d'une lettre que Newcastle écrivait, le 23 mars, à Yorke (2) : « Il faut que nous prenions bien garde de ne pas provoquer légèrement la cour de Vienne; mais en même temps, nous devrons maintenir notre traité avec la Prusse, encourager cette alliance, et chercher peu à peu à l'incorporer dans notre vieux système. »

Münchhausen ne partage pas les espérances du premier ministre : « Le comte Fleming (3), écrit-il à Newcastle (4), paraît être de l'opinion de Votre Excellence pour réunir le nouvel allié avec les anciens. Pour moi, j'avoue..... que quoiqu'il n'y aurait rien de plus satisfaisant et plus dési-

---

(1) Bunge à Hopken, 17 février 1756. *Newcastle Papers*.
(2) Newcastle à Yorke, 23 mars 1756.
(3) Le comte Fleming avait écrit à Münchhausen, le 28 mars : « Le traité avec le roi de Prusse est bon si l'on y fait entrer les anciens alliés ; sinon, on n'aura fait que changer d'amis sans qu'il soit bien constaté si l'on a perdu ou gagné au troc. » La lettre de Fleming fut envoyée à Londres.
(4) Münchhausen à Newcastle, 6 avril 1756.

rable que de réunir les cours de Vienne, de Russie et de Berlin, la chose me paraît des plus difficiles, pour ne pas dire impossible, vu les vues et les systèmes différents de ces puissances. »

Le rêve du cabinet anglais ne put se réaliser; il n'était guère réalisable. Quand même il serait arrivé à surmonter la défiance qu'inspirait à Frédéric sa voisine et rivale Marie-Thérèse, la politique inaugurée à Vienne depuis la rupture de Herrenhausen était trop conforme à la pensée intime de cette souveraine, les grands projets du recouvrement de la Silésie et de l'abaissement de la Prusse, conçus par Kaunitz, étaient trop avancés, pour qu'on eût pu effectuer un retour aux anciens errements. A Pétersbourg, l'influence autrichienne était trop forte, les sentiments personnels de la czarine à l'égard de Frédéric trop vifs, pour laisser la porte ouverte à une réconciliation avec ce prince.

Dans l'impuissance d'appliquer son vaste programme, repoussé à Vienne, éconduit à La Haye, perdant chaque jour son influence à Pétersbourg, le gouvernement du roi George fut amené par les événements à resserrer les liens qui l'attachaient au roi de Prusse; entraîné dans la guerre générale à la suite de ce dernier, il finit par le seconder de son mieux et par lui prêter son concours militaire et financier. Mais ces résolutions énergiques ne furent prises que vers la fin de 1757. Jusqu'alors, bien loin d'encourager les visées belliqueuses de son nouvel allié, comme on l'imaginait à Paris, le cabinet de Saint-James ne cessa de lui donner des conseils de prudence, et conserva pour lui un fond de méfiance qui se manifesta longtemps dans la correspondance confidentielle des ministres (1), et qui

(1) La méfiance que le roi George conserva à l'égard de son neveu ressort des incidents relatés dans la lettre de Newcastle à Hardwicke, du 11 octobre 1756; celle de Holdernesse à Newcastle, du 29 décembre 1756.

ne disparut peut-être jamais du cœur de leur vieux souverain.

De cet aperçu des opinions et des visées du cabinet britannique, il ressort que, dans sa pensée, la convention conclue avec le roi de Prusse n'avait pas la portée que lui attribua le gouvernement de Louis XV, et n'aurait pas été incompatible avec un arrangement de même nature entre les cours de Versailles et de Berlin.

Ce furent, du reste, le mystère et les procédés qui accompagnèrent les préliminaires et la signature du traité de Westminster, bien plus que le traité lui-même, qui entraînèrent la brouille et conduisirent à la rupture entre la France et la Prusse.

L'ambassade de Nivernais n'eut pas de résultat et ne pouvait en avoir; mais, dans la responsabilité de cet échec, l'envoyé extraordinaire n'eut aucune part. L'on peut même affirmer que, contrairement aux assertions bien connues de Voltaire, il n'y eut dans la négociation de Berlin ni trompeur, ni trompé. Les derniers pourparlers de Frédéric avec le cabinet anglais furent menés avec une rapidité, avec une soudaineté telle, pour employer le mot de Nivernais, que la convention, dont le principe même était encore en suspens au commencement de décembre, était arrêtée jusque dans ses détails le 1ᵉʳ janvier; le secret fut si bien gardé, que les ministres du roi de Prusse n'eurent connaissance de l'affaire que quelques heures avant son achèvement.

En route depuis près de trois semaines, le diplomate français trouva à son arrivée à Berlin un état de choses auquel ne l'avaient préparé ni ses instructions, ni ses soupçons personnels, ni même les propos de la cour qu'il venait de quitter. Jamais, comme le disait Rouillé à Knyphausen, le gouvernement français n'avait eu plus de foi dans son allié, jamais les ministres n'avaient été plus partisans de la politique prussienne; c'est peut-être par l'excès même de confiance dans l'attachement du roi de Prusse, qu'on peut expliquer le retard d'un voyage dont le but principal était de consolider ce qui paraissait à l'abri de toute épreuve. Quant à Nivernais lui-même, désigné depuis quatre mois pour la mission de Berlin, il avait passé ce long intervalle à étudier, à s'assimiler la tâche dont il était chargé. Pour son ministre et pour lui, la discussion avec le roi de Prusse porterait sur les conditions de la coopération des deux cours, mais le principe même de l'accord ne pourrait être mis en cause. L'intrigue anglaise, sur laquelle il devait demander des explications, était une feinte habile de la part de Frédéric pour obtenir des avantages plus grands; mais c'eût été faire injure à l'intelligence et à la probité de ce prince que de lui attribuer le dessein de se lier avec le pire ennemi de la France. Aussi est-il facile de comprendre les premières hésitations de Nivernais, ses doutes, l'espoir qu'il entretient jusqu'au dernier moment de faire échouer les pourparlers avec l'Angleterre. Convaincu enfin par l'aveu du roi, il ne perd pas son sang-froid, se met au diapason de son interlocuteur, évite les récriminations inutiles, mêle la critique aux éloges, les reproches aux compliments, se place sur le terrain des intérêts si chers au roi, et cherche à tirer le meilleur parti d'une situation que bien d'autres eussent déclarée inextricable.

Quand il écrivait sa dépêche du 20 février et qu'il donnait de si bonnes raisons pour le renouvellement du traité de 1741, Nivernais, il faut se le rappeler, ignorait tout au moins la portée des négociations secrètes entamées avec le comte de Stahremberg, négociations qui, comme on le verra plus loin, ne firent de progrès réels qu'après la connaissance de l'arrangement du 16 janvier entre la Prusse et l'Angleterre. Il supposait, comme presque tous ses concitoyens, que la France rencontrerait comme adversaire éventuelle, sinon immédiate, la maison d'Autriche appuyée par la Russie. Avec une perspective pareille, si l'on ne pouvait avoir pour soi le roi de Prusse, au moins importait-il de ne pas en faire un ennemi. Sans instructions nouvelles, mal renseigné par Rouillé, qui ne pouvait dévoiler le rapprochement projeté avec la cour de Vienne, le représentant de la France était parfaitement logique en cherchant à maintenir l'apparence d'une alliance qui avait été, et qui paraissait encore devoir être, la base de la politique étrangère de son pays.

Fin, spirituel, homme du monde accompli, très maître de son attitude et de sa parole, observateur clairvoyant, sachant alterner la franchise avec la réserve, habile à façonner le tour de la conversation d'après l'humeur du roi, assez souple d'esprit pour concilier les madrigaux du courtisan avec la dignité qui seyait à son caractère et à sa fonction, le duc de Nivernais sut gagner l'estime et presque la confiance de Frédéric; ce dernier le combla d'attentions, fit son éloge dans sa correspondance et n'exerça jamais à ses dépens la veine sarcastique qu'il n'épargnait pas même à ses meilleurs amis.

Nivernais eut le grand tort d'arriver trop tard. A en juger d'après les lenteurs des premiers pourparlers engagés avec l'Angleterre, et d'après les tergiversations que marquent les lettres du roi, il semblerait que l'envoyé français, s'il s'était trouvé à Berlin en octobre, ou même en novembre 1755, eût obtenu d'autres résultats. La neutralité de l'Allemagne, désirée par Frédéric et à moitié concédée par le gouvernement de Louis XV, eût été acceptée comme l'une des conditions de la prorogation du traité avec la Prusse; la guerre continentale eût été évitée, et la porte ouverte à une médiation efficace entre les deux puissances belligérantes.

Que dire maintenant de la conduite de Frédéric dans cette affaire? Pour arriver à une appréciation saine de sa conduite et à un verdict impartial sur ses actes, il faut, ce nous semble, distinguer entre les négociations anglaises avant l'arrivée de Nivernais, et les discussions entamées avec ce dernier. Pendant la première période, le roi oublie toutes les obligations que lui imposaient sa réputation personnelle et sa qualité de souverain, pour ne penser qu'à l'intérêt immédiat de ses États. Il s'abaisse au mensonge pour éviter les reproches. Honteux de l'action qu'il va commettre, il a hâte de s'abriter derrière le fait accompli; il précipite les événements pour échapper aux représentations qu'il attend. A la venue de l'ambassadeur, il n'a pas le courage, dès la première entrevue, de parler du traité; pendant quelques jours, il s'exprime en termes équivoques; il laisse croire à son interlocuteur que les choses sont moins avancées qu'elles le sont en réalité, et n'avoue qu'à la dernière extrémité l'existence de la convention. Cet aveu fait, l'attitude du roi change; il semblerait qu'il cherchât à racheter la tromperie dont il a usé vis-à-vis de la France par la franchise de ses explications, par la sincérité de ses discours, par la chaleur de ses protestations. Était-il de bonne foi à ce moment? Nivernais le crut et nous le pensons avec lui.

Le rapprochement de l'Angleterre et de la Prusse pouvait se comprendre, et dans une certaine mesure se justifier. Menacé par les deux impératrices dont les États avoisinaient les siens, et dont il n'ignorait pas les dispositions malveillantes, brouillé avec l'Angleterre, en mauvais termes avec le roi de Pologne, Frédéric, lorsqu'il fit les premières ouvertures au roi George, n'avait qu'un seul appui, la France. D'autre part, la conquête de la Silésie était un fait beaucoup trop récent pour n'être pas contesté par le vaincu; en cas d'hostilités sur le continent, la Prusse aurait à lutter, non pas pour l'acquisition de nouveaux territoires, mais pour la conservation des provinces annexées. L'expérience de la dernière guerre avait démontré que la France, occupée dans les Pays-Bas et sur le Rhin, n'avait pas été en mesure d'assister son allié dans la lutte que celui-ci avait soutenue contre l'Autriche. L'avenir, dans l'automne de 1755, se dessinait bien autrement menaçant : à l'Autriche viendraient se joindre, grâce aux subsides de la Grande-Bretagne, les armées russes et peut-être les contingents de la Pologne et de la Saxe ; quant au secours à espérer de la France, la faiblesse de son gouvernement, la timidité de ses ministres, l'inexpérience de ses généraux, ne permettaient point de tabler sur une coopération plus active que celle du passé. Dans ces conditions, la Prusse n'avait rien à gagner et pouvait beaucoup perdre dans un conflit général ; elle avait donc tout avantage à écarter de l'Europe l'incendie qui, allumé en Amérique, pouvait s'étendre au vieux monde.

Or, l'une des parties belligérantes, l'Angleterre, moins forte sur terre que sa rivale, s'estimerait heureuse de maintenir aux hostilités leur caractère colonial et maritime, et n'interviendrait sur le continent que pour protéger les États électoraux de son souverain. Lui donner sur ce point la satisfaction désirée, garantir la neutralité du Hanovre, serait assurer la paix en Allemagne ou du moins éloigner la guerre des frontières de la Prusse. Les Russes, privés du subside que l'Angleterre n'aurait plus de raison de leur fournir, resteraient dans l'inaction ; l'Autriche, inquiète pour les Pays-Bas, n'oserait pas tenter une attaque isolée contre la Prusse, que d'ailleurs cette dernière serait en mesure de repousser ; quant à la lutte entre la France et l'Angleterre, réduite aux proportions infimes de quelques escarmouches au Canada, de quelques combats sur mer, il serait facile de la terminer par une médiation des puissances neutres, parmi lesquelles le roi de Prusse devrait figurer au premier rang.

C'est pour obéir à ces préoccupations, d'ailleurs fort légitimes, c'est avec le souci bien entendu de ses États, que Frédéric négocia et signa avec le roi George le traité du

16 janvier; mais, si en agissant ainsi il n'avait cure ni de la situation présente ni des projets de la France, il n'entrait aucunement dans son plan de se brouiller avec elle. Il voulait préserver la tranquillité de l'Europe, il aspirait à devenir l'arbitre entre les cours de Versailles et de Londres; mais, pour jouer ce rôle, s'il était utile de devenir l'allié de l'une, il était indispensable de rester l'ami de l'autre.

Un peu moins de précipitation dans les avances faites à Londres n'aurait pas empêché la conclusion de la convention de Westminster, que le gouvernement anglais désirait autant que celui de Berlin, et plus d'honnêteté vis-à-vis de la France eût suffi pour lui conserver la bonne opinion de ce pays. Malheureusement pour le roi de Prusse, ni la patience, ni la moralité politique n'étaient au nombre de ses qualités. Rancunier lui-même, mais assez décidé de caractère pour pouvoir subordonner son amour-propre à son intérêt, Frédéric ne comprit pas toute la portée de l'affront qu'il infligeait à la cour de France en traitant à son insu et avec son ennemi mortel; il s'abusa sur le degré de susceptibilité du roi Louis XV. Cette faute lui coûta les épreuves de la guerre de sept ans, et mit la Prusse à deux doigts de sa ruine.

Averti par les dépêches de Knyphausen, par le langage de l'envoyé français, Frédéric fit tout au monde pour réparer son erreur et pour regagner la confiance perdue. S'il fut, dans les entrevues avec Nivernais, avocat éloquent et comédien habile, il faut reconnaître que l'art déployé ne servit que de décor à des vues et à des desseins qui font honneur à l'homme d'État.

CHAPITRE VII

NÉGOCIATIONS ENTRE LA FRANCE ET L'AUTRICHE

Pendant que l'Angleterre, rassurée sur les États électoraux de son souverain, ne songeait qu'à la défense de ses côtes, pendant que la Russie flottait incertaine entre l'alliance anglaise et l'union avec l'impératrice, que Frédéric mettait à contribution toutes les ressources de son esprit pour remédier aux suites de sa volte-face et pour éviter une brouille qui n'entrait pas dans son programme, c'était à Paris, entre les cours de France et d'Autriche, que se tranchait le nœud de la question européenne.

Avant de raconter les mystérieuses négociations entamées depuis plusieurs mois, et pour saisir les motifs auxquels obéissait la cour de Vienne, en cherchant à se lier avec son ancienne ennemie la France, il nous faudra jeter un coup d'œil rétrospectif sur l'histoire des années antérieures à l'époque dont nous nous occupons.

Le savant chevalier d'Arneth, dans son *Histoire de Marie-Thérèse*, et le duc de Broglie dans un ouvrage récent, ont donné des détails intéressants sur les idées émises et sur la ligne de conduite adoptée par l'impératrice-reine, immédiatement après la paix d'Aix-la-Chapelle.

Au mois de mars 1749, Marie-Thérèse demanda aux membres de son cabinet de coucher par écrit leur opinion sur la situation dans laquelle se trouvait l'Autriche à la suite des arrangements intervenus, et sur l'orientation la plus favorable à imprimer à sa politique future. Les mémoires ainsi préparés furent soumis à l'examen du conseil réuni en séance, et donnèrent lieu à une discussion, dont l'analyse faite par M. d'Arneth, d'après les documents des archives de Vienne, éclaire d'un jour des plus vifs les visées et les agissements de la cour impériale pendant la période qui précéda la guerre de sept ans.

A croire ce résumé, tout le monde fut unanime à déplorer la perte irréparable qu'on avait éprouvée en cédant la Silésie, et sur le danger permanent que présentaient le voisinage, le pouvoir accru, le caractère remuant du roi de Prusse; ce souverain devait être considéré comme l'ennemi le plus redoutable de la maison de Habsbourg. L'empereur, le vice-chancelier Colloredo, le maréchal Konigsegg se déclarèrent partisans du maintien de l'ancienne alliance avec les Puissances maritimes, repoussèrent comme inutile toute tentative de rapprochement avec la France, et se prononcèrent pour une attitude conciliante vis-à-vis de la Prusse; les autres membres de la conférence, et parmi eux le vieux ministre Bartenstein, sans être aussi affirmatifs, préconisèrent l'attente et la temporisation.

Seul, le comte de Kaunitz protesta contre la résignation au *statu quo*. A son avis, le recouvrement de la Silésie devait être l'unique but de la cour de Vienne; mais ce serait un leurre que d'imaginer l'Angleterre ou la Hollande disposées à encourager ou faciliter une pareille entreprise. Si le roi George, disait le négociateur d'Aix-la-Chapelle, est des nôtres par haine de son neveu et crainte d'une attaque contre son électorat, la nation anglaise, au contraire, admire le roi de Prusse et sympathise avec celui qu'elle regarde comme le champion du protestantisme allemand. Le voudraient-elles, les Puissances maritimes n'ont pas les moyens d'assister l'Autriche. La Russie est notre amie; elle est animée des sentiments les plus hostiles à l'égard de Frédéric; mais il est impossible de faire foi sur une cour dont la politique toute personnelle peut se modifier avec la mort de la czarine ou la disgrâce du grand-chancelier. Une seule nation est assez forte pour nous aider à reprendre ce que nous avons perdu : c'est la France. Sans doute elle nous poursuit de sa haine depuis deux siècles, sans doute elle a contribué à l'agrandissement de notre ennemi implacable, mais elle n'est pas sans entretenir quelque méfiance à l'égard d'un souverain qui n'écoute que son intérêt, et qui ne s'est pas fait faute de l'abandonner dans les circonstances les plus critiques. Pour détacher la France de l'alliance prussienne, pour obtenir son consentement et peut-être son concours à la reconquête de la Silésie, il faudrait faire une cession de territoire, soit en Italie, soit dans les Pays-Bas; échanger, par exemple, les duchés de Parme et de Plaisance que possède actuellement l'infant Philippe, gendre du roi Louis XV, contre un établissement en Savoie ou dans les Flandres, avec promesse de réversion à la couronne de France. Le chef de la maison de Bourbon ne resterait pas insensible à des propositions aussi avantageuses pour sa famille et pour son royaume. Quant à l'impératrice, le léger sacrifice d'une partie de ses possessions lointaines serait amplement compensé par la reconstitution de ses États héréditaires. Loin de prendre notre parti de la conquête de la Silésie, nous devons avoir pour objectif non seulement les précautions contre des agressions nouvelles du roi de Prusse, mais bien l'amoindrissement de ce monarque et la restitution des provinces perdues.

Ce courageux et patriotique langage répondait trop exactement à la pensée secrète de Marie-Thérèse pour qu'elle n'y donnât pas son assentiment; mais tout en n'oubliant ni le conseil ni le conseiller, elle se rangea aux avis plus prudents de la majorité.

Conserver et consolider l'entente cordiale avec la Russie, maintenir les relations d'amitié avec les Puissances maritimes, assumer une position d'expectative bienveillante vis-à-vis de la France, proclamer des sentiments pacifiques à l'égard de tout le monde, mais surveiller avec soin les agissements de l'ennemi par excellence, le roi de Prusse, restaurer les finances et réorganiser l'armée, attendre les événements en s'y préparant : telles furent les grandes lignes de la politique adoptée par l'impératrice-reine, et pratiquée par elle pendant la courte période de tranquillité dont jouit l'Europe après la paix d'Aix-la-Chapelle.

En octobre 1750, le comte de Kaunitz fut nommé au poste d'ambassadeur à Paris. Le choix de l'homme d'État dont nous venons d'exposer le programme indiquait, de la part de Marie-Thérèse, le désir bien accusé de se rapprocher de Versailles. Le nouvel envoyé reçut, en effet, pour instructions (1) d'affirmer au gouvernement de Louis XV les bonnes dispositions de l'Autriche, de combattre les insinuations perfides que le roi Frédéric ne cessait de faire sur les desseins de l'impératrice, de saisir toutes les occasions de miner l'accord qui existait entre la France et la Prusse, et de travailler sans relâche à la rupture de l'alliance de ces deux pays.

Pendant son ambassade qui dura jusqu'au commencement de 1753, Kaunitz, malgré tout son tact et toute son habileté, ne put arriver à aucun résultat appréciable. Le succès personnel du diplomate fut grand. Bien accueilli du roi et de son entourage, admis dans l'intimité de Mᵐᵉ de Pompadour, il acquit, pendant son séjour à Paris, une expérience des rouages de la cour, une connaissance des ministres et des personnages français qui lui furent plus tard d'une grande utilité; mais il dut se convaincre que

(1) Les instructions de Kaunitz en date du 18 septembre 1750 sont résumées par Arneth (*Geschichte Maria Theresia's*, vol. IV, p. 324 et suivantes.)

le système prussien était trop enraciné, les vieux préjugés contre la maison d'Autriche trop vivaces pour permettre le moindre espoir de changement dans l'attitude du cabinet de Versailles. L'entente avec le roi Frédéric était la cheville ouvrière de la politique française, le principe fondamental de son action. « Le roi de Prusse est son allié, écrivait Kaunitz (1), et nous ne le sommes pas ; et quel allié encore ? Un allié sans la puissance et la considération duquel la France ne jouerait pas aujourd'hui dans le monde le beau rôle qu'elle y joue. Il est tout simple, par conséquent, qu'elle ait plus d'égard et plus de confiance pour lui que pour nous. »

Si nous devons en croire les rapports et la correspondance de Kaunitz, cités par M. d'Arneth, l'envoyé autrichien fut tellement découragé par ce qu'il voyait des sentiments et des vues du ministère français, qu'il donna à l'impératrice le conseil de renoncer, au moins pour le moment, au recouvrement de la Silésie, d'améliorer les relations avec le roi de Prusse et d'amener ce prince à se joindre à la ligue des Puissances maritimes. Un revirement pareil amènerait un refroidissement, peut-être une brouille entre Frédéric et la France, et ce but atteint, l'Autriche pourrait profiter des événements pour reprendre ses premiers projets. Marie-Thérèse, nous devons le reconnaître, ne goûta guère cet avis : la haine qu'elle avait vouée à Frédéric était beaucoup trop ardente, son tempérament beaucoup trop passionné pour accepter le plan machiavélique que lui soumettait son représentant.

Au mois d'avril 1753, Kaunitz vint remplacer, à la tête du département des Affaires Étrangères, le comte d'Ulfeld, qui reçut une pension libérale en récompense des fonctions remplies. L'éloignement de Bartenstein, exigé par Kaunitz

---

(1) Kaunitz à Koch, secrétaire particulier de Marie-Thérèse, 11 décembre 1750. Lettre citée par Arneth.

comme condition de son entrée au ministère, fut plus difficile à concilier avec l'estime que Marie-Thérèse avait conservée pour ce vieux serviteur de la monarchie autrichienne. On lui assura une retraite lucrative en le nommant vice-chancelier, et en l'appelant à faire partie du conseil privé. Ses rivaux ainsi honorablement écartés, Kaunitz devint le véritable premier ministre, ou plutôt le directeur, le confident de l'impératrice. Connaissant à fond le caractère de sa maîtresse, il sut jauger exactement ses qualités et ses défauts ; prêt à l'initiative des suggestions, obstiné dans la défense de ses idées, tenace dans ses opinions, peu disposé à l'abandon des projets qu'il avait conçus, il était cependant assez fin et assez souple pour s'incliner à temps, et pour cesser une résistance dont la prolongation eût déplu à sa souveraine.

Sir Hanbury Williams (1) fait, en 1753, de ce ministre qui venait d'assumer le pouvoir, le crayon suivant : « Il parle bien et avec beaucoup de précision de langage, si bien que je le soupçonne de prendre plaisir à s'écouter. Ses phrases sont un peu trop recherchées et étudiées, mais la pratique des affaires le corrigera de ce défaut. Tout le monde s'accorde à dire qu'il est fort honorable et qu'il a les intérêts de l'Impératrice à cœur. Kaunitz a un autre avantage qui lui est tout à fait personnel, c'est que l'Impératrice n'a pas peur de sa capacité ; elle le considère comme un homme qui a fait son apprentissage sous ses yeux et sous sa direction. Elle croit que c'est elle qui l'a formé, et ne ressent par suite aucune jalousie de celui qui a été l'ouvrage de ses mains, ni aucun soupçon à l'égard de l'homme qu'elle regarde comme sa créature. »

D'après l'ambassadeur anglais, Kaunitz était alors complètement rallié au système de l'accord avec les Puissances maritimes. L'année 1753 s'écoula, en effet, sans aucun

(1) Arneth, *Marie-Thérèse*, t. IV, p. 350.

effort apparent de la part du nouveau ministre, pour appliquer la politique qu'il avait préconisée avant et pendant son ambassade de Paris. Le comte de Stahremberg, qui devait lui succéder, ne prit possession de son poste que dans les premiers jours de 1754. Les instructions qu'il emporta de Vienne rappelaient l'attitude hostile du gouvernement de Louis XV depuis la paix d'Aix-la-Chapelle, les tentatives faites pour exciter la Porte Ottomane contre l'Autriche, les intrigues secrètes du roi pour préparer l'élection du prince de Conti au trône de Pologne, la résistance opposée à la désignation du grand-duc Joseph comme roi des Romains. Un rapprochement des deux cours n'était guère à espérer; aussi l'envoyé d'Autriche devait-il se borner à tenir un langage des plus pacifiques, éviter toute plainte ou toute récrimination sur la conduite du roi de Prusse, et déclarer en toute occasion que l'impératrice entendait observer les traités, et ne demandait qu'à vivre en bonne intelligence avec toutes les puissances, sans exception.

Stahremberg assez mal reçu par le ministre des Affaires Étrangères d'alors, M. de Saint-Contest, se loue, au contraire, de l'accueil de Mme de Pompadour, pour laquelle il avait été chargé d'une lettre de Kaunitz, dont le prétexte était un procès auquel s'intéressait la favorite. Il ne se fait d'ailleurs aucune illusion sur les sentiments de la cour de Versailles à l'égard de l'Autriche, et sur le caractère de plus en plus confidentiel des rapports avec le roi de Prusse.

Pendant la première phase des négociations qui précédèrent la rupture entre la France et l'Angleterre, la cour de Vienne, peu soucieuse de se mêler au conflit et très inquiète d'une attaque contre ses possessions en Flandre, chercha à faire prévaloir auprès du cabinet anglais le parti de la conciliation, et protesta hautement à Paris de son désir de voir maintenir la paix. Cette réserve calculée n'empêcha pas, comme nous l'avons vu plus haut, le ministère de Versailles de songer à se venger de l'Angleterre aux dépens de l'Autriche. Émue des projets belliqueux dont le bruit courait à Paris, l'impératrice fit interroger le gouvernement de Louis XV sur ses intentions. Ce fut à cette occasion que le successeur de Saint-Contest, M. de Rouillé, tout en protestant de son désir de conserver la tranquillité, répliqua (1) « qu'on ne pourrait en vouloir à la France si elle cherchait, dans le cas d'une guerre avec l'Angleterre, à s'indemniser des préjudices qu'elle avait à craindre, en attaquant les alliés de cette puissance. »

Une réponse aussi peu rassurante ne fut pas sans influence sur les pourparlers engagés dès lors avec la Grande-Bretagne et les Provinces-Unies, pour la protection des Pays-Bas. Les ouvertures de l'ambassadeur autrichien à la cour de Saint-James, les conférences de lord Holdernesse à Bruxelles, la contre-proposition de l'impératrice, l'envoi de Colloredo à Hanovre, prouvent la sincérité des intentions de Marie-Thérèse et de son ministre. La froideur de la France, ses liaisons intimes avec Frédéric ne laissaient d'autre parti à la cour de Vienne que celui d'un accord avec la Russie et les Puissances maritimes; mais si l'Autriche était prête à prendre fait et cause pour ses alliés, elle mettait à son concours deux conditions essentielles : 1° l'Angleterre et la Hollande contribueraient dans une large mesure à la défense des Pays-Bas; 2° l'Autriche serait garantie contre toute entreprise que le roi de Prusse pourrait tenter contre ses États héréditaires.

Nous avons raconté les négociations de Vienne et de Herrenhausen pendant le printemps et l'été de 1755. Il nous suffira de rappeler qu'un plan d'action commune de l'Autriche, des Puissances maritimes et des principaux États allemands, contre la France et la Prusse, fut soumis au roi George. Ce projet, soutenu par le roi et par ses mi-

(1) Stahremberg à Kaunitz, 17 avril 1755. Arneth.

nistres hanovriens, appuyé par Holdernesse, chaudement défendu par le comte Colloredo et le ministre saxon Fleming, échoua devant les objections de Newcastle, qui le trouvait plutôt dirigé contre la Prusse que contre la France, et devant l'opposition du public anglais, qui se refusait à consentir de lourds sacrifices pour une guerre continentale.

Après avoir attendu, pendant près de deux mois, la réponse au mémoire et au contre-projet expédiés à Hanovre le 19 juin 1755, la cour de Vienne, inquiète de ce long silence, convaincue qu'elle n'avait rien à attendre de l'Angleterre, émue des bruits que lui rapportaient ses représentants sur un rapprochement possible entre le cabinet britannique et le roi de Prusse, se détermina à faire des avances à la France. Cette grosse décision fut prise dans des réunions tenues le 19 et le 21 août, auxquelles assistèrent en dehors de l'empereur, de l'impératrice et de Kaunitz, les conseillers Ulfeld, Rodolphe Colloredo, Khevenhüller et Batthyani.

Dans une dépêche à sa cour, le ministre anglais Keith nous trace, vers cette époque (1), de ces personnages des portraits qui nous permettront d'apprécier l'importance des rôles de chacun : « L'Empereur est d'une intelligence ordinaire, et dans la vie privée aurait la réputation d'un honnête gentilhomme. Sa parole est sacrée et il a très bon cœur; mais son instruction a été très négligée, surtout en histoire. Rien d'important ne se fait sans lui, et quoique ce soit l'Impératrice qui tienne les rênes du pouvoir, en sa qualité d'excellente épouse elle a beaucoup de déférence pour l'Empereur, et quand il insiste sur quelque affaire, il est à peu près sûr de l'emporter. Sa Majesté se dit bon Anglais.

« L'Impératrice est naturellement douée d'autant de

(1) Keith à Holdernesse, très particulière, 27 juin 1755. *Record Office*.

grandes et aimables qualités que personne au monde, et si elle avait été initiée de bonne heure aux affaires, aurait pu faire aussi bonne figure que n'importe quel prince en Europe, car elle possède, en plus de ses grands talents, l'intelligence la plus vive et la plus juste, une mémoire tout à fait extraordinaire et une éloquence naturelle des plus séduisantes;... tenue complètement à l'écart des affaires du temps de son père, à la mort de ce dernier et dans le désordre qui s'ensuivit, elle fut obligée de se jeter dans les bras du ministère d'alors, ou plutôt de Bartenstein, qui est resté seul jusqu'à ce que Kaunitz ait pris le dessus dans l'estime de l'Impératrice, et il n'a tenu qu'à ce dernier s'il n'a pas été premier ministre au lieu d'aller comme ambassadeur en France. En dépit de toutes les intrigues de Kaunitz, le bon sens de la reine lui a fait comprendre que son intérêt réel est dans l'alliance anglaise. La jalousie et un peu d'amour-propre sont les seuls défauts de son caractère; on les voit surtout apparaître quand notre cour (d'Angleterre) le prend de trop haut, ou se sert de quelques expressions un peu vives.

« Le comte Ulfeld n'avait pas d'influence quand il était premier ministre, il en a encore moins aujourd'hui. Le comte Khevenhüller, grand-chambellan, ne manque ni de sens, ni de connaissances, mais c'est un petit homme sans énergie, à la dévotion de celui qui occupe la place de premier ministre. De plus il est sous la coupe de sa femme, une mégère s'il en fut, et cela leur fait du tort aux yeux de la cour et du public. Le maréchal Batthyani est moins que rien; je n'ai jamais entendu citer son nom à propos d'affaires. D'ailleurs, homme très aimable, très serviable dans la limite de ses moyens.

« Le comte Colloredo, le vice-chambellan, est à la fois un aimable homme et un homme de valeur; il a beaucoup de bon sens, et sans voir bien loin, il se rend très bien compte de tout ce qui est à sa portée; il n'est aucunement entêté ; il acquiert des lumières tous les jours, et a augmenté son crédit auprès de l'Empereur aussi bien qu'auprès de l'Impératrice... Il est aussi bien disposé pour l'Angleterre qu'il est possible de l'être.

« J'arrive enfin au comte Kaunitz, qui a plus d'influence auprès de Leurs Majestés que tous les autres réunis ; et il faut le reconnaître, il leur est aussi supérieur par le talent que par le crédit. Doué d'une intelligence remarquable, d'une mémoire heureuse, il possède à un degré extraordinaire le don de s'exprimer avec clarté et avec éloquence ; malheureusement, à ces grandes qualités il joint une certaine dose d'outrecuidance et beaucoup de paresse... Quant à ses intentions, je ne peux pas me repentir d'avoir dit qu'elles nous étaient favorables ; j'en ai eu mille preuves avant son départ pour Paris, et le peu de bien que j'ai pu faire à cette époque a été fait grâce à lui et à son concours. Il déclare tous les jours avec emphase qu'il est résolu à soutenir notre système, comme le seul moyen de maintenir les libertés de l'Europe et de défendre la maison d'Autriche et les autres alliés contre la France et la Prusse ; s'il ne dit pas la vérité, il doit être le plus mauvais et le plus faux des hommes. En écrivant ceci, je ne prétends cependant répondre que de ma propre sincérité...

« Koch, le secrétaire du cabinet, est le seul autre avec lequel l'Impératrice cause d'affaires ; il n'est pas capable, mais foncièrement honnête. »

Le conseil, dont nous venons de passer les membres en revue, était d'autant plus enclin à suivre Kaunitz dans son projet de tenter une négociation secrète avec la France, que cette puissance paraissait de moins en moins disposée à brusquer les événements. Stahremberg (1) avait

---

(1) Stahremberg à Kaunitz, 2 août 1755. Stahremberg à Cobenzell, 2 août 1755. Lettre citée dans une dépêche de Mitchell, chargé d'affaires d'Angleterre à Bruxelles, au duc de Newcastle, en date du 5 août 1755.

obtenu de Rouillé l'assurance que les troupes françaises n'envahiraient pas les Pays-Bas sans un avertissement préalable, que l'ambassadeur serait chargé de transmettre à sa cour. Cette nouvelle, communiquée aussitôt à Vienne et à Bruxelles, tranquillisa les esprits, et parut un heureux présage pour les ouvertures qu'on allait faire au cabinet de Versailles.

Le mémoire que Kaunitz rédigea pour la conférence, et les articles qui en étaient la conclusion, reproduisaient le plan de conduite développé en 1749. Recouvrer les provinces perdues, recourir pour cet objet au concours de la nation qui, jusqu'alors, avait été considérée à bon droit comme l'ennemie déclarée de la maison d'Autriche, constituer une ligue destinée à écraser le roi de Prusse et à ramener cet État aux anciennes limites de l'électorat de Brandebourg : tel serait le but avéré des pourparlers qu'on allait essayer de lier à Versailles. Le changement d'alliance entraînerait pour le gouvernement de l'impératrice une modification radicale de sa politique étrangère; d'une attitude purement défensive, on passerait à l'offensive.

Il y avait, en effet, une différence capitale entre les mesures de précaution à l'égard du roi Frédéric, que l'Autriche avait voulu imposer à l'Angleterre comme condition d'une action commune dans les Pays-Bas, et le projet de coalition contre la Prusse et de partage des États de cette puissance, dont il était question dans la conception hardie qu'on allait soumettre à la France.

Quand on compare les propositions faites à Hanovre par la cour de Vienne, en juin 1755, au gouvernement du roi George, avec celles que la même cour fit, à la fin d'août de la même année, au roi Louis XV, on ne peut s'empêcher de mettre en doute, sinon la loyauté de Marie-Thérèse, du moins la sincérité des sentiments que son ministre professait pour l'alliance anglaise. Kaunitz espérait peut-être, comme l'exclamation rapportée par Keith (1) pourrait le faire croire, entraîner la Grande-Bretagne dans une guerre contre la Prusse ; mais, s'il eut un instant cette illusion, la lecture de sa correspondance nous porte à croire qu'il ne la conserva pas longtemps. Plein de méfiance à l'égard de l'Angleterre, dont il devinait le penchant secret et les vues restreintes, convaincu qu'il ne pourrait jamais compter sur le concours efficace de cette nation pour la reconquête de la Silésie, le ministre autrichien dut se prêter à une tentative dans le succès de laquelle il avait peu de confiance, mais qui lui était commandée par les liens d'une union encore en vigueur, et par la reconnaissance pour les services passés. Il est possible, il est même probable que le comte de Kaunitz, tout en s'acquittant de son devoir comme ministre des Affaires Étrangères, n'apporta pas à la négociation avec le gouvernement anglais le tact, la persévérance et la patience que nous le verrons déployer pour mener à bonne fin les arrangements avec la France.

Avant d'essayer de faire participer la cour de Versailles à l'aventure, il était indispensable de provoquer une brouille entre elle et le roi de Prusse. A cet effet, Stahremberg reçut l'ordre de dénoncer les agissements de Frédéric, les avances qu'il avait faites à son oncle pendant le séjour de Hanovre, et les desseins qu'on lui attribuait contre la prépondérance de l'influence catholique en Allemagne. On se flattait que ce renseignement serait de nature à inquiéter la susceptibilité et à piquer l'amour-propre du roi très chrétien, et la porte serait ainsi ouverte à l'exposé des combinaisons dirigées contre son allié infidèle. Le gouvernement de l'impératrice mettait, en effet, sur le tapis tout un plan de coalition et d'opérations militaires.

Une ligue serait constituée entre la Russie, l'Autriche,

---

(1) Dans une conversation avec l'envoyé anglais sur les meilleurs moyens de défendre le Hanovre, Kaunitz s'était écrié : « En attaquant le roi de Prusse, morbleu ! »

la Suède, la Saxe et d'autres États allemands. Les possessions du roi de Prusse, attaquées par des forces dont le total se monterait à 200,000 hommes, seraient réduites aux limites de l'électorat de Brandebourg avant la guerre de Trente Ans; la Silésie et le comté de Glatz feraient retour à l'impératrice; les autres dépouilles seraient divisées entre les confédérés. Quant à la France, on ne lui demanderait qu'une attitude passive, tout au plus une contribution aux frais des hostilités. Comme prix de sa neutralité, on offrait au roi Louis XV un établissement dans les Pays-Bas pour son gendre l'infant don Philippe, en échange des duchés de Parme, de Plaisance et Guastalla qui seraient rendus à l'Autriche, et la cession pendant la durée de la guerre des places d'Ostende et de Nieuport. L'impératrice, enfin, s'engageait à travailler à l'entente de la France avec l'Espagne et les cours d'Italie, et promettait son appui pour assurer au prince de Conti la succession à la couronne de Pologne.

De telles propositions étaient de nature à compromettre et le gouvernement qui les faisait et celui qui les écouterait; aussi les précautions les plus minutieuses furent-elles prises à l'effet de donner aux pourparlers un caractère des plus intimes et des plus confidentiels. Seuls, Kaunitz et son secrétaire Bender seraient chargés de la rédaction des dépêches. Le roi Louis XV aurait à désigner une personne de son entourage pour prendre connaissance des projets de l'Autriche, et pour conférer avec le représentant de cette puissance. Marie-Thérèse prenait (1) l'engagement écrit et personnel de ne rien divulguer, et de garder le secret le plus absolu sur la négociation, quel qu'en fût le résultat. Elle exigeait du roi de France une promesse semblable.

Le comte de Stahremberg, pour amorcer l'affaire et prendre contact avec Sa Majesté Très Chrétienne, devait s'a-

(1) Arneth, *Marie-Thérèse*, IV, p. 550, note 481.

dresser, soit au prince de Conti, que désignaient son crédit et le travail personnel auquel il était souvent appelé auprès de son royal cousin, soit à Madame de Pompadour, dont la faveur paraissait grandir de jour en jour.

L'envoyé montra la sûreté des informations qu'il possédait sur le degré d'influence des personnages de la cour française, en donnant la préférence à la marquise, pour laquelle M. de Kaunitz lui avait remis un billet, annonçant les ouvertures de Vienne. « Nos propositions, écrivait le chancelier (1), ne vous donneront pas lieu de regretter la peine que vous aurez prise, Madame, de demander au roi quelqu'un pour traiter avec nous. Je me flatte, au contraire, que vous pourrez me savoir quelque gré de vous avoir donné par là une nouvelle marque de l'attachement et du respect avec lequel j'ai l'honneur d'être...... etc. »

On connaît aujourd'hui, dans tous ses détails, le début de l'affaire. Le récit de l'abbé de Bernis (2) ne diffère de celui que M. d'Arneth a tiré des dépêches de Stahremberg que sur des points d'importance tout à fait secondaire. D'après le diplomate français, auquel on peut se fier quand sa personne n'est pas en jeu, Louis, toujours bien disposé pour Marie-Thérèse, accepta avec joie les avances de cette princesse. L'alliance de Frédéric pesait au roi, tant à cause de la différence de religion qu'à cause des propos peu mesurés qu'on tenait à Berlin sur son gouvernement et sur sa vie privée. « Je vis, dit Bernis, qu'on était un peu choqué du ton léger que le marquis de Brandebourg prenait avec une couronne telle que celle de la France. »

L'abbé, comte de Bernis, bel esprit, académicien, auteur de poésies dont la légèreté lui fut souvent reprochée, avait été indiqué au choix du roi, encore plus par l'amitié de Mme de Pompadour et par l'intimité dont il jouissait auprès

(1) Arneth, *Histoire de Marie-Thérèse*, t. IV, p. 550. Note 482.
(2) *Mémoires et lettres du cardinal de Bernis*, publiés par Frédéric Masson, t. I, chapitre XIV et suivants.

d'elle, que par les services rendus pendant son ambassade à Venise. Rentré depuis peu de temps à Paris, il venait d'être nommé en Espagne en remplacement du duc de Duras, et s'apprêtait à prendre possession de son nouveau poste, quand il fut chargé par le roi du rôle délicat de négociateur, dont il s'acquitta avec une ardeur et avec un désir d'aboutir qui ne furent pas sans nuire aux intérêts qu'il avait à défendre.

Comme on le sait, la première conférence eut lieu dans une dépendance du château de Bellevue, à Sèvres, le 3 septembre 1755, en présence de la marquise (1). On peut s'imaginer le trouble que dut éveiller, dans l'esprit de l'abbé de Bernis et de sa protectrice, le contenu de la note dans laquelle Kaunitz avait exposé les projets et résumé les vues de la cour de Vienne. « J'étais convenu avec Mme de Pompadour (2), dit Bernis, que nous ne trahirions notre pensée ni par un mot ni par un geste; la précaution était bonne, car M. de Stahremberg ne lut pas une seule ligne de son mémoire sans chercher dans nos yeux l'impression que cette lecture me faisait. J'avoue que rien ne m'a tant surpris que la manière dont l'Impératrice s'y prit pour proposer son alliance au roi; cette princesse le supposait mécontent du roi de Prusse et instruit des négociations de la cour de Berlin avec celle de Londres, circonstance qui était encore entièrement ignorée à la cour de Versailles. »

Une copie du manuscrit de Kaunitz, relevée séance tenante par Bernis, fut soumise au roi. La réponse préparée par l'abbé, et approuvée par le souverain, fut remise à Stahremberg le 9 septembre (3) et immédiatement expédiée à Vienne; elle n'était guère de nature à satisfaire l'impératrice et ses conseillers.

(1) Mme de Pompadour n'assista qu'à cette conférence et ne prit aucune part directe à la première partie de la négociation.
(2) *Mémoires de Bernis*, t. I, p. 230.
(3) Voir Arneth, t. IV, p. 398.

Sa Majesté Très Chrétienne, loin de rejeter les ouvertures qui lui étaient faites, exprimait le désir d'arriver à une entente solide avec Sa Majesté Impériale ; mais ce préambule, pour ainsi dire obligatoire, était suivi des réserves les plus formelles. On se déclarait fort étonné des accusations lancées contre le roi de Prusse, et peu disposé à y croire. Il incombait au gouvernement de l'impératrice-reine d'établir l'exactitude de ses assertions au sujet des projets qu'on attribuait à ce prince, contre les monarchies de France et d'Autriche et contre la religion catholique. A défaut de preuves les plus convaincantes, le roi ne voulait pas mettre en doute la bonne foi de son allié et repoussait toute idée de rompre avec lui.

Contre l'Angleterre, on accepterait avec plaisir le concours de la cour de Vienne. Dans ce but, il fallait faire disparaître toute cause de dissentiment entre les deux gouvernements ; le moyen le plus sûr d'arriver à ce résultat serait un arrangement, par lequel les parties contractantes refuseraient toute aide à l'agresseur qui porterait atteinte à la paix d'Aix-la-Chapelle et aux stipulations de ce traité. L'on était prêt à se concerter par une convention spéciale avec les rois d'Espagne et des Deux-Siciles, au sujet de l'échange proposé pour l'infant don Philippe. La Russie et les autres puissances amies des deux couronnes pourraient être admises à l'alliance future, après accord préalable. Enfin, un article secret autoriserait la remise provisoire aux troupes françaises des places d'Ostende et Nieuport, tout en maintenant sur ces deux villes les droits de souveraineté de l'impératrice.

En résumé, le roi de France fermait l'oreille à toute insinuation contre le roi de Prusse, et demandait à l'Autriche une réserve bienveillante pour le présent, et des garanties qui ne laisseraient pas de devenir compromettantes pour l'avenir.

À la note française, Kaunitz, désireux d'écarter des propositions embarrassantes sans interrompre la négociation commencée, se borna à répondre que l'Autriche, sans faire une déclaration isolée de neutralité, serait disposée à se joindre à l'Espagne et à d'autres États, pour une action commune contre le prince qui jouerait le rôle de perturbateur de la paix publique.

Bernis riposta au nom de son maître, en sollicitant des éclaircissements sur les nouvelles vues de la cour de Vienne. La préparation de la pièce réclamée fut retardée jusqu'au 20 novembre, par les couches de Marie-Thérèse et la naissance de la princesse Marie-Antoinette, à qui la France devait faire expier si cruellement l'impopularité de l'alliance autrichienne.

Dans sa note qui parvint à Paris vers les premiers jours de décembre, le chancelier avait surtout pour but de gagner du temps en priant le roi très chrétien de fournir des indications précises sur les conditions et la portée de l'arrangement que l'on suggérait à l'impératrice.

La réplique du gouvernement de Louis XV, en date du 28 décembre, est beaucoup plus explicite que les précédentes. Le roi de France, exposait-on (1), avait adressé une réquisition à l'Angleterre, s'offrant à reprendre les pourparlers sur les différends d'Amérique, mais exigeant la restitution préalable des prises. Dans le cas d'un refus de la part de la Grande-Bretagne et de l'extension de la guerre au continent, l'Autriche ne serait pas appelée à prendre une part directe aux hostilités; mais on lui demanderait de refuser l'entrée en Allemagne aux Russes et aux Hessois, et à toutes autres troupes à la solde anglaise. Au contraire, si les Russes, malgré cette interdiction, persistaient à attaquer la France ou l'un de ses alliés, l'impératrice accorderait le libre passage aux troupes fran-

---

(1) Pièce citée et résumée par Arneth, t. IV, p. 405.

çaises chargées de repousser l'agression. Une entente sur ces bases entre les cours de Versailles et de Vienne aurait pour résultat, croyait-on, d'affermir la paix sur le continent européen. Quant aux autres points soulevés, l'examen détaillé que nous ferons du rescrit autrichien nous dispensera de les reproduire ici. Nous nous contenterons de signaler, dans les développements du document français, la trace des craintes d'une intervention des armées russes en Allemagne, dont il avait été si longuement parlé dans les instructions préparées pour le duc de Nivernais quelques semaines auparavant.

La joie que, d'après Arneth, la lecture de la note occasionna à Kaunitz, ne semble pas justifiée. Il est vrai que la France remplaçait la garantie de la paix d'Aix-la-Chapelle, dont il avait été question tout d'abord, par la proposition d'une convention avec l'Autriche et une déclaration de neutralité de cette puissance; mais les conditions attachées à cette neutralité étaient inacceptables, car elles avaient le grand inconvénient de mettre en antagonisme la cour de Vienne et sa fidèle amie la Russie, tandis qu'elles laissaient au roi de Prusse tous les avantages de l'alliance française. En attendant, cependant, on prenait pied à la cour de Louis XV, on était débarrassé, au moins pour le moment, de l'éternelle menace de l'invasion des Pays-Bas, et c'était beaucoup dans les conjonctures difficiles où se trouvait l'Autriche.

Au début très méfiant à l'égard des ouvertures de son ancienne rivale, le cabinet de Versailles paraissait avoir pris confiance dans la rectitude des intentions et dans la sincérité des procédés de l'impératrice. Une circonstance surtout pouvait être regardée comme symptôme favorable à la suite des négociations. La conduite de l'affaire, confiée, dans le principe, au seul abbé de Bernis, qui adressait son rapport directement au roi, était depuis quelque temps soumise à l'examen d'un comité, formé du ministre

Rouillé (1), de son premier commis l'abbé La Ville, du ministre de la marine Machault, et du contrôleur général Séchelles. L'institution de ce comité, l'exclusion du comte d'Argenson, que l'on savait partisan dévoué de l'entente prussienne, donnèrent à Kaunitz et à sa souveraine la certitude d'un premier résultat et l'espoir d'une réussite ultérieure. Cependant, la mission du duc de Nivernais, dont le départ après des retards répétés venait enfin d'avoir lieu, était une preuve manifeste de la foi de la cour de France dans le maintien de son union avec la Prusse. L'envoyé extraordinaire obtiendrait sans doute de cette puissance le renouvellement du traité encore en vigueur, et, en resserrant les liens existants, mettrait fin aux avances que la rumeur publique accusait Frédéric d'avoir faites à son oncle George II.

Ce fut donc sous l'influence de considérations quelque peu contradictoires, que fut rédigée la réponse de la cour impériale au projet de neutralité conditionnelle, mis en avant par la France.

Une longue dépêche de Kaunitz (2) résume les vues de la cour de Vienne, telles qu'elles ressortaient de la conférence tenue le 23 janvier. Le chancelier justifiait les mesures défensives prises en 1755 et les propositions que l'impératrice avait soumises à la cour de Saint-James, par la crainte d'une entreprise du roi de Prusse contre les États héréditaires de l'Autriche. L'attitude équivoque de l'Angleterre avait enfin dessillé les yeux de sa souveraine, et lui avait fait comprendre le but égoïste de cette nation, qui ne songeait qu'à l'entraîner dans une guerre contre la France,

(1) D'après Arneth, l'initiation de Rouillé et de ses collègues aux pourparlers aurait eu lieu dans le courant de novembre 1755. Le cardinal de Bernis dit que le comité fut institué environ six semaines après l'envoi de la réponse aux ouvertures de Stahremberg, il ne fait pas mention de l'abbé La Ville.

(2) Arneth, t. IV, p. 409-415.

sans se soucier des périls auxquels l'exposerait l'intervention. Irrités du peu de succès de leurs efforts à Vienne, les ministres du roi George avaient entamé à Berlin les pourparlers qu'on avait dénoncés au gouvernement de Louis XV.

De cette revue rétrospective passant à l'examen des suggestions françaises, on se disait prêt à les accepter en principe. On applaudissait à la demande de restitution des prises, formulée, en guise d'ultimatum, par le cabinet de Versailles, et on n'hésitait pas à reconnaître qu'un refus de la part du gouvernement britannique donnerait le droit de dénoncer ce dernier comme l'agresseur dans la mêlée probable. On enregistrait avec satisfaction la double déclaration que la France n'avait aucun projet hostile contre les Pays-Bas ou autre territoire autrichien, et qu'elle ne songeait pas à rechercher contre l'Angleterre ou le Hanovre le concours de la Prusse, tout en maintenant son alliance avec ce pays. La cour de Vienne ne pouvait que se montrer favorable à la garantie réciproque des possessions des deux États. Sans doute une convention de ce genre aurait pour effet d'aliéner les Puissances maritimes, et d'exposer la France au dépit du roi Frédéric, qui se trouverait empêché de rien entreprendre contre les États de l'impératrice. Mais l'arrangement proposé n'avait rien de contraire aux obligations ni aux intérêts de l'Autriche : les traités défensifs avec la Grande-Bretagne ne pouvaient s'appliquer à une guerre commencée sans nécessité, sans le consentement et au grand préjudice des alliés du royaume insulaire; les intérêts de l'impératrice étaient sauvegardés, puisque, à l'égard de la Prusse et de la Porte, ses ennemis naturels, il n'y avait aucune aide à attendre de Londres, tandis que, du côté des Pays-Bas, tout danger disparaissait à la suite d'un accord avec la France. Plus la garantie serait générale, plus elle serait efficace; aussi ne faisait-on aucune objection à ce que, outre l'Espagne et les princes italiens déjà visés, les États amis de la France et notamment la Prusse y fussent compris, à la condition qu'il en serait de même des puissances attachées à l'Autriche, parmi lesquelles figurait, en première ligne, la Russie.

Sur un point, le représentant de Marie-Thérèse avait ordre de se montrer intraitable; il rejetterait avec énergie l'idée de repousser par la force les Russes qui viendraient défendre le Hanovre, et d'accorder, par contre, toute facilité aux Français pour l'attaque de ce pays. Une pareille conception était (1) « contradictoire, parce que ce serait un fait diamétralement opposé aux lois d'une neutralité, malhonnête et même ridicule, parce que ce serait s'engager à favoriser les ennemis de nos alliés ». Stahremberg devait s'attacher à obtenir la promesse secrète de renoncer à toute entreprise contre le Hanovre; car l'entrée en Allemagne des troupes de Louis XV, avec l'acquiescement de l'empereur, soulèverait contre ce souverain tous les membres de l'Empire, et porterait à son prestige un préjudice irréparable.

De l'analyse que nous venons de donner, il ressort que l'impératrice-reine, malgré tout son désir de se rapprocher de la France, n'entendait sacrifier, sur l'autel de la nouvelle union, ni sa vieille intimité avec la Russie, ni les obligations qu'entraînait la dignité impériale, si péniblement acquise par son époux.

Dans le rescrit impérial du 27 janvier (2), destiné à être mis sous les yeux du cabinet français, nous trouvons l'expression officielle et adoucie des desiderata si franchement exprimés par Kaunitz dans sa correspondance particulière. La cour de Vienne constatait avec peine les progrès que faisait la mésintelligence entre la France et l'Angleterre, affir-

(1) Kaunitz à Stahremberg, 27 janvier 1756. Cité par Arneth.
(2) Archives de Vienne. L'original est en français.

mait « son espoir de voir le succès de la demande que Sa Majesté Très Chrétienne venait de faire vis-à-vis de Sa Majesté Britannique, » et déclarait qu'elle n'avait « pas même songé à vouloir gêner Sa Majesté Très Chrétienne dans l'usage que sa justice pouvait lui permettre de faire de ses forces. » Puis abordant le fond du débat, Leurs Majestés Impériales faisaient appel à l'équité du roi, pour lui faire sentir « qu'elles blesseraient les lois de l'honneur et les règles de la bonne foi, si elles se chargeaient de l'engagement aussi bien inutile de s'opposer au passage des troupes russiennes, au cas que le roi de la Grande-Bretagne croirait devoir les appeler à son secours. Sa Majesté Très Chrétienne a une trop haute idée de l'honnête et du juste, pour ne pas comprendre que cette action serait contraire à l'exacte neutralité dont il doit être question.

« Leurs Majestés Impériales s'expliqueront avec la même cordialité sur les propositions qu'elle a bien voulu leur faire. Elles consistent en trois objets, savoir :

« 1° Une neutralité parfaite à observer par Leurs Majestés Impériales, au cas que la France et l'Angleterre en vinssent à une guerre en Europe par rapport à leurs différends en Amérique;

« 2° Un traité d'amitié et de garantie réciproque entre la maison d'Autriche et la France et leurs alliés respectifs;

« 3° Et enfin un arrangement définitif sur les différends et autres objets, auxquels le dernier traité d'Aix-la-Chapelle n'a pas pourvu d'une façon à assurer solidement le repos de l'Europe.

« Leurs Majestés Impériales se font un plaisir de répéter à Sa Majesté Très Chrétienne qu'elles désirent sincèrement s'entendre et s'arranger avec elle. Elles en voient naître l'occasion avec une vraie satisfaction, et sont très décidées à faire ce qui pourra dépendre d'elles pour la mettre à profit, et pour qu'il puisse en résulter un arrangement solide. »

A cet effet, pleins pouvoirs étaient donnés au comte de Stahremberg pour « traiter et discuter en détail les articles proposés, les arrêter, conclure et signer ». Le duc Charles de Lorraine, gouverneur des Pays-Bas, recevait l'ordre de mettre des garnisons suffisantes dans les villes d'Ostende et Nieuport (1), et d'accueillir dans les dits ports indistinctement les vaisseaux de toutes les nations de l'Europe. Quant à la faculté de traverser les Pays-Bas qu'avait réclamée la France, « la réponse se trouvait dans l'état où on les laisse ; ils ne sont certainement pas dans le cas de pouvoir s'opposer au passage d'une armée, et tout aussi peu disposés à recevoir des troupes étrangères quelconques. » Pour les détails relatifs aux objets à atteindre, on s'en référait au plénipotentiaire autrichien ; mais on insistait auprès du roi pour qu'il fît « presser et consommer le plus tôt possible la neutralité de la république de Hollande. » Enfin, le rescrit se terminait par des protestations d'amitié et par le vœu d'une prompte terminaison des négociations.

On a le droit de se demander jusqu'à quel point la cour de Vienne était sincère en admettant l'accession des alliés de la France, et parmi eux de la Prusse, à la ligue projetée. Marie-Thérèse et son ministre avaient-ils perdu tout espoir de rompre l'union des cours de Versailles et de Potsdam ? S'étaient-ils décidés à sacrifier le recouvrement des provinces perdues au maintien de la tranquillité de l'Allemagne et à la sécurité des Pays-Bas? Le chancelier autrichien, en acceptant l'entrée du conquérant de la Silésie dans ce que nous pourrions appeler le syndicat de garantie, reprenait-il une idée qu'il avait soutenue naguère auprès de sa souveraine ? Croyait-il par cet acquiescement inattendu éveiller les inquiétudes du roi Frédéric, dont il connaissait le caractère soupçonneux, et

(1) Pour les mettre à l'abri d un coup de main des Anglais.

provoquer des explications et peut-être une brouille entre la France et la Prusse ?

Quelle que soit la réponse à ces interrogations, il est évident que les instructions dont nous venons de donner l'analyse et qui furent expédiées de Vienne le 27 janvier 1756, indiquaient une divergence de vues bien accusée entre les deux cours. A la requête française d'un concours indirect mais efficace pour l'entreprise contre le Hanovre, l'Autriche ripostait par un refus poli mais catégorique, et offrait en échange une déclaration de neutralité, qui dans son esprit devait s'étendre à la Hollande et à l'Allemagne.

Il est probable que, malgré les bonnes dispositions des deux souverains, l'accord sur des projets aussi contraires se fût fait longtemps attendre si les événements ne s'étaient pas chargés d'effectuer ce que la diplomatie n'eût pas obtenu. Quand les dépêches de Kaunitz arrivèrent à Paris, la situation était profondément modifiée par la nouvelle du traité de Westminster, signé à Londres le 16 janvier 1756.

Nous n'avons pas à rappeler l'explosion d'indignation et de courroux qui eut lieu dans les conseils de Louis XV quand on apprit la convention de Frédéric avec l'Angleterre ; mais nous devons rechercher si un pareil éclat était justifié de la part d'un gouvernement qui négociait, lui aussi, depuis cinq mois avec le plus grand ennemi de son allié. Tout d'abord, la similarité des agissements des deux cours, le mystère dont Frédéric et Louis entourent leurs pourparlers, semblent démontrer, il faut le reconnaître, le peu de confiance que l'un et l'autre mettaient dans une entente qu'ils proclamaient, cependant, comme la base de leurs relations avec les puissances étrangères. Mais si d'un examen superficiel du procédé nous passons à l'étude des détails, nous trouvons une différence essentielle entre la conduite du roi de France et celle du roi de Prusse.

Frédéric, quand il traite avec l'Angleterre, ne pense qu'à

sa propre sécurité, ignore les intérêts de son allié, les sacrifie même en lui fermant la route du Hanovre, en protégeant contre toute attaque de la France les États continentaux du roi d'Angleterre. Les diplomates français, il faut le dire à leur honneur, tout en écoutant les ouvertures de l'Autriche, ne consentirent pas à abandonner le roi de Prusse, refusèrent de croire aux accusations lancées contre lui, et suggérèrent à Vienne des mesures qui, dirigées contre l'intervention des Russes, auraient contribué à la défense de ses États.

« Jusqu'au commencement de février 1756, écrira plus tard Bernis au comte de Choiseul (1), le roi rejeta constamment les propositions du mois de septembre 1755, et l'impératrice-reine, qui nous avait confié ses secrets les plus intimes, commençait même à se prêter de bonne grâce à conclure un traité de garantie des États respectifs des deux puissances et de ceux de leurs alliés (les possessions de l'Angleterre toutefois exceptées). Il ne restait que de légères difficultés à aplanir pour signer ce traité, dont la réduction était chose achevée lorsqu'on apprit la conclusion de celui de Londres.

« Ainsi, tandis que le roi essuyait une ingratitude si marquée de la part du roi de Prusse, Sa Majesté refusait de se prêter aux propositions de la cour de Vienne, et songeait à assurer par une nouvelle garantie les États d'un prince qui le trahissait.

« Cependant, si le roi de Prusse, qui, en ratifiant son traité avec l'Angleterre, nous proposait de renouveler le traité que nous avions avec lui et qui était près d'expirer, avait eu la sagesse, après de mûres réflexions, de renoncer à la convention de Londres, jamais le traité de Versailles n'aurait été conclu, et la France aurait conservé en entier son système politique. »

(1) Instructions données à M. le comte de Stainville, ambassadeur à Vienne, 31 juillet 1757.

Malgré les assertions optimistes du brillant abbé, nous avons peine à croire que l'accord sur les conditions de la neutralité et sur l'exclusion de l'Angleterre eût été si facile à obtenir à Vienne. Nous avons déjà relevé l'opposition faite par Kaunitz à toute idée d'attaque contre le Hanovre, et dans le cours du récit, nous verrons constamment l'Autriche, tout en exigeant une action contre la Prusse, se refuser à consentir, au préjudice de la Grande-Bretagne, la réciprocité sur laquelle on insistait à Versailles. Il serait d'ailleurs du domaine de la fantaisie de chercher à deviner l'issue d'une négociation poursuivie dans des circonstances purement hypothétiques; il suffit de constater que l'initiative de Frédéric vint changer les dispositions du gouvernement de Louis XV, et bouleverser le système dont ce dernier s'était fait l'avocat auprès de l'Autriche.

Quoiqu'on eût eu vent des pourparlers engagés par Frédéric, et que la rumeur croissante d'une entente possible entre les deux souverains protestants n'eût pas été sans influence sur le départ du duc de Nivernais, on n'avait cru, ni à Vienne, ni à Versailles, que le roi de Prusse entrerait dans un arrangement quelconque avec la puissance insulaire, sans avoir pris l'avis de son vieil et fidèle allié Sa Majesté Très Chrétienne. Tout au plus s'imaginait-on (1) « que le roi de Prusse ne conclurait pas, et profiterait de l'occasion pour se faire un mérite auprès de la France en lui communiquant les propositions que l'Angleterre lui avait faites ». La confiance dans l'union franco-prussienne, la conviction de la nécessité pour Frédéric de s'appuyer sur cette politique, la franchise apparente des déclarations de ce prince, la sympathie bien connue de son représentant Knyphausen pour la France, suffisaient pour dissiper les soupçons que faisaient naître, dans les conseils de Louis XV, les articles des gazettes hollandaises et anglaises. Aussi plus

(1) **Stahremberg à Kaunitz,** 7 février 1756. Archives de Vienne.

ces sentiments étaient vivaces, et plus la sécurité avait été grande, plus le réveil fut brusque et la surprise douloureuse.

Dans sa réception du mardi 27 janvier, Rouillé, quand Knyphausen fut introduit auprès de lui, se répandit en reproches, dont l'amertume était d'autant plus profonde que les expressions indiquaient, au moins à en juger par l'analyse de l'envoyé prussien, plutôt la tristesse que la colère. A l'audience de la semaine suivante, les nouvelles plaintes du ministre des Affaires Étrangères et le langage du contrôleur général, M. de Séchelles, ne durent pas laisser au diplomate prussien beaucoup d'illusions sur les dispositions de la cour française.

Le 4 février, c'est-à-dire aussitôt que l'on avait été fixé sur le texte et la teneur des articles de la convention anglo-prussienne, le conseil du roi tint une séance, dont Knyphausen fit un récit que nous avons tout lieu de croire exact, et que nous avons reproduit plus haut. Nous nous bornerons à rappeler qu'à l'exception du maréchal de Belle-Isle, tous les membres se prononcèrent contre le renouvellement du traité avec le roi de Prusse, soutenu par Nivernais, et qu'une forte minorité alla jusqu'à demander le rappel de l'ambassadeur.

Une solution aussi radicale et, ajoutons-le, dans les circonstances aussi imprudente, n'obtint pas les voix de la majorité; mais si la rupture avec la Prusse ne fut pas immédiate, elle était implicitement contenue dans le refus qu'on avait décidé d'opposer aux offres du roi Frédéric. C'est, en effet, à partir du conseil du 4 février que nous verrons la négociation avec la cour de Vienne prendre tournure, et c'est à dater de cette époque que le cabinet de Versailles se prêtera à l'examen des propositions qu'il avait jusqu'alors déclinées.

Knyphausen, dans le compte rendu qu'il envoya à son royal correspondant, mentionne vers cette époque les fréquentes entrevues de Rouillé et de Stahremberg; les inquiétudes qu'il manifeste étaient fondées. Les avis de Londres, et sans doute l'indignation de Louis XV, avaient provoqué chez le ministre français, jusqu'alors fervent admirateur de Frédéric, un revirement subit, que sut exploiter avec beaucoup d'habileté l'envoyé autrichien. D'après ce dernier (1), Rouillé et Séchelles, dans les entretiens qu'ils eurent avec lui, auraient laissé voir le dépit que leur causait la conduite du roi de Prusse; de leur propre initiative, ils auraient « marqué le désir d'arriver à une conclusion avec la cour d'Autriche; ils paraissaient s'attendre à ce que celle-ci remît sur le tapis le premier plan d'alliance. » Les discours de M. Rouillé étaient « d'autant plus significatifs, qu'ils venaient à la suite des réflexions et des délibérations qu'on avait eu le temps de faire, et qu'on avait faites, en effet, d'un mardi à l'autre ». Ces propos inconsidérés des ministres décidèrent Stahremberg à profiter « de son mieux de la conjoncture heureuse, et peut-être unique, qui se présentait, pour engager la France à entrer dans les vues que nous lui avions fait envisager par notre premier plan ».

Sur ces entrefaites, le même 4 février, arrive la dépêche de Vienne en date du 27 janvier, et par conséquent rédigée et expédiée (2) avant connaissance de la signature du traité de Westminster. Stahremberg se demande tout d'abord s'il ne passera pas sous silence des notes dont le contenu ne répond plus à la situation. Mais, après réflexion, il se ravise; Bernis dîne chez lui ce jour; il saura la venue du courrier; mieux vaut agir ouvertement et s'assurer le bénéfice de la franchise. Il expose au diplomate français que, les circonstances étant profondément modifiées, il ne pouvait suivre des instructions qui ne tenaient pas compte

(1) Stahremberg à Kaunitz, 7 février 1756. Archives de Vienne.
(2) Il ne peut y avoir doute à cet égard; Stahremberg, dans sa dépêche, le dit en propres termes.

du rapprochement de la Prusse et de l'Angleterre ; le changement de front de Frédéric, en détruisant la principale objection à une action commune de l'Autriche et de la France, indiquait la nécessité de reprendre l'examen du grand projet d'août 1755. Dans ces conditions, il devait attendre de nouveaux ordres de sa cour ; cependant, pour lui donner une preuve de la bonne foi de l'impératrice et de son désir d'entente, il mettrait sous ses yeux la dépêche qu'il venait de recevoir.

Bernis, tout en se montrant très touché de cette marque de confiance, très heureux des bonnes dispositions du cabinet impérial, fut beaucoup plus discret que son chef dans ses appréciations des procédés du roi de Prusse ; et peu enclin à se placer sur un nouveau terrain de négociations. Peut-être regrettait-il le plan de neutralité et de garantie européenne dont il était l'initiateur, et dont l'acceptation par la cour de Vienne lui semblait pouvoir être obtenue, malgré les réserves importantes que nous avons signalées. Peut-être lui paraissait-il dangereux d'abandonner un résultat presque certain, pour revenir à l'étude d'une conception, grandiose sans doute, mais qui soulevait des questions multiples et ardues.

Quels que fussent les motifs auxquels obéit l'abbé de Bernis, il se montra beaucoup plus habile que son ministre ; il affirma à son interlocuteur que le roi son maître « ne s'était encore ouvert vis-à-vis de personne sur ce qu'il pensait du traité conclu entre les cours d'Angleterre et de Prusse ;... que le roi de Prusse cherchait à donner à sa démarche la tournure la plus favorable qu'il fût possible ; que l'offre que faisait ce prince de renouveler le traité de 1741, pouvait faire croire qu'il n'y avait dans le traité nouvellement conclu rien de contraire à ses anciens engagements. » Il ajouta qu'il fallait attendre les dépêches de Nivernais et les avis qui parviendraient de toutes parts, pour avoir des indications plus précises ; il promit enfin d'en référer au roi et d'apporter une réponse catégorique.

Dans un billet du 27 janvier, Kaunitz avait écrit : « J'entrevois la plus belle perspective du monde pour les deux cours, et il n'est rien que je n'ose espérer, pourvu qu'où vous êtes on y aille d'aussi bon jeu qu'on ira ici ;... et qu'on n'imagine pas de vouloir finasser comme par le passé, attendu que ce serait le moyen de tout gâter, et vis-à-vis de ma cour et vis-à-vis de moi. » Il faut supposer que Stahremberg considéra que cet avis, excellent pour les diplomates français, ne s'appliquait pas à leur collègue autrichien ; car, en attendant de nouvelles instructions de Vienne, il employa toutes les ressources de son esprit à confesser les conseillers de Louis XV sans se compromettre lui-même. Il eut des conférences avec (1) Rouillé, Séchelles et Bernis, « chacun des trois en particulier » ; il mit « toute son attention à conserver l'avantage... en obligeant pour ainsi dire cette cour à parler la première et à revenir comme d'elle-même aux premières propositions ».

Les entrevues avec Bernis se multiplient. Tout d'abord, ce dernier ne parle que de l'union des deux cours et relègue au second plan les points qu'il appelle « accessoires, c'est-à-dire les avantages à se faire réciproquement (par quoi on entendait l'abandon de l'alliance du roi de Prusse d'une part, et celui de la cession ou de l'échange d'une partie des Pays-Bas de l'autre) ».

Stahremberg réplique que « l'accessoire » de Bernis « devait bien plutôt, par le changement des circonstances, être envisagé comme le point fondamental de la négociation ». Tout en déclinant « de jouer le rôle d'accusateur du roi de Prusse, il ne perd néanmoins aucune occasion de relever sans affectation, et par manière de discours, tout ce qu'il y avait d'odieux, de suspect, d'offensant et de contraire aux intérêts de la France dans la nouvelle alliance » du roi de

---

(1) Stahremberg a Kaunitz, 16 février 1756.

Prusse. Cette conduite m'a si bien réussi (**1**), écrit-il, que je suis enfin parvenu, après différentes gradations, à faire absolument changer de langage au ministère d'ici sur le compte de ce prince. » L'abbé de Bernis, très renfermé d'abord, modifie complètement son ton, et se livre peu à peu à la critique de Frédéric, « dont on reconnaissait à pleine mesure l'ambition, la mauvaise foi et les vues dangereuses. » Oubliant sans doute les expressions dont il s'était servi quelques jours auparavant, il ajoute que « rien ne pouvait excuser la démarche qu'il (le roi de Prusse) venait de faire, et tout portait à croire que le traité contenait des articles secrets de la plus grande conséquence, puisque, sans un très grand intérêt, ce prince n'aurait sûrement pas risqué de perdre l'alliance de la France. On était ici aussi outré et indisposé contre lui que nous pouvions l'être... On était très décidé, dit-il, de ne pas renouveler le traité de 1741, et de ne faire aucun compte de tout ce que le roi de Prusse pourrait tenter pour amuser cette cour ou pour lui en imposer davantage. »

De ce commentaire, si différent de celui qu'on avait fait jusqu'alors, et de la promesse de lui communiquer « les notions que l'on recevrait de Berlin, soit par les dépêches du duc de Nivernais, soit par les sollicitations du baron de Knyphausen », Stahremberg augure bien de la suite des négociations. Ce fut, en effet, vers cette époque que Rouillé autorisa le duc de Nivernais à quitter Berlin, en invoquant le prétexte de son mauvais état de santé. Les lettres de rappel jointes à la dépêche ministérielle portent la date du 19 février. L'ambassadeur, on le sait, n'interpréta pas dans le sens d'un ordre formel la permission qui lui avait été accordée, et continua ses conférences avec Frédéric jusqu'à l'arrivée, dans les derniers jours de mars, d'un billet qui n'admettait plus de malentendu.

(1) Stahremberg a Kaunitz. 16 février 1756.

Cependant, le cabinet français semble hésiter encore ; on est lié avec la Prusse par les traités de 1741 et de 1745, dont le premier expire en juin 1756 et dont le second est en force jusqu'à l'été de 1757. Ne pourrait-on laisser passer ces échéances avant de contracter une alliance avec l'Autriche? La réciprocité revient sur le tapis. Stahremberg s'évertue en vain à expliquer que le cas de l'Angleterre n'est pas celui de la Prusse; Bernis refuse de se rendre à ce raisonnement. D'autre part, l'envoi à Berlin de Valory, dont cependant « on fait peu de cas ici », l'éloge qu'on lui fait des sentiments français du prince de Prusse, frère du roi et héritier de la couronne, marquent bien les tendances contradictoires des ministres de Louis XV.

Le 27 février, l'envoyé est à même de transmettre à Kaunitz des résultats plus encourageants. L'abbé de Bernis, après avoir de nouveau appuyé sur la condition préliminaire et indispensable de la réciprocité, et exigé de son interlocuteur une note à ce sujet, s'est enfin décidé, en attendant les nouvelles instructions de Vienne, à aborder la discussion des principaux articles du grand projet qui avait été le point de départ de toute l'affaire, et qui, on se le rappelle, avait été jusqu'alors résolument écarté par la cour de Versailles.

A propos de la candidature au trône de Pologne du prince de Conti, que l'Autriche avait offert de soutenir, Bernis désavoua les vues qu'on attribuait à son maître; il pouvait assurer « que le roi ni son ministre n'avaient aucune part à de telles démarches ». On se contenterait, lors de la mort du roi Auguste, de s'entendre avec la cour de Vienne sur le choix de son successeur. Quant à l'agrandissement aux dépens de la Prusse des autres puissances que l'impératrice voulait embrigader dans la ligue, « on ne voyait ni la nécessité ni la possibilité d'entrer en aucun concert à cet égard, et réellement on aimerait mieux renoncer à tout que d'y consentir ».

Le point capital du débat pour le diplomate autrichien était la participation de la France à l'attaque contre la Prusse. Il donna lieu à une discussion des plus vives; mais c'était déjà un immense progrès d'avoir pu provoquer, sur cette question, un échange d'idées même divergentes. Bernis acceptait bien la renonciation passive, mais ne voulait pas entendre parler d'une action offensive de la France contre son ancien allié. « Le roi, répétait-il, était décidé d'en agir avec le roi de Prusse de la même façon que nous agirions avec l'Angleterre. »

Des conversations qui s'engagèrent, l'envoyé tira sur les vues du gouvernement de Louis XV la conclusion suivante (1) : « Quant à la substance, il est certain que l'on entre non seulement au moins en partie dans nos vues contre le roi de Prusse, et que l'on consent à ce que nous lui reprenions avec le secours de la Russie les États qu'il nous a enlevés, mais que même on ne fera pas difficulté de concourir efficacement à l'exécution de ces vues en nous fournissant des secours en argent dont nous pourrons avoir besoin. » Pour le moment, on n'irait pas plus loin; le cabinet français ne consentirait pas au démembrement de la Prusse que désirait l'Autriche. L'abbé de Bernis « me déclara que le roi ne se prêterait jamais à cette proposition ».

A Vienne, les affaires étaient beaucoup moins avancées qu'à Paris. La lenteur des communications, qui exigeaient un délai de plus de sept jours pour le voyage des courriers, ne permit pas de recevoir en temps utile les dépêches que nous venons de résumer. Aussi les instructions expédiées par Kaunitz le 22 février laissaient-elles encore au gouvernement de Louis XV le choix de poursuivre les pourparlers, soit sur la base de l'alliance offerte en premier lieu, soit sur celle beaucoup plus restreinte de la

---

(1) Stahremberg à Kaunitz, 27 février 1786.

convention de neutralité, mise en avant par la France, en novembre et décembre 1755.

Tout d'abord les négociateurs français écartèrent la dernière alternative. Bernis, quoique personnellement favorable à la proposition dont il était l'inspirateur, dut répondre au nom du roi (1) « que nous étions trop avancés, pour pouvoir nous contenter de ne faire que si peu de chose », que la France ne commettrait pas d'hostilités contre l'Autriche, et qu'une déclaration à cet effet suffirait, « sans qu'il fût besoin d'avoir recours à un traité, qui attirerait l'attention de l'Europe et ferait soupçonner d'autres arrangements secrets ».

Malgré la préférence ainsi marquée pour l'adoption ou tout au moins l'examen du grand projet, Stahremberg ne dissimule pas l'inquiétude que lui occasionnent les entrevues de Nivernais avec le roi de Prusse. Tenu au courant de tous les incidents de la mission, il en fait part à sa cour. C'est ainsi qu'à Vienne on fut informé des conversations de Potsdam, des raisons invoquées par Frédéric pour sa justification, de l'ouverture en présence de l'ambassadeur du coffret contenant la ratification du traité de Westminster. Rouillé poussa les confidences jusqu'à raconter à l'Autrichien « son mécontentement » du parti que M. de Nivernais a pris, et son étonnement « de ce que le ministre n'avait pas mieux compris le sens de la lettre qu'il lui avait écrite pour le faire revenir ».

« Les avances du roi de Prusse, ajoute Stahremberg en guise de commentaire, n'ont pas laissé que de faire impression sur l'esprit de M. de Nivernais, et peut-être aussi sur celui de M. de Rouillé. Ce dernier m'a paru tout à fait disposé à croire que le traité de Londres ne renfermait aucun article secret, et, ce qu'il y a de plus fâcheux et de plus incompréhensible, il persiste toujours à soutenir qu'il

---

(1) Stahremberg à Kaunitz, 11 mars 1756.

ne peut y avoir d'intelligence sincère entre l'Angleterre et le roi de Prusse ; que ce prince ne peut trouver ni sûreté ni avantage dans toute autre alliance que celle de la France, et que la France, au contraire, ne peut jamais rien avoir à craindre de sa part. Ce raisonnement si faux, si mal fondé, et qui cadre si peu avec la résolution qu'on a prise et qui m'a été déclarée et confirmée encore depuis, de vouloir abandonner l'alliance du roi de Prusse et de concourir même aux frais de la guerre que nous aurons à lui faire, me donne, je l'avouerai, beaucoup à penser, et me cause souvent de très grandes inquiétudes. Je crois pouvoir entrevoir que M. de Rouillé (ou pour mieux dire l'abbé La Ville, qui le guide dans tout ceci) et M. de Bernis ne sont pas tout à fait d'accord dans leurs principes.

« Le premier de ces ministres, quoique porté très sincèrement pour l'établissement d'une bonne union entre nos deux cours, voudrait néanmoins, selon toutes les apparences, que ce ne fût pas aux dépens du roi de Prusse. Il lui est même échappé dans nos conversations, ces jours passés, de me dire que le roi de Prusse était un allié nécessaire de la France..... M. de Bernis, au contraire, me paraît se rapprocher beaucoup davantage de nous; il trouve plus à redire et voit beaucoup plus à craindre que M. de Rouillé à la conduite passée et présente du roi de Prusse. Il est, d'ailleurs, trop clairvoyant pour ne pas reconnaître que nous ne pourrons jamais consentir que la France garde des ménagements pour ce prince, et que tant qu'elle les gardera, la nouvelle alliance ne pourra jamais être envisagée, de notre part, comme un ouvrage bien solide. Il s'opposera toujours fortement à la destruction totale du roi de Prusse, mais ce sera, je crois, par des principes tout à fait différents de ceux de M. de Rouillé. »

Les citations que nous venons de faire dépeignent bien les embarras de la cour de Versailles et les défiances réciproques des deux diplomaties. A Paris, le premier mouvement de colère passé, on hésite à rompre avec l'ancien ami avant d'être bien sûr du nouveau ; on devine les visées ambitieuses de l'impératrice ; on craint de se laisser entraîner à sa suite dans une entreprise dont l'esprit serait en contradiction avec les errements séculaires de la France, et on ne veut s'y décider que moyennant des avantages territoriaux assurés, et un concours tout au moins moral contre l'Angleterre. L'envoyé autrichien, au contraire, interprète fidèle des intentions de sa souveraine, ne perd jamais de vue le véritable but de la cour impériale : brouiller la France et la Prusse d'abord, amoindrir la Prusse ensuite. Sans doute le grand projet de l'alliance offensive serait le meilleur ; mais, à son défaut, il se contenterait d'un accord défensif, au besoin d'une convention de neutralité. Il connaît la faiblesse des conseils de Louis XV, le désir de la paix, qui a survécu à tous les affronts que l'Angleterre a infligés à la dignité royale ; il a peur d'une transaction avec cette puissance, d'un revirement en faveur de la Prusse ; il ne veut s'engager qu'à bon escient, et tout en faisant miroiter aux yeux de ses collègues français les immenses avantages que leur pays retirerait de l'union avec l'Autriche, il se dérobe quand il s'agit de les préciser et surtout de les coucher sur le papier.

Dans ses efforts patriotiques pour faire pencher la balance du côté de son pays, Stahremberg fut admirablement servi par la divergence de vues et de caractères des deux plénipotentiaires français. Tandis que Rouillé, moitié par timidité naturelle, moitié par jalousie de l'homme dont il enviait le rôle et soupçonnait le but, n'acceptait, qu'à son corps défendant, une orientation politique qu'il n'avait pas imaginée et à laquelle il découvrait des dangers de tout genre. Bernis faisait concorder son intérêt et ce que nous appellerons ses convictions, en soutenant avec enthousiasme le nouveau système. En lui, l'Autrichien trouvait, pour la discussion, sinon un confident et un allié, tout au moins un collaborateur de la première heure, aussi résolu que lui à achever l'œuvre commune, un partisan convaincu des combinaisons auxquelles il avait attaché sa réputation, et du triomphe desquelles dépendait son avenir comme homme d'État. Ce fut donc à bon droit qu'il se montra fort ému de l'envoi annoncé de son collègue français à son poste d'ambassadeur en Espagne : « Je regarderais ce départ, écrit-il, comme un événement très contraire au bien de notre négociation, laquelle ne pourra guère être menée à bonne fin, si elle passe en d'autres mains que celles de l'abbé de Bernis qui, par le moyen de Mme de Pompadour, possède toute la confiance du roi, qui est un homme d'esprit, juste, très au fait des intérêts des princes, et intéressé personnellement à la réussite de notre affaire, qu'il regarde comme son propre ouvrage. »

Si, de la part du ministre des Affaires Étrangères de Louis XV, nous ne trouvons à cette époque que contradiction et indécision, il n'en était pas de même à Vienne. Le langage que tient Kaunitz est net et énergique; jamais il n'oublie le plan politique arrêté dans le conseil du mois d'août 1755. « Il faut qu'on se persuade sérieusement, mande-t-il à Stahremberg (1), et une fois pour toutes, en France, que ce n'est nullement la transplantation de l'infant, laquelle en effet nous importe peu, qui nous engage ou pourra jamais nous engager à lui accorder les avantages, inestimables pour la monarchie française, que nous lui offrons aux Pays-Bas; mais que c'est uniquement la reprise de la Silésie et du comté de Glatz, et surtout un beaucoup plus grand affaiblissement encore du roi de Prusse, indispensable à notre tranquillité, qui en est la réciproque et la condition *sine qua non;* que c'est là l'équivalent, et que ce mot ne peut aller à aucune autre chose. »

En dépit des impatiences de Kaunitz et de son ambas-

---

(1) Kaunitz à Stahremberg, 9 mars 1756.

sadeur, malgré la bonne volonté de la cour de Versailles, manifestée par l'ordre définitif de rappel expédié à Nivernais (1), on ne fit guère de progrès pendant le mois de mars et la première quinzaine d'avril. « Ce qui cause depuis quelque temps, écrit Stahremberg (2), beaucoup de retardement, de désordre et d'autres inconvénients dans notre négociation, est la maladie de l'abbé de Bernis, jointe à plusieurs accidents fâcheux qui lui sont arrivés depuis peu (3). »

En l'absence de Bernis, il fallut traiter avec Rouillé qui se montrait beaucoup moins accommodant que son collègue. Stahremberg fait un long récit des difficultés soulevées par le ministre, qui suggérait, à chaque entrevue, des modifications dans la rédaction de la convention de neutralité, d'abord écartée comme on l'a vu plus haut, et plus tard reprise sur l'insistance de la cour de Vienne (4); Rouillé voulait y introduire une réserve, relative « aux alliances que Sa Majesté Très Chrétienne a avec le roi de Prusse et d'autres puissances ».

La mort de la princesse de Rohan et de Mme de Bernis, nièce de l'abbé, suivie d'une rechute de ce dernier, vint interrompre de nouveau les conférences, qui ne recommencèrent qu'à la réception des instructions définitives de Vienne.

Dans la dernière quinzaine de mars, le conseil aulique s'était réuni sous la présidence de l'empereur et de l'impératrice, et le résultat de ses délibérations fut envoyé à Stahremberg, sous la forme d'un rescrit, en date du 27 mars. Dans cette pièce, à travers les phrases obscures, les raisonnements recherchés, et les assurances de franchise et de

---

(1) Le billet, par lequel Rouillé signifia à Nivernais l'ordre de revenir en France, est daté du 13 mars 1756.
(2) Stahremberg à Kaunitz, 17 avril 1756.
(3) Voir sur l'indisposition de Bernis : *Mémoires de Bernis*, t. I, p. 263.
(4) Kaunitz à Stahremberg, 11 mars 1756.

droiture, dont la cour impériale aimait à parer ses notes diplomatiques, percent l'inquiétude causée par les lenteurs de la négociation, le doute sur les intentions de la France et le vif désir de lier cette puissance par une convention, dont la signature, plus encore que les stipulations, serait de la plus haute importance.

Avant tout, il fallait mettre fin à l'alliance prussienne (1) : « Que ceci te serve de règle de conduite générale, écrivait-on de Vienne, que notre désir le plus cher, le but vers lequel nous portons de préférence tous nos efforts, est d'empêcher autant que possible le renouvellement du traité entre la France et la Prusse. Si ceci arrivait même, il est vrai que notre traité pourrait encore se faire, et le traité défensif prussien avec la France subsister en même temps; mais ce serait perdre tout espoir, quant à l'heureuse réalisation de nos desseins secrets, non seulement pour les temps présents, mais encore pour les temps futurs. »

Le rescrit passe en revue les points les plus essentiels du projet primitif, qu'on est heureux de voir remettre sur le tapis, mais dont on ne se dissimule pas les difficultés. Sur la subordination des avantages accordés à la France au recouvrement antérieur de la Silésie, Marie-Thérèse tient le langage le plus explicite : « Il faut s'efforcer au plus tôt de faire disparaître, pour l'intelligence exacte de l'équivalent de nos cessions consenties, toute ambiguïté et tout malentendu, et d'ajouter la condition expresse que non seulement nos engagements n'auront ni force, ni effet, mais encore devront être considérés comme n'ayant pas été pris, si nous ne parvenons pas, dans et par le traité de paix prochain, à être mis en réelle possession de la Silésie et de Glatz. Dans ce cas, il faudrait que tu fisses une déclaration préalable et formelle à Sa Majesté le Roi Très Chrétien. »

(1) Rescrit impérial 27 mars 1756 Archives de Vienne.

Les bénéfices que la France devait tirer de l'action commune contre Frédéric consistaient, on le sait : 1° dans l'échange, au profit de l'infant don Philippe, de la presque totalité des Pays-Bas autrichiens contre les duchés de Parme, Plaisance et Guastalla, qui faisaient retour à l'Autriche ; 2° dans l'abandon à la France de quelques cantons frontière, détachés du nouvel État.

Comme compensation à ces avantages, on demandait au gouvernement de Louis XV de faire participer ses armées à la lutte contre le roi de Prusse, de prêter son concours financier à l'Autriche et à ses alliés, d'empêcher les Puissances maritimes (et notamment l'Angleterre) de secourir le roi Frédéric. Une opération des troupes françaises contre le Hanovre n'entrait pas dans les plans de la cour de Vienne; aussi objecte-t-elle les complications qu'entraînerait cette entreprise. « Si ladite couronne voulait opérer en même temps en ennemie du côté de la terre et envahir le Hanovre sans autre motif, ce ne fait pas l'ombre d'un doute que le Danemark et les autres cours protestantes ne le toléreraient pas, que la Russie même serait capable de faire valoir ses conventions actuelles en ce qui concerne le Hanovre. »

En résumé, Stahremberg, tout en ne perdant pas de vue les visées ultérieures de l'impératrice, devait poursuivre activement la conclusion de la convention de neutralité et du traité défensif; pour hâter le dénouement, il devait se servir, auprès des ministres français, des tentatives d'accommodement qui étaient annoncées de la part de l'Angleterre. « Nous devons nous attendre, lui écrivait-on, à voir cette puissance faire tous ses efforts auprès des cours d'Espagne, de Sardaigne, de Saxe et de Russie pour arriver avec nous à une réconciliation et reprendre nos relations d'autrefois, ce à quoi elle est activement poussée d'ailleurs par certaines de ces cours; et, bien que nous ayons repoussé les représentations qu'elle nous a faites jusqu'à ce jour par des réponses évasives, nous ne pouvons en ce moment nous soustraire plus longtemps à une déclaration claire, et la France songera, nous en avons l'espoir, à nous tirer de l'embarras et à se mettre à notre place. »

Kaunitz appuya le rescrit du 27 mars par quelques mots personnels : « Je me bornerai à vous dire, écrit-il (1) le 28 mars, que nous attendons, avec une juste impatience, la nouvelle de la consommation du traité défensif, dont je suis bien aise de voir que l'on commence à sentir également la nécessité où vous êtes. Ce qui doit aller après, et le plus tôt le mieux, c'est le traité secret s'il peut se faire de la façon dont nous nous en expliquons aujourd'hui. L'arrangement des mesures nécessaires, pour en rendre l'exécution certaine, est ce qui doit suivre, et enfin l'exécution même *in tempore opportuno.* »

Si à Vienne on savait ce qu'on voulait, il n'en était pas de même à Paris. Plus les ministres français étudiaient les clauses du grand projet, et plus ils commençaient à en craindre la conséquence immédiate, qui devait être (2) « une guerre générale, très longue et très coûteuse ». Stahremberg, qui comprenait à merveille que l'acceptation de l'alliance offensive serait un travail de longue haleine et rencontrerait bien des résistances, se conforma aux ordres de Vienne et reporta tous ses efforts sur la partie du programme qu'il était possible de réaliser à bref délai. « Ce qu'il y a de certain, écrit-il (3), est que nous sommes d'accord pour le fond; il (Bernis) est entièrement dans nos principes, et pourvu que je parvienne, comme je m'en flatte, à faire conclure pour le présent le traité défensif, il y a tout lieu d'espérer que nous réussirons tôt ou tard à faire entrer cette cour dans notre grand projet, et c'est peut-être

(1) Kaunitz à Stahremberg, 28 mars 1756.
(2) Extrait d'une conversation avec Rouillé, cité par Stahremberg.
(3) Stahremberg à Kaunitz, 17 avril 1756.

le roi de Prusse lui-même qui nous en fournira les meilleurs moyens; mais ce n'est pas le temps encore, et ce qui importe avant toutes choses est de conclure au plus tôt le traité défensif; ce premier pas fait pourra en amener bien d'autres. »

Les propositions autrichiennes, jusqu'alors examinées par le comité spécial, devaient être soumises au conseil tout entier. L'envoyé de Marie-Thérèse donne des détails intéressants sur sa composition et sur les opinions de ses membres.

« Depuis la retraite du comte de Saint-Severin (1), écrit-il, celle du maréchal de Noailles (2), l'accident malheureusement survenu à M. de Séchelles (3) qui vient de résigner entièrement la charge de contrôleur général, et la rechute de M. de Puysieulx, lequel depuis quelques mois dépérit à vue d'œil et n'est pas même en état de suivre le courant des affaires, le conseil est composé de MM. de Machault, d'Argenson, Rouillé et de Saint-Florentin. Votre Éminence connaît par elle-même ces quatre sujets; elle sait quelle est la portée de leur génie et quelles sont leurs dispositions politiques. La mésintelligence des deux premiers subsiste toujours et augmente d'un jour à l'autre. M. d'Argenson, à qui on a cru devoir faire part, ainsi qu'aux autres ministres, du dessein du roi de conclure une alliance et d'établir une intelligence parfaite avec Leurs Majestés Impériales, n'a eu garde de s'opposer ouvertement à cette idée; mais il est certain qu'il fera sous main tout ce qui dépendra de lui pour nous contrecarrer, et il se donne actuellement beaucoup de mouvement pour savoir au juste

---

(1) M. de Saint-Severin, plénipotentiaire français au traité d'Aix-la-Chapelle, se retira du conseil au commencement de 1756; il mourut le 7 mars 1757. (Luynes. vol. XV, p. 440).

(2) Le maréchal de Noailles se retira du conseil le 13 avril 1756; il mourut le 24 juin 1766, âgé de près de quatre-vingt-huit ans (Boutaric, t. I, p. 49).

(3) M. de Séchelles avait eu une attaque, aux suites de laquelle il succomba quelques mois après.

où l'on en est et de quoi il est question. Je ne doute pas que ce ne soit par lui que M. de Knyphausen a eu les notions qu'il a fait passer à son maître au sujet de notre négociation secrète, et la chose est d'autant plus certaine que l'abbé de Bernis vient de m'avouer que, dès le lendemain de notre première entrevue à la petite maison de Mme de Pompadour, près de Sèvres, M. d'Argenson en avait été informé. Il est certain que, de tous ceux qui composent actuellement le ministère, il est sans doute celui qui a le plus d'esprit et le plus de finesse, et c'est précisément par là que nous en avons le plus à craindre.

« M. Machault désire sans contredit la conclusion de notre affaire ; mais il est apparent que, lorsqu'il s'agira des moyens, il sera toujours de l'avis de M. Rouillé qui, soit par timidité, soit par le désir d'avoir un sentiment à lui, soit enfin par les scrupules et la méfiance que l'abbé La Ville lui inspire, ne se fixe jamais à rien, trouve des difficultés à tout et ne va jamais au grand et au solide.

« Quant à M. de Saint-Florentin, Votre Éminence connaît ce qui en est ; ainsi, je n'ai rien à dire à son sujet. Nous avons beaucoup perdu en perdant M. de Séchelles, qui était non seulement très bien intentionné, mais en même temps assez clairvoyant pour envisager notre projet dans toute son étendue, et assez ferme pour conseiller et soutenir de grandes entreprises. Son avis entraînait toujours celui de M. de Machault et rectifiait souvent celui de l'abbé de Bernis. En un mot, c'était l'homme qu'il nous fallait. Il fréquente encore le conseil, mais c'est plutôt *ad honores* qu'autrement ; on ne lui parle plus de notre négociation et il semble presque avoir oublié qu'il en est question. MM. de Noailles et de Puysieulx, auxquels on n'a fait qu'une communication très vague et très générale de ce dont il s'agit, sans entrer dans aucuns détails, m'ont paru très bien disposés, et nommément le dernier. Le maréchal de Noailles a fait comprendre qu'il fallait avoir grande attention à se conserver toujours l'influence que la France avait dans les affaires intérieures de l'Empire en qualité de garante du traité de Westphalie, et empêcher que la maison d'Autriche n'empiétât, sous prétexte de religion ou autrement, sur les droits et libertés des princes des États de l'Empire. Au reste, il a paru goûter le projet d'une union stable et solide entre les deux puissances, et est convenu que c'était le vrai moyen d'assurer pour jamais le repos et la tranquillité de l'Europe..... Son raisonnement a fait beaucoup d'impression sur M. Rouillé, qui est toujours susceptible de méfiance et d'inquiétude. Il ne me voit jamais, depuis ce temps-là, sans qu'il me parle de la garantie du traité de Westphalie, et je prévois qu'il en sera question lors de la rédaction des articles du traité défensif. Voilà quelles sont, à peu près, les dispositions des ministres de cette cour relativement à notre négociation. Celui de tous qui me donne le plus d'inquiétude est, sans contredit, M. Rouillé. »

Le post-scriptum de cette importante dépêche est plein de confiance : « J'ai eu encore une conversation avec l'abbé de Bernis, d'après laquelle j'ai lieu d'espérer que je parviendrai à conclure le traité défensif. Il va partir tout à l'heure pour Versailles, et m'a dit lorsque je l'ai quitté qu'il était sûr du roi et de Mme de Pompadour; qu'il était à présent le maître de notre affaire et qu'il n'avait plus d'opposition à craindre de la part de qui que ce pût être. »

La confiance de Stahremberg était justifiée ; dans sa dépêche du 2 mai, il put annoncer la signature de la convention de neutralité et du traité défensif. Il fait (1) des derniers pourparlers un historique intéressant : « Il fut décidé que MM. Puysieulx, d'Argenson et de Saint-Florentin seraient invités à un comité, qui devait se tenir,

(1) Stahremberg à Kaunitz, 2 mai 1756.

le lundi 19 avril, chez M. de Machault; que l'abbé de Bernis ferait à ce comité le récit de tout ce qui s'était passé depuis le commencement de notre négociation, à la réserve seulement de la façon dont elle avait été entamée (1). »

Pour ménager la susceptibilité des intéressés, on ne fit pas mention de l'initiation de MM. de Séchelles et de Machault aux pourparlers secrets, et on laissa croire que, dès le début, l'abbé de Bernis avait agi sous les ordres et la direction du ministre des Affaires Étrangères. « L'abbé, continue Stahremberg, me rendit compte, le mardi 20, de ce qui s'était passé au comité de la veille. Il me dit que les ministres avaient approuvé unanimement tout ce qui s'était fait jusqu'ici; qu'ils avaient paru entrer parfaitement dans les vues qui leur avaient été présentées, que M. de Puysieulx avait déclaré d'abord qu'il était très porté pour la chose, mais qu'il fallait agir avec beaucoup de prudence et de circonspection dans le choix des moyens, que M. d'Argenson s'en était expliqué à peu près de même, que la seule objection, qu'ils avaient faite l'un et l'autre, était qu'au lieu de se procurer la paix, comme on l'avait toujours désiré, notre projet allait au contraire, selon toute apparence, engager une guerre qui serait probablement générale et de religion. »

Le conseil se prononça pour la conclusion immédiate du traité défensif, et même, si cela se pouvait, pour l'adoption des préliminaires du grand projet.

C'est à ce moment que, d'après Flassan (2), serait intervenue une lettre de Stahremberg à Mme de Pompadour, datée du 20 avril, c'est-à-dire du lendemain de la réunion du comité, dans laquelle il développait les arguments fa-

---

(1) M. de Bussy, commis aux Affaires étrangères, fut également, sur la demande de Rouillé, mis au courant de la négociation.

(2) Flassan, *Histoire de la diplomatie française*, t. VI, p. 48.

vorables à l'alliance avec sa cour. Ce document, dont Flassan donne le résumé, n'a pu être retrouvé; mais, étant donnée la nature intime des rapports de l'envoyé autrichien avec la marquise, il est fort possible, et même probable, qu'il ait existé. Quant à lui reconnaître le poids que lui attribuent certains historiens allemands (1), nous croyons qu'il y a là une erreur d'appréciation. Stahremberg, qui raconte toutes ses démarches et se loue beaucoup, comme nous le verrons tout à l'heure, du concours de la favorite, ne fait aucune mention de l'épître qu'il aurait adressée à cette dernière. Par contre, il insiste sur l'effet produit par une autre communication.

« M. de Bernis, relate-t-il, m'assura que ce qui avait beaucoup contribué à faire prendre la résolution de conclure, sans tarder un instant, le traité défensif, était le contenu de la lettre que j'avais pris le parti de lui écrire la veille. Elle produisit un effet admirable; on loua, d'une part, la franchise et la sincérité de mon procédé, et on décida, de l'autre, qu'il fallait absolument lier les mains de ma cour et empêcher qu'elle ne pût renouer avec l'Angleterre. » Le billet (2), auquel il est fait allusion dans cette citation, contenait l'avis de l'arrivée à Vienne d'une note importante du gouvernement anglais, et de l'audience que M. Keith avait demandée au comte de Kaunitz, pour lui remettre des propositions nouvelles.

D'après Bernis, Stahremberg aurait donné le caractère d'un ultimatum à la conclusion des deux traités; « faute de quoi, déclarait-il (3), l'impératrice, également exposée du côté du roi de Prusse et de la cour de Londres, dont elle avait refusé d'adopter les mesures, se verrait obligée pour sa sûreté de renouer avec ses anciens alliés. » S'il faut en croire le diplomate français, dont le récit (1) ne diffère

---

(1) Schœfer, t. I, p. 153; Huschberg, Introduction de Wuttke, p. LXI.
(2) Stahremberg à Bernis, 19 avril 1755. Archives de Vienne.
(3) Bernis, *Mémoires*, t. 1, p. 264.

de celui de l'autrichien que par les compliments qu'il se décerne à propos « du détail et de la précision » de son rapport au conseil, ce fut grâce à lui que Stahremberg consentit, malgré les ordres formels de sa cour, à remettre jusqu'après la signature l'examen des grands projets ultérieurs. A en juger par les dépêches que nous venons d'analyser et par le langage de Kaunitz, la résistance du représentant de Marie-Thérèse fut d'autant moins énergique, que la cour de Vienne était encore plus soucieuse que celle de Versailles de sceller, par un acte officiel, les bases d'un accord défensif que les évènements transformeraient bientôt en alliance offensive.

Les dernières discussions portèrent sur l'insertion de la clause visant le traité de Westphalie, sur la réserve d'un conflit entre l'Autriche et la Porte (2), que voulaient ajouter les négociateurs français et que Stahremberg parvint à faire écarter. Quant au point capital de la réciprocité, le succès resta au diplomate autrichien, qui obtint dans la garantie donnée par l'impératrice le maintien de l'exception « au cas de la présente guerre entre la France et l'Angleterre », tandis que la garantie accordée par le roi de France ne contenait aucune restriction et s'appliquait, par conséquent, à une attaque du roi de Prusse contre les États de l'impératrice. Après de longs débats, où Rouillé paraît avoir été assez mal soutenu par ses collègues, il fut décidé que l'on rédigerait un article secret, d'après lequel l'exception ne viserait que les hostilités directes entre la France et l'Angleterre, et non l'éventualité d'une entreprise contre la France par une autre puissance agissant comme auxiliaire de l'Angleterre. En dépit de tous ses efforts, Bernis ne put arracher, même dans les articles

---

(1) Bernis, *Mémoires*, t. I, p. 266.
(2) Les diplomates français, pour ménager l'influence de leur gouvernement à Constantinople, auraient voulu faire bénéficier la Porte d'une exception à la garantie accordée à l'Autriche en cas d'attaque.

secrets, aucune déclaration ou promesse relative à l'établissement de l'infant don Philippe.

Ainsi se termina la négociation qui, commencée en septembre 1755, aboutit, après huit mois de pourparlers, à l'instrument diplomatique du 1er mai 1756.

Nous avons dû nous borner à reproduire des extraits de la correspondance échangée entre la cour de Vienne et son représentant à Paris, tout en exprimant l'espoir de voir publier en entier ces pièces, qui, malgré les redites et le style diffus de Stahremberg, constituent un document historique de la plus grande valeur. Mais cette lecture suffira, nous le pensons, pour démontrer que le ministère de Louis XV eût pu obtenir, vers le mois de mars et au prix de sacrifices moindres, des résultats au moins équivalents à ceux du traité de Versailles. Dès cette époque, il lui eût été facile de conclure une convention de neutralité, et peut-être une alliance défensive sur le pied d'égalité et de réciprocité qui lui fut refusé plus tard. Le langage irréfléchi de Rouillé, l'émotion au sujet du traité de Westminster qu'il ne sut pas dissimuler à l'Autrichien, les regrets qu'il manifesta plus tard sur la perte de l'alliance prussienne, la mobilité de ses opinions, la jalousie que lui inspiraient le talent et l'initiative de son collègue, l'indécision qui était le fond de son caractère, ne furent pas sans nuire au succès de l'œuvre dont il était officiellement chargé. Il y a lieu de croire que Bernis tout seul eût mieux réussi; moins gêné dans son action, moins préoccupé d'aboutir, il eût su mieux tirer parti de la situation, et eût pris à son propre compte des revendications, dont il faisait peu de cas, quand elles émanaient d'un chef pour les moyens duquel il professait une bien mince estime.

CHAPITRE VIII

TRAITÉ DE VERSAILLES. — SON EFFET EN EUROPE.

L'acte diplomatique, contenant la convention de neutralité et d'alliance défensive, qui porte le nom historique de *traité de Versailles*, fut en réalité signé à Jouy, résidence du ministre des Affaires Étrangères, le 1er mai 1756, par MM. de Rouillé et Bernis au nom de la France, par M. de Stahremberg au nom de l'Autriche.

Les plénipotentiaires célébrèrent l'heureuse issue de leurs longues discussions par un repas, auquel le seul convive invité fut l'abbé La Ville, confident et auxiliaire dévoué de Rouillé.

Par la première convention, l'impératrice-reine s'engageait à observer la neutralité la plus absolue dans le conflit entre la France et l'Angleterre; de son côté, le roi de France promettait de respecter les Pays-Bas ou autres royaumes, États et provinces appartenant à l'impératrice. Dans le « traité d'union et d'amitié défensif », les parties contractantes proclamaient leur intention de confirmer « le traité de Westphalie et tous les traités de paix et d'amitié conclus entre elles depuis cette époque », et s'accordaient à cet effet la garantie et la défense réciproque de leurs possessions et États actuels en Europe « contre les attaques de quelque puissance que ce soit, le cas de la présente guerre entre la France et l'Angleterre uniquement excepté ».

Si les bons offices des hautes puissances contractantes ne suffisaient pas pour écarter les agressions possibles, Leurs Majestés devaient « se secourir mutuellement, avec un corps de 24,000 hommes ». La partie à la requête de laquelle le secours serait fourni resterait libre de transformer sa demande en subside financier, d'après des bases stipulées d'avance.

Aux deux pièces destinées à la publication, les plénipotentiaires ajoutèrent une convention secrète en 5 articles, dans laquelle, malgré l'exclusion du cas de la présente guerre entre la France et l'Angleterre maintenue dans le traité ostensible, l'impératrice se déclarait prête, si quelque puissance, même à titre d'auxiliaire du roi d'Angleterre, envahissait les domaines du roi très chrétien, à venir en aide à ce dernier. Le roi prenait à l'égard de l'impératrice un engagement analogue. Les deux contractants convenaient d'inviter de concert, et non autrement, à accéder à leur arrangement l'Empereur en sa qualité de grand-duc de Toscane, les rois d'Espagne et de Naples, l'infant duc de Parme, et tel autre gouvernement dont le concours leur paraîtrait désirable. Aucun traité ne devait être conclu ou renouvelé, par l'impératrice ou le roi, sans communication préalable à l'autre partie et sans son consentement.

Dans les documents officiels, aucune mention ne fut faite du grand projet de l'alliance offensive; mais il fut décidé que les pourparlers continueraient de part et d'autre, et le jour même de l'échange des signatures, Bernis remit à Stahremberg une note, contenant la réponse à quelques-unes des propositions autrichiennes, et demandant des éclaircissements sur les autres.

Que l'insuccès de la diplomatie française dût être attribué à l'incapacité et à la désunion des ministres de Louis XV, ou à l'infériorité de la situation de la France vis-à-vis de l'Autriche, il faut avouer que sur tous les points contestés la cour de Vienne avait gain de cause. La réciprocité, dont

Bernis avait fait son cheval de bataille, avait été abandonnée ; contre l'Angleterre, la France n'obtenait aucun avantage, tandis que, par la garantie des États de l'impératrice et par son engagement de ne pas renouveler de traité sans l'assentiment de cette souveraine, elle s'aliénait la Prusse et ne laissait à cette dernière d'autre politique que celle de resserrer les liens d'amitié qu'elle avait formés avec la Grande-Bretagne. Si la convention de neutralité, qui éloignait tout danger d'hostilités dans les Pays-Bas et sur la frontière du Rhin, pouvait se justifier par la sécurité dont jouiraient les deux contractants, on s'explique difficilement les motifs qui décidèrent la diplomatie française à accepter le traité défensif. Craignit-elle la création d'une confédération subventionnée par l'or britannique, dans laquelle entreraient le roi de Prusse et l'impératrice-reine réconciliés aux dépens de la France? Il est possible que cette crainte ait existé dans l'esprit de l'abbé de Bernis : il est certain qu'il s'en est servi comme argument pour surmonter les hésitations de ses collègues; mais la vraisemblance d'une coalition de ce genre, quoi qu'en dise un historien moderne, qui ne cache d'ailleurs pas ses préférences pour l'alliance autrichienne, nous paraît très sujette à caution.

Sans doute, de même que Bernis avait mis en avant un projet de ligue des puissances européennes, dont seule l'Angleterre devait être exclue, le ministère Newcastle avait imaginé, à la suite du traité de Westminster, une union défensive de la Russie, de l'Autriche et de la Prusse, destinée à garantir l'Allemagne, et plus spécialement le Hanovre, contre une incursion française; mais à supposer qu'une entente même momentanée eût pu être effectuée entre des souverains dirigés par des sentiments et des intérêts si opposés, il est évident qu'il eût été impossible de donner à cet arrangement un caractère offensif et de mobiliser contre la France des forces aussi disparates et aussi dispersées.

Engagée dans une guerre maritime et coloniale avec sa rivale d'outre-Manche, la France avait tout gain à ne pas se mettre sur les bras un conflit continental, dont elle ne pouvait espérer aucun avantage, et dans lequel elle gaspillerait sans utilité ses armées et son argent.

Pour expliquer les concessions des plénipotentiaires français, on a insisté sur la situation prépondérante que, pendant la dernière phase des négociations de Paris, le gouvernement de l'impératrice avait vis-à-vis de Louis XV. L'Autriche avait obtenu, sans rien donner en échange, le rappel du duc de Nivernais et la rupture des pourparlers avec Frédéric; la France, si elle ne traitait pas avec elle, resterait isolée en Europe. Marie-Thérèse, au contraire, conserverait la ressource, si on ne se mettait pas d'accord à Paris, d'écouter les ouvertures que Keith venait de lui faire au nom de la cour de Londres.

Tout est possible en politique; mais il faut reconnaître qu'un revirement de ce genre eût été aussi difficile à réaliser qu'un retour de la France à l'alliance prussienne. A Vienne, on savait fort bien que l'accueil des avances anglaises aurait pour conséquence le refroidissement des relations si cordiales qu'on entretenait en Russie. Au moment de l'envoi du rescrit du 27 mars, Kaunitz ne pouvait, il est vrai, être informé des résultats de la conférence tenue à Pétersbourg le 11 avril, ni partant de l'offre d'une action commune des deux impératrices contre le roi de Prusse. « Ces bonnes nouvelles, » qu'il s'empressa de transmettre à Stahremberg, ne parvinrent à ce dernier qu'après la signature du traité de Versailles et n'eurent par conséquent aucune influence sur les stipulations arrêtées le 1er mai; mais il connaissait par les dépêches d'Esterhazy, son ambassadeur auprès de la czarine, les sentiments de cette princesse, l'interprétation qu'elle donnait à la convention anglaise et les discussions orageuses qui avaient eu lieu entre le chevalier Williams et les chanceliers russes. Une alliance avec la France était plus que jamais indispensable à la politique autrichienne pour la préparation des grands desseins de Marie-Thérèse et de son ministre; la réponse qu'ils firent aux propositions russes en est la preuve péremptoire; leur correspondance avec Stahremberg le démontre. En avril, comme en février 1756, ils eussent accepté des conditions beaucoup moins avantageuses, voire même une simple convention de neutralité; l'essentiel pour eux était la constatation publique d'un accord avec la France, bien plus que les termes de cet arrangement.

Que dire maintenant des raisons qui dictèrent la conduite des ministres français? La meilleure excuse qu'on peut invoquer en leur faveur est qu'ils se firent une illusion complète sur les conséquences de l'acte qu'on venait de signer. Dans leur pensée, l'alliance défensive avec l'Autriche devait assurer la paix sur le continent. Bernis fut probablement seul à entrevoir la gravité des concessions accordées à Marie-Thérèse, à croire à la possibilité d'une entente sur le traité secret, dont on avait si longuement discuté les clauses, et dont l'instrument public qu'on venait de conclure n'était, de l'aveu de tous, que le préambule. Rouillé, ses collègues, le roi lui-même, entendaient faire traîner une négociation dont l'objectif, malgré son aspect séduisant, paraissait peu réalisable. Ils négligèrent l'avenir, dont ils ne voyaient pas les dangers, pour s'attacher à l'œuvre présente, qui leur offrait la double satisfaction de venger l'amour-propre royal des procédés de Frédéric, et de faire comprendre à cet allié présomptueux qu'on pouvait se passer de lui. Ils s'imaginèrent que la garantie consentie à l'impératrice, que la promesse de secours effectifs attachée à cette garantie, suffiraient pour arrêter les velléités belliqueuses que l'on prêtait au remuant roi de Prusse. Jamais ce prince, souverain d'un petit État de cinq millions d'âmes, n'oserait, sans l'appui de la France,

22

s'attaquer à l'Autriche, soutenue par les forces de l'Empire et appuyée par la Russie. On était prêt à continuer les pourparlers avec la cour impériale; on accepterait, au besoin, l'établissement de l'infant dans les Pays-Bas et un agrandissement de territoire français dans les Flandres, comme prix de la neutralité qu'on entendait garder dans l'entreprise méditée contre la Prusse; mais, à prendre les armes contre l'ami de la veille, à devenir l'une des parties principales dans le conflit qui pourrait naître en Europe, on n'y songeait guère. On avait voulu une victoire diplomatique, qui fût à la fois la revanche du traité de Westminster et la réponse à la trahison de Frédéric : cet objet était acquis; il faisait honneur à l'habileté des ministres, il flattait la vanité du roi; c'était beaucoup, en tout cas c'était assez pour le moment. C'est bien ce sentiment qu'exprimait Louis XV quand il félicita Bernis (1) « d'avoir fini l'ouvrage dont il avait le plus désiré la confection ».

Dans la correspondance des diplomates étrangers accrédités à la cour de France, nous trouvons les traces nombreuses de l'impression que nous avons cherché à dépeindre. Knyphausen écrivait (2) que le traité de Versailles était considéré comme devant affermir la paix sur le continent; il insistait sur le mécontentement du militaire et notamment du comte d'Argenson, ministre de la guerre; il attribuait le succès des propositions autrichiennes au désir de Mme de Pompadour de « maintenir le roi dans l'inaction et dans la dissipation continuelle, dont une guerre de terre l'eût infailliblement tiré. » « Le traité conclu avec la cour de Vienne, mande, à la date du 6 juin, le ministre saxon M. de Vitzthum (3), cause dans le pays une joie infinie et console parfaitement de l'abandon du roi de Prusse,

---

(1) Bernis, *Mémoires*, t. I, p. 272.
(2) Knyphausen à Frédéric, 7 juin 1756. — *Correspondance politique*, t. XII, p. 424.
(3) Vitzthum, *Die Geheimnisse der Sachsischen Cabinets*, t. I, p. 346.

auquel on croit que cette alliance fera beaucoup de peine. »

L'envoyé suédois à Paris, Bunge (1), qui était très bien informé, comme on l'a déjà vu, sur l'état de l'opinion, fait, de son côté, une analyse fort intéressante des vues politiques du cabinet français. « J'étais persuadé que la France ne permettrait pas à la cour de Vienne d'entreprendre quelque chose contre le roi de Prusse; je basai cette opinion sur le désir sincère de Sa Majesté Très Chrétienne de maintenir la paix sur le continent, et sur la conviction que Sa Majesté l'Impératrice ne pourrait attaquer le roi de Prusse qu'en cas de guerre générale... Mais aujourd'hui l'espoir de détacher la Russie des intérêts anglais a fait naître l'assurance que la cour de Vienne, avec le concours de la Russie, pourra très facilement mettre à exécution les projets contre la Prusse et réduire Sa Majesté Prussienne à ses anciennes possessions, sans qu'un conflit général s'en suive. Cette idée, qui a été exprimée ici par des personnes des mieux renseignées, m'a paru devoir vous être communiquée... Ce projet de la cour de Vienne n'est pas susceptible d'une action immédiate, à cause des engagements qui existent encore entre la France et le roi de Prusse, et parce que ladite cour, en manifestant trop tôt ses intentions, inspirerait à Sa Majesté Très Chrétienne des doutes sur la sincérité de ses déclarations pacifiques. Selon toute probabilité cependant, le courant actuel des événements conduira tôt ou tard au but visé par la cour de Vienne; en attendant, cette dernière fait tout ce qu'elle peut pour augmenter le froid qui existe entre la cour d'ici et le roi de Prusse. »

Dans l'entourage de l'impératrice, la nouvelle du traité fut aussi bien accueillie qu'à Versailles. Aussitôt les signatures apposées, les pièces furent envoyées à Vienne en double expédition; le courrier français eut la bonne for-

(1) Bunge à Höpken, 25 juin 1756. *Newcastle Papers.*

tune de devancer son collègue, et l'ambassadeur, M. d'Aubeterre, put annoncer le 9 mai au comte de Kaunitz l'heureuse issue d'une négociation dont il apprenait en même temps l'existence et le dénouement.

« Leurs Majestés ne m'ont pas parlé, écrit-il à Rouillé (1); mais, le 13, l'impératrice, en sortant de son appartement pour aller dîner, me fit en passant un petit clin d'œil... M. de Colloredo (2) paraît fort satisfait, mais celui qui paraît le plus content, c'est M. de Khevenhüller. Il ne paraît pas qu'aucun des ministres étrangers se doute ici de la conclusion de ces traités. »

Stahremberg, dont l'habileté et le savoir-faire avaient grandement contribué aux résultats obtenus par l'Autriche, reçut les chaleureux éloges de son chef qui, évidemment, n'était pas sans inquiétude sur l'effet à Vienne des retards de l'affaire. « J'ai été bien aise pour bien des raisons, mon cher comte, lui écrit Kaunitz le 19 mai, que vous soyez parvenu enfin à signer notre traité, attendu que, si on avait hésité sur cet objet, sur lequel assurément il y avait plus à penser pour nous que pour la France, j'aurais eu naturellement bien de la peine à me flatter de plus grandes idées, et beaucoup plus encore à empêcher que d'autres ne perdent entièrement courage, et ne désespèrent de pouvoir jamais rien faire de grand et de solide avec la cour où vous êtes... Empêchez, pour Dieu, si vous le pouvez, qu'on ne s'occupe de minuties; ce serait le vrai moyen de tout gâter en ce moment-ci. »

Mme de Pompadour, dont l'influence avait beaucoup servi à aplanir les derniers obstacles, et qui s'attribua, non sans raison, une large part dans le succès, ne fut pas oubliée dans les félicitations de la cour de Vienne. L'envoyé

(1) D'Aubeterre à Rouillé, 19 mai 1756.
(2) D'après les dépêches de Keith, Colloredo aurait été opposé au nouveau système et serait resté partisan de l'alliance anglaise. Voir aussi à ce sujet Schæfer, *Geschichte des sieben Jahr. Krieges*, t. I, p. 158.

de Marie-Thérèse eut soin de faire ressortir les services qu'elle avait rendus et qu'elle était à même de rendre. « Je crois (1), mande-t-il à Kaunitz, qu'il serait très à propos que Votre Excellence voulût bien, dans la première lettre qu'elle me fera l'honneur de m'écrire, insérer quelques lignes ostensibles à Mme de Pompadour. C'est à présent le moment où nous avons plus que jamais besoin d'elle, et je serais fort aise qu'outre les compliments personnels de Votre Excellence, il y eût aussi quelque chose qui marquât la reconnaissance et la considération de la cour et du ministère pour elle. Il est certain que c'est à elle que nous devons tout, et que c'est d'elle que nous devons tout attendre pour l'avenir. Elle veut qu'on l'estime, et le mérite en effet. »

Kaunitz s'exécuta de bonne grâce et adressa à la marquise un billet fort bien tourné (2), où il eut soin d'insérer un passage ne laissant pas ignorer « que Leurs Majestés Impériales vous rendent toute la justice qui vous est due et ont pour vous tous les sentiments que vous pouvez désirer. »

Si Stahremberg eut soin de mettre en lumière la part indirecte, mais importante, que Mme de Pompadour avait eue dans la conclusion du traité, il n'eut garde d'omettre, dans sa correspondance avec le chancelier, les remerciements auxquels avait droit son collaborateur de la première heure, et l'intérêt qu'il y avait à lui voir confier la suite des pourparlers. « Sans le concours de l'abbé de Bernis (3), qui, sur la plupart des choses, a toujours été de

---

(1) Stahremberg à Kaunitz, 13 mai 1756. Cité par Arneth.
(2) Kaunitz à Mme de Pompadour, 9 juin 1756. Cité par Arneth. C'est probablement sur ce passage de la lettre de Kaunitz que fut édifiée la légende d'un billet autographe écrit par Marie-Thérèse à Mme de Pompadour. L'existence de cette pièce, sur laquelle la plupart des historiens ont échafaudé leurs theories, a été niée de la façon la plus catégorique par l'impératrice dans une lettre adressée à l'électrice de Saxe le 10 octobre 1763. Voir Schæfer, t. I, p. 114, etc.; Vitzthum, t. I, p. 338.
(3) Stahremberg à Kaunitz, 2 mai 1756.

mon avis et contraire à celui de M. Rouillé, nous n'aurions jamais rien terminé. Aussi ai-je présentement plus de raisons que jamais de désirer que la négociation demeure entre ses mains. Si je puis me dispenser d'entrer directement dans cette affaire, je le ferai; mais si je ne vois pas d'autre moyen de retenir l'abbé dont la présence me paraît absolument nécessaire, j'en parlerai à Mme de Pompadour en lui demandant de le dire au roi. Elle m'a fait savoir, par l'abbé de Bernis, que toutes les fois que je voudrais faire parvenir quelque chose directement au roi, je pouvais lui demander un rendez-vous, et qu'elle avait déjà la permission de me voir en particulier toutes les fois que je le voudrais. »

Nous laisserons le représentant de la cour de Vienne distribuer ses témoignages de satisfaction et poursuivre la tâche laborieuse de mettre sur pied la grande alliance, pour nous occuper de l'impression produite en Europe par la nouvelle du traité de Versailles.

Le secret avait été admirablement gardé vis-à-vis des diplomates français à l'étranger, à commencer par l'ambassadeur accrédité auprès de la cour de Vienne. Au comte de Broglie, qui l'interroge sur les rumeurs d'une entente entre les deux cours, d'Aubeterre répondait avec une bonne foi parfaite, à la date du 10 avril (1), c'est-à-dire trois semaines à peine avant l'échange des signatures : « Il n'est question d'aucun traité entre la cour de France et celle de Vienne. Les deux puissances sont en fort bonne intelligence, mais rien de plus. » Broglie, dans une lettre en date du 26 mars à son collègue M. de Bonnac, ministre français à la Haye, se montre aussi mal renseigné (2) : « J'ai lieu de croire que ce qui vous est revenu de la prochaine signature d'un traité entre la France et la cour de

---

(1) D'Aubeterre à Broglie, 10 avril 1756. — Autriche, Supplément.
(2) Broglie à Bonnac, 26 mars 1756. — Correspondance secrète.

Vienne est aussi sans fondement..... J'ai appris que nous avions fait un assez bon accueil à la proposition du roi de Prusse de renouveler son traité. M. de Nivernais est chargé d'entamer cette affaire et de la laisser conclure à M. de Valory. »

Ce fut seulement par une dépêche circulaire du ministre, datée du 31 mai, que les agents français à l'extérieur furent informés, à la fois, des nouvelles conventions et de la modification profonde apportée aux relations internationales de leur pays.

L'arrangement de Versailles eut deux conséquences immédiates : l'échec de la tentative de rapprochement que le ministère britannique avait essayée à Vienne, et la déclaration de neutralité de la Hollande.

Nous avons vu l'usage que fit le chancelier autrichien des ouvertures anglaises pour surmonter les dernières hésitations du cabinet français; aussitôt l'avis de l'échange des signatures parvenu à Vienne, il s'empressa de remettre à l'envoyé du roi George la réponse attendue depuis le 7 avril. D'après le récit de l'ambassadeur (1), Kaunitz prit l'attitude et le ton les plus froids, se borna à lui lire un mémoire contenant « la réponse verbale » de l'impératrice, et se refusa à entrer en discussion sur cette pièce, dont le contenu causa à son interlocuteur « autant de chagrin que de surprise ».

Keith en appela du chancelier à Leurs Majestés Impériales. L'audience qui lui fut accordée eut lieu le 13 mai au palais de Schonbrun, après le dîner de la cour, auquel assistèrent comme d'habitude les diplomates étrangers et beaucoup de personnages de la noblesse autrichienne. Il fit respectueusement observer à Marie-Thérèse l'effet que produirait sur son gouvernement la note que Kaunitz avait préparée; bien loin de calmer les dissentiments déjà

---

(1) Keith à Holdernesse, 16 mai 1756. *Record Office*, Londres.

existants, elle ne servirait qu'à les envenimer ; elle serait regardée à bon droit comme une renonciation aux errements du passé, comme la rupture de l'union des deux États. Il suppliait Sa Majesté d'apporter à la pièce officielle les modifications nécessaires pour éviter un pareil désastre. L'impératrice lui répondit que ce ne serait pas sa faute si les craintes de l'ambassadeur se réalisaient ; « ce n'était pas elle qui avait abandonnée le vieux système, mais bien la cour de Londres qui l'avait abandonné, elle, et l'alliance avec elle, en traitant avec le roi de Prusse. La nouvelle de cette convention l'avait frappée comme d'une attaque d'apoplexie. Quoique le bruit de cette négociation lui fût venu de différents côtés, elle n'avait jamais voulu y ajouter foi. Aujourd'hui il n'y avait plus de doute ; aussi considérait-elle la vieille alliance comme morte, et ne devait-elle encourir aucun reproche si elle essayait d'assurer sa sécurité en prenant les mesures qui lui paraissaient nécessaires... Elle ne pouvait pas comprendre pourquoi nous serions surpris de la voir prendre des engagements avec la France, et suivre ainsi l'exemple que nous lui avions donné en nous liant avec la Prusse. »

L'envoyé anglais, voyant le peu de succès de son langage diplomatique sur l'esprit de la souveraine, voulut s'adresser au cœur de la femme. Il demanda la permission de parler comme homme privé, comme serviteur dévoué de l'impératrice, pour la personne de laquelle il professait une véritable vénération. Usant largement de l'autorisation bienveillante qui lui fut accordée, Keith exposa à Marie-Thérèse les dangers de sa nouvelle politique, lui reprocha la versatilité qu'elle montrait en se brouillant avec l'ami de son père et de sa maison, pour se lier avec un gouvernement dont la perfidie et l'ambition dans le passé ne présageaient rien de bon pour sa conduite future. « Je ne puis croire, s'écria-t-il, que Votre Majesté, impératrice et archiduchesse d'Autriche, s'humilie au point de se jeter entre les bras de la France. » Sa Majesté répondit avec vivacité : « Point entre les bras, mais à côté de la France. »

« L'Impératrice me dit aussi qu'elle n'avait encore rien signé avec la cour de Versailles, mais qu'elle ne répondait pas de ce qui pourrait se faire; mais quoi qu'il arrivât, elle pouvait me donner sa parole d'honneur, qu'elle ne s'engagerait à rien de contraire aux intérêts du roi George, pour lequel elle avait une estime et une amitié sincères ».

Au cours de cet entretien qui dura fort longtemps et qui roula sur les sujets les plus variés, Marie-Thérèse revint à plusieurs reprises sur ses griefs contre l'Angleterre et sur l'isolement dans lequel elle se trouvait. Elle était obligée de mettre au premier rang de ses soucis la protection de ses États héréditaires, qui devait passer avant celle d'une possession éloignée comme les Pays-Bas. Du côté de l'Autriche, elle n'avait réellement que deux ennemis, la Porte et le roi de Prusse. Elle espérait que tant que la czarine et elle maintiendraient l'excellente entente qui existait entre leurs cours, « le monde verrait que les deux impératrices étaient en état de se défendre, et n'auraient pas à s'effrayer des attaques de leurs ennemis, quelque puissants que fussent ces derniers. »

Marie-Thérèse, en affirmant à Keith, le 13 mai, qu'elle n'avait encore rien signé avec le gouvernement de Louis XV, avait évidemment pris modèle sur les procédés de son rival le roi de Prusse; son assertion, peut-être exacte au point de vue matériel de la signature à apposer sur les pièces arrivées de Paris, n'était plus véridique au point de vue moral. Nous avons vu, en effet, par la dépêche de M. d'Aubeterre, que le texte du traité de Versailles était à Vienne depuis quatre jours; l'impératrice en avait certainement pris connaissance, et même, s'il faut en croire le récit de l'ambassadeur français, n'avait pas réprimé la satisfaction que lui causait la conclusion de l'arrangement.

Quoi qu'il en soit de ce détail plutôt curieux qu'important des mœurs diplomatiques de l'époque, il faut reconnaître que la cour de Vienne usa pendant longtemps des plus grands ménagements à l'égard du roi George. Elle se refusa à prendre vis-à-vis de ce souverain l'attitude hostile qu'elle imposa à la France à l'égard de la Prusse, fit tous ses efforts pour empêcher l'invasion du Hanovre, et ne céda sur cet article que plusieurs mois après le commencement de la guerre.

Dans la lettre confidentielle (1) qui accompagnait le compte-rendu de ses audiences, Keith raconte tous les moyens qu'il mit en œuvre pour agir sur Marie-Thérèse : leçons d'histoire contemporaine à l'aînée des archiduchesses, démontrant la perfidie de la France et les bons offices de l'Angleterre à l'égard de l'Autriche; conversations de Wosner (2), partisan zélé de l'alliance britannique, avec le baron Koch, secrétaire du cabinet de l'impératrice; intrigues auprès du Père Petermann, confesseur jésuite de Sa Majesté; conciliabules avec Colloredo et la plupart des autres membres du conseil, fort opposés, d'après l'Anglais, à l'accord avec la France. Tous les expédients de l'envoyé échouèrent devant l'influence de Kaunitz, « qui malheureusement a pris possession comme par magie de l'esprit de l'Impératrice et je crois aussi de l'Empereur, si bien qu'ils ne voient que par ses yeux et n'entendent que par ses oreilles... En résumé, Milord, c'est Kaunitz et Kaunitz seul qui est l'auteur de tout le mal; tant que l'illusion tiendra et qu'il conservera la confiance de Leurs Majestés, rien de bon n'arrivera ici; et malheureusement il y a toute probabilité qu'il jouira de cette confiance assez longtemps, pour que nos affaires aillent à la ruine sans espoir de retour ».

(1) Keith à Holdernesse. Particulière et secrète, 16 mai 1756. *Record Office*.
(2) Wosner, ancien ambassadeur d'Autriche à Londres, revenu à Vienne, était l'ami et le confident de Keith. Il mourut en 1767, à l'âge de quatre-vingts ans.

La réponse officielle de l'impératrice-reine, dont Keith s'était plaint si vivement, était rédigée en termes dont le ton, à la fois gourmé et sarcastique, ne dissimulait guère les sentiments de dépit et d'amertume qu'avait suscités à Vienne le traité de Westminster. On informait le gouvernement anglais « que Sa Majesté l'Impératrice avait été fort sensible à l'attention que Sa Majesté Britannique a bien voulu lui témoigner, en lui faisant communiquer, le 7 avril, le traité qu'elle a signé avec Sa Majesté Prussienne le 16 janvier de l'année présente; que cependant, Sa Majesté Impériale ne pouvait pas dissimuler que la limitation de la neutralité aux seuls pays d'Allemagne l'avait un peu surprise, comme par là elle se trouvait exposée à un danger visible; qu'au reste, Sa Majesté l'Impératrice qui souhaite toujours tout le bien imaginable à Sa Majesté Britannique, désire beaucoup que l'Angleterre, ainsi que l'électorat de Hanovre, puisse retirer du traité en question tous les avantages que Sa Majesté Britannique en espère. »

En Hollande, les affaires de l'Angleterre n'avaient pas pris bonne tournure. Depuis le commencement de l'année, la république se trouvait fort embarrassée entre les demandes de secours, que le colonel Yorke appuyait sur le texte des conventions existant avec la Grande-Bretagne, et la déclaration de neutralité que les envoyés français, le vicomte d'Affry et le marquis de Bonnac, étaient chargés d'exiger. Les Hautes Puissances opposèrent à la requête anglaise les moyens dilatoires que leur fournissait la procédure compliquée des rouages provinciaux. A la cour de Versailles, elles répondirent (1) qu'on n'avait aucune intention de se mêler à un conflit qui ne les regardait pas; on espérait que « le territoire de la république et celui des Pays-Bas qui leur sert de barrière », seraient à l'abri de toute insulte; on se flattait enfin que les hostilités ne se-

(1) Bonnac à Broglie, 17 février 1756. — Correspondance secrète.

raient pas étendues au continent de la Grande-Bretagne et de l'Irlande, « objet qui intéresse essentiellement la république. »

L'introduction des Pays-Bas, et plus encore la mention du royaume d'Angleterre et d'Irlande dans la déclaration, firent mauvais effet à Versailles. « Je vois bien, dit Rouillé au représentant hollandais M. de Berkenrode (1), que le parti anglais et celui du stathouder sont toujours les plus forts ; je crains bien que la république ne se conduise mal, comme dans la dernière guerre, dont elle aurait porté tout le fardeau, si heureusement la paix ne s'était conclue. » Une réponse officielle, conçue en termes courtois mais précis, vint bientôt confirmer les paroles du ministre.

D'autre part, Yorke devenait de jour en jour plus insistant. Les vaisseaux anglais étaient arrivés à Helvoetsluys, pour prendre à bord les 6,000 hommes de troupes que la Hollande s'était engagée, par les traités de 1678 et de 1716, à fournir à l'Angleterre sur réquisition de cette puissance. C'est avec raison que Bonnac pouvait dire (2) : « Cette nation-ci, pressée également par la France et l'Angleterre, ne sait quel parti prendre. Elle voudrait bien ne nous pas déplaire, et voudrait aussi ne pas manquer à l'Angleterre, qui la menace d'abîmer son commerce. »

En attendant, et sans froisser ni l'un ni l'autre des gouvernements voisins, il fallait gagner du temps ; la demande du roi George fut soumise aux États des sept provinces, qui auraient à se prononcer avant que les États Généraux pussent s'occuper de la question. On obtint ainsi un premier résultat ; les bâtiments anglais, fatigués d'une station qui menaçait de se prolonger, firent voile pour Stade, à l'effet de transporter en Angleterre le corps hanovrien appelé à participer à la défense du royaume

(1) Dépêche de Berkenrode datée de Paris, 19 février 1756. — *Newcastle Papers*.
(2) Bonnac à Broglie, 11 mars 1756. — Correspondance secrète.

insulaire. Yorke ne croit plus au succès (1). « S'ils n'envoient pas leur contingent en Angleterre, écrit-il, et si on ne met pas des entraves à leurs échanges, il sera impossible de continuer la guerre contre la France. »

L'idée de faire du tort à une marine rivale était trop conforme aux principes de la politique anglaise d'alors, pour qu'elle ne fût pas adoptée par Newcastle. Au refus de la plupart des provinces de reconnaître le « casus fœderis » et d'envoyer le secours réclamé, le gouvernement anglais riposta par la saisie, sous prétexte de contrebande de guerre, d'un certain nombre de bâtiments marchands battant pavillon hollandais.

Cette agression et la nouvelle du traité de Versailles décidèrent enfin les Provinces-Unies à accepter les conditions que leur offrait le gouvernement de Louis XV. Le 25 mai, les États Généraux prirent une délibération, dans laquelle leurs Hautes Puissances déclarèrent (2) qu' « elles étaient dans l'intention de garder une stricte neutralité, le tout cependant sans préjudice des alliances que la république a contractées, auxquelles les Hautes Puissances ne prétendent nullement déroger; qu'en conséquence, les Hautes Puissances sont dans la juste attente que Sa Majesté Très Chrétienne ne fera plus de difficultés de leur faire éprouver, en leur donnant une entière sûreté qu'ils ont demandée pour leur territoire et pour celui de leur barrière, les preuves non équivoques de son affection et de sa bienveillance ».

Louis XV sanctionna la neutralité des Pays-Bas hollandais et autrichiens par une lettre du 14 juin, dans laquelle il prenait acte de la déclaration des États Généraux et visait le traité récent conclu avec l'impératrice-reine.

L'exemple de la Hollande fut bientôt suivi par la Suède

(1) Yorke à Newcastle, 16 mars 1756.
(2) Extrait des registres des résolutions des Hautes-Puissances seigneuriales. États généraux des Provinces-Unies des Pays-Bas, 25 mai 1756.

et le Danemark; aux mesures prises par l'Angleterre pour empêcher tout commerce par mer avec la France, les puissances du Nord répondirent en signant à Stockholm, le 12 juillet 1756, une « union maritime » et en armant une escadre, destinée à protéger leur marine marchande. Ce traité, qui suivait de près la victoire du Sénat suédois (1) dans ses démêlés avec la royauté, était une nouvelle preuve de la prépondérance du crédit français auprès des cours scandinaves.

En Russie, les intérêts du gouvernement britannique n'étaient pas en meilleure voie. En se rapprochant de l'Angleterre, Frédéric, comme il l'avait affirmé à Nivernais, avait été influencé par la crainte de la Russie et par le désir d'éviter, au moyen d'une entente avec le principal allié de cette nation, l'intervention des armées moscovites dans un conflit européen. Mal renseigné sur les intentions réelles de la czarine, trompé par les assurances des ministres du roi George, il se fit longtemps illusion sur les suites de son action diplomatique, et crut à la possibilité de rétablir, sous les auspices de la Grande-Bretagne, des relations amicales entre son gouvernement et celui de Pétersbourg.

Nous avons déjà fait allusion à l'équivoque qui existait entre le cabinet d'Élisabeth et les ministres du roi George, au sujet de l'expression « ennemi commun » insérée dans la convention de septembre 1755. L'incident soulevé par les deux chanceliers russes au moment de la ratification, le 12 février 1756, eut des conséquences désastreuses pour la bonne intelligence des deux puissances.

Dans une pièce (2) intitulée : « Déclaration secrétissime, »

---

(1) Un complot, organisé par les partisans de la cour, avait été découvert, les chefs des conjurés, Horn et Brahe, avaient été jugés et furent exécutés le 23 juillet 1756. L'Angleterre et Frédéric, dont la sœur était reine de Suède, soutenaient le parti royal, tandis que la France prêtait son appui au Sénat.

(2) Pièce annexée à la dépêche de Williams à Holdernesse, 19 février 1756.

l'impératrice, « pour ne laisser aucun lieu à l'interprétation ultérieure et pour prévenir tout malentendu, » avait notifié « que le cas de la diversion à faire, à laquelle Sa Majesté Impériale s'est engagée par la convention qui vient d'être ratifiée, ne peut et ne doit exister que lorsque le roi de Prusse attaquera les États de Sa Majesté le roi de la Grande-Bretagne ou ceux de ses alliés ». A la suite de cette signification, on expliquait que l'impératrice était résolue à tenir sa parole, qu'elle professait l'amitié la plus grande pour le roi George, et qu'elle eût été disposée à envoyer un contingent de troupes pour la défense des Pays-Bas, si elle n'avait pas été arrêtée pas les troubles sérieux qui venaient d'éclater en Sibérie, et par la nécessité d'employer dans cette région une partie de ses forces.

Williams, stupéfait d'une communication qui, dans les circonstances actuelles, annulait le traité dont il venait d'obtenir si péniblement la ratification, refusa d'abord de recevoir la pièce. Cependant, sur la prière de ses interlocuteurs, qui affirmèrent obéir à un ordre formel de leur souveraine, il consentit à en prendre copie. La conversion de sa cour était trop récente, et les sentiments personnels de l'ambassadeur trop hostiles à la personne du roi Frédéric (1), pour qu'il ne cherchât pas à plaider les circonstances atténuantes en faveur de la déclaration. « J'espère, écrit-il (2) à Holdernesse, que la partie de cette note, relative à l'attaque du roi de Prusse, répondra aux desseins de Sa Majesté, et obligera ce prince à rester fidèle à ses promesses. Je puis vous assurer que, dans le cas où Sa Majesté Prussienne aurait une autre conduite, cette cour n'hésitera pas à l'attaquer avec vigueur, et affectera à cette opération un nombre beaucoup plus considérable de soldats que celui qui a été stipulé dans notre traité. »

(1) Williams, ministre anglais à Berlin en 1750, avait été rappelé par son gouvernement sur la demande formelle du roi Frédéric.
(2) Williams à Holdernesse, 19 février 1756. *Record Office.*

Holdernesse, selon son habitude en matière de négociation épineuse, le prit de haut avec le gouvernement moscovite ; il retourna aux deux chanceliers le malencontreux document, et chargea l'envoyé anglais de leur dire (1) que « Sa Majesté (Britannique) ne considère ni nécessaire ni utile un commentaire du traité récemment conclu ». Elle ne peut admettre que la cour de Russie revienne sur un engagement pris en termes formels, « que ne peuvent modifier des réserves postérieures, de venir en aide à l'Angleterre, soit directement, soit par voie de diversion, dans le cas d'une attaque dirigée contre cette puissance par un ennemi quelconque ».

Pendant que le cabinet de Saint-James morigénait celui de Saint-Pétersbourg, l'opposition contre l'alliance anglaise grandissait tous les jours en Russie. Williams est obligé de l'avouer, et donne, dans ses dépêches, des nouvelles de plus en plus alarmantes. L'ambassadeur autrichien, le comte Esterhazy (2), de confident intime devenu ennemi acharné, remet une plainte de la cour de Vienne au sujet de la conclusion du traité anglo-prussien, sans entente préalable avec les alliés de l'Angleterre, l'Autriche et la Russie. Le vice-chancelier, comte Woronzow, fait de l'opposition à son chef, le comte Bestushew, et cherche à décider le conseil de l'empire à dénoncer la convention britannique. La question de la rupture fut, en effet, discutée devant la czarine (3), et ne fut repoussée qu'à la majorité de six voix contre quatre, grâce à l'action énergique du grand chancelier et à l'influence du grand-duc et des deux Schuwalow, gagnés à la cause anglaise par la grande-duchesse Catherine. Quant à la souveraine, « son aversion pour la personne du roi de Prusse éclate à chaque instant, et il est certain

(1) Holdernesse à Williams, 30 mars 1756.
(2) Williams à Holdernesse, 27 mars et 11 avril 1756.
(3) Williams à Holdernesse, 11 avril 1756.

que ses ministres ont très peur de nous voir préférer l'alliance de ce prince. »

Quelque bien informé que fût Williams, et quels que fussent ses soupçons sur les agissements de son collègue et ancien ami Esterhazy, il paraît avoir ignoré les négociations secrètes qui avaient été entamées par son entremise avec le cabinet russe. Le 10 avril, avait eu lieu (1), entre le représentant de l'Autriche, Bestushew et Woronzow, une conférence, dans laquelle on jeta sur le papier les bases d'une union offensive des deux cours contre le roi Frédéric. Chacune des parties contractantes mettrait en ligne une armée de 80,000 hommes ; l'attaque devait être simultanée, et les hostilités seraient continuées jusqu'au recouvrement, par l'Autriche, de la Silésie et de Glatz, et jusqu'à la conquête, par la Russie, de la Prusse royale ; cette province serait cédée à la Pologne, en échange de la Courlande et de la Samogitie ; l'on rechercherait le concours de la Suède et de la Saxe, en promettant à la première la Poméranie prussienne, à la seconde la ville et le district de Magdebourg.

Un projet de pareille envergure était prématuré : la cour de Vienne n'entendait pas aller si vite en besogne, et Kaunitz dut écrire à son ambassadeur (2) que la cour de Russie montrait trop d'ardeur et qu'une telle impétuosité gâterait les affaires. L'appui de la France n'était pas assuré, et, tant qu'on n'aurait pas traité avec cette puissance, il serait dangereux d'éveiller les craintes de la Prusse et de l'Angleterre par un arrangement précipité.

Quelques jours après, c'est la diplomatie française qui entre en lice. Williams annonce le retour à Pétersbourg du chevalier Douglas, émigré écossais qui passait pour être un émissaire secret du gouvernement de Louis XV, et qu'on

---

(1) Arneth, *Histoire de Marie-Thérèse*, t. V, p. 46.
(2) Kaunitz à Esterhazy, 22 mai 1756 (Arneth, t. V, p. 47 et notes).

croyait chargé de sonder le terrain pour la reprise des relations entre les deux cours. La situation de l'envoyé anglais devient de plus en plus gênée : non seulement il a à lutter contre les démarches d'Esterhazy, qui se joint à Douglas pour battre en brèche l'alliance anglo-russe, contre les intrigues du favori en titre de la czarine, le comte Schuwalow, mais il ne peut se mettre d'accord avec le grand chancelier sur l'interprétation du traité de subsides. C'est en vain que, pour obéir aux instructions de son gouvernement, il retourne la fameuse déclaration. Cette pièce est aussitôt expédiée au prince Gallitzin, à Londres, avec ordre de la reporter au ministère anglais.

Williams confie ses embarras à son chef (1) ; il ne prévoit pas cependant que l'impératrice de Russie, malgré sa haine contre le roi de Prusse, lui déclare la guerre, car elle sait fort bien qu'elle n'a pas de généraux à mettre à la tête de ses armées, et ses ressources financières ne lui permettraient pas de soutenir une campagne sans subvention étrangère. « Il faut ajouter, continue-t-il, que les conseils de cette cour sont toujours dans l'indécision, et que l'on change de résolution tous les deux ou trois mois. »

Cette dépêche se croisa avec une lettre (2) de Londres, qui annonçait la signature du traité de Versailles, et qui invitait l'envoyé anglais à obtenir du cabinet de Pétersbourg la condamnation de la politique de Kaunitz et une intervention à Vienne dans ce sens. Holdernesse rappelle et résume les efforts faits par l'Angleterre pour s'assurer l'appui de l'Autriche. « Il fut bientôt manifeste, dit-il en guise de conclusion, que notre roi ne pouvait espérer le concours de la cour de Vienne dans son conflit avec la France, à moins de s'engager à des mesures violentes contre le roi de Prusse... J'en appelle à l'opinion de tout

(1) Williams à Holdernesse, 5 juin 1756.
(2) Holdernesse à Williams, 28 mai 1756.

juge impartial : le roi d'Angleterre, en entretenant des projets aussi néfastes, aurait-il agi d'une façon conforme aux règles de la justice ou à l'avantage réel de la cause commune? » L'indignation du ministre anglais, qui, pour être tardive, était probablement plus chaleureuse, ne pouvait trouver d'écho à Saint-Pétersbourg que chez les partisans plus ou moins intéressés d'une entente avec le roi de Prusse. Il devenait de plus en plus difficile, pour ne pas dire impossible, de nier la contradiction évidente entre le traité de subsides, de septembre 1755, dont la plupart des clauses étaient dirigées contre l'ennemi commun d'alors, le roi de Prusse, et la convention de Westminster, de janvier 1756, qui interdisait l'entrée en Allemagne de ces mêmes troupes russes, que l'acte antérieur avait eu pour objet d'y appeler. L'équivoque, qui existait depuis cinq mois, devait prendre fin. La czarine, malgré sa mobilité, aurait à choisir entre l'union avec l'Angleterre, à laquelle la Prusse serait invitée à adhérer, ou la reprise contre le roi Frédéric du projet d'action concerté avec l'impératrice-reine et ses alliés, parmi lesquels figurerait aujourd'hui la France.

Cependant, les lenteurs et les fluctuations de la cour de Pétersbourg, l'indolence maladive d'Élisabeth, la division de ses conseils, les arguments financiers de l'ambassadeur Williams, retardèrent de plusieurs mois la solution d'une question qui préoccupait à un si haut degré les principaux gouvernements de l'Europe.

Au sein du cabinet anglais, la fâcheuse impression produite par l'accord de la France et de l'Autriche, l'échec de Keith à Vienne et les avis de la Haye et de Pétersbourg, fut singulièrement aggravée par les mauvaises nouvelles de l'Amérique et de la Méditerranée. Les amiraux et les généraux avaient aussi peu de succès à la tête des forces britanniques, que les diplomates du roi George auprès des cours du continent.

Le général Braddock, chargé de la conduite des opérations militaires en Amérique, venait d'essuyer une défaite sanglante sur les bords de la Mouanghahela. Le maréchal de Richelieu avait pu débarquer sans opposition dans l'île de Minorque et commencer le siège de la citadelle de Saint-Philippe; l'amiral Byng, envoyé avec une escadre au secours de la garnison anglaise, après avoir livré un combat malheureux à l'amiral La Gallissonnière, avait été obligé d'abandonner son entreprise et de rentrer à Gibraltar. En Allemagne, le Hanovre restait sans défense à la suite du départ des troupes électorales et hessoises, appelées en Angleterre par la menace d'une invasion des armées françaises, réunies sur les côtes de la Manche.

Nous relevons, dans une lettre intime de Newcastle (1) à son ami le colonel Yorke, l'expression du découragement qui régnait dans les cercles de Saint-James. « Toutes les puissances indépendantes, écrit le ministre, devront être alarmées de cette alliance contre nature, les cours protestantes surtout, puisque c'est contre elles qu'elle est directement et presque ouvertement faite..... Je ne puis dire ce qu'il y aura lieu de proposer; mais il est évident qu'il faut, ou essayer (au prix d'une grosse dépense, je le reconnais) de former une contre-alliance à opposer à celle que je trouve si dangereuse, ou nous resigner à abandonner l'Europe à la France et à soutenir tout seuls, pendant plusieurs années, contre cette puissance, une lutte inégale, dans laquelle nous avons tout lieu de craindre des échecs incessants, à en juger d'après les expériences désastreuses que nous venons de faire, puisque nos armées prennent la fuite en Amérique et nos flottes dans la Méditerranée; et alors (ce que j'ose à peine vous avouer) que nous n'avons presque pas un vaisseau à ajouter à nos escadres, ni un ba-

---

(1) Newcastle à Yorke (très confidentielle), 11 juin 1756. — *Newcastle Papers.*

taillon à envoyer en Amérique ou dans la Méditerranée.....
Que faut-il faire? Conclure la paix avec la France aujourd'hui? Nous ne pouvons, nous n'osons pas le faire! La folie de la nation, la faiblesse et la méchanceté de nos alliés nous ont menés aux difficultés présentes. »

Newcastle se demande quels États il serait possible de faire entrer dans la coalition qu'il voudrait organiser. La Russie vient en première ligne, mais les affaires vont très mal à Pétersbourg : la czarine prétend limiter son engagement à une action contre le roi de Prusse; cependant, comme elle ne dénonce pas le traité de subsides, il sera peut-être possible d'obtenir son concours contre la France, mais « cela nous coûtera cher ».

Une fois l'accord rétabli entre l'Angleterre et la Russie, « le roi de Prusse se joindrait volontiers à nous, » et l'Espagne, la Sardaigne prendraient aussi parti, pour se prémunir contre les dangers que leur réserve l'union de la France et de l'Autriche.

La république de Hollande, gouvernée par la fille du roi d'Angleterre, ne laissera pas « échapper cette occasion de défendre son territoire, son indépendance et sa religion ». Avec les contingents des petits princes allemands, de la Saxe et de la Bavière, avec l'aide de la Suède qui se laissera entraîner, avec les armées de la Russie et de la Prusse, on pourra constituer des forces suffisantes pour résister aux attaques de la France et de sa nouvelle alliée. « Je l'avoue, ajoute prudemment Newcastle, ce projet est gros, difficile et coûteux, et peut-être peu pratique. »

Tandis que le ministre anglais se désole et se creuse la tête pour imaginer des combinaisons, auxquelles il est obligé de reconnaître lui-même des chances bien faibles de succès, Frédéric a une tout autre attitude. Depuis longtemps, grâce à sa clairvoyance naturelle et à ses excellentes informations, il est persuadé que la négociation pendante entre les cours de Vienne et de Versailles va enfin aboutir.

Dans sa correspondance avec Knyphausen (1), Frédéric dicte le langage que devra tenir son envoyé, quand il apprendra la signature du traité austro-français : « Vous devrez simuler bien de l'indifférence là-dessus, en déclarant seulement que vous étiez bien aise de ce que, par la neutralité des Pays-Bas et par l'engagement stipulé, la reine-impératrice ne se mêlerait point des différends présents entre la France et l'Angleterre, la tranquillité de la plus grande partie de l'Europe serait conservée..... Quand le marquis de Valory viendra me parler à ce sujet, je lui tiendrai les mêmes propos là-dessus. » Knyphausen exécuta strictement sa consigne, en complimentant l'abbé de Bernis (2) « sur le traité, avec beaucoup de politesse ».

Quoique informé dès le 24 mai, par une dépêche de son représentant à Paris, de la conclusion de la convention, le roi de Prusse ne reçut la communication officielle que vers le 15 juin. Il se borna à faire au ministre français accrédité à sa cour une réponse, que ce dernier traduisit dans les termes suivants : « Qu'il était infiniment obligé au roi de cette marque de confiance et d'amitié, qu'il admirait et applaudissait de tout son cœur aux précautions que Sa Majesté prenait pour éviter que sa querelle avec l'Angleterre n'allumât une guerre générale; qu'il désirait la tranquillité publique; qu'au reste, je ne pouvais en trop dire pour exprimer à Sa Majesté toute sa sensibilité et son désir de vivre avec elle dans la plus intime union. »

La revue que nous venons de faire de la situation, au commencement de l'été de 1756, nous permet de constater le revirement complet qui s'était opéré dans l'orientation politique de la plupart des États de l'Europe, depuis le

(1) Frédéric à Knyphausen, 18 avril 1756, 11 mai 1756.
(2) Bernis, *Mémoires*, t. I, p. 274.

début de l'année, évolution dont le traité de Westminster d'abord et celui de Versailles plus tard avaient été la manifestation publique. Sauf l'Espagne, qui, sous l'influence du ministre Wall et de l'habile ambassadeur anglais sir B. Keene, était restée fidèle à l'Angleterre, toutes les autres cours du continent avaient changé ou étaient sur le point de changer d'attaches. Le vieux système des Puissances maritimes et de l'Autriche était brisé; l'impératrice-reine, entraînant à sa suite la plupart des princes de l'Empire, la Saxe et la Russie, avait contracté de nouveaux liens avec sa rivale séculaire, et cherchait à embrigader le cabinet de Versailles dans la ligue qu'elle s'efforçait de constituer contre le roi de Prusse. La Hollande abritait sa faiblesse derrière une proclamation de neutralité. Le roi Frédéric devait à ses mauvais procédés à l'égard de la France l'isolement presque complet dans lequel il se trouvait; il ne soupçonnait pas encore le complot qui se tramait contre lui, et, tout en acceptant avec l'Angleterre une entente que lui imposaient les événements, n'avait pas perdu tout espoir d'une réconciliation avec la France, dont l'abandon paraissait trop contraire aux intérêts de cet État pour qu'il fût définitif. Quant à la Grande-Bretagne, délaissée par ses anciens amis, lasse d'exigences qui laissaient trop entrevoir l'égoïsme insulaire de ses procédés, peu édifiée sur la loyauté de son nouvel et unique allié, elle s'était presque résignée au sacrifice du Hanovre, et, peu soucieuse de se mêler à une bagarre générale, elle ne songeait qu'à la protection de son territoire, à la défense de ses possessions coloniales, et au maintien de sa suprématie maritime.

En traitant avec l'Autriche, la France avait perdu, il est vrai, l'espoir de s'indemniser sur les champs de bataille des Pays-Bas des échecs qu'elle pourrait éprouver en Amérique ou sur mer; mais, en revanche, elle avait acquis la sécurité absolue de ses frontières de terre; elle pouvait consacrer toutes ses ressources en hommes et en argent à la lutte contre le vieil ennemi, à la vengeance des affronts qu'elle avait supportés jusqu'alors avec tant de débonnaireté.

Ce plan d'action paraissait si naturel que le traité de Versailles fut interprété par presque tous les souverains, à commencer par Frédéric lui-même, comme devant raffermir, au moins pour le moment, la tranquillité du continent. Aussi fut-ce sans émotion, et sans grande préoccupation pour l'avenir, que les cabinets de l'Europe reçurent communication des manifestes lancés par l'Angleterre et la France, à l'occasion de la déclaration de guerre qu'elles venaient d'échanger, et par laquelle elles avaient transformé en lutte officielle des hostilités ouvertes, soit en mer, soit en Amérique, depuis plus de dix mois.

Cette accalmie, on le sait, ne dura guère; dès le mois de juillet 1756, les préparatifs militaires du roi Frédéric, les sommations qu'il adressa à l'impératrice, enfin la brusque invasion de la Saxe, troublèrent profondément l'Europe et mirent fin aux rêves de repos et de paix dont la cour de Louis XV aimait encore à se bercer.

L'accord de Versailles s'imposait-il à la France? L'alliance autrichienne était-elle devenue nécessaire au roi très chrétien pour parer au danger auquel l'exposait le revirement de Frédéric? Quels avantages présentait le nouveau système? Quelles furent les causes qui amenèrent l'évolution dont le traité fut le signe extérieur? Cette évolution est-elle due à des intrigues de cour ou à des motifs de haute politique? Autant de questions que l'histoire a envisagées avec des divergences de vues qu'expliquent l'insuffisance des documents consultés, la nationalité, et souvent les tendances, nous dirions aujourd'hui l'état d'âme, des écrivains.

Tout d'abord, écartons la légende plus ou moins accréditée qui attribue le renversement des alliances au dépit de Mme de Pompadour, à l'irritation qu'auraient occasionnée chez elle les propos de Frédéric et le dédain affecté par ce prince pour sa personne et son influence. Que la vanité de la favorite ait été piquée par les boutades et les épigrammes du philosophe de Sans-Souci, cela est hors de doute ; mais le système prussien était trop ancré dans les conseils du roi, l'entente entre les gouvernements, sinon entre les souverains, trop cordiale, pour que la marquise eût osé tenter dans les relations extérieures de la France un changement qui eût déchaîné contre elle tant d'animosité et l'eût exposée à tant de périls. La réponse réservée de Bernis aux premières ouvertures de Stahremberg, le choix de Nivernais pour la mission de Berlin, le message dont Mme de Pompadour chargea ce dernier pour Frédéric, la chaleur que mit l'ambassadeur, dont nous n'avons pas à rappeler les attaches, à prôner le renouvellement avec la Prusse, sont autant de preuves que, jusqu'à la nouvelle du traité de Westminster, ni la favorite ni ses confidents les plus intimes ne songeaient sérieusement à modifier l'orientation de la politique étrangère de la France.

Pendant les longs pourparlers qui aboutirent aux conventions du 1er mai, nous rencontrons, dans la correspondance cependant si détaillée de Stahremberg, peu d'allusions à l'action directe de la marquise, alors que dans les dépêches postérieures au traité de Versailles son nom revient sans cesse, à propos, soit des avis qu'elle donne, soit des efforts qu'elle fait auprès du roi pour la bonne cause ; l'envoyé de Marie-Thérèse parle peu d'elle pendant la phase difficile, et ne célèbre ses louanges qu'à la veille de la signature. Au moment le plus critique, Mme de Pompadour venait d'être nommée dame du palais (1); elle cherchait à se faire pardonner cet honneur, difficile à con-

(1) 3 février 1756. Voir les *Mémoires* de Luynes et d'Argenson.

cilier avec sa naissance et sa position, par l'affichage de pratiques et de sentiments religieux en contradiction avec son passé et ses habitudes. Il est donc présumable que, sans se désintéresser tout à fait de la négociation, en femme prudente et avisée, elle n'intervint qu'à la dernière heure, alors qu'elle crut le résultat assuré.

La maîtresse attitrée de Louis XV fut l'objet des flatteries de Kaunitz, et reçut par son intermédiaire, après la ratification du traité de Versailles, un message de bienveillance de Leurs Majestés Impériales, accompagné d'un cadeau; mais on ne trouve aucune trace des billets que lui aurait écrits Marie-Thérèse et dont celle-ci a toujours nié l'existence. Il faut reconnaître, d'ailleurs, que les hommes d'État du XVIIIe siècle n'avaient aucune répugnance à courtiser les personnages féminins qui, soit en qualité de favorites reconnues, soit de favorites devenues amies et conseillères, étaient considérées comme les Égéries de leurs souverains. C'est ainsi que Newcastle échange des présents avec la Pompadour, qu'il consulte sur la politique la comtesse de Yarmouth, maîtresse en titre du vieux roi George. Frédéric lui-même, malgré son antipathie pour le beau sexe, mis au courant par Nivernais des influences prépondérantes auprès de Louis XV, engagea Knyphausen à gagner les bonnes grâces de celle qu'il avait trop négligée jusqu'alors.

« Le duc de Nivernais, écrit-il le 24 janvier (1), m'ayant beaucoup parlé de Mme de Pompadour, vous devez prendre l'occasion de lui faire la visite, pour lui dire par un compliment des mieux tournés, combien j'avais été sensible à tout ce que le dit duc m'avait assuré de ses sentiments à mon égard. » Quelques jours après, il revient à la charge (2) : « Mme de Pompadour m'a fait faire quelques avances par le duc de Nivernais, auxquelles j'ai aussi ré-

(1) Frédéric à Knyphausen, 24 janvier 1756.
(2) Frédéric à Knyphausen, 3 février 1756.

pondu par son moyen ; je crois donc qu'il conviendra que vous alliez quelquefois chez elle pour lui dire des obligeances de ma part. » A Knyphausen qui suggère une lettre du roi à la marquise, Frédéric répond (1) : « Quant à ce qui regarde Mme de Pompadour, je ne veux point vous dissimuler que j'ai une grande répugnance encore à lui écrire directement comme vous le proposez; mais, dans le cas que ce fût absolument nécessaire, il faudrait, avant que cette correspondance fût entamée, qu'elle me fît dire des propos, et moi, après de même à elle, qui sauraient m'amener par suite à lui écrire une lettre directement; sans cela, l'entreprise me paraît trop grossière. » Si les avances du roi de Prusse et de son ministre furent faites en pure perte (2), il faut attribuer leur échec plus aux circonstances qu'à la mauvaise volonté de celle qui en était l'objet.

Dans les discussions qui précédèrent le traité de Versailles, nous relevons les traces incontestables d'une action personnelle dirigeante ; mais ce fut, selon nous, plutôt celle du roi que celle de la favorite. Louis XV, indolent, sans instruction, esclave de ses caprices et plus tard de ses habitudes, incapable de prendre une décision et surtout de l'exécuter, ne manquait, à ses heures, ni de sens ni d'intelligence; il ne pouvait se méprendre sur les sentiments que le roi Frédéric avait et quelquefois professait sur son compte. Les agissements, la vie journalière, l'activité militaire et administrative de son allié, mettaient en relief les défauts que Louis se connaissait, et que, malgré son profond égoïsme, sa conscience lui reprochait parfois. La comparaison des deux souverains était d'autant plus humiliante pour la vanité du roi très chrétien, que le roi de Prusse, en dépit de l'admiration que commandait son gé-

(1) Frédéric à Knyphausen, 2 mars 1756.
(2) Knyphausen à Frédéric, 1er et 15 mars 1756.

nie, malgré le respect qu'imposaient les succès du passé et la puissance du jour, n'était encore que l'électeur de Brandebourg d'hier, dont la royauté de fraîche date lui donnait à peine le droit de figurer à côté des vieilles monarchies de l'Europe.

Ce sentiment de jalousie à l'égard d'un parvenu dont la fortune semble trop rapide, ce désir de régenter un ami que l'on ne peut se décider à traiter en égal, perçaient trop dans les lettres et les discours de l'entourage du roi de France pour qu'un esprit aussi fin et aussi fier que celui de Frédéric ne s'en aperçût pas, et ne s'en vengeât par des épigrammes sur la cour de Versailles, et par des critiques souvent injurieuses des projets et des actes du ministère français.

De plus, la différence de religion ne fut pas sans influence sur les rapports des deux princes. Louis, aussi dévôt qu'immoral, prêt à faire son salut aux dépens des autres, convaincu que le ciel et le Saint-Siège lui pardonneraient les tristes exemples de sa conduite privée, en considération de ses efforts pour ramener à l'église catholique ses sujets réformés, subissait avec quelque déplaisir l'alliance du philosophe de Sans-Souci, libre-penseur déclaré, mais protestant en politique, qui savait au besoin, malgré son scepticisme et ses railleries, jouer de la note confessionnelle, quand il y trouvait son avantage ou celui de ses États. Le penchant intime du roi très chrétien et de son premier ministre réel, Mme de Pompadour, inclinait bien plus du côté de Vienne que du côté de Berlin. La similitude d'étiquette et de politique religieuses, le prestige de la dignité impériale, le ton, le cérémonial, les procédés, les lenteurs même de la cour de l'impératrice, étaient autant de raisons d'affinité entre les maisons de Habsbourg et de Bourbon.

L'union de Louis et de Frédéric, basée sur la communauté d'intérêts et sur le principe de la rivalité de la

France et de l'Autriche, n'avait pas, jusqu'au traité de Westminster, d'adversaires dans les conseils du roi, et conservait encore à Versailles l'autorité d'un article de foi, mais, en dépit des protestations d'amitié et des échanges de compliments, n'avait jamais été cimentée par les sympathies personnelles des souverains.

Quelle que fût l'origine du nouveau système, qu'il fût dû aux préférences secrètes de Louis, au crédit de la favorite, à la faiblesse du roi pour sa fille la duchesse de Parme, comme l'insinue d'Argenson (1), à la colère soulevée par la conduite de Frédéric ou à la persévérance de Kaunitz, la comparaison des dangers et des avantages de la politique ainsi inaugurée, mérite l'examen tout autant que la recherche de ses auteurs responsables.

Le bénéfice que l'Autriche retirait du traité de Versailles et de l'alliance offensive qui en découlerait était tellement évident, qu'il n'est venu à la pensée de personne de blâmer Marie-Thérèse et son ministre, malgré le peu de succès de leur entreprise. En se liant avec la France, la cour de Vienne transformait d'ennemie en amie la puissance continentale la plus considérable de l'Europe; elle se débarrassait de toute préoccupation au sujet de ses possessions éloignées des Pays-Bas, et recouvrait sa liberté d'action contre le roi de Prusse en qui elle voyait, non seulement le conquérant de la Silésie, mais aussi le prétendant futur à la couronne impériale. Peu importait à Marie-Thérèse une perte de territoire en Flandre, perte qu'elle entendait bien réduire au strict nécessaire, si elle pouvait reprendre les provinces cédées et ruiner un rival détesté. La convention de neutralité et l'arrangement défensif du 1ᵉʳ mai n'étaient que les degrés inférieurs de l'échelle à gravir; mais le pas décisif que venait de faire le gouvernement de Louis XV ne serait que le premier de la voie dans la-

---

(1) D'Argenson, *Mémoires*, t. IX, p. 279.

quelle il serait entraîné. L'objectif visé dès les premières ouvertures, la rupture avec la Prusse, était acquis; le reste suivrait fatalement.

Autant l'intérêt de l'Autriche ressort avec la dernière clarté, autant celui de la France reste douteux, pour ne pas dire nul. Certes, il eût été puéril, au milieu du dix-huitième siècle, de maintenir comme dogme l'antagonisme permanent des maisons de Bourbon et de Habsbourg, de nier les avantages qu'il était possible de tirer, dans certaines conjonctures, d'une action commune avec la cour de Vienne; mais il faut se demander si les circonstances de l'année 1756 justifiaient un accord de ce genre.

Dans ses *Mémoires*, le principal négociateur du traité de Versailles, l'abbé, devenu cardinal de Bernis, reconnaît les effets désastreux qui résultèrent en fait, pour la France de son union avec l'Autriche et de sa participation à la ligue formée contre la Prusse; mais il fait dériver ces conséquences, non des conventions de 1756, mais des arrangements de 1757 et 1758, qui réglèrent les conditions de coopération des deux puissances. Il est certain que s'il y eut faute commise en signant l'acte de 1756, elle fut fort aggravée par les traités postérieurs; mais il est impossible d'admettre que les seconds ne furent pas le résultat logique du premier. La France ne pouvait pas rester sans alliés; aussi, la rupture avec la Prusse une fois accomplie, l'entente avec l'Autriche s'imposait en principe, sauf à régler les questions de concours et de compensation au mieux des intérêts des deux parties.

La question capitale du débat n'est donc pas celle des clauses plus ou moins avantageuses des pièces diplomatiques, mais celle de l'alliance autrichienne elle-même. La conduite du roi de Prusse obligeait-elle Louis XV à se jeter entre les bras de l'Autriche? En traitant avec l'Angleterre, Frédéric était-il devenu l'ami de cette puissance et l'ennemi de la France? A ces interrogations nous n'hésilerons pas à répondre par la négative. Ainsi que nous l'avons dit à propos de la négociation de Nivernais, Frédéric, en signant avec la Grande-Bretagne la convention de Westminster, cherchait à écarter la guerre de l'Allemagne et à prémunir ses États contre une attaque des Russes, qu'il croyait beaucoup plus dans les mains des Anglais qu'ils ne l'étaient en réalité. Il ne désirait en aucune façon se brouiller avec la cour de Versailles et lui conservait même sa sympathie dans le conflit engagé. Prêt à terminer avec la France comme il l'avait fait avec l'Angleterre, sa neutralité ainsi bien assurée, il espérait jouer le rôle de médiateur entre les nations belligérantes, restaurer le repos de l'Europe et recueillir tout le bénéfice de son intervention pacifique.

Il suffit de parcourir la correspondance particulière de Frédéric et celle de Newcastle pour se convaincre que le roi de Prusse, pendant les premiers mois de 1756 et longtemps après la signature du traité de Westminster, ne se considérait pas et n'était pas regardé comme l'allié intime de l'Angleterre. Il ne se rapprocha réellement de cette puissance qu'après avoir acquis la certitude de l'accord intervenu entre l'Autriche et la France. Les longues entrevues qu'il eut avec le nouvel envoyé anglais, M. Mitchell, le 11 et le 12 mai, marquent assez exactement l'époque de l'évolution accomplie dans ses relations extérieures.

De Frédéric, si Louis XV ne pouvait plus rien attendre, il n'avait, du moins, rien à craindre. L'éloignement de ses États, les rapports tendus qui existaient entre lui et les deux impératrices ses voisines, l'avantage évident qu'il avait à ménager la France, écartaient tout danger d'agression de sa part. La question d'amour-propre une fois mise de côté, rien n'empêchait le renouvellement du traité défensif qu'offrait Frédéric et que préconisait Nivernais; ce renouvellement prévu par l'opinion en Europe n'aurait pas, on l'a vu, fait obstacle à la convention de neutralité dont la cour de Vienne laissait l'option au cabinet français à la fin de février, et dont elle parlait encore dans son rescrit du 27 mars. La signature avec la Prusse et avec l'Autriche d'arrangements de ce genre, facile en février, plus difficile en avril 1756, eût atténué les effets de l'acte de Westminster, augmenté les soupçons que le gouvernement britannique entretenait sur la loyauté du roi de Prusse, et érigé une barrière presque infranchissable contre les tentatives de réconciliation que l'Angleterre se décida, bien tardivement d'ailleurs, à faire auprès de la cour de Vienne.

Dès le rappel de Mirepoix, en juillet 1755, deux voies s'ouvraient à la politique française. La guerre avec la Grande-Bretagne était inévitable; on pouvait, en la localisant, y affecter sans réserve les ressources de la nation et, pour se libérer de tout souci du côté des frontières de terre, maintenir la tranquillité en Europe. Craignait-on des insuccès sur mer et dans les colonies : il fallait, sous un prétexte que la diplomatie, avec l'absence de scrupules dont elle a été coutumière à toutes les époques, eût facilement inventé, saisir les Pays-Bas et le Hanovre comme gages de la paix future. Ce projet, au sujet duquel on avait hésité pendant tout le second semestre de 1755, était devenu inexécutable à la suite du traité de Westminster. Le préjudice causé par le mauvais procédé de Frédéric était d'ailleurs beaucoup plus imaginaire que réel, puisque pour répondre aux avances de l'impératrice on avait à peu près renoncé à l'idée d'occupation des Pays-Bas, et qu'on n'était pas loin d'abandonner le plan de diversion contre le Hanovre. Dans ces conditions, le retour à la première alternative s'indiquait comme seul moyen de sauvegarder les véritables intérêts de la France.

Admettons que l'utilité du renouvellement du traité prussien ne soit pas démontrée, il n'en reste pas moins acquis au débat que la France ne devait pas dépasser avec la cour impériale les limites d'une convention de neutralité qui, l'affranchissant de toute autre préoccupation, lui eût permis de se consacrer tout entière à la lutte contre l'Angleterre.

Trop resserré dans les stipulations de son traité défensif qui liaient ses destinées à celles de l'Autriche, pris dans l'engrenage dont il ne put se dépêtrer, le cabinet de Versailles fut entraîné dans la mêlée continentale, qu'il avait voulu éviter. Ce fut en Allemagne, dans une lutte où les bataillons français ne furent, à proprement parler, que les auxiliaires des armées de l'impératrice, ce fut sur les champs de bataille de Rosbach, de Creveld, de Minden, que nous perdîmes nos colonies du Canada et du golfe Saint-Laurent. Sans doute, ces désastres furent dus au gaspillage de nos finances, à l'incapacité de nos généraux, à la désorganisation de nos troupes; mais la politique, qui nous avait engagés si inutilement, ne fut pas étrangère aux tristes conséquences de la guerre de Sept ans.

Mais, nous objectera-t-on, commandés par d'autres chefs, nos soldats eussent été victorieux; à la veille de Rosbach, la cause de Frédéric était presque désespérée, la coalition bien près de vaincre. Afin de juger l'alliance autrichienne, il serait plus équitable de quitter le terre à terre des faits survenus, pour s'élever au pinacle des hypothèses heureuses, que devaient envisager les auteurs des traités de 1756 et 1757.

On peut évaluer les bénéfices que la France pouvait tirer de la coopération avec l'Autriche, d'après les propositions qui furent mises en avant par la cour de Vienne au début de la négociation secrète, et qui ne diffèrent guère des clauses de la convention de 1757. Les résultats qu'eût assurés à la France une terminaison favorable de la guerre de Sept ans, c'est-à-dire la création d'un petit État appelé à jouer au dix-huitième siècle le rôle de la Belgique moderne, et l'acquisition de quelques cantons de la Flandre et du Tournaisis, n'eussent pas compensé les sacrifices en hommes et en argent qu'aurait coûtés le succès. Tout au plus l'occupation du Hanovre eût-elle permis de recouvrer les possessions coloniales enlevées par l'ennemi, au cours d'une lutte maritime, à laquelle on n'aurait pu consacrer que des crédits insuffisants.

L'Autriche, au contraire, débarrassée du seul rival qui lui portât ombrage, accrue par la reprise de la Silésie et des duchés italiens, grandie par le prestige de la victoire, serait devenue maîtresse incontestée de l'Europe centrale, et aurait peut-être effectué un siècle plus tôt, sinon l'union, au moins la consolidation, à son profit, de l'empire germanique.

Si la conduite longtemps suivie à l'égard de la maison de Habsbourg n'avait plus sa raison d'être en 1756, s'il eût été dangereux de poursuivre indéfiniment l'abaissement de l'Autriche et de substituer à cette vieille puissance, comme arbitre de l'Allemagne, la jeune et remuante dynastie des Hohenzollern, il était presque aussi impolitique de défaire l'œuvre des dernières années et de détruire un antagonisme utile aux intérêts français, en livrant la Prusse à l'Autriche.

Or, la diminution, la ruine même de la Prusse était le but visé et hautement avoué par la cour de Vienne; le gouvernement de Louis XV ne pouvait se faire aucune illusion à ce sujet. En vain pourrait-on alléguer que le traité défensif du 1er mai 1756 et la garantie réciproque de leurs possessions, que s'accordaient les deux parties contractantes, ne devaient pas avoir pour conséquence de mettre la France en conflit avec la Prusse. Il était évident, en effet, que l'attaque du territoire français par le roi Frédéric était une éventualité des plus invraisemblables, tandis que les relations aigries des cours de Vienne et de Berlin, les dispositions de défiance, d'hostilité même que montraient l'un pour l'autre les souverains des deux États limitrophes, faisaient prévoir la possibilité d'un éclat, dans lequel il pourrait être difficile de déterminer quel serait l'agresseur.

La France se trouverait donc obligée de prendre part à une lutte dont l'issue, même heureuse, ne pourrait lui valoir des gains proportionnés aux charges qu'elle aurait à s'imposer.

En résumé, le traité de Versailles, fort avantageux pour le gouvernement de Marie-Thérèse, fait honneur à la ténacité et à la clairvoyance de Kaunitz aussi bien qu'aux talents diplomatiques de Stahremberg. Pour la France, il eut des résultats funestes, que par des arrangements postérieurs il eût été possible d'atténuer, mais non d'éviter. Si l'on ne peut refuser à l'abbé de Bernis quelque prudence au début, quelque habileté dans le détail des négociations, nous ne devons reconnaître ni à lui, ni à ses collègues du comité et du conseil, le sentiment réel de ce qui convenait le mieux à leur pays. Par inconscience ou par faiblesse, ils s'inclinèrent devant la volonté d'un monarque aussi vaniteux qu'ignorant, et devant l'opinion d'une femme qui ne songea qu'à flatter l'amour-propre et la rancune de son maître.

Oublieux des intérêts supérieurs de l'État, ils cédèrent au désir de se venger des mauvais procédés de Frédéric, et édifièrent, sur le dépit plutôt que sur la raison, un système nouveau de politique extérieure.

CHAPITRE IX

HOSTILITÉS EN ACADIE. — EXPULSION DES ACADIENS.

Avant de raconter les événements du printemps de 1756 et d'étudier les faits qui furent en Europe le prélude de la guerre de Sept ans, il nous faut revenir sur les incidents militaires de la lutte engagée entre la France et l'Angleterre. Ces hostilités, que nous avons dû laisser de côté pour ne pas interrompre le récit des négociations relatives aux traités de Westminster et de Versailles, se poursuivirent pendant l'année 1755 et le premier semestre de 1756, et eurent pour théâtre l'Amérique du Nord et la Méditerranée.

Tout en se prêtant aux débats diplomatiques avec la cour de France, tout en désirant peut-être une solution pacifique, le gouvernement britannique avait décidé, dès la fin de 1754, d'avoir recours aux armes pour reprendre position sur l'Ohio, et chasser les Français des forts qu'ils occupaient dans les territoires contestés. Dans le but de profiter de l'avantage que lui assuraient la supériorité de ses ressources coloniales et l'avance de ses armements maritimes sur ceux de son adversaire, le ministère anglais hâta l'envoi en Amérique du général Braddock, donna à cet officier l'ordre de prendre l'offensive, et repoussa les propositions d'armistice que lui transmit à plusieurs reprises le duc de Mirepoix.

Les instructions secrètes (1) remises au général par le duc de Cumberland, en sa qualité de commandant en chef des forces militaires de la Grande-Bretagne, visaient la capture des forts Duquesne sur l'Ohio, et Niagara à l'extrémité du lac Ontario, la destruction du fort Saint-Frédéric sur le lac Champlain, et la prise des postes français placés sur l'isthme de Shédiac (2), qui sépare la Nouvelle-Écosse de ce qui est aujourd'hui le Nouveau-Brunswick. La cour de Saint-James, en traçant à son subordonné un programme aussi étendu, poussait à l'extrême ses revendications les plus exagérées, et portait la main sur des régions soumises depuis longtemps à la France, et dont la possession ne lui avait pas été jusqu'alors sérieusement disputée.

Braddock débarqua à Williamsburg, alors capitale de la Virginie, le 24 février 1755 ; il tint à Alexandrie, le 14 avril, un conseil de guerre, dans lequel un plan d'opérations fut arrêté et les rôles répartis entre ses lieutenants. Au colonel Monckton échut la direction de l'expédition contre les établissements français de l'Acadie. Cet officier fit voile de Boston le 23 mai, avec un train d'artillerie et un corps expéditionnaire de 2,000 miliciens, recrutés dans les États de la Nouvelle-Angleterre. La valeur militaire de ces troupes ne pouvait être que fort relative, si, comme l'affirme Shirley, elles ne reçurent leurs fusils que cinq jours avant leur embarquement ; elle fut suffisante pour surmonter la résistance du peu de soldats français qu'on put leur opposer.

Le fort de Beauséjour, dont nous avons relaté la fondation en 1750 par le chevalier La Corne, situé sur une colline, à quelques centaines de mètres du fond de la baie

(1) Ces instructions, tombées entre les mains des Français à la bataille de la Monanghahela, furent envoyées en France et publiées par le cabinet de Versailles.

(2) Ou Chignecto.

de Chignecto, qui fait suite au grand bras de mer de Fundy, était à trois milles du poste anglais le plus voisin, le fort Lawrence. Entre les deux positions se déroulait une plaine en culture et en herbages, arrosée par la rivière Massaquash. Les ouvrages français, construits en bois et en terre (1), armés de vingt pièces d'artillerie de tous calibres, avaient une garnison de 120 à 130 hommes des compagnies coloniales, que devaient renforcer 7 à 800 réfugiés acadiens, recrutés dans les villages des environs. De l'autre côté de l'isthme, sur la baie Verte qui débouche dans le golfe Saint-Laurent, les Français avaient élevé, pour protéger les communications entre la terre ferme et les îles Saint-Jean et du Cap-Breton, deux petits fortins, dont un seul, bâti sur les bords de la rivière Gaspereau, était occupé par un détachement d'une vingtaine de soldats.

Confiants dans le maintien de la trêve tacite qui existait en Acadie depuis quelques années, les Français ne s'attendaient pas à une attaque et n'avaient fait aucuns préparatifs de défense. Aussi l'arrivée dans la baie de Chignecto du convoi qui transportait les troupes de Monckton, fut-elle une véritable surprise.

Les coloniaux débarquèrent le 2 juin 1755, et appuyés par les réguliers anglais du fort Lawrence, après une légère escarmouche au passage de la rivière, vinrent assiéger Beauséjour. La résistance de M. de Vergor (2), le commandant français, ne fut ni longue ni énergique : il suffit de quelques projectiles jetés dans la place pour la faire capituler. « Quoiqu'ils eussent vingt-six pièces de canon montées », écrit Lawrence, gouverneur de la Nouvelle-

---

(1) Rapport sur les postes français annexé à la lettre de Shirley aux Lords of trade. 8 décembre 1754.

(2) M. de Vergor, mis en jugement sur l'ordre de la cour en 1756, mais acquitté par le conseil de guerre, commandait le poste surpris par le général Wolf, lors de son débarquement le matin de la bataille de Québec, le 13 septembre 1759.

Écosse (1), « ils se sont rendus après un bombardement de quatre jours, sans que nous eussions eu la peine de compléter une seule de nos batteries; nous avons perdu vingt hommes tués, et à peu près autant de blessés. » A la prise de Beauséjour, qui eut lieu le 16 juin, succéda le lendemain celle du petit fort de Gaspereau, qui ouvrit ses portes sans voir l'ennemi et sur une simple sommation d'un officier anglais.

En vertu de la capitulation, les troupes françaises obtinrent les honneurs de la guerre et furent renvoyées à Louisbourg, tandis que les quelques Acadiens qui étaient restés dans le fort furent relâchés, comme « ayant été forcés de prendre les armes pour la France sous peine de mort ».

M. de Drucourt, gouverneur de l'île Royale (2), fut averti de l'expédition de Monckton dès le 7 juin; mais préoccupé d'une entreprise possible contre Louisbourg, dont la faible garnison n'avait pas encore reçu les renforts expédiés de France et dont les fortifications étaient en très mauvais état, il n'osa détacher le secours que lui demandait Vergor; l'eût-il fait, son arrivée tardive n'eût pas empêché la reddition des forts de l'isthme.

Pour justifier leur conduite, les commandants français alléguèrent l'état délabré des ouvrages, le petit nombre de leurs soldats (3), la lâcheté et la désertion des Acadiens. Ces derniers, en effet, pour la plupart fugitifs de la Nouvelle-Écosse, sous le coup des représailles que les Anglais ne manqueraient pas d'exercer sur eux et sur leurs familles, n'obéirent ni aux ordres de Vergor, ni aux exhortations de leur prêtre, l'abbé Le Loutre, et combattirent mollement pour une cause qu'ils croyaient perdue.

(1) Lawrence a Robinson, 28 juin 1755.
(2) Nom donné par les Français a l'île du Cap-Breton.
(3) M. de Villeroy, commandant de Gaspereau, n'avait que vingt hommes sous ses ordres. M. de Drucourt fit un rapport défavorable sur la conduite des deux officiers.

Le fortin français qui défendait l'embouchure de la rivière Saint-Jean fut évacué et brûlé à l'approche de la flottille du capitaine Rous. Les Anglais devinrent ainsi maîtres en quelques jours, et au prix de sacrifices insignifiants, de l'isthme de Shediac et de la rive septentrionale de la baie de Fundy, contrées dont la possession avait donné lieu à des discussions si vives entre les cours de Versailles et de Londres, et dont la cession à la Grande-Bretagne eût probablement empêché la guerre.

La capture des postes français n'était que la première partie du programme préparé par le gouverneur de la Nouvelle-Écosse. Pour consolider la domination anglaise, il fallait se débarrasser des colons d'origine française qui, malgré l'émigration des dernières années, formaient encore l'élément le plus important de la population de la province. Lawrence profita du succès de l'expédition de Monckton et de la présence de ses troupes sur les bords de la baie de Fundy, pour exécuter les projets qu'il nourrissait contre eux.

Depuis le traité d'Utrecht, en vertu duquel l'Acadie avait été attribuée à l'Angleterre, les habitants du pays étaient restés dans une situation équivoque. Au début du nouveau régime, ils se montrèrent disposés à user de la faculté, qui leur avait été réservée pendant une période d'un an, de se retirer dans les îles françaises du golfe Saint-Laurent ; mais abandonnés par les représentants de leur ancien souverain, qui ne purent ou ne voulurent pas leur faciliter les moyens de s'expatrier, sollicités par les autorités britanniques, peu désireuses de voir leur possession désertée par leurs sujets, ils durent se résigner à rester dans leurs établissements. A plusieurs reprises les gouverneurs anglais s'efforcèrent d'exiger d'eux un serment d'obéissance au roi de la Grande-Bretagne. Les Acadiens ne se refusèrent pas à cet engagement, mais entendirent le subordonner à la promesse qu'ils auraient le libre exercice de leur religion, qu'ils conserveraient parmi eux leurs prêtres catholiques et qu'ils ne seraient assujettis à aucun service militaire. M. de Saint-Père, dans son intéressant ouvrage, l'abbé Casgrain dans son livre bien connu (1), font un récit détaillé des débats qui eurent lieu à ce propos entre les officiers anglais et les délégués des paroisses françaises. En 1726, le lieutenant gouverneur Armstrong, en 1730, le gouverneur Philipps, consentirent à un compromis, et acceptèrent des réserves qui ne paraissent pas avoir été exactement transmises à la métropole.

Dans un rapport adressé aux « Lords of Trade », le secrétaire du gouvernement d'Halifax, Cotterell, fait un historique complet de la question. « De tout ce qui précède, écrit-il (2), il ressort que le serment a été souvent demandé aux habitants français, qu'ils ont toujours fait des difficultés, et que chaque fois qu'ils ont juré, ils ont obtenu (ou on leur a fait croire qu'ils avaient obtenu) en échange une garantie qu'ils ne seraient jamais appelés à prendre les armes... Nous avons dans nos archives trois formes de serments, signés par un grand nombre des habitants : un en anglais, deux en français. Ces derniers sont ainsi conçus : « Je promets et jure sincèrement, en foi de chrétien, que je serai entièrement fidèle et obéirai vraiment à Sa Majesté le roy George le Second, que je reconnais pour le souverain seigneur de l'Acadie ou Nouvelle-Écosse. Ainsi Dieu me soit en aide. » L'autre serment français ne diffère de ce dernier que par le remplacement des mots « obéirai vraiment » par « me soumettrai véritablement. » « Les habitants paraissent croire que, s'ils prêtent le serment d'après la formule du texte anglais, ils s'engagent à une obéissance illimitée aux ordres du roi, et c'est pour ce motif

---

(1) De Saint-Père, *Une colonie féodale en Amérique*. L'abbé Casgrain, *Un pèlerinage au pays d'Evangéline*.

(2) Rapport du secrétaire Cotterell, 1ᵉʳ octobre 1753. — *Record Office*. Londres.

qu'ils demandent la garantie qu'ils ne seront pas obligés de porter les armes; ils se sont mis en tête, en effet, l'idée ridicule que les Anglais veulent faire d'eux des soldats. »

Cotterell termine son rapport en proposant la formule anglaise du serment d'allégeance, dont il donne la traduction suivante : « Je promets et jure sincèrement que je serai fidèle et que je porterai une loyauté parfaite envers Sa Majesté le roi George le Second. »

Pendant la guerre de succession, à de rares exceptions près, les Acadiens de la presqu'île ne se joignirent pas aux détachements franco-canadiens qui attaquèrent à plusieurs reprises les forts anglais; tout au plus put-on les accuser de sympathies latentes pour leurs anciens compatriotes, et leur reprocher les fournitures en grains et en bestiaux qu'ils firent aux soldats de Ramsey et à l'escadre du duc d'Anville.

Jusqu'au traité d'Aix-la-Chapelle, les colons de langue française constituèrent presque seuls la population blanche de la Nouvelle-Écosse, mais la fondation de Halifax, qui eut lieu très peu de temps après la pacification, vint changer cet état de choses. L'arrivée de nombreux émigrants de religion protestante recrutés en Allemagne, Hollande et Suisse, jeta parmi les Acadiens des inquiétudes, transformées bientôt en alarme par les efforts du gouverneur Cornwallis, pour remettre sur le tapis la question du serment qu'on avait laissée sommeiller depuis vingt ans.

L'établissement de nouveaux postes anglais sur la baie de Fundy, l'expédition de Lawrence, qui pour la première fois déploya les couleurs britanniques dans la région de l'isthme de Shédiac, la construction d'un fort à l'extrémité de la baie de Chignecto, décidèrent dans l'élément français un courant d'émigration, qu'encouragèrent cette fois les officiers du roi Louis XV et les prêtres qui desservaient les missions indiennes et les églises acadiennes. A la tête de ces derniers, l'abbé Leloutre se distingua par le zèle qu'il déploya en faveur de la cause française; il se servit du prestige que lui donnaient ses rapports avec la cour de Versailles, et de l'influence dont il jouissait auprès des Micmacs, tribu sauvage de la Nouvelle-Écosse, pour forcer au départ ceux de ses paroissiens qui ne voulaient pas déserter leurs fermes et leurs cultures. C'est par son action que fut incendié, sous les yeux des soldats de Lawrence, le bourg de Beaubassin, dont les habitants vinrent se réfugier dans les environs de Beauséjour, sur les rives du golfe Saint-Laurent et dans l'île de Saint-Jean.

Effrayé d'un mouvement qui, de l'isthme, menaçait de gagner les villages du bassin des Mines, préoccupé des hostilités engagées avec les Indiens, Cornwallis chercha à rassurer les Acadiens et laissa de nouveau en suspens la question de la formule. Elle ne fut pas reprise par Hopson, qui montra à l'égard de la population française des dispositions conciliantes.

« M. Cornwallis », écrit-il à Londres (1), « peut dire à Vos Seigneuries combien ces gens nous sont utiles et nécessaires; il vous expliquera l'impossibilité de se passer d'eux, ou de les remplacer même si nous avions d'autres colons à mettre à leur place, et vous renseignera sur l'entêtement qu'ils ont toujours montré quand on leur a parlé du serment. » Le successeur de Hopson, le colonel Lawrence, fut loin de se montrer aussi tolérant; contrairement à la politique suivie par ses prédécesseurs, qui avaient cherché à assimiler les colons de langue française, le nouveau gouverneur ne veut pas les reconnaître comme sujets britanniques; il leur conteste le droit de s'adresser aux juges anglais établis depuis quelques années à Halifax; « le fait de n'avoir pas juré fidélité au roi d'après nos lois, écrit-il (2), les empêche d'exercer le droit de

---

(1) Hopson aux Lords of Trade, 10 décembre 1752. — *Record Office*.
(2) Lawrence aux Lords of Trade, 5 décembre 1753.

propriété : comment nos tribunaux pourraient-ils juger les différends qu'ils ont entre eux, et qui ont trait presque toujours à des litiges concernant les terres qu'ils occupent? »

Vers le milieu de 1754, Lawrence revient à la charge ; il ne dissimule plus ses projets d'expulsion. « Je vais prendre la liberté, mande-t-il (1), de vous soumettre les mesures qui me paraissent les plus pratiques et effectives pour mettre fin aux inconvénients que depuis longtemps nous occasionnent l'entêtement des habitants français, leur mauvaise foi, leur affection pour leurs compatriotes et leur manque de reconnaissance pour les faveurs, indulgences et protection qu'ils ont reçues, sans les mériter, du roi d'Angleterre. Vos Seigneuries savent qu'ils ont toujours affecté de se considérer comme neutres, et on a pensé ici que la douceur d'un gouvernement comme le nôtre aurait fini par les gagner peu à peu à notre cause, et on n'a jamais pris de mesures violentes à leur égard ; mais nos bons procédés n'ont produit aucun effet. » Le gouverneur se plaint de ce que des Acadiens, en nombre considérable, sont allés travailler sans permission aux *aboitteaux* ou digues que les Français construisaient dans les environs de Beauséjour ; il signale aussi le trafic qu'ils font avec les îles françaises du golfe Saint-Laurent et termine ainsi : « Tant qu'ils n'auront pas prêté le serment de fidélité (ce qu'ils ne feront que s'ils y sont forcés) et conserveront les prêtres français qui sont de véritables incendiaires, il n'y aura aucune chance d'amélioration. Comme ils sont les propriétaires de la plus grande partie du sol et des meilleures terres de cette province, nous ne pourrons l'établir tant que cette situation durera. Quoique je sois bien loin d'essayer l'exécution d'un projet de cette nature sans l'assentiment de Vos Seigneuries, je ne puis m'empêcher de croire qu'il vaudrait mieux,

(1) Lawrence aux Lords of Trade, 1ᵉʳ août 1754.

s'ils refusent le serment, qu'ils fussent éloignés de ce pays. »

Malgré l'invite, le conseil de la métropole qui, sous le nom de « Lords of Trade and Plantations », était chargé de l'administration et de la surveillance des colonies anglaises, ne parut pas tout d'abord disposé à entrer dans les vues du gouverneur. Il se borna à insister (1) sur la nécessité de régulariser la situation des habitants français, fit observer l'inconvénient qu'il y aurait à fournir prétexte à une émigration qui ne pourrait que renforcer la puissance rivale, et renvoya les propositions de Lawrence à l'examen du ministère, sans donner un avis sur le parti à prendre. Pendant plus d'un an, on oublia à Londres l'affaire du serment pour ne s'occuper que des projets belliqueux que les gouverneurs Shirley et Lawrence ne cessaient de soumettre à leur gouvernement. L'attaque des forts français de l'Acadie une fois décidée, et l'expédition contre Beauséjour autorisée, l'état légal des Acadiens revint sur le tapis.

Par dépêche du 7 mai 1755 (2), le conseil reprit l'examen des mesures à adopter à leur égard. « D'après le traité d'Utrecht, écrivent les lords, les habitants qui, après le délai, sont restés dans le pays, sont devenus sujets britanniques; il faut donc examiner si le refus de jurer fidélité au roi ne leur enlève pas ce titre et ne les prive pas de tout droit à leurs propriétés. Nous ne nous chargeons pas de trancher cette question, mais nous vous prions de prendre là-dessus l'avis du Président de votre tribunal (chief justice). Quant aux gens de Chignecto qui sont passés à Beauséjour, si le Président est d'avis qu'ils ont perdu de ce fait leurs droits de propriété, vous pourrez procéder par voies légales à la confiscation des terres abandonnées, et en accorder la concession aux colons de la Nouvelle-Angleterre.

(1) Lords of Trade a Lawrence, 4 avril 1754.
(2) Lords of Trade a Lawrence, 7 mai 1755.

Ces établissements nouveaux ne pourront avoir lieu qu'après la destruction des forts français de Beauséjour et de la Baie Verte, l'éloignement des Indiens, et l'expulsion des Français, qui seront réduits à chercher un asile dans les îles improductives de Saint-Jean et du Cap-Breton, et au Canada. »

Quand cette dépêche parvint à Halifax, l'isthme de Shediac était déjà en possession des troupes anglaises. Lawrence pouvait donc se considérer comme autorisé à sévir contre les fugitifs de Chignecto, malgré l'amnistie qu'on leur avait accordée dans un article de la capitulation de Vergor. Aussi, par son rapport du 28 juin, annonce-t-il à Robinson (1) qu'il a donné l'ordre au colonel Monckton de chasser les habitants français du pays. Cependant, les expressions dont s'était servi le gouverneur devaient être ambiguës, car le ministre anglais ne sait pas s'il s'agit seulement des émigrés de Beauséjour, ou si la mesure doit s'étendre aux Acadiens de la Nouvelle-Écosse.

Robinson, dans sa réponse à Lawrence (2), se montre opposé au bannissement; il craint une révolte, tout au moins la fuite dans le territoire français d'un grand nombre d'hommes valides qui fourniront des recrues à l'ennemi. « Je ne saurais trop vous recommander, écrit-il, beaucoup de mesure et de prudence à l'égard des « neutrals »; vous devrez assurer tous ceux en qui on peut avoir confiance, surtout s'ils acceptent le serment de fidélité, qu'ils pourront continuer à jouir tranquillement de la possession de leurs terres ». L'expulsion générale serait d'autant plus mal interprétée que M. de Mirepoix, dans le cours des négociations récentes, avait revendiqué pour les Acadiens la faculté, pendant un délai de trois ans, de se retirer avec leurs biens meubles dans les colonies fran-

---

(1) Il est fait mention de cette lettre et de son contenu dans la réponse de Robinson, du 30 août.

(2) Robinson à Lawrence 13 août 1755. *Nova Scotia Papers*, British Museum.

çaises ; Sa Majesté Britannique avait repoussé cette demande, parce que « si la mesure était étendue aux Français établis en Acadie au moment du traité d'Utrecht et à leurs descendants, elle priverait la Grande-Bretagne d'un grand nombre de sujets utiles ».

Ainsi que nous le verrons, Lawrence ne tint aucun compte d'avis qui lui parvinrent d'ailleurs, alors qu'il s'était trop avancé pour pouvoir reculer.

Mais avant de relater les mesures prises par le gouverneur contre les Acadiens, il convient d'examiner leur situation et leurs relations avec les fonctionnaires anglais.

La population acadienne se distribuait, en 1755, en quatre groupes principaux : le premier et plus ancien était celui du Port-Royal, devenu Annapolis depuis le nouveau régime ; le second, plus important comme population, se composait des villages de la Grand'Prée, Rivière des Canards, Rivière de Pissiquid et Cobequid, baignés par les eaux du bassin intérieur des Mines. Ces deux premiers groupes appartenaient à la péninsule, obéissaient au lieutenant du roi George et étaient surveillés par les garnisons du fort d'Annapolis et du fort Edward, sur la rivière de Pissiquid.

Le troisième centre de colonisation, composé d'émigrés et de réfugiés des paroisses de la Nouvelle-Écosse, s'était constitué autour du fort Beauséjour, à Chipody, Peticodiac et autres localités situées au nord de la baie de Fundy. Dans la contrée qui de l'isthme de Chignecto s'étend le long des rives du golfe Saint-Laurent et jusqu'aux bords de la rivière de Saint-Jean, étaient éparpillés quelques hameaux d'Acadiens mêlés aux indigènes. Quoique le gouvernement anglais eût toujours revendiqué la possession de ces régions, le pays était resté soumis aux autorités françaises, représentées en dernier lieu par les commandants de Beauséjour et la Baie Verte. Depuis l'expédition de Monckton, le fort de Beauséjour, qui avait reçu le nom de

Cumberland en l'honneur du fils de George II, était devenu l'avant-poste des Anglais, dont le pouvoir ne dépassait guère le glacis des ouvrages.

Un quatrième noyau se composait des colons qui avaient quitté la presqu'île, pour se transporter en nombre assez considérable à l'île Saint-Jean (1), et qui s'étaient établis en petits groupes à l'île Royale (Cap-Breton) et dans les îles du détroit de Canseau, qui sépare le Cap-Breton de la terre ferme. Ces derniers étaient fixés sur des terres françaises, dont la propriété n'était pas contestée par l'Angleterre. On pouvait évaluer le chiffre total des Acadiens à environ 15,000 personnes, dont plus de la moitié dans les anciennes paroisses d'Annapolis et du bassin des Mines.

Ces communautés de la Nouvelle-Écosse étaient de véritables petites républiques, dont les premiers magistrats étaient les prêtres. Ces derniers, sortis des séminaires de France, possédaient une instruction de beaucoup supérieure à celle de leurs ouailles, pour la plupart illettrées, et jouissaient d'un prestige et d'une autorité considérables. Le principal d'entre eux, l'abbé Leloutre, très actif, très influent sur les sauvages, en correspondance suivie avec les intendants de Québec et de Louisbourg, qui lui envoyaient des secours en vivres et en munitions, s'était employé, pendant les premières années qui suivirent la paix d'Aix-la-Chapelle, à combattre avec énergie le gouvernement anglais et à encourager l'exode vers les territoires soumis à la France. Depuis quelques années, il résidait dans le district de Beauséjour, et avait entrepris d'effectuer par la construction d'aboiteaux le recouvrement d'une vaste étendue de terrains d'alluvion; grâce à la création de ces polders, pour laquelle il avait obtenu un subside de la cour de Versailles, il comptait procurer les moyens d'existence aux nombreux réfugiés de

(1) Aujourd'hui île du Prince-Edouard.

l'isthme. Ces travaux pacifiques auxquels prirent part une foule d'ouvriers venus, tant de la presqu'île que de la terre ferme, furent interrompus par l'expédition du colonel Monckton (1).

Édifiés sur les tendances hostiles des prêtres qui desservaient les missions de l'Acadie et sur l'action qu'ils exerçaient, les gouverneurs anglais, dans leur correspondance, ne cessèrent de les dénoncer et de les dépeindre comme des brandons de discorde. Une des premières mesures de Lawrence, avant l'expulsion, fut de s'emparer des curés et de les interner à Halifax.

Plusieurs causes s'unissaient pour nourrir chez les Acadiens les sentiments d'attachement à la vieille patrie : leur dévouement à la religion catholique, les rapports commerciaux qu'ils entretenaient avec les îles françaises du golfe Saint-Laurent, et l'isolement absolu dans lequel ils se trouvaient à l'égard des colonies anglaises. Séparés de Halifax et des établissements nouveaux de la côte par une zone de forêts presque impraticables, les habitants d'Annapolis et des Mines n'avaient guère de relations avec la partie orientale de la province, tandis qu'ils trouvaient pour leurs grains et leurs bestiaux un débouché facile à Louisbourg dans l'alimentation de la ville, de la garnison, et des marins que l'industrie de la pêche y amenait tous les ans. Sans liens avec les Anglais, qui n'étaient représentés parmi eux que par les soldats des postes et par quelques marchands établis sous le canon du fort d'Annapolis, n'ayant eu ni à supporter les charges, ni à jouir des droits de leur nouvelle nationalité, les Acadiens adminis-

---

(1) L'abbé Leloutre, qui se trouvait à Beauséjour lors de la capitulation, et dont la tête avait été mise à prix par les Anglais, put s'évader et s'embarquer pour la France; mais le navire qui le transportait fut capturé par un corsaire britannique. Leloutre reconnu, malgré un faux nom qu'il avait adopté, fut incarcéré à Jersey jusqu'à la paix. Il repassa en France, et consacra les dernières années de sa vie aventureuse à ses anciens paroissiens, dont il établit une colonie importante dans l'île de Bellisle.

traient leurs affaires, vidaient leurs différends sans recours aux tribunaux anglais, se considéraient de très bonne foi comme neutres entre leurs anciens et leurs nouveaux maîtres, et cherchaient surtout à se désintéresser d'une lutte dont ils finissaient toujours par payer les frais. Parfaitement résignés à subir le gouvernement britannique à la condition que ce dernier ne s'occupât d'eux que le moins possible, ils demandaient, en échange de leur soumission, le libre exercice de leur foi et l'exemption de tout service militaire. Ils faisaient découler, sans savoir pourquoi, le maintien de ces avantages du serment de fidélité, tel qu'ils l'avaient prêté jusqu'alors; toute modification de formule, quelque insignifiante qu'elle fût, devait dans leur esprit causer des préjudices et entraîner des servitudes qu'ils se refusaient à endurer.

Au cours du printemps de 1755, les Acadiens de la Nouvelle-Écosse avaient eu quelques difficultés avec le gouverneur Lawrence à la suite d'arrêtés interdisant tout transport de vivres et de bestiaux par eau, et prescrivant le désarmement des colons français et la remise de leurs fusils aux officiers britanniques. Ces mesures vexatoires, qui s'expliquaient sans doute par le désir d'empêcher le ravitaillement des possessions françaises et par la crainte d'un mouvement en faveur de l'ancienne patrie, donnèrent lieu à une requête signée d'un grand nombre d'habitants, dans laquelle, avec un sentiment de dignité et d'indépendance que déguisent mal des expressions aussi naïves que respectueuses, ils demandaient le rappel des ordres du gouverneur.

Quelques extraits, empruntés à l'une des pétitions, donneront une idée exacte du ton, du style et de l'objet des réclamations présentées par ces pauvres gens :

« Monseigneur (1). Les habitants des Mines, de Pissiquid

(1) Pièce annexée au rapport de Lawrence aux Lords of Plantations and Trade. *Record Office*. Londres. L'orthographe de l'original est conservée.

et de la Rivière aux Canards, prennent la liberté de s'approcher de Votre Excellence pour lui témoigner combien ils sont sensibles à la conduite que le gouvernement tient à leur égard; il paroit, Monseigneur, que Votre Excellence doutte de la sincérité avec laquelle nous avons promis d'être fidèles à Sa Majesté Britannique. Nous supplions très humblement Votre Excellence de considérer notre conduite passée; elle voira que bien loin de fausser le serment que nous avons pretté, nous l'avons maintenu dans son entier, malgré les sollicitations et les menaces effrayantes d'une autre Puissance. Nous sommes aujourd'hui, Monseigneur, dans les mêmes dispositions les plus pures et les plus sincères, de prouver en toutte circonstance une fidélité à toutte épreuve pour Sa Majesté, de la même façon que nous l'avons fait jusqu'ici, tandis que Sa Majesté nous laissera les mêmes libertés, qu'elle nous a accordées. A ce sujet, nous prions instemment Votre Excellence de vouloir nous informer des intentions de Sa Majesté sur cet article, et de vouloir bien nous en donner des assurances de sa part. »

Ces déclarations d'ordre général sont suivies de l'exposé des griefs : « Sous prétexte que nous transportons notre bled ou autres denrée à la pointe de Beauséjour, et à la Rivière Saint-Jean, il ne nous est plus permis de faire le moindre transport de bled par eau, d'un endroit à l'autre... Nous n'avons jamais délinqué sur ces sortes de matière, par conséquent nous devrions, ce nous semble, n'en être pas punis. » Ils demandent la restitution de leurs « canots, soit pour transporter nos besoins d'une rivière à l'autre, soit pour faire la pêche, et par là subvenir à notre nourriture. Cette permission ne nous a jamais été ôtée qu'à présent; nous espérons, Monseigneur, qu'il vous plaira nous la rendre surtout en considération de quantité des pauvres habitans qui seroient bien aises de substanter leur famille avec le poisson qu'ils pourroient prendre.

« De plus, nos fusils, que nous regardons comme nos propres meubles, nous ont été enlevés malgré qu'ils nous sont d'une dernière nécessité, soit pour deffendre nos bestiaux qui sont attaqués par les bêtes sauvages, soit pour la conservation de nos enfans et de nous-mêmes : tel habitan qui a ses bœufs dans les bois, et qui en a besoin pour ses travaux, n'oseroit s'exposer à aller les chercher, sans être en état de se deffendre et de se conserver...; d'ailleurs, les armes que l'on nous enlève sont un foible garant de notre fidélité, ce n'est pas ce fusil que possède un habitan qui le portera à la révolte, ni la privation de ce même fusil qui le rendra plus fidel, mais sa conscience seule le doit engager à maintenir son serment.

« Nous espérons, Monseigneur, que bien loin de nous le faire exécuter (l'arrêté du 4 juin 1755) avec tant de danger, qu'il vous plaira, au contraire, d'ordonner que l'on nous remette les fusils que l'on nous a enlevés et nous procurer le moyen, par là, de nous conserver nous et nos bestiaux. Nous supplions à ce sujet Votre Excellence de vouloir nous communiquer son bon plaisir, avant de nous confisquer et de nous mettre en faute. Ce sont les grâces que nous attendons des bontés de Votre Excellence, et nous espérons que vous nous ferez la justice de croire que bien loin de vouloir transgresser nos promesses, nous les maintiendrons en assurant que nous sommes très respectueusement, Monseigneur,

« Vos très humbles et très obéissants serviteurs. »

Aux Mines, ce 10 juin 1755. »

Suivent les signatures de vingt-cinq notables. Sur les observations du commandant anglais du fort Edward, le capitaine Murray, qui trouva inconvenants les termes de la pièce que nous venons de citer, les Acadiens ajoutèrent à la première une nouvelle lettre, où ils s'excusaient d'expressions qui auraient dépassé leurs intentions et affirmaient la solidarité de tous les habitants dans l'initiative prise par les pétitionnaires :

« Monseigneur, Tous les Habitans des Mines, de Pissiquid et de la Rivière aux Canards, supplient Votre Excellence de croire que si dans la requette qu'ils ont eu l'honneur de présenter à Votre Excellence, il se trouvait quelque faute ou quelque manque de respect envers le gouvernement, que c'est contre leur intention, et que dans ce cas, les habitans qui l'ont signée ne sont pas plus coupables que les autres. Si quelquefois il se trouve des habitans embarrassés en présence de Votre Excellence, ils supplient très humblement de vouloir excuser leur timidité; et si, contre notre attente il se trouvoit quelque chose de dur sur la ditte Requette, nous prions Votre Excellence de nous faire la grâce de pouvoir expliquer notre intention. »

Les mémoires des Acadiens furent soumis, le 3 juillet, au conseil du gouvernement de la Nouvelle-Écosse (1), composé du gouverneur Lawrence, du président du Tribunal, chief-justice Belcher, du secrétaire Cotterell et de deux assesseurs choisis parmi les colons anglais de Halifax. Étant donnée sa composition, il n'est pas surprenant d'apprendre que « le conseil, à l'unanimité, a considéré que la requête du 10 juin était d'un caractère des plus arrogants et des plus insidieux, qu'elle constituait une insulte à l'égard de l'autorité et du gouvernement du roi, qu'elle méritait le blâme le plus énergique, et que si les pétitionnaires n'avaient pas fait leur soumission en envoyant le second mémoire, ils auraient dû être sévèrement punis pour leur outrecuidance. » Après cette entrée en matière, on fit comparaître les délégués.

Il serait trop long de suivre le procès-verbal de Halifax

(1) Procès-verbal des séances du conseil de Halifax. *Record Office*. Londres.

dans ses fastidieux détails, de reproduire la réfutation triomphante des arguments de la supplique que le rédacteur complaisant met dans la bouche de ses collègues, d'enregistrer les prétendus aveux que font de leurs torts les signataires; et cependant, malgré un parti pris évident, le registre des délibérations du conseil est un témoignage éclatant rendu à la droiture et au courage des Acadiens. Certes la partie n'était pas égale : d'un côté les fonctionnaires anglais, à la dévotion du gouverneur dont ils connaissent les vues, trop imbus des préjugés de leur race et de leur religion pour affecter une impartialité que leur défend leur situation officielle, pleins de mépris pour des malheureux dont ils ne comprennent pas le parler et encore moins la pensée, dont ils jalousent le bien-être et auxquels ils attribuent les desseins les plus perfides; de l'autre de pauvres paysans illettrés, mal accoutrés, au langage rude, ignorants de la forme, étrangers aux procédés du monde civilisé, habitués par leur mode d'existence à une indépendance d'allures et de ton, à une fierté naïve d'expression, à une confiance dans le bon droit qui irritent l'amour-propre et blessent l'orgueil de leurs juges.

Dans de pareilles circonstances et devant un tel tribunal, on ne saurait trop admirer la constance et la fermeté des députés acadiens. Ils ne cherchent pas à répondre aux assertions des autorités anglaises, encore moins à rétorquer les reproches fondés sur la magnanimité du roi George, sur sa mansuétude à leur égard; ils laissent dire leurs inquisiteurs. Sommés d'accepter le serment d'allégeance sans les restrictions consenties jusqu'alors, ils restent fidèles à leur mandat, et ne veulent pas s'engager sans avoir consulté leurs concitoyens. C'est en vain que le conseil insiste pour une solution immédiate, les remet au lendemain, les fait introduire de nouveau; ils persistent dans leur attitude négative.

Les commissaires anglais décidèrent alors que les Acadiens seraient appelés à désigner de nouveaux députés, qui viendraient apporter à Halifax les résolutions auxquelles s'arrêterait la population française; un second refus serait considéré comme définitif, toute soumission ultérieure repoussée, et les récalcitrants expulsés de la province.

Quand les délégués des Mines eurent connaissance de la sentence du conseil, pris de terreur sur les suites d'une résistance trop prolongée, ils offrirent de jurer sans réserves. « Ils furent informés, relate le procès-verbal (1), que l'obéissance qu'ils proposaient de faire ne pouvait évidemment être attribuée à l'honnêteté de leurs dispositions, mais devait être envisagée comme due à la pression et à la force, ce qui était contraire à une loi votée par le parlement anglais, d'après laquelle toute personne qui avait refusé de prêter le serment ne pouvait être autorisée à revenir sur ce refus, et était regardée comme papiste et rebelle. Dans ces conditions, le conseil estime que les délégués, ne jouissant plus de la faveur d'être admis à la prestation du serment, doivent être traités comme en révolte. » En conséquence, on les fit mettre en prison.

Trois semaines plus tard, le 25 juillet 1755, eut lieu à Halifax une nouvelle séance, à laquelle assistèrent les amiraux Boscawen et Mostyn. Le gouverneur Lawrence déposa sur le bureau la réponse des habitants d'Annapolis (Port-Royal). Cette pièce, qui portait 207 signatures, est ainsi conçue (2) :

« Monseigneur, aussitôt que nous avons reçu les ordres de Votre Excellence, datés du douzième jour de juillet 1755, nous nous sommes assemblés le dimanche, treizième jour du présent mois, pour faire la lecture à tous les habitans de vos ordres. Voulant toujours nous tenir sous une fidèle

---

(1) Procès-verbal de la séance du Conseil tenu à Halifax, le 4 juillet 1755. *Record Office*. Londres.
(2) Pétition des habitants d'Annapolis, 13 juillet 1755. *Record Office*.

obéissance, nous avons délibéré tous en général, d'un consentement unanime, de porter tous nos fusils à M. Hanfield, votre très digne commandant. »

Suivent des affirmations sur les services rendus dans le passé au gouvernement anglais, et des assurances pour l'avenir : « Nous sommes prêts à continuer avec la même fidélité ; et aussi nous avons fait l'élection des trente hommes pour aller à Halifax, auxquels nous recommandons bien de ne rien dire ou faire qui soit contraire au conseil de Sa Majesté ; mais nous leur enjoignons de ne contracter aucun nouveau serment. Nous sommes résous et en volonté de nous en tenir à celui que nous avons donné, et auquel nous avons été fidèles autant que les circonstances l'ont demandé, car les ennemis de Sa Majesté nous ont sollicité à prendre les armes contre le gouvernement, mais nous n'avons eu garde de le faire. »

Les députés d'Annapolis confirmèrent devant leurs juges le refus de prêter d'autre serment que celui qu'ils connaissaient de longue date, et qu'ils interprétaient comme contenant la restriction relative au service militaire. A toutes les insistances anglaises, à la menace d'expulsion, les Acadiens répondirent, s'il faut en croire le procès-verbal, qu'ils aimaient mieux quitter leurs terres que d'accepter une nouvelle formule.

Lawrence et ses assesseurs passèrent ensuite à l'examen du mémoire des habitants de Pissiquid et des Mines. Ce document contient les mêmes protestations de soumission au gouvernement de la Grande-Bretagne, rappelle l'arrangement consenti par le gouverneur Philippe, exprime la résolution ferme de n'y rien modifier, et sollicite la mise en liberté des premiers délégués détenus à Halifax. « Nous ne commettrons jamais, écrivaient les pétitionnaires (1), l'inconstance de prendre un serment qui change tant soit

(1) Pétition des habitants de Pissiquid 22 juillet 1755. *Record Office*. Londres.

peu les conditions, les privilèges dans lesquels nos souverains et nos pères nous ont placés par le passé. Et comme nous pensons bien que le roi notre maître n'aime et ne protège que des sujets constans, fidèles et francs, et que ce n'est qu'en vertu de la bonté et de la fidélité que nous avons gardée envers Sa Majesté, qu'elle nous a accordé et continue l'entière possession de nos biens et l'exercice libre et public de la religion romaine, ainsi nous voulons continuer dans tout ce qui sera dans notre pouvoir à être fidèles et soumis, ainsi qu'il nous a été accordé par Son Excellence Monseigneur Richard Philipps. »

Les pièces que nous venons de citer empruntent à la candeur de la rédaction une saveur spéciale, qui ne fait que rehausser la netteté et l'indépendance du fond. Conserver les immunités dont une longue tolérance a consacré la jouissance, maintenir la neutralité dans des querelles auxquelles ils veulent rester étrangers, professer en paix la foi à laquelle ils sont profondément dévoués : voilà le but des Acadiens. Habitués à une autonomie demi-séculaire, peu désireux de tomber sous la coupe de fonctionnaires anglais dont ils ignorent la langue et la procédure, dont ils suspectent les intentions, ils sont presque aussi mal disposés pour le gouvernement français dont ils n'ont pas oublié l'abandon dans le passé, et sur le concours duquel ils ne comptent plus dans l'avenir. Aussi zélés pour la religion de leurs aïeux qu'hostiles à celle de leurs nouveaux maîtres, attachés au sol, rebelles à un service militaire quelconque, encore plus à celui qui les mettrait en ligne contre leurs anciens compatriotes, pacifiques à l'excès, ils ne demandent qu'à vivre tranquilles et à garder au milieu d'eux les prêtres catholiques, qui desservent leurs églises, et qui dirigent leurs affaires aussi bien que leurs consciences.

A leurs yeux, la formule qu'on veut leur imposer ne peut avoir d'autre but que de troubler leur situation; il cache un piège contre lequel il faut être en méfiance, aussi doivent-ils le décliner avec la dernière énergie. Leur refus aura raison des exigences de Lawrence, comme il a triomphé de celles de ses prédécesseurs.

Quant aux intentions belliqueuses et aux projets de révolte que certains historiens anglais attribuent aux Acadiens, et qu'ils invoquent pour expliquer les mesures du gouverneur de la Nouvelle-Écosse, ils ont existé peut-être dans l'imagination de ce fonctionnaire et de ses auxiliaires, mais les rapports mêmes sur lesquels s'appuie le conseil de Halifax prouvent l'exagération, sinon l'inanité absolue, de ces accusations.

On leur reprochait la participation de quelques habitants de la presqu'île aux travaux des aboitteaux que l'abbé Leloutre avait entrepris dans les environs de Beauséjour, et le commerce entretenu avec les villages de la rivière Saint-Jean et avec les îles françaises du golfe Saint-Laurent. Pour mettre fin à des transactions qui, très légitimes pendant la paix, pouvaient présenter des inconvénients en temps de guerre, il suffisait d'être maître de la voie de communication de l'isthme de Shediac.

Or, au moment de la comparution des députés, les forts étaient déjà depuis plusieurs mois au pouvoir des Anglais, qui possédaient de plus la suprématie maritime dans le golfe Saint-Laurent et la baie de Fundy. Les Acadiens étaient désarmés, leurs communications avec Louisbourg interrompues, toute manifestation de sympathies françaises, d'ailleurs fort attiédies à la suite d'une séparation de plus de quarante ans, serait facilement réprimée par les garnisons anglaises; un mouvement de rébellion n'était donc pas à craindre.

Quant à leur fidélité au roi George, la modification de quelques mots dans le serment d'allégeance ne pouvait exercer aucune influence sur les sentiments que les habitants français professaient à cet égard. D'autre part, Lawrence qui avait passé plusieurs années dans la colonie, ne devait pas se tromper sur les véritables raisons de la résistance des Acadiens. Il connaissait leur répugnance pour le service militaire, et, s'il l'eût voulu, eût pu facilement les rassurer au sujet d'une obligation qu'il n'avait jamais songé à leur imposer.

Dans ces conditions, nous avons le droit de supposer que le changement de formule ne fut que l'expédient employé par le gouverneur et ses acolytes pour atteindre le but visé depuis plusieurs années : l'expulsion des habitants français et la saisie de leurs terres et de leurs bestiaux. Ce prétexte servit à colorer et à justifier aux yeux des ministres de l'Angleterre la conduite de Lawrence vis-à-vis des Acadiens, qui ne fut en réalité qu'un tissu de perfidie et d'hypocrisie. Il les irrite en confisquant leurs armes et en interdisant leur commerce; il malmène les délégués envoyés à Halifax pour lui porter des plaintes, remet sur le tapis une question de mots qu'il sait être un sujet d'inquiétude, ne fait rien pour apaiser des craintes mal fondées, cherche à arracher un consentement qu'on n'est pas autorisé à donner. Quand, à force de pression et de menaces, il obtient la soumission désirée, il se retourne, invoque une loi de circonstance dont certainement les malheureux n'avaient jamais entendu parler, repousse les offres d'obéissance et emprisonne ceux qui les font, afin, probablement, de les empêcher de communiquer avec leurs amis. Chez Lawrence, tous les procédés indiquent la résolution prise de bannir les Acadiens et le manque absolu de scrupules sur les moyens d'arriver à ses fins. La partie était trop inégale pour qu'il n'obtînt pas le succès; ses victimes tombèrent inconsciemment et presque sans lutte dans le piège qu'il leur avait tendu.

Devant les juges de Halifax, le langage des représentants des Mines et de Pissiquid fut le même que celui des délégués d'Annapolis; leur sort fut identique. Les uns et les autres furent mis en détention séance tenante.

L'arrêt du conseil fut ce que l'on pouvait attendre de l'esprit de ses membres (1) : « Comme il avait été déjà décidé de chasser de la province tous les habitants français, s'ils refusaient de prêter le serment, il y avait lieu d'examiner les mesures à prendre pour leur expulsion et les endroits sur lesquels ils seraient dirigés. A l'unanimité, il fut résolu que pour empêcher le retour des expulsés et des tentatives de leur part contre les colons qui hériteraient de leurs terres, il serait bon de les distribuer entre les différentes colonies anglaises du territoire américain, et de retenir les navires pour leur transport. »

Par sa dépêche du 18 octobre (2), Lawrence rend compte du résultat : « En présence de l'attitude des députés, le conseil s'est déterminé à obliger les habitants français à quitter la colonie, et s'est de suite occupé des mesures les plus promptes, les plus sûres, les plus économiques d'exécuter cette décision. » Renvoyer ces gens aux possessions françaises, serait renforcer ces établissements d'un nombre considérable d'hommes, « qui ont toujours été sans exception les ennemis acharnés de notre religion et de notre gouvernement, et qui seront irrités au plus haut degré de la perte de leurs biens. » Il fallait « les répartir entre les colonies depuis la Nouvelle-Angleterre jusqu'à la Géorgie. Nous avons donc affrété, au taux le plus bas possible, des bâtiments pour les transporter ; l'embarquement est très avancé ; j'espère que quelques vaisseaux ont déjà mis à la voile, et qu'à la fin du mois prochain il n'y en aura plus un seul dans la province. »

Il nous reste à voir de quelle façon fut appliquée la sentence de bannissement prononcée contre les Acadiens, objet qui ne laissait pas que de présenter quelques diffi-

(1) Procès-verbal du Conseil de la Nouvelle-Ecosse. *Record Office*. Londres.
(2) Lawrence aux Lords of Trade, 18 octobre 1755.

cultés. La population française de la presqu'île, non compris les émigrés de la région de Beauséjour, comptait encore près de 8,000 âmes; dépouillés de leurs armes et de leurs canots que les officiers anglais leur avaient enlevés, sans organisation, sans chefs militaires, privés de la direction de leurs prêtres que le gouverneur avait fait saisir et conduire à Halifax, les pauvres colons étaient incapables de résister aux 3,000 réguliers et coloniaux, qui formaient les garnisons de l'isthme et de la baie de Fundy; mais ils pouvaient se dérober par la fuite à la proscription édictée contre eux.

Pour réunir ceux qu'on voulait déporter, on eut recours aussi bien à la ruse qu'à la force; les commandants anglais des différents postes de l'Acadie (1) eurent, à cet effet, des ordres secrets et détaillés. Ce fut à Beauséjour, devenu fort Cumberland depuis sa prise par les Anglais, que commencèrent les opérations. Le 11 août, le colonel Monckton fit convoquer les habitants des villages voisins; un grand nombre de ces malheureux ne répondirent pas à cet appel et se réfugièrent dans les bois, où les Anglais ne purent les suivre; 400 hommes environ, qui avaient obéi à l'invitation, reçurent communication de l'arrêté du gouverneur, et apprirent qu'ils étaient déclarés rebelles et leurs biens confisqués; aussitôt la pièce lue, les portes du fort furent fermées et ils furent mis en détention.

Cette première exécution frappait beaucoup des miliciens qui avaient participé à la défense de Beauséjour, et constituait une violation flagrante de la capitulation, d'après laquelle le pardon avait été stipulé pour les prisonniers; elle ne pouvait s'expliquer, sinon se justifier, que par la nécessité pour les Anglais de se prémunir contre

(1) Lawrence a Monckton, 31 juillet, 8 août 1755. *Papers relating to Nova-Scotia*. British Museum. Dans ces dépêches le gouverneur revient à plusieurs reprises sur les mesures à prendre pour agir par surprise et pour ne pas laisser échapper le bétail.

un retour offensif des Français et contre l'appui que ceux-ci auraient rencontré dans la population acadienne.

En ce qui concerne les colons de la Nouvelle-Écosse, il n'est pas possible de trouver la moindre excuse au verdict barbare dont ils furent les victimes. Sujets britanniques depuis un demi-siècle, ils n'avaient fait aucun effort pour échapper à la domination de leurs nouveaux maîtres; pacifiques jusqu'à la faiblesse, ils n'avaient, du moins pour l'immense majorité, pris aucune part aux combats de la dernière guerre; ils n'avaient refusé le serment que l'on voulait exiger d'eux que parce que la suppression des réserves, jusqu'alors consenties par les autorités, leur semblait impliquer l'obligation du service militaire contre leurs anciens compatriotes. Forts de leurs intentions honnêtes, confiants dans la bonne foi du gouverneur et de ses représentants, les Français de la presqu'île ne tentèrent rien pour se soustraire sort qui les menaçait.

Nous possédons, sur l'embarquement forcé des habitants du bassin des Mines, le récit d'un témoin oculaire, le lieutenant-colonel Winslow, commandant les troupes coloniales, au journal duquel l'historien Parkman, et après lui l'abbé Casgrain (1), ont emprunté de nombreuses citations.

Cet officier, malgré la répugnance que lui causait l'expulsion de gens inoffensifs, était trop imbu des préjugés de son pays et de son temps, pour ne pas approuver le principe de la mesure prise contre ceux qu'il considérait comme les ennemis de sa patrie et de sa croyance, et pour ne pas obéir fidèlement aux ordres qui lui vinrent de Halifax.

Quelques jours après l'incident de Beauséjour, Winslow fut envoyé avec 300 miliciens aux Mines, où il arriva vers le milieu d'août. Après s'être concerté avec le capitaine

---

(1) Parkman, *Montcalm et Wolfe*. Casgrain, *Pèlerinage au pays d'Évangeline*.

Murray, commandant du fort Edward situé sur la rivière Pissiquid (aujourd'hui Avon), le colonel revint s'établir à la Grand'Prée, bourg le plus important de la région des Mines : il transforma en dépôt l'église, dont il fit enlever les objets du culte, logea ses hommes sous la tente entre l'église et le cimetière, et installa son quartier général dans le presbytère.

La venue du détachement anglais ne troubla pas la tranquillité des Acadiens, absorbés dans leurs occupations journalières, et les soldats de la Nouvelle-Angleterre purent contempler à loisir le riche panorama qui se déroulait devant eux. A leurs pieds, des champs de blé, des prairies, des vergers (1); un peu plus loin, la silhouette des aboiteaux, qui défendaient contre les attaques de la mer les terrains recouvrés par le labeur et l'industrie des colons; à deux kilomètres environ de l'église, les eaux bleues du bassin des Mines, que venaient estomper d'une teinte grisâtre les falaises du cap Blomedon et les collines lointaines de Cobiquid, encore revêtues de leurs forêts de pins, de mélèzes et de bouleaux. La moisson battait son plein; les chariots chargés de gerbes, les ouvriers dans les champs, les troupeaux dans les herbages, ajoutaient une note de vie et de gaieté à cette scène pastorale, que le poète Longfellow a si bien décrite dans les beaux vers d'Évangeline.

Winslow trouva tout avantage à ne pas interrompre les travaux de la récolte, et à laisser emmagasiner par les malheureux paysans les grains, qu'il considérait déjà comme la propriété de son gouvernement; les autorités britanniques lui sauraient gré de l'économie qu'il aurait ainsi réalisée; aussi n'eut-il garde d'inquiéter les mois-

(1) Le capitaine Knox (*Historical Journal*) fait une description enthousiaste des vergers de pommiers, cerisiers et pruniers des environs d'Annapolis, qui avaient été créés par les colons français et qui étaient restés abandonnés depuis leur expulsion. Vol. I, page 75.

sonneurs. Il employa son monde à fortifier le camp, et pour dissiper toute crainte, fit répandre le bruit que sa troupe devait former la garnison d'un fort qu'on voulait établir à Grand'Prée. Puis après avoir mis ses officiers dans le secret de ses instructions, il s'entendit avec son voisin, le capitaine Murray, pour fixer au 5 septembre la publication des ordres du gouverneur et les mesures préliminaires de l'expulsion. Les avis de convocation enjoignaient aux personnes mâles âgées de plus de dix ans de se rendre à Grand'Prée et au Fort Edward, sous peine de confiscation de leurs biens, pour prendre connaissance des ordres du roi.

Malgré les évènements récents de Beauséjour, dont la renommée devait être parvenue depuis plusieurs jours aux Mines, malgré la détention des délégués envoyés à Halifax, malgré l'enlèvement de leurs prêtres, les Acadiens ne paraissent avoir conçu aucun soupçon des embûches qui leur étaient préparées. « Toute la population est tranquille, » écrit Murray (1) à la date du 4 septembre, « et très occupée de la moisson; si le temps reste au beau, tout le grain sera rentré dans les granges. J'espère que demain tous nos projets réussiront à souhait. » Rassurés par l'attitude des Anglais et par la conduite de Winslow, accoutumés à ces assemblées pour lesquelles il existait de nombreux précédents, les habitants de Grand'Prée et des environs ne firent aucune difficulté pour répondre à l'appel qui leur avait été adressé. Le vendredi 5 septembre, 418 hommes et jeunes gens se réunirent à l'église, à trois heures de l'après-midi; ils y trouvèrent le détachement colonial sous les armes, Winslow et ses officiers en grand uniforme.

Le commandant anglais, après le préambule habituel sur la bonté d'âme de Sa Majesté Britannique et sur l'ingratitude de ses sujets de langue française, leur fit part

(1) Murray a Winslow, lettre citée par Parkman.

du sort qui leur était réservé : « Sa Majesté ordonne (1) que tous les habitants français de ces paroisses seront expulsés. Grâce à la bienveillance du Roi, je suis autorisé à vous permettre d'emporter avec vous votre argent, et ce de votre mobilier qu'il sera possible de loger à bord des navires qui doivent vous transporter. Je ferai tout en mon pouvoir pour vous conserver la possession de ces biens, et pour que les membres de la même famille soient embarqués sur le même navire. De cette façon le chagrin de votre départ qui, j'en suis sûr, sera bien lourd pour vous, sera allégé dans la mesure que permettra le bien du service du Roi. J'espère que, quelle que soit la partie du monde où votre destinée vous conduira, vous serez des sujets fidèles, et vivrez en gens paisibles et heureux. Je dois également vous informer que vous serez détenus sous la surveillance et sous les ordres des troupes que j'ai l'honneur de commander. »

De tous les acteurs et spectateurs de cette scène étrange, Winslow est le seul dont on nous ait conservé les impressions. « Ils sont restés atterrés, » dit-il, « quand ils ont entendu notre décision, mais je ne pense pas qu'ils aient cru qu'ils seraient réellement expulsés. » Ce ne fut que quelques jours après, lors de l'arrivée des premiers bâtiments, que les prisonniers comprirent enfin que l'arrêté du gouverneur n'était pas une vaine menace.

La mise à bord du premier détachement, composé de jeunes gens non mariés, fut effectuée sous la pression des baïonnettes des soldats anglais; il y eut de la résistance, et probablement des violences. Le commandant bostonnais dut employer la force pour ébranler les premiers rangs; « les autres suivirent, écrit-il, mais lentement; ils se mirent à prier, à chanter, et à crier, accompagnés pendant tout le parcours (de deux kilomètres environ) par

(1) Pièce citée par Parkman.

un cortège de femmes et d'enfants, se lamentant, se mettant à genoux et priant ».

Durant presque un mois, les hommes furent détenus sur les transports dans la baie des Mines ; enfin, arrivèrent d'autres navires, et, le 8 octobre, eut lieu le premier embarquement des femmes et des enfants. D'après le témoignage de Winslow lui-même, le spectacle fut déchirant ; en dépit des ordres sévères qu'il assure avoir donnés pour empêcher le pillage, des faits de brutalité eurent lieu ; les membres d'une même famille ne purent pas toujours être logés ensemble et, la destination des navires n'étant pas la même, furent définitivement séparés (1). Quelques-uns, qui essayèrent de fuir, furent tués.

Pendant tout l'automne, les convois se succédèrent, et ce fut seulement vers le milieu de décembre que le colonel put annoncer à Lawrence l'entier accomplissement de la tâche dont il avait été chargé.

La scène que nous venons de décrire à la Grand'Prée se reproduisit à Pissiquid, Annapolis et Beauséjour ; le capitaine Murray, dans la première de ces localités, évalue à 1,100 (2) le nombre de personnes qu'il avait expédiées sur les quatre bâtiments mis à sa disposition ; à Annapolis, 1,664 Acadiens (3), dont 263 femmes et 1,150 mineurs des deux sexes, furent jetés à bord de six navires, d'un tonnage moyen de 150 tonneaux : sur ce total, 1,081 devaient être internés dans les États de la Nouvelle-Angleterre et de New-York ; le reste fut dirigé sur les Carolines.

Parmi ces infortunés, entassés comme les esclaves à bord d'un négrier, la mortalité dut être épouvantable. Le capitaine Knox, qui fut en garnison à Annapolis deux ans après l'événement, écrit que « plusieurs de ces pauvres

---

(1) L'abbé Casgrain donne plusieurs exemples de ces séparations.
(2) Winslow a Monckton, 3 novembre 1755.
(3) Knox, *Historical Journal*, t. I, page 85.

gens moururent pendant la traversée ». D'après Parkman (1), le nombre des expulsés dépassa le chiffre de 6,000; M. de Saint-Père (2) évalue de 5 à 7,000 le nombre de personnes embarquées. Tous les navires ne parvinrent pas à destination; quelques Acadiens, sous la conduite d'un marin du nom de Beaulieu (3), se révoltèrent, s'emparèrent du *Pembroke* et le conduisirent à l'embouchure de la rivière Saint-Jean, d'où ils purent gagner les bois : deux autres bâtiments, dont les proscrits se rendirent également maîtres, firent voile pour les Antilles françaises.

A Annapolis même, au cœur de la Nouvelle-Écosse, beaucoup d'habitants se dérobèrent à l'ordre de bannissement; ils se réfugièrent dans les forêts de l'intérieur en emmenant une partie de leurs bestiaux, s'y maintinrent pendant longtemps, et firent contre les colons et les soldats anglais une guerre de guerilla, dont le capitaine Knox (4) raconte les cruautés, trop justifiées d'ailleurs par la conduite du gouvernement britannique.

Certains officiers anglais n'hésitèrent pas à se servir de la ruse et du mensonge pour attirer les malheureux qui s'étaient échappés. Le lieutenant Cox, remplaçant du capitaine Murray dans le commandement de la garnison du fort Edward à Pissiquid, envoya comme émissaire auprès des fugitifs français l'un d'eux, nommé Babin, avec ordre de leur communiquer la proclamation suivante : « D'autant que certains des habitants des départements de Pissiquid, des villages Landry, Forêt, Babin, etc., se sont absentés de leurs habitations dans la crainte que le gouvernement de Sa Majesté ne leur veuille mal, et soit dans l'intention de les punir de leur témérité et désobéissance aux ordres de son Excellence le gouverneur : Je déclare

(1) Parkman, *Montcalm et Wolfe*, t. I, p. 281.
(2) De Saint-Père, *Une colonie féodale en Amérique*. t. II, p. 171.
(3) L'abbé Casgrain, *Pays d'Évangéline*.
(4) Voir Knox, *Historical Journal*.

au nom et de par Sa Majesté le roi de la Grande-Bretagne, que si les dits habitants réfugiés se rendent et se soumettent aux ordres de Sa Majesté, qui n'est rien autre que de les embarquer et les consigner aux colonies de Sa Majesté Très Chrétienne, ils seront reçus et bien traités; au contraire, s'ils s'obstinent à rester dans leur retraite, ils seront traités comme des rebelles et doivent s'attendre au châtiment le plus sévère. Et comme il y a à la Grand'Praye nombre d'habitants qui n'ont pu embarquer faute de bâtiments suffisants, je promets aux habitants qui se rendront icy sous trois jours qu'ils seront immédiatement envoyés joindre les dits habitants de la Grand'Praye, pour vivre et être embarqués avec eux, sitôt que les transports pour cet effet seront arrivés. Donné au fort Édouard ce douzième de novembre, l'an 1755. »

Il était à supposer que l'assurance d'envoyer les expatriés dans les colonies de Sa Majesté Très Chrétienne atténuerait l'amertume du départ; beaucoup d'Acadiens de la Nouvelle-Écosse avaient déjà abandonné leurs foyers pour suivre leurs prêtres et se soustraire à la domination anglaise; la perspective de rencontrer leurs parents et amis, de demeurer sous un gouvernement dont les représentants parlaient leur langue, connaissaient leurs coutumes et professaient leur religion, serait évidemment une compensation au moins partielle à la perte de leurs maisons et de leurs biens.

La perfidie du commandant anglais ne paraît pas avoir eu grand succès; à Pissiquid aussi bien qu'à Cobequid, et dans le district de Beauséjour, beaucoup de proscrits ne se fièrent pas aux paroles traîtresses des espions anglais; la plupart purent s'échapper et gagner l'île Saint-Jean ou le littoral du golfe Saint-Laurent, où ne s'exerçait pas la souveraineté britannique.

Malheureusement pour eux, le répit ainsi obtenu ne fut pas de longue durée; trois ans plus tard, la capitulation de

Louisbourg, en juillet 1758, mettait les Anglais en possession de l'île Saint-Jean (Prince Edward's Island); ils y trouvèrent 5 à 6,000 Acadiens qui, malgré des débuts pénibles, y avaient créé des établissements déjà prospères. Fidèles à la politique de persécution qu'avait inaugurée Lawrence, les officiers anglais décrétèrent le bannissement de ces infortunés, dont la plupart furent dirigés sur les ports de France ou d'Angleterre. D'autres, en grand nombre, se réfugièrent au Canada ou sur la terre ferme, au fond de la baie de Chaleurs, où ils se réunirent aux survivants des événements de 1755. Mêlés aux sauvages, soutenus jusqu'en 1760 par quelques secours du Canada, ils y menèrent une existence vagabonde et misérable; troublés à plusieurs reprises par les détachements anglais, qui venaient détruire leurs canots et brûler leurs cabanes, ils ne connurent les bienfaits de la paix et de la tolérance que plusieurs années après le traité de 1763. Quelques exilés se maintinrent dans les anciens villages situés au nord de la baie de Fundy; renforcés par l'arrivée de compatriotes revenus de Boston et de New-York, ils formèrent la souche de la population française qui occupe aujourd'hui les cantons de Peticoudiak et de Memerancook.

La déportation des Acadiens fut suivie d'un dernier acte de cruauté inutile. Conformément aux ordres du gouverneur, les Anglais incendièrent les églises, les maisons d'habitation, les granges et les bâtiments d'exploitation qui avaient appartenu aux expulsés. L'on peut se demander si ces dévastations, dont le prétexte avait été d'empêcher le retour des fugitifs dans leurs anciennes demeures, n'avaient pas pour but de masquer le pillage et les rapines dont l'opinion publique accusa Lawrence et ses auxiliaires. Les habitants français possédaient des richesses considérables en chevaux, en bestiaux (1) et en

(1) De Saint-Père, *Une colonie féodale*, estime à 200,000 têtes de bétail les troupeaux appartenant aux Acadiens. T II, page 157.

céréales qui devinrent la proie des vainqueurs. Les archives de la Nouvelle-Écosse ne contiennent aucun renseignement sur l'affectation des biens confisqués, dont le produit aurait dû rentrer dans le trésor royal; mais, si l'on doit juger d'après les réquisitions de chevaux (1) que firent Lawrence et ses officiers, il est difficile de croire que des considérations d'intérêt privé n'eurent pas quelque influence sur les mesures adoptées à l'égard des Acadiens de la presqu'île.

Du reste, les procédés financiers du gouverneur donnèrent lieu à des réclamations de la part des colons anglais (2). Dans un mémoire adressé à la métropole, on parle de détournements après la prise de Beauséjour et on ajoute : « Les bestiaux des habitants français ont été réalisés pour le compte des particuliers : 3,600 porcs et près de 1,000 têtes de bétail ont été tués et mis en baril au seul endroit de Pigate (Pissiquid), puis expédiés par mer. Ce qui s'est passé aux autres forts est un secret, mais il a été impossible de rendre compte de l'emploi jusqu'à concurrence de sommes très importantes ». Le comité des Lords of Trade ne paraît pas avoir donné suite à ces plaintes; les préoccupations de la guerre et la mort de Lawrence, survenue en 1760, empêchèrent sans doute l'enquête demandée. Mais le blâme posthume des procédés du gouverneur, contenu dans les instructions remises à son successeur (3), prouve le mécontentement du comité et leur foi dans l'exactitude des faits incriminés.

Sur un seul point du territoire des Acadiens, au nord de la baie de Fundy, dans la zone sur laquelle l'autorité anglaise ne s'exerçait pas encore sans conteste, l'œuvre des spoliateurs rencontra quelque résistance. Le major

---

(1) De Saint-Père, vol. II, page 160, reproduit une de ces réquisitions.
(2) *Papers relating to Nova Scotia* 1748-1757. British Museum.
(3) *Instructions to Judge Belcher*, 3 mars 1761. British Museum.

Fry, officier des troupes coloniales, envoyé à Chipody pour rassembler les habitants et ruiner le pays, après avoir brûlé 253 maisons et bâtiments, avait laissé une arrière-garde de cinquante hommes avec ordre de mettre le feu à l'église, ou, pour employer l'expression de son rapport, la « maison à la messe ». Le détachement fut surpris par les Canadiens et les réguliers de M. de Boishébert (1), et perdit une bonne partie de son effectif.

La nouvelle de l'expulsion ne parvint que bien tardivement à la connaissance des gouverneurs de Louisbourg et du Canada, et il faut l'avouer, ne paraît pas leur avoir causé beaucoup d'émotion. Boishébert, dans sa relation de la destruction de Chipody et de l'échec qu'il avait infligé aux dévastateurs, ne trouve que des paroles dures pour les Acadiens : « Il faut espérer que le mauvais traitement qu'ils ont eu leur fera sentir combien il leur est avantageux d'être sous notre domination. Ils seraient beaucoup plus à plaindre s'ils ne s'étaient point comportés en vrais lâches, lorsque M. de Vergor a été attaqué. »

M. de Vaudreuil, gouverneur du Canada, se borne à rendre compte à la cour des événements : « Les Anglais, écrit-il (2), ont enlevé de force tous les Acadiens et la plupart des femmes des habitations de Tintamare, du lac du Pont à Buot (3). M. de Boishébert ne put arriver assez tôt pour les en empêcher. Il ne restait que ceux de Pelkekoudiak, Memerancoucke et Chipody, qu'il a sauvés. Les Anglais ont cependant enlevé plusieurs habitants de ces contrées, qui ont été intimidés à la publication qui fut faite le 15 août de l'ordre du commandant de Beauséjour. Ils ont fait fustiger deux femmes, les ont fait mourir sous leurs coups; ils en ont aussi fait fustiger plusieurs autres

---

(1) Boishebert à Drucourt, 10 octobre 1755. Archives des colonies.
(2) Vaudreuil au ministre. Archives des colonies, 30 octobre 1755.
(3) Villages dans les environs de Beauséjour.

et usent de toutes sortes de violences à leur égard. Aussi M. de Boishébert, pour se venger de ces cruautés, se propose de ne point racheter les prisonniers que les sauvages feront à Beauséjour. »

L'abbé de l'Isle-Dieu (1), vicaire-général de Québec en résidence à Paris, mentionne l'arrestation et la détention à Halifax des trois missionnaires qui desservaient les paroisses d'Annapolis et des Mines. « On me mande également que les Anglais ont chassé ce qui restait encore d'Acadiens français dans la partie de la péninsule qu'ils habitaient, et qu'ils les ont réduits à la dernière misère. Ils y auront apparemment substitué des colons et cultivateurs anglais, qui auront trouvé la nappe mise, et qui auront pu profiter du travail et des cultivations de nos pauvres Acadiens français, aussi bien que de leurs effets morts et vifs. On m'ajoute que depuis que les Anglais se sont emparés de la Rivière Saint-Jean, où nous avions plus de 2,500 habitants nouvellement établis sur de bonnes terres, ils en ont chassé les missionnaires, et qu'ils maltraitent beaucoup ces mêmes habitants. »

Pendant la durée de la guerre de sept ans, la plupart des proscrits de la Nouvelle-Écosse furent internés dans la Nouvelle-Angleterre, le New-York, la Pensylvanie, et jusque dans les Carolines; sauf dans le Maryland, peuplé en grande partie de colons catholiques, ils furent mal accueillis, tenus en suspicion par la population anglo-saxonne, et réduits souvent à un état auquel il ne manquait que le nom d'esclavage. Les plus énergiques essayèrent de rentrer dans le territoire français, soit par la voie de mer, soit à travers les bois et les déserts de l'intérieur; d'autres firent appel à l'impartialité des autorités anglaises. A en juger par l'extrait suivant de la correspondance officielle, leurs

(1) L'abbé de l'Isle-Dieu au ministre, 29 novembre 1755. Archives des colonies.

plaintes ne furent guère plus écoutées à New-York qu'elles ne l'avaient été à Halifax.

En mars 1757, lord Loudoun, commandant en chef des troupes anglaises, rend compte à son gouvernement (1) des doléances que lui adressèrent les Acadiens relégués dans la Pensylvanie. « Ils m'ont fait parvenir une requête en français, dans laquelle ils exposaient leurs griefs. Je la leur ai renvoyée, en disant que je ne pouvais recevoir des sujets du roi une pétition rédigée dans une autre langue que l'anglais; sur cela, ils ont tenu une assemblée générale, dans laquelle ils décidèrent de s'en tenir à leur mémoire français; d'après ce qui m'a été rapporté, ils ont agi ainsi parce qu'ils se considèrent comme sujets français. » Loudoun, sur les informations de Cotterell, le secrétaire rédacteur des procès-verbaux de Halifax, et sur la dénonciation d'un espion que ce fonctionnaire avait retrouvé parmi les expulsés, fit saisir et embarquer pour l'Angleterre cinq d'entre eux désignés comme meneurs, avec prière de les incorporer dans la marine anglaise.

Beaucoup d'Acadiens moururent de misère et de maladie pendant leur détention dans l'Amérique anglaise; peu y restèrent. Quelques malheureux, repoussés de la Virginie, qui refusait de les nourrir, furent envoyés en Angleterre, d'où le duc de Nivernais fit rapatrier les survivants, au nombre de 753, après la paix de Versailles. Un groupe de familles débarquées à Saint-Malo furent installées dans l'île de Belle-Isle, sous la conduite de l'abbé Leloutre qui, rentré en France après une longue captivité à Jersey, consacra les dernières années de sa carrière aventureuse à ses anciens paroissiens. D'après un état (2) dressé en 1772, 2,370 Acadiens ou d'origine acadienne habitaient la France à cette époque, et touchaient une pension de six

(1) Lord Loudoun à Pitt, 11 mars 1757. *Record Office*, Londres.
(2) Archives des Affaires étrangères. Angleterre. Mémoires et documents.

sols par jour; la plupart de ces réfugiés furent établis en Poitou, dans un domaine de M. de Pérusse; ils n'y demeurèrent pas et émigrèrent presque tous à la Louisiane, où existait déjà, depuis 1764 et 1765, une colonie considérable de leurs compatriotes.

La grande majorité ne quitta pas le Nouveau-Monde. Un détachement important de déportés eurent le courage de chercher à regagner leur pays natal. Des 200 familles qui partirent en 1766 de New-York et de Boston, un petit nombre, après un pèlerinage douloureux le long des côtes alors inhabitées du Maine et du Nouveau-Brunswick, parvinrent jusqu'aux Mines et Annapolis, où ils trouvèrent leurs maisons et leurs terres occupées par des colons anglais. Tout était changé, jusqu'aux noms des villages (1); Beaubassin était devenu Amherst, Cobequid s'appelait Truro, Pissiquid avait pris le nom de Windsor et les Mines étaient transformées en Horton. Ces rapatriés, après quelques nouvelles péripéties, furent recueillis par les autorités anglaises, et fondèrent la paroisse, aujourd'hui florissante du Tousquet, dans la Nouvelle-Écosse. Peu à peu, le gouvernement colonial renonça à la politique cruelle du gouverneur Lawrence; à partir de 1764, commença, non sans quelques retours de persécution, une ère de tolérance, dont profitèrent les proscrits qui s'étaient maintenus dans l'intérieur du pays et les expulsés revenus de l'exil. Patients, tenaces, infatigables au travail, fervents dans la pratique de leur religion, dévoués à la vie de famille, les Acadiens reconstituèrent peu à peu quelques-uns de leurs anciens établissements, en créèrent de nouveaux, et malgré les tracasseries auxquelles ils furent longtemps exposés de la part des habitants et des fonctionnaires anglais, se développèrent rapidement.

Ce fut, cependant, en 1820 seulement qu'à la suite des

(1) Voir, pour le récit de cette rentrée, Saint-Père, t. II, p. 186, etc.

efforts d'un magistrat intègre, le juge Halliburton, ils obtinrent les droits et le statut de leurs concitoyens anglo-saxons. Ils forment aujourd'hui un élément important de la population des provinces maritimes du Dominion. Grâce à leur attachement à la foi catholique, à leur fidélité à la langue française, grâce surtout à leur individualité bien marquée, les Acadiens ont conservé une sorte d'autonomie au milieu des colons d'origines diverses qui les entourent, mais avec lesquels ils n'ont pas fusionné. Le souvenir des persécutions de la guerre de sept ans, les traditions du « grand dérangement » de 1755 sont restés vivaces parmi eux, et c'est avec fierté que la génération actuelle parle encore des souffrances endurées par leurs ancêtres pendant cette période néfaste.

Au Canada et dans les postes français du golfe Saint-Laurent, le sort des réfugiés ne fut guère plus heureux que celui de leurs compatriotes embarqués.

Dans la correspondance échangée avec la métropole, nous relevons une triste peinture de leur situation. « La disette des vivres, écrit M. de Vaudreuil, gouverneur de la Nouvelle-France (1), a obligé M. de Boishébert de faire passer sur l'île Saint-Jean quarante-neuf familles; il en a aussi envoyé quelques-unes à Québec; il a eu 600 personnes, outre les sauvages, à nourrir pendant l'hiver; il a près de lui trente familles de Port-Royal (2); il y a encore 1,000 personnes dans les Rivières, qui, pour la plupart, sont dans l'extrême besoin. Il me prévient que je serai obligé de lui envoyer des vivres pour la subsistance de 2,500 personnes qui vont venir à lui. Les habitants des Rivières lui ont envoyé des députés. Il leur a dit de se retirer le plus avant qu'ils pourraient dans les bois, en attendant qu'il pût les secourir. Il a reçu aussy des lettres des

---

(1) Vaudreuil au ministre 6 août 1756. Archives des colonies.
(2) Nom français d'Annapolis.

habitans des Mines retirés dans les bois, et de ceux de Port Royal, qui sont au Cap des Sables depuis l'automne ; les uns et les autres le prient de vouloir bien les recevoir... Il est arrivé à la rivière Saint-Jean cinq familles d'Acadiens faisant nombre de cinquante personnes revenant de la Caroline ». Ces pauvres gens, repoussés par le gouverneur de la province, avaient pu se procurer une chaloupe dans laquelle ils avaient fait route pour leurs anciens établissements. D'autres fugitifs avaient pu gagner le Fort Duquesne sur l'Ohio, et de là le Canada. « Le récit qu'ils font des cruautés de l'Anglais, écrit Vaudreuil, ne pourra qu'animer les Acadiens et les sauvages. Je renouvelle mes ordres à ce sujet à M. de Boishébert et je prie messieurs les missionnaires d'y concourir en tout ce qui dépendra d'eux. Il ne serait pas naturel que les uns et les autres fussent aux charges du roi, sans donner des preuves certaines de leur zèle pour le service de Sa Majesté. »

L'hiver de 1756-1757 fut cruel pour les exilés : « Les Acadiennes, écrit Vaudreuil au ministre (1), voient mourir leurs enfants à leur mamelle ne pouvant les substanter ; la plupart ne peuvent paraître, parce qu'elles n'ont point de hardes pour mettre leur nudité à couvert. Il est mort beaucoup d'Acadiens, le nombre des malades est considérable, et ceux qui sont convalescents ne peuvent se rétablir par la mauvaise qualité des aliments qu'ils prennent, étant souvent dans la nécessité de manger des chevaux extrêmement maigres, de la vache marine et de la peau de bœuf. Tel est, Monseigneur, l'état où se trouvent les Acadiens. M. Bigot va faire partir un bâtiment qui suivra les glaces, pour leur porter les secours qu'il est de notre pouvoir de leur fournir. »

Mgr de Pontbriant, évêque de Québec, confirme, quelques mois plus tard, ce récit : « On ne répétera rien ici du sort

---

(1) Vaudreuil au ministre. 19 avril 1757.

malheureux des infortunés Acadiens qui se sont réfugiés à Miramichi (1); on se contente de renvoyer ceux qui en voudront être instruits au journal de M. l'abbé Leguerne; mais on avertit qu'il faut un courage égal pour en entendre ou en faire la lecture. »

Les moins valides furent évacués sur Québec où leur condition ne fut guère meilleure. « Nos Acadiens meurent de misère, petite vérole, » écrit Montcalm (2) au chevalier Lévis. La disette était d'ailleurs générale au Canada. A la suite d'une mauvaise récolte et de la prise par les Anglais de la plupart des navires chargés de ravitailler la colonie, pendant l'hiver de 1757-1758 la population de Québec fut rationnée à quatre onces de pain par jour; et encore, à partir d'avril 1758, cette ration fut-elle restreinte à deux onces. « Depuis le 10 avril, écrit l'intendant Bigot au ministre (3), le peuple est réduit à deux onces de pain par jour et on distribue aux pauvres quatre onces de lard et quatre onces de morue... Quantité tombent de défaillance dans les rues, et leurs enfants souffrent encore plus. »

Les réfugiés de Québec, au nombre de 1,200 à 1,500, furent encore plus mal traités que les Canadiens : « Il n'a point été donné de pain aux Acadiens depuis le mois de novembre, ajoute Bigot, ils ne vivent que de morue et de quatre onces de lard. » « Les Acadiens, écrit l'ingénieur Desandrouins (4) dans son journal, ne reçoivent que du bœuf, du cheval et de la morue. »

Et cependant le gouvernement canadien fit des sacrifices importants pour venir en aide aux exilés, et pour nourrir ceux qui s'étaient retirés dans les postes français du golfe Saint-Laurent. Les états de fournitures se mon-

(1) Miramichi était, depuis la prise de Beauséjour, le poste principal des Français en Acadie.
(2) Montcalm à Lévis, décembre 1757. Lettre citée par l'abbé Casgrain.
(3) Bigot au ministre, 3 mai 1758.
(4) Desandrouins, *Guerre au Canada*, p. 119.

tèrent pour le seul poste de Miramichi à 1.083,000 livres dans l'année 1758, et à 1.155,000 dans l'année 1759. Malheureusement, grâce aux rapines et aux détournements qui déshonoraient presque toutes les branches de l'administration coloniale, une grande partie des crédits imputés ne servit pas aux pauvres proscrits.

Le sentiment général sur les dilapidations systématiques du Canada est bien exprimé par le commentaire de l'abbé de l'Isle-Dieu, sur les observations de l'évêque de Québec relatives aux sommes énormes affectées à l'Acadie. « Ce ne serait rien, écrit l'abbé (1), ou du moins qu'un moindre mal, si les dépenses excessives dont parle Mgr l'évêque de Québec avaient tourné au profit de la colonie (l'Acadie)... Mais qu'il en coûte beaucoup au roi et que l'habitant n'en profite pas, c'est ce qui devrait du moins donner envie de chercher et de trouver par où le pot s'enfuit. »

D'après un passage du journal de Bougainville cité par l'historien Parkman, certains Canadiens se seraient mal conduits à l'égard de leurs compatriotes, et n'auraient eu d'autre souci que de leur extorquer le peu de numéraire qu'ils avaient apporté avec eux. Que ces accusations soient fondées ou non, il est évident que les réfugiés, derniers venus dans la colonie à une époque de famine et de privations, eurent leur large part des souffrances communes. Les survivants, rejoints par quelques familles rentrées des colonies anglaises après la guerre, se fixèrent au Canada où leurs descendants devenus fort nombreux, malgré d'excellents rapports avec les Français de la province de Québec ne se sont pas complètement fondus avec eux, et ont conservé le type et les caractéristiques de leur race.

En Europe, les événements que nous venons de raconter n'eurent pas le retentissement auquel on aurait pu s'at-

(1) Extrait de la lettre de Mgr l'évêque de Quebec à l'abbé de l'Isle-Dieu, 30 octobre 1757.

tendre; le ministère anglais se garda bien de livrer à la publicité les dépêches de Lawrence; les fonctionnaires du Canada et de l'île Royale se montrèrent, comme on vient de le voir, peu sensibles au sort des Acadiens auxquels ils reprochaient leur tiédeur pour la cause française; quant au gouvernement de Louis XV, il n'eut pas un mot de pitié pour les victimes de sa politique.

Cette indifférence s'explique, il faut le reconnaître, par l'état de l'opinion contemporaine; la mesure prise contre les Acadiens catholiques du nouveau monde, quelque barbare, quelque cruelle qu'elle fût, ne différait guère des procédés appliqués par Sa Majesté Très Chrétienne à ses sujets protestants, par l'évêque prince de Salzbourg aux luthériens de sa principauté, par les rois de la Grande-Bretagne aux catholiques de l'Irlande. *Cujus regio hujus religio :* ce principe si souvent adopté en Europe était encore trop généralement admis, pour qu'un nouvel exemple de sa mise en pratique, si fâcheux qu'il pût paraître à certains esprits d'élite, soulevât la conscience publique.

A Londres, on fit peu de bruit autour des incidents de l'Acadie. Tout en s'inclinant devant le fait accompli, les ministres anglais ne se hâtèrent pas d'exprimer leur sentiment sur l'action de leur représentant. Ce ne fut qu'à la date du 25 mars 1756 que le comité des Lords of Trade écrivit au gouverneur Lawrence (1) : « Nous avons communiqué au secrétaire d'État (2) la partie de votre dépêche qui a trait à l'enlèvement des habitants français, et aux moyens mis en œuvre pour l'exécution de cette décision. Puisque vous affirmez que cette opération était indispensable pour assurer la tranquillité et la défense de la Province dans la situation critique de nos affaires, nous ne doutons pas que Sa Majesté approuve la conduite que vous avez suivie. » En

---

(1) Lords of Trade à Lawrence, 25 mars 1756. *Record Office.*
(2) Lords of Trade à Fox, 26 novembre 1755.

ratifiant ainsi une mesure dont l'initiative appartenait au gouverneur de la Nouvelle-Écosse, le cabinet anglais assuma devant la postérité sa part de responsabilité dans un acte que les historiens modernes ont été unanimes à condamner, et en faveur duquel on ne saurait invoquer d'autres circonstances atténuantes que celles que l'on peut tirer des préjugés et des passions de l'époque.

La présence des Acadiens était-elle un danger pour le gouvernement anglais de la Nouvelle-Écosse? Le serment qu'on voulut leur prescrire eût-il constitué une garantie contre ce danger?

A ces deux questions il faut, selon nous, répondre par la négative. Les habitants les plus jeunes et les plus remuants des villages français de la Nouvelle-Écosse avaient émigré avant 1755; il ne restait dans la province que l'élément le plus sédentaire et le plus pacifique de la population. Si un reproche peut être adressé aux expulsés, c'est bien celui de leur débonnaireté et de leur docilité. Lawrence leur ordonne d'apporter leurs fusils, ils les remettent; il leur enjoint d'envoyer à Halifax de nouveaux délégués en remplacement de ceux qu'il a emprisonnés, ils s'inclinent; les officiers anglais les somment de s'assembler à jour fixe pour entendre les ordres du Roi, ils se rendent à cet appel. Pendant les longs jours de la détention et des embarquements, des faits de révolte se produisent, mais isolés; dans les récits des officiers anglais, nous ne trouvons aucune trace de complot, de rébellion générale. Le courage moral existe, il est admirable, mais il ne se traduit par aucune de ces manifestations si naturelles cependant à l'homme réduit au désespoir; la résistance reste passive jusqu'au bout.

Les Acadiens, en repoussant la formule de serment qu'on essayait de leur imposer, obéirent à des scrupules de conscience, à des craintes inspirées par leurs convictions religieuses, à leur terreur du service militaire; ils n'eurent jamais l'idée de s'opposer par la force à une domination qu'ils subissaient depuis un demi-siècle.

Leur conduite démontre leur entière bonne foi, fait ressortir leur parfaite loyauté. Plus habiles, moins confiants dans la pureté de leurs intentions, dans la droiture des fonctionnaires anglais, ils se seraient résignés aux quelques mots dont on faisait dépendre leur destinée. La prestation du serment modifié n'eût changé en rien leurs sentiments intimes à l'égard des Anglais, et n'eût pas ajouté à la sécurité du gouvernement britannique. Une obéissance absolue eût-elle sauvé les Acadiens? Cela est fort douteux; à en juger par le refus de recevoir la soumission tardive des députés des Mines, par le prétexte hypocrite invoqué pour motiver ce refus, il n'est guère probable que l'acceptation du texte officiel eût permis aux malheureux d'échapper au sort qui leur était réservé.

Nous devons enfin nous demander si la déportation fut un avantage pour la cause anglaise. Les faits se chargent de répondre. Le gouverneur ne put trouver des colons pour cultiver les terres abandonnées; les miliciens de la Nouvelle-Angleterre, que l'on avait espéré retenir, refusèrent l'établissement qu'on leur proposait, et ce ne fut que quatre ou cinq ans après le départ des anciens habitants, que des émigrants anglo-saxons vinrent les remplacer. Pendant presque toute la durée de la guerre, les garnisons anglaises de la baie de Fundy furent privées des ressources que leur aurait offertes le voisinage des villages français, et furent harcelées par les attaques des fugitifs, dont les procédés du gouverneur britannique avaient changé l'apathie pacifique en haine et soif de revanche.

En résumé, l'expulsion des Acadiens fut une cruauté inutile; pour le gouvernement du roi George, elle restera une charge bien lourde; pour la mémoire de Lawrence, elle constitue une tache indélébile.

CHAPITRE X

ÉVÉNEMENTS MILITAIRES EN AMÉRIQUE ET A MINORQUE.

L'expédition contre les forts français de l'Acadie n'était qu'une partie du programme des opérations militaires, concerté entre le général Braddock et les gouverneurs des possessions anglaises de l'Amérique. Au conseil tenu à Alexandria, le 14 avril 1755, il avait été décidé que Shirley serait chargé de ravitailler et de renforcer le fort d'Oswego, sur le lac Ontario ; cette position assurée, il devait se porter à l'attaque du fort de Niagara, tandis que le colonel Johnson, à la tête des troupes provinciales et des Indiens qu'il pourrait entraîner avec lui, marcherait sur le fort Frédéric, avant-poste du Canada, sur le lac Champlain.

Au commandant en chef revint la mission la plus importante et la plus difficile : celle de chasser les Français des bords de l'Ohio, de s'emparer du fort Duquesne, et de pousser, si cela était possible, jusqu'au lac Érié et au fort Niagara, contre lequel il joindrait ses efforts à ceux de son lieutenant Shirley.

Le 10 mai, Braddock arriva au fort Cumberland (1), situé sur le cours supérieur du Potomac ; il y trouva assemblés les deux bataillons de troupes régulières qu'il avait amenés avec lui d'Angleterre, 500 miliciens de la Virginie et quelques détachements d'artilleurs et de marins. Parvenu à

(1) Ou Will's creek.

l'extrême limite des établissements anglais, il devait, pour gagner le fort Duquesne, traverser une région accidentée, couverte d'épaisses forêts, coupée par des cours d'eau nombreux, dans laquelle il ne trouverait ni moyens de subsistance pour son armée, ni voies de communication pour ses transports.

L'organisation du matériel indispensable pour le charriage des munitions et des vivres retint le général pendant un mois à Cumberland. Il se plaint en termes amers du peu de concours qu'il obtient des autorités et des habitants de la colonie; seul, le célèbre Franklin, alors directeur des postes de la Pensylvanie, exécuta « sa promesse de fournir 150 chariots et leurs attelages avec beaucoup d'exactitude et d'intégrité; « c'est, écrit Braddock (1) à peu près le seul exemple de capacité et d'honnêteté que j'ai trouvé dans ces provinces. » Les efforts de l'Anglais pour se concilier les Indiens et pour les engager à son service comme éclaireurs, ne furent pas heureux; malgré un appel chaleureux, malgré l'échange de nombreux colliers de porcelaine et une distribution libérale de viande et de rhum, il ne put réunir que cinquante sauvages, dont la plupart l'abandonnèrent pendant sa marche.

Enfin, le 10 juin, la colonne se mit en route; huit jours après, elle n'avait franchi qu'une distance de 48 kilomètres du point de départ; la nécessité de se frayer une route dans la forêt, d'établir des ponts, l'obligation de traîner tout un parc d'artillerie, des approvisionnements de tout genre, les fatigues, les maladies, l'inexpérience du personnel, expliquaient des retards qui pouvaient compromettre le succès de l'entreprise. Braddock, sur les conseils du colonel Washington, attaché comme aide de camp à son état-major, se décida à diviser sa colonne; laissant le colo-

---

(1) Braddock au sous-secrétaire d'État, 5 juin 1755. *Record Office*. Londres.

nel Dunbar avec les invalides, les éclopés, la plus grande partie du convoi et une forte arrière-garde, il poussa en avant avec 1,400 à 1,500 hommes appartenant en grande majorité aux bataillons de ligne, et 10 pièces d'artillerie légère.

Le 9 juillet, l'avant-garde de ces troupes, sous les ordres du lieutenant-colonel Gage, se heurta aux détachements français dans les bois, à peu de distance de la rivière Monanghahela et à trois lieues et demie du fort Duquesne.

M. de Contrecœur, commandant français, était averti de l'approche des Anglais : « Le 8 juillet, écrit-il au gouverneur, M. de Vaudreuil (1), je formai un parti de tout ce que je pouvais mettre hors du fort pour aller à leur rencontre. Il était composé de 250 Français et de 650 sauvages, ce qui faisait 900 hommes. M. de Beaujeu, capitaine, le commandait; il y avait deux capitaines qui étaient messieurs Dumas et Ligneris et plusieurs autres officiers subalternes. Ce parti se mit en marche le 9, à huit heures du matin, et se trouva à midi et demi en présence des Anglais, à environ trois lieues du fort. On commença à faire feu de part et d'autre. Le feu de l'artillerie ennemie fit reculer un peu par deux fois notre parti. M. de Beaujeu fut tué à la troisième décharge. »

M. Dumas, qui le remplaça, donne de la bataille (2) un récit des plus graphiques : « M. de Beaujeu attaqua avec beaucoup d'audace, mais sans nulle disposition; notre première décharge fut faite hors de portée. L'ennemi fit la sienne de plus près; et dans le premier instant du combat, cent miliciens, qui faisaient la moitié de nos Français, lâchèrent honteusement le pied, en criant : Sauve qui peut (3); deux cadets, qui depuis ont été faits officiers, et

---

(1) Contrecœur a Vaudreuil, 14 juillet 1755. Archives des colonies.
(2) Dumas au ministre, 26 juillet 1756.
(3) Le rapport de Contrecœur relate le même incident, qu'il explique par la jeunesse et l'inexpérience d'une partie des Canadiens.

dont l'un, enseigne en second de l'année dernière, vient d'être fait enseigne en pied, autorisèrent cette fuite par leur exemple.

« Ce mouvement en arrière ayant encouragé l'ennemi, il fit retentir ses cris de Vive le roi, et avança sur nous à grands pas; son artillerie s'étant préparée pendant ce temps-là commença à faire feu, ce qui épouvanta tellement les sauvages que tous prirent la fuite. L'ennemi faisait la troisième décharge de mousqueterie quand M. de Beaujeu fut tué.

« Notre déroute se présenta à mes yeux sous le plus désagréable point de vue, et pour n'être point chargé de la mauvaise manœuvre d'autrui, je ne songeai plus qu'à me faire tuer. Ce fut alors, Monseigneur, qu'excitant de la voix et du geste le peu de soldats qui restait, je m'avançai avec la contenance que donne le désespoir. Mon peloton fit un feu si vif que l'ennemi en parut étonné; il grossit insensiblement, et les sauvages, voyant que mon attaque faisait cesser les cris de l'ennemi, revinrent à moi. Dans ce moment, j'envoyai M. le chevalier Le Borgne et M. de Rocheblave dire aux officiers qui étaient à la tête des sauvages de prendre l'ennemi en flanc; le canon qui battait en tête donna faveur à mes ordres. L'ennemi, pris de tous côtés, combattit avec la fermeté la plus opiniâtre; les rangs entiers tombaient à la fois; presque tous les officiers périrent, et le désordre s'étant mis par là dans cette colonne, tous prirent la fuite.

« Le pillage fut horrible de la part des Français et des sauvages. Les officiers blessés, qui tous l'avaient été dans ce dernier choc, restaient sans secours. J'envoyai MM. de Normanville et Saint-Simon ramasser les soldats, tous revinrent. MM. de Carqueville, Laperade, Le Borgne, Monmidy et Hertel furent enlevés; les deux premiers expirèrent en arrivant au fort. Il ne me resta plus de monde pour faire enlever le corps de M. de Beaujeu; je le fis cacher dans un ravin un peu écarté du chemin. Tous les sauvages chargés de butin et de chevelures prenaient le chemin du fort, à la réserve d'un certain nombre qui, ayant trouvé de l'eau-de-vie dans les chariots, ne purent se résoudre à l'abandonner, et qui passèrent la nuit à se saoûler.

« Nous nous consultâmes avec M. de Ligneris, et nous prîmes le parti de nous retirer, en vue de rallier notre petite armée, qui avait peu souffert et qui n'était que dispersée, pour nous mettre en situation de remarcher le lendemain, si l'ennemi se trouvait en état de faire de nouveaux mouvements avec sa réserve. Par l'événement, la chose n'eût pas été facile, tous les sauvages étant partis sur-le-champ, sans prendre congé, pour retourner dans leurs villages.

« Le lendemain matin, les sauvages, qui avaient passé la nuit à boire sur le champ de bataille, revinrent avec quelques officiers qui y étaient restés avec eux. Ils rapportèrent que l'ennemi marchait à nous et qu'ils avaient entendu les caisses. Je partis par terre avec M. de Léry et cent hommes pour aller chercher l'artillerie sur le champ de bataille; M. de Céloron conduisit par la rivière des pirogues pour la transporter. Cela s'exécuta non sans alerte, chaque sauvage qui venait à nous nous annonçant l'ennemi; mais nous la conduisîmes au bord de la rivière où, ayant été embarquée, elle fut bientôt au fort. Deux découvertes que je fis faire pendant cette opération nous tranquillisèrent sur le prétendu mouvement des ennemis.

« Ainsi s'est passée, Monseigneur, la journée du 9 de juillet, dans laquelle je me flatte de m'être montré soldat et officier. »

M. de Contrecœur termine son rapport, beaucoup moins détaillé que le récit de Dumas, par la nouvelle du départ des Indiens qui, suivant leur coutume, étaient retournés chez eux pour célébrer leur victoire. « Tous les sauvages de Détroit et de Michilimakinac sont partis dès le lendemain de l'action, sans que j'aie pu les arrêter. Ces sauvages, comme les domiciliés et ceux de la Belle-Rivière, ont très bien fait; il est nécessaire de les récompenser.

« J'envoie aujourd'hui un petit détachement pour découvrir ce que font les Anglais, et savoir s'ils ont dessein de revenir nous attaquer ou de s'en retourner. Si on veut conserver cette rivière, il faut y faire des établissements plus considérables. »

D'après le rapport de Contrecœur, le détachement sous les ordres de Beaujeu et Dumas se montait à 891 officiers et soldats, dont 637 sauvages et 146 miliciens du Canada, et le reste soldats de la marine. Sur cet effectif, on perdit 43 tués et blessés, dont 7 officiers et 27 sauvages.

La défaite des Anglais avait été bien plus complète que ne le croyait le commandant français. Aussitôt les premiers coups de feu échangés avec l'avant-garde du colonel Gage, et la première panique arrêtée, les officiers français distribuèrent leurs hommes en tirailleurs sur les deux flancs de la colonne anglaise. Initiés à la guerre des bois, excellents tireurs, habiles à profiter des accidents de terrain et des arbres de la forêt pour se mettre à l'abri, les Canadiens et les Indiens de Dumas purent décimer à leur aise les réguliers anglais. Ces derniers, terrifiés par les cris et l'aspect des sauvages, fusillés à bout portant par des ennemis invisibles, tombèrent bientôt dans la confusion la plus grande. C'est en vain que leurs officiers, dont la bravoure ne pouvait compenser l'ignorance de ce genre de combat, cherchèrent à former leurs hommes d'après les dispositions réglementaires de l'ordre serré; les fantassins se pelotonnaient, déchargeaient leurs mousquets en l'air de tous les côtés, quelquefois sur les leurs. L'arrivée du général avec le gros de la colonne ne fit qu'augmenter le désordre; les escouades se fondirent, les efforts de l'état-major pour faire reprendre les rangs, pour lancer des colonnes d'attaque, échouèrent; Braddock fut blessé mortellement. Après trois heures d'un feu ininterrompu, les Anglais prirent la fuite, abandonnant canons, convoi et munitions. « On essaya plusieurs fois d'arrêter les fuyards », écrit le colonel Gage dans son rapport (1) « pour une retraite régulière; ce fut en vain; ils coururent le plus vite qu'ils purent, jusqu'à ce qu'ils fussent parvenus à trois milles du champ de bataille; là, on put réunir avec beaucoup de peine une centaine d'hommes, auxquels se joignirent quelques petits détachements, et c'est ainsi que l'on continua la retraite. » Les pertes des Anglais furent terribles : sur 86 officiers, 63 furent mis hors de combat, et sur un effectif de 1,400 hommes de troupes, 500 seulement revinrent sans blessures. « Nos officiers, écrit le lieutenant Orme (2), aide de camp de Braddock, ont été sacrifiés par suite d'une belle conduite qui n'a jamais été égalée... Le général a eu cinq chevaux tués sous lui, et enfin a reçu une blessure dans le poumon, dont il est mort dans la nuit du 13; le pauvre Shirley (3) a reçu une balle dans la tête; Monies et moi avons été très sérieusement blessés. M. Washington a eu deux chevaux tués sous lui et ses habits percés en plusieurs endroits; il s'est conduit pendant toute l'affaire avec le plus grand courage et sang-froid. »

Washington fait l'éloge de ses coloniaux et se plaint des réguliers : « Nos pauvres Virginiens se sont conduits en hommes et sont morts en soldats; sur trois compagnies présentes à l'affaire, je crois qu'il n'y a guère qu'une trentaine de survivants... La conduite infâme des soldats anglais a exposé à une mort presque certaine tous ceux qui ont voulu faire leur devoir; et enfin, malgré tous nos efforts, ils ont rompu leurs rangs et se sont enfuis comme des mou-

(1) Col. Dunbar et lieut.-colonel Gage. Enquête sur la conduite des troupes anglaises, 21 novembre 1755.
(2) Orme à Dinwiddie, 18 juillet 1755.
(3) Fils du gouverneur Shirley; son frère, capitaine dans un régiment de ligne, en garnison à Oswego, fut enlevé par la maladie, le même hiver.

tons devant les chiens... et quand nous avons essayé de les rallier, nous avons eu autant de succès que si nous avions voulu arrêter les ours de nos montagnes... On suppose que le nombre de nos morts atteint 300 ou plus, laissés sur le champ de bataille; on en a emporté à peu près autant; l'on croit (j'estime avec raison), que les 2/3 de nos pertes sont dues au feu de nos poltrons de soldats, qui en dépit des ordres se sont massés en pelotons de dix ou douze de profondeur, et ont mis en joue et ont tiré sans viser, atteignant ainsi tout ce qui était devant eux. Je tremble en pensant aux suites que notre défaite aura pour les habitants de notre zone frontière, qui abandonneront tous leurs fermes si l'on ne prend pas des mesures pour leur défense. »

Les craintes de Washington étaient fondées : le colonel Dunbar, qui prit la place du général à la tête de la colonne, se retira en toute hâte sur le fort Cumberland, et malgré les supplications de Dinwiddie, gouverneur de la Virginie, évacua bientôt ce poste pour gagner Philadelphie.

Shirley, qui remplaça Braddock dans le commandement des troupes tant régulières que provinciales de l'Amérique, n'était pas un militaire de carrière; dans sa nouvelle fonction, il ne fit pas preuve du talent qui supplée quelquefois à l'expérience. Chargé de l'expédition dirigée contre le fort de Niagara avec deux bataillons récemment levés, il était campé sur le cours supérieur du Mohawk, fleuve tributaire du Hudson, quand il apprit le désastre de la Monanghahela. Il donna, à peu de jours d'intervalle, des ordres contradictoires : tout d'abord, il autorisa Dunbar à se replier sur Albany (1), dans la province de New-York; puis il lui enjoignit de renouveler l'entreprise dans laquelle on venait d'échouer. Renforcé par les contingents des colonies de la Virginie, du Maryland et de la Pensylvanie, le successeur de Braddock reprendrait sa marche

---

(1) Shirley à Dunbar, 6 août 1755. *Record Office*. Londres.

sur l'Ohio ; après avoir enlevé le fort Duquesne, il se porterait sur les positions françaises du lac Érié ; « cependant », ajoutait le nouveau général (1), « si par suite d'accidents imprévus, vous vous trouvez dans l'impossibilité absolue de remplir ces instructions, vous vous conformerez à mes premiers ordres et vous gagnerez le poste d'Albany ». Dunbar, comme nous l'avons dit, profita de la latitude que lui laissait son supérieur pour se retirer en Pensylvanie.

De son côté, Shirley, détachant le colonel Johnson avec 3 à 4,000 provinciaux et quelques centaines d'Indiens pour tenir tête aux troupes françaises en position sur le lac Champlain, continua sa route sur Oswego. Malgré les difficultés du chemin, il eut le temps d'esquisser tout un plan de campagne (2), d'après lequel, avec 6,000 Anglais et 12,000 miliciens, il se faisait fort de s'emparer de Montréal et de Québec et de chasser les Français du Canada. L'entreprenant gouverneur parvint, le 18 août, à Oswego, dont il trouva les fortifications incomplètes et fort mal entretenues ; après quelques jours employés à mettre le poste en état de défense, il réunit un conseil de guerre (3), lui soumit et fit approuver le projet de partir avec 600 hommes et quelques pièces de canon pour tenter un coup de main sur le fort de Niagara. Le mauvais temps, la fatigue de ses troupes, le firent renoncer (4) à cette aventure, dont le succès eût été douteux.

Nous laisserons Shirley dans sa position fort exposée sur le lac Ontario, pour nous occuper des événements qui se passèrent pendant la belle saison au Canada.

L'embarquement des troupes françaises, qui devaient renforcer les garnisons de la Nouvelle-France, eut lieu à

(1) Shirley à Dunbar, 15 août 1755. *Record Office.*
(2) Shirley à Robinson, 12 août 1755.
(3) Shirley à Robinson, 19 septembre 1755.
(4) Shirley à Robinson, 28 septembre 1755.

Brest, le 16 avril; les six bataillons désignés pour cette destination appartenaient à l'armée de terre, et étaient détachés des régiments d'Artois, Bourgogne, Guyenne, Languedoc, Béarn et la Reine. Officiers et soldats montrèrent le plus grand entrain; une correspondance de Brest, reproduite dans les mémoires du duc de Luynes, donne des détails topiques sur le départ du corps expéditionnaire. « On prit, écrit M. de Brienne (1), des soldats tirés du premier bataillon pour compléter le second; la volonté des soldats était si grande que l'on ne savait auquel entendre, et que nous étions obligés de faire sortir des rangs des compagnies du second bataillon des hommes du premier, qui s'y glissaient malgré nous... En arrivant sur le port, chaque compagnie, complétée au nombre de 40 hommes, trouvait un déjeuner tout prêt... le déjeuner consistait en pain, vin et viande, le tout fort bien. Il a été distribué en arrivant à bord, à chaque soldat, un bonnet, un gilet, une paire de bas, une paire de souliers et quatre chemises; on leur a donné un hamac et une couverture de deux en deux, afin qu'il y en eût toujours la moitié de levés et que par là ils puissent éviter les maladies... En arrivant au Canada, les soldats auront un habit neuf complet, trois chemises, une paire de souliers, une paire de bas, une paire de guêtres et une culotte. »

M. de Crémillé, envoyé par le ministre de la guerre pour surveiller l'opération, rend également hommage au bon esprit des soldats et au zèle des officiers (2).

M. Dubois de la Motte, qui commandait l'escadre d'Amérique, fit voile de Brest, le 3 mai 1755. Dans les parages du banc de Terre-Neuve, deux de ses vaisseaux, *l'Alcide* et *le Lys*, séparés de la flotte, tombèrent comme on le sait aux mains des Anglais; le reste du convoi parvint heureu-

---

(1) *Mémoires du duc de Luynes*, vol. XIV, page 128.
(2) Crémillé au ministre, 5, 14 et 18 avril 1755. Archives de la guerre.

sement aux ports de destination. Deux bataillons furent laissés à Louisbourg; les quatre autres, diminués d'environ 350 hommes capturés à bord du *Lys*, débarquèrent à Québec vers la fin de juin. En dépit des soins pris pour le bienêtre du soldat à bord, les troupes payèrent leur tribut aux maladies qui, à cette époque, grâce à la mauvaise hygiène des bâtiments et à l'abus des provisions salées, étaient la conséquence fatale de toute traversée de quelque durée; elles perdirent 34 des leurs pendant le voyage. La brigade affectée au Canada avait un effectif de 100 officiers et de 1,738 hommes (1) : elle était commandée par le baron de Dieskau, maréchal de camp, officier d'origine saxonne, qui avait servi avec distinction sous les ordres de Maurice de Saxe.

A bord de l'escadre était M. de Vaudreuil, qui venait remplacer le marquis Duquesne comme gouverneur général de la Nouvelle-France. Il fait au ministre de la marine une triste peinture de la situation, tout en rejetant sur son prédécesseur la responsabilité des embarras qu'il rencontre et qu'il prévoit pour l'avenir. « Depuis mon arrivée à Montréal, écrit-il (2), je ne cesse d'apprendre la confirmation des mauvaises nouvelles. Elles ont même grossi avec un tel excès que je ne puis refuser à mon devoir d'avoir l'honneur de vous en instruire. Les Anglais se multiplient de jour en jour, et n'hésitent pas de dire partout aux sauvages qu'ils enlèveront le fort Saint-Frédéric, le fort Duquesne, Niagara, le fort Frontenac et la Présentation (3). Les Anglais paraissent toujours en vouloir au fort Saint-

---

(1) Correspondance de Doreil, commissaire de la guerre, avec le ministre. Chaque bataillon, à l'effectif complet, comptait 31 officiers et 525 sous-officiers et soldats, divisés en treize compagnies, dont une de grenadiers. Les bataillons de la Reine et du Languedoc avaient perdu chacun quatre compagnies, prises à bord du *Lys*.

(2) Vaudreuil au ministre, 24 juillet 1755. Archives des colonies.

(3) Poste fortifié sur le Saint-Laurent, près du lac Ontario.

Frédéric et s'arranger pour cet effet à Orange (1). Leurs mouvements ont même si effrayé les habitants qui ont leurs terres au-delà du fort, qu'ils les ont abandonnées. Le fort Duquesne est réellement menacé; le 7 de ce mois, les Anglais étaient à 6 ou 8 lieues de ce fort, on m'écrit qu'ils sont au nombre de 3,000 avec de l'artillerie et autres munitions pour faire un siège... Je crains, Monseigneur, avec raison les premières nouvelles de ce fort, et je serai agréablement surpris, si l'Anglais a été forcé d'abandonner son entreprise.

« A l'égard de Niagara, il est certain qu'il est aux Anglais s'ils parviennent à l'attaquer. On me marque que ce fort est si délabré, qu'il n'est pas possible d'y mettre une cheville sans le faire tomber par morceaux; on est obligé d'y mettre des étançons pour le soutenir. La garnison est composée de trente hommes, qui n'ont point de fusils. Le sieur de Villiers a été détaché avec environ 200 hommes pour y établir un camp d'observation. Voilà, Monseigneur, un abrégé vrai de l'état où M. le marquis Duquesne m'a remis le gouvernement pour les parties que je viens de traiter... Le mal est fait; il est si visible que je puis dire sans trop de prévention, qu'il aurait été à souhaiter que j'eusse été en possession de ce gouvernement il y a trois ans. La colonie et les finances ne seraient point si excessivement épuisées. Quelque grand que soit le mal, il faut que j'y remédie; et pour remplir mon zèle et mes vues à cet égard, je ne saurais perdre de vue mon projet sur Chouaguen (2), puisque du succès de ce projet dépend la tranquillité de la Colonie. »

Mais avant de prendre l'offensive, il fallut arrêter les mesures indispensables pour la défense des points menacés. Les bataillons de Béarn et de Guyenne furent envoyés

(1) La ville d'Albany, sur le Hudson, avait porté le nom d'Orange pendant la domination hollandaise.
(2) Nom donné par les Français au fort anglais d'Oswego.

à Frontenac, principal poste français sur le lac Ontario, que l'on croyait visé par la marche de Shirley sur Oswego; au mois d'octobre, une partie de ce détachement alla renforcer la garnison et rétablir les fortifications de Niagara. Le reste des troupes de terre et la plupart des soldats de la marine furent dirigés, sous les ordres de Dieskau, sur le fort Saint-Frédéric, que Johnson, avec son corps mixte de coloniaux et de sauvages à la solde britannique, s'apprêtait à attaquer.

L'officier anglais s'était avancé avec la fraction principale de sa division jusqu'à l'extrémité sud du lac du Saint-Sacrement (1), et avait dressé son camp sur l'emplacement où fut établi plus tard le fort William Henry (2), célèbre par la victoire de Montcalm et par le massacre qui suivit la capitulation. La position des Anglais était reliée à la rivière Hudson par une route nouvellement ouverte dans la forêt, et leurs communications couvertes par le petit fort Lydius, situé sur le fleuve. Johnson comptait sous son commandement immédiat 2,300 provinciaux et 300 Indiens, la garnison du fort ne dépassait guère 500 hommes.

Trompé par le rapport d'un prisonnier, qui prétendait que les Anglais s'étaient retirés sur Albany et n'avaient qu'une faible arrière-garde au fort Lydius, le général français se décida à tenter un coup de main contre ce poste. Laissant le gros de ses forces et presque toutes les troupes de France à Carillon (ou Ticonderoga) (3), au confluent du lac Champlain et de la rivière qui prolonge le lac George et lui sert de déversoir, il forma une colonne légère composée de 200 hommes des bataillons de Languedoc et de la Reine, 6 à 700 Canadiens et environ 600 sauvages. A la tête de ces contingents, il remonta le lac Champlain, la baie du Sud qui lui fait suite, et après quatre

(1) Aujourd'hui lac George.
(2) Appelé en premier lieu fort George.
(3) Nom indien adopté par les Anglais et aujourd'hui en usage.

jours de navigation et de marche, déboucha, le 7 septembre, à une lieue environ du fort Lydius (1), sur la route militaire qui conduisait de ce poste au camp de Johnson.

Nous emprunterons au récit de Dieskau (2) des citations, qui donnent une excellente idée de la guerre irrégulière au Canada, et de la difficulté d'assurer le concours des auxiliaires sauvages. Le détachement français couche au bivouac dans les bois; le général profite de la nuit pour réunir les chefs Indiens et leur communiquer son plan d'attaque : ces derniers, intimidés par le canon monté sur les fortifications ennemies, se refusent à marcher, sous prétexte que le fort Lydius était construit sur territoire anglais. « Voyant donc que je ne pouvais rien gagner sur eux, je leur demandai ce qu'ils prétendaient que je fasse, et s'il n'était pas honteux d'être venu à la barbe de l'ennemi pour nous en retourner sans rien entreprendre; ils répondirent que le camp des Anglais étant sur notre terrain je n'avais qu'à l'attaquer, qu'ils m'y suivraient et que je pouvais compter sur eux. Je pris le parti d'aller de ce côté-là, ce que je fis le lendemain à la pointe du jour, marchant sur trois colonnes, les Canadiens à la droite, les sauvages à la gauche, et les Français dans le centre, sur un beau chemin que les Anglais avaient fait pour communiquer du fort Édouard (3) à leurs camps. »

Pendant la route, les éclaireurs surprirent et tuèrent un cavalier, sur lequel ils trouvèrent une dépêche de Johnson, avertissant le commandant du fort Lydius de l'entreprise française et lui annonçant l'envoi d'un renfort de 1,000 hommes. « Sur cet avis, » continue Dieskau, « j'ordonnai aux sauvages et Canadiens de marcher environ 300

---

(1) Le fort Lydius était à sept lieues du lac Saint-Sacrement. Carte envoyée par le chevalier de Lévis. Depôt de la Marine.
(2) Récit du baron de Dieskau, sous forme de dialogue entre le maréchal de Saxe et le baron de Dieskau aux Champs-Elysées. Archives de la guerre.
(3) Le fort Lydius reçut plus tard le nom de fort Edouard.

pas en avant, de se mettre ensuite ventre à terre pour ne pas être découverts, et de ne pas faire le moindre bruit, ni tirer un seul coup de fusil avant d'avoir entendu tirer la colonne des Français, mais alors de se lever brusquement pour prendre l'ennemi en flanc. Si mes ordres avaient été suivis, il n'en serait pas échappé un seul ; mais, pour mon malheur, quelques sauvages plus curieux que les autres s'étant levés, et ayant reconnu que les Anglais avaient un corps d'Agniers (1) avec eux, en avertirent les autres ; sur quoi, tous les Iroquois se levèrent et tirèrent en l'air pour avertir qu'il y avait une embuscade. Voyant donc que la mèche était découverte, je fis attaquer l'ennemi par les Français et les Canadiens ; les sauvages firent de même, excepté les Iroquois, qui ne bougèrent point. Les Anglais furent pliés comme un jeu de cartes et se sauvèrent à vau de route dans leur retranchement, qui n'en était alors qu'à une petite lieue ou environ. »

Dieskau se jeta à la poursuite des fuyards et tenta d'emporter d'assaut le camp de Johnson. La position des coloniaux anglais était protégée par des barricades de chariots et d'abattis de bois, que venait appuyer le feu de quatre pièces de canon. Abandonné par la plupart de ses sauvages et par une partie des Canadiens, le général français échoua dans son entreprise et resta lui-même grièvement blessé sur le champ de bataille. Il fait de ses aventures un récit très mouvementé :

« Je m'aperçus que les Canadiens, au lieu de marcher de leur côté au retranchement, s'éparpillaient à droite et à gauche, faisant le coup de fusil à la sauvage, et que les sauvages n'avançaient point. Sur quoi, m'étant écarté un peu vers la gauche pour leur faire signe d'avancer, je me rapprochai sans m'en apercevoir si près du retranchement,

---

(1) Tribu des Six-Nations, très attachée aux Anglais, et appelée par eux Mohawks.

que je reçus dans un instant trois coups de fusil dans les jambes, et un à travers le genou droit qui me fit tomber près d'un arbre, derrière lequel je me traînai avec l'aide du chevalier de Montreuil, qui m'avait suivi. Peu de temps après, vinrent deux Canadiens de sa part, dont l'un fut tué raide et me tomba sur les jambes, ce qui m'embarrassa beaucoup, et l'autre ne le pouvant pas faire seul, je lui dis de m'amener quelques hommes de plus; mais peu de temps après, j'entendis battre la retraite sans rien voir, étant assis dans un terrain un peu bas, le dos appuyé contre un arbre. Et ayant resté dans cette situation environ une demi-heure, je vis, à dix ou douze pas de moi, un soldat des ennemis me coucher en joue derrière un arbre, auquel je fis signe de la main de ne pas tirer; mais il ne laissa pas que de lâcher son coup, qui me traversa les deux cuisses, et sautant en même temps sur moi, il me dit (en très bon français) : « Rendez-vous. » Je lui dis : « Misérable, pourquoi me tires-tu? Tu vois un homme couché à terre, baigné dans son sang, et tu tires! » — « Eh! » répondit-il, « que sais-je, moi, vous pouviez avoir un pistolet, j'aime mieux tuer le diable que si le diable me tuait. » — « Tu es donc Français, » lui dis-je. — « Oui, » répliqua-t-il, « il y a plus de dix ans que j'ai déserté le Canada. » Sur cela, plusieurs autres tombèrent sur moi et me dépouillèrent. Je leur dis de me porter chez leur général, ce qu'ils firent, lequel ayant appris qui j'étais, me fit mettre sur son lit et envoya chercher des chirurgiens pour me panser; et quoiqu'il était blessé lui-même, il ne voulut pas être pansé avant que je ne le fusse.

« Peu de temps après, entrèrent dans sa tente plusieurs sauvages, lesquels me regardèrent d'un air furieux et lui parlèrent longtemps et fort vivement; lorsqu'ils furent sortis, je lui dis : « Ces gens-là m'ont regardé d'un air qui ne dénote pas beaucoup de compassion. » — « Rien moins que cela, » me répondit-il, « car ils veulent m'obliger de vous livrer à eux, afin de vous brûler, pour venger la mort de leurs camarades et de trois chefs qui ont été tués dans le combat, et me menacent de me quitter si je ne vous livre pas; ne vous inquiétez cependant point, vous êtes en sûreté chez moi. »

M. de Montreuil, qui prit le commandement après la blessure de M. de Dieskau, avait peu d'expérience et encore moins d'initiative. Il eut d'autant plus de peine à mettre de l'ordre dans sa retraite, que l'officier français chargé de la direction des sauvages, M. Legardeur de Saint-Pierre, avait été tué dès le début de l'action. La colonne française regagna à marches forcées ses anciennes positions de Carillon, où les troupes rentrèrent harassées et mourant de faim. Les pertes furent à peu près égales des deux côtés : les Français eurent 97 hommes tués et 130 blessés (1), répartis par proportion égale entre l'infanterie, les Canadiens et les sauvages; les Anglais accusèrent un total de 262, dont plus des deux tiers tués (2).

Ce combat, peu important en lui-même, eut un grand retentissement en Europe. L'abandon du général sur le champ de bataille, vivement reproché à M. de Montreuil, vint aggraver l'impression de l'échec subi par les Français. D'autre part, le corps commandé par Johnson ne se composait que de miliciens et de quelques sauvages; aussi le succès remporté par les forces coloniales de la Nouvelle-Angleterre fut-il opposé à la défaite des réguliers de Braddock, et devint-il de mode de grossir les mérites des soldats américains et de déprécier la valeur des troupes de ligne, au moins pour la guerre telle qu'elle se pratiquait dans les forêts du Nouveau-Monde.

Dans cette affaire du lac George, il faut avouer que si Dieskau se montra courageux et entreprenant, il poussa

(1) Montreuil au ministre, 14 octobre 1755.
(2) *Return of killed, wounded and missing at the battle of lake George.* Document cité par Parkman.

la bravoure jusqu'à la témérité, et oublia son rôle de supérieur pour faire le métier de partisan. Sa conduite ne peut s'expliquer que par le profond mépris qu'il professait pour les provinciaux qu'il avait en face de lui, et par son inexpérience des mœurs et de la tactique de ses auxiliaires. C'est avec raison que le commissaire Doreil pouvait dire (1) « qu'il était plus propre à être à la tête d'une troupe légère, pour faire usage de son intrépidité sous les ordres d'un général qui l'aurait suivi de l'œil, qu'à commander en chef. Je le plains sincèrement, je connaissais ses intentions, elles étaient droites et bonnes, son zèle était infatigable, et il n'avait que trop d'ardeur (2). »

Le colonel Johnson, dont le rapport (3) confirme en tous points le récit du baron de Dieskau, ne chercha à tirer aucun avantage de sa victoire. « Je crois, écrit-il à Shirley, que nous devons nous attendre à une autre attaque, qui sera plus formidable que la première, et que l'ennemi se présentera avec du canon. » Le commandant anglais se borna à envoyer l'officier partisan Rodgers reconnaître les positions françaises, à compléter les fortifications des postes occupés par ses troupes, mais, en dépit des objurgations de Shirley (4), refusa de prendre l'offensive. Pour excuser ce manque d'initiative, il allégua (5) l'indiscipline des milices coloniales, l'ignorance de ses officiers et le peu d'autorité qu'il pouvait exercer sur un corps aussi mal encadré. L'armée de Johnson, quoique augmentée par l'arrivée de renforts tirés des États de l'Amérique anglaise, resta dans l'inaction la plus complète, jusqu'à ce que la mauvaise saison la forçât à rentrer dans ses quar-

(1) Doreil au ministre, octobre 1755. Archives de la guerre.
(2) Le baron de Dieskau fut assez heureux pour guérir de ses blessures et revint en France après la paix.
(3) Johnson à Shirley, le 9 septembre 1755. *Record Office*. Londres.
(4) Shirley à Johnson, 19 et 24 septembre 1755.
(5) Johnson à Shirley, 10 octobre 1755.

tiers d'hiver. Les troupes provinciales se dispersèrent, après avoir laissé une faible garnison dans le fort Lydius. Quant à Johnson, il fut récompensé de sa victoire inattendue par l'octroi d'une gratification de 125,000 francs et par le titre de chevalier.

Vers les premiers jours de novembre, Shirley était de retour à Albany. Le 12 décembre, il réunit à New-York un conseil de guerre, composé de plusieurs des gouverneurs et des principaux officiers anglais; il y fut décidé que l'on construirait à Oswego trois bâtiments de guerre pour se rendre maître du lac Ontario, que dès le printemps 10,000 hommes seraient mis en mouvement contre les forts français du lac Champlain, et qu'un corps de 6,000 hommes agirait contre le fort Frontenac, sur le lac Ontario. Johnson, toujours chargé des affaires indiennes, reçut l'ordre de recruter le plus de sauvages possible pour le printemps prochain.

Du côté des Français, il fallut songer à remplacer M. de Dieskau par un officier général de la métropole. « Je ne doute pas, Monseigneur, écrit l'intendant Bigot (1), que vous ne le remplaciez par un officier de mérite comme lui, ainsi que M. de Rostein, qui a été tué sur *l'Alcide;* je compte que M. de Vaudreuil vous le demandera, quoiqu'il me marque que les sauvages ne veulent plus servir sous des officiers de France. Il n'est point douteux que ceux de la colonie ne leur insinuent ces propos; car je sais positivement que les sauvages faisaient grand cas de M. Dieskau, et qu'ils ont été surpris de son intrépidité. »

L'automne fut employé par les Français à ravitailler les forts de l'Ohio, Niagara, Frontenac, et du lac Champlain, à faire les préparatifs d'une expédition contre le fort anglais d'Oswego, à organiser les hôpitaux (2) et as-

---

(1) Bigot au ministre, 4 octobre 1755. Archives des colonies.
(2) Doreil, commissaire des guerres au ministre, 29 octobre 1755.

surer la subsistance des bataillons de France, dont la plupart furent logés chez l'habitant.

En fin de compte, les incidents de la campagne de 1755 en Amérique n'avaient pas eu de caractère décisif. Dans la région de l'Ohio, les Français, victorieux à la bataille de Monanghahela, avaient profité du prestige acquis, pour attirer à eux tous les Indiens de la contrée; des partis, composés de sauvages et de quelques Canadiens dirigés par des officiers coloniaux, avaient été lancés sur les frontières des provinces anglaises de la Virginie et de la Pensylvanie. Les fermes avaient été brûlées, les cultures dévastées; de nombreux colons avaient été mis à mort ou emmenés comme prisonniers, et quelques postes fortifiés avaient été enlevés; dans toute cette partie du continent, la domination anglaise avait été refoulée au delà des monts. Vers les lacs Ontario et Champlain, les efforts des Anglais n'avaient eu d'autre suite que le ravitaillement d'Oswego et le stérile succès du lac George; le territoire du Canada n'avait pas été entamé. Par contre, en Acadie, les Français avaient été chassés de l'isthme qui relie la Nouvelle-Écosse à la terre ferme, et avaient perdu leurs positions sur la baie de Fundy; le gouverneur Lawrence, par la cruelle expulsion des habitants français, avait consolidé la suprématie anglaise dans la presqu'île. Enfin, l'escadre française, malgré son infériorité, avait pu, au prix de sacrifices insignifiants, transporter au Canada et à l'île du Cap-Breton les renforts, dont l'envoi avait été le prétexte de l'attaque de l'amiral Boscawen, et la cause directe de la rupture entre l'Angleterre et la France.

Si dans le Nouveau-Monde les résultats furent partagés entre les belligérants, en Europe les premières hostilités se traduisirent par un avantage marqué pour les armes de la France.

Pendant le dernier semestre de 1755, le gouvernement de Louis XV, on l'a vu, avait supporté patiemment les entreprises des Anglais contre la marine française ; il n'avait pas voulu exercer la moindre représaille pour la capture des nombreux bâtiments qui étaient détenus avec leurs équipages dans les ports de l'Angleterre. Ce ne fut qu'à partir de la réponse négative de la cour de Saint-James à la réquisition de décembre 1755, qu'on se décida à commencer les opérations en Europe.

Débarquer dans l'île de Minorque, l'enlever aux Anglais qui l'occupaient depuis la guerre de la succession, l'offrir aux Espagnols comme prix de leur entrée dans l'alliance, ou la conserver comme gage à échanger contre les conquêtes que l'ennemi pourrait faire en Amérique : tel fut le projet conçu par le cabinet français. Le succès de l'expédition dépendrait de la rapidité de l'exécution, et à cet égard les circonstances paraissaient propices.

En Angleterre, une véritable panique avait suivi l'ardeur belliqueuse des premiers jours ; on ne parlait que des préparatifs d'invasion qui se faisaient en France, des camps formés sur le littoral, des convois rassemblés dans les ports de la Manche pour le transport des troupes. L'armée nationale, réduite au strict minimum du temps de paix, n'atteignait, au commencement de 1756, malgré quelques augmentations récentes, qu'un effectif de 40,000 hommes environ, dont 30,000 à peine dans les îles Britanniques ; aussi eut-on recours aux contingents étrangers que mettaient au service du royaume insulaire les conventions défensives ou les traités de subsides passés avec les puissances continentales. Tout d'abord, on s'adressa aux Provinces-Unies ; nous avons vu le cruel embarras dans lequel cette demande mit les États Généraux et la réponse évasive qu'ils lui firent. A défaut des Hollandais, on fit venir les 8,000 Hessois à la solde anglaise, et bientôt après, sur la demande expresse du Parlement (1), un corps

(1) Une motion dans ce sens fut présentée par lord George Sackville

de 12,000 Hanovriens, qu'il fallut aussi payer sur les fonds de la métropole. Cette mesure, avantageuse pour les finances de l'électorat qu'elle déchargeait de l'entretien de la majeure partie de ses forces, fut l'objet de critiques acerbes dans les milieux anglais; on plaisanta sur le compte du roi, qui faisait appel aux contribuables pour sa défense personnelle, « alors que Sa Majesté pour tout au monde n'aurait jamais consenti à se prêter un sol à elle-même. »

L'émotion du public, la réunion en Angleterre de presque tous les soldats dont pouvait disposer ce pays, prouvaient que, si à la cour de Saint-James on ne craignait plus une attaque du Hanovre, dont la protection était garantie par le traité de Westminster, on était fort inquiet des projets d'invasion de la Grande-Bretagne. Il était présumable, en effet, que la France, devant l'impossibilité de s'en prendre aux États électoraux du roi George sans rompre avec la Prusse, consacrerait toutes ses ressources à une entreprise contre son domaine insulaire. Soucieuse de défendre le cœur de ses possessions, la cour britannique devait nécessairement négliger les forteresses éloignées qu'elle occupait sur les côtes d'Espagne; pour des raisons du même ordre, les escadres anglaises seraient retenues dans les eaux de la Manche, et abandonneraient à la marine française la prépondérance au moins passagère dans la mer Méditerranée. Tout était donc favorable à l'opération méditée contre l'île de Minorque.

On donna le commandement du corps expéditionnaire au maréchal duc de Richelieu, plus connu par ses aventures galantes et par ses intrigues de cour que par ses services de guerre, et celui de l'escadre à un des meilleurs marins de l'époque, l'amiral de la Gallissonnière, ancien gouverneur du Canada.

Dès le commencement du mois de mars 1756, les ports

le 29 avril 1756, et votée, dès le lendemain, par les deux Chambres. Walpole. II, p. 184.

de Toulon et de Marseille étaient en plein mouvement pour l'armement des bâtiments destinés à transporter les troupes, et de la division navale qui devait protéger le convoi et couvrir le siège du Port-Mahon.

Richelieu arriva à Toulon vers la fin du mois, et si nous devons nous en rapporter au témoignage du commissaire Portalis, sa présence et son autorité influèrent beaucoup sur la marche des préparatifs. « C'est, » écrit ce fonctionnaire (1), « à l'activité et au travail infatigable de M. le maréchal de Richelieu, de M. le comte de Maillebois et de MM. les officiers généraux que l'on doit une aussi prompte expédition, qui est regardée ici comme un phénomène. Si on avait laissé faire la marine, il y en avait pour tout le mois; c'était l'avis de nos marins les plus éclairés. »

Enfin, l'embarquement eut lieu; l'escadre et le convoi sortirent du port de Toulon le 10 avril, et, après une relâche au mouillage des îles d'Hyères, mirent définitivement à la voile le 12 avril.

Le corps d'armée était formé de 25 bataillons d'infanterie, d'un bataillon d'artillerie attaché au train de siège et de deux compagnies de mineurs et d'ouvriers, donnant un effectif total d'environ 15,000 hommes. L'état-major paraîtrait, d'après nos idées modernes, hors de proportion avec le nombre des combattants; il se composait, indépendamment du maréchal et des officiers attachés à sa personne, de deux lieutenants généraux : les comtes de Maillebois et du Mesnil, de cinq maréchaux de camp : le comte de Lannion, le marquis de la Valle, le prince de Beauvau, le prince de Wurtemberg, le marquis de Montegnard et de douze brigadiers. La flotte de transport comptait 173 navires, escortés par douze vaisseaux de ligne, dont deux de 50 canons seulement, et trois frégates.

Les ordres de Richelieu visaient avant tout la prise de

---

(1) Portalis au ministre, 10 avril 1756. Archives de la guerre.

Minorque et l'expulsion des Anglais; aussi était-il autorisé à accorder au commandant du Port-Mahon une capitulation, qui permettrait à la garnison de se retirer à Gibraltar; aussitôt le fort Saint-Philippe, citadelle de l'île, en sa possession, il devait en raser les fortifications. Ce ne fut que plus tard et au cours du siège que le maréchal obtint la faculté de réparer la forteresse et d'y laisser des troupes françaises.

Quant aux instructions de l'amiral, elles étaient conçues dans l'esprit de timidité qui, à cette époque, était la caractéristique de la direction donnée à notre marine (1) : « L'objet dont il (l'amiral) doit perpétuellement s'occuper est, en effet, la conservation des forces que Sa Majesté destine pour cette expédition : c'est vers cet objet que Sa Majesté veut qu'il dirige toutes les combinaisons, soit avant son départ à Toulon, soit dans la route pour se rendre à Minorque, soit durant le séjour qu'il pourra faire sur les côtes ou dans les ports de cette île, soit aussi pour son retour en Provence. Toutes les considérations doivent céder à celles-là .... Sa Majesté désire même qu'il fasse entrer dans toutes ses combinaisons s'il conviendra qu'il attaque les vaisseaux de guerre et marchands anglais qu'il pourra rencontrer à la mer, soit dans les ports de l'île de Minorque, car si la poursuite de ces bâtiments devait occasionner des retardements qui puissent mettre en risque l'escadre ou les troupes de Sa Majesté, elle lui ordonne de s'en abstenir. »

Après une traversée, pendant laquelle on essuya une tempête qui dispersa une partie des transports, l'escadre vint mouiller, le 18 avril, en rade de la petite ville de Citadella, située à la pointe ouest de l'île de Minorque. Le débarquement commença de suite, sans opposition de la part

(1) Mémoires du roi pour servir d'instructions au marquis de la Gallissonnière, lieutenant-général des armées navales de Sa Majesté, 22 mars 1755. Archives de la guerre.

des Anglais, qui se bornèrent à envoyer un officier reconnaître les forces ennemies.

Richelieu fut l'un des premiers à terre (1); il rend compte de ses impressions dans une dépêche au ministre (2) : « J'ai fait marcher sur le champ M. Dumesnil avec tous les grenadiers, et la brigade de Royale pour camper à Marcadal et après-demain à Mahon ; ils (les Anglais) ont abandonné de même les forts qui défendaient le port de Fornelle, ce qui me rend maître absolument de toute l'île, qui est beaucoup plus considérable que je ne l'avais pensé. Il n'est pas possible de marquer plus de démonstrations de joie avec l'air le plus sincère, et plus d'aversion pour les Anglais que le font les habitants de l'île. La situation où je suis est très avantageuse, mais il y a encore bien des jours à essuyer d'une incommodité très grande, et la marche de cette ville à Mahon, éloignée de neuf lieues, sera bien pénible par le soleil effroyablement chaud, pour les officiers qui n'ont ni chevaux ni équipages, et les moyens de fournir aux subsistances sont bien remplis de difficultés, d'ici au moment que nos établissements soient faits. Malgré cela, c'est un événement bien heureux d'avoir pu arriver et former un établissement dans cette ville aussi commodément qu'il était possible, mais c'est une furieuse affaire d'embarquer et débarquer une armée, une artillerie et des subsistances assortissantes, et de faire un trajet aussi considérable sur mer avec autant de bâtiments nécessaires à leurs transports. »

De Citadella à Mahon, les étapes furent, en effet, longues et pénibles; les Français n'occupèrent la ville que le 23; et quant à l'artillerie de siège et aux munitions, il fallut en envoyer la plus grande partie à Fornelle, petit port situé de l'autre côté de l'île. Aucune de ces opérations ne fut

---

(1) Maillebois a d'Argenson, 19 avril 1756. Archives de la guerre.
(2) Richelieu au ministre, 19 avril 1756.

troublée par la garnison anglaise, qui se renferma dans l'enceinte du fort Saint-Philippe.

L'expédition française n'avait pas été, cependant, une surprise pour le gouverneur de Minorque. Le 10 février, le général Blakeney (1) signalait au ministère anglais les préparatifs de Toulon. Il écrit qu'il se concerte avec le commandant de la petite escadre anglaise pour la défense de l'île, et se plaint de l'hostilité des habitants qu'une occupation de plus de quarante ans n'avait pas réconciliés avec la domination britannique.

Le commodore Edgecumbe est moins précis dans ses dépêches à l'Amirauté (2); tout en mentionnant les armements des ports de Provence, il se demande s'ils visent l'île de Minorque ou la Corse, ou même s'il ne s'agit pas d'une manœuvre destinée à détourner l'attention des Anglais des côtes de la Manche.

Tout doute disparut à l'arrivée de la flotte française, dans la soirée du 17 avril. Les quatre vaisseaux sous les ordres d'Edgecumbe (3) furent embossés de manière à fermer l'entrée du port de Mahon, et des détachements de matelots et d'infanterie de marine débarqués, pour servir les batteries de terre qui protégeaient les abords de la passe. Le 19 et le 20, eurent lieu des conseils de guerre, dans lesquels il fut décidé, malgré l'opposition du général Blakeney, que la division anglaise se retirerait à Gibraltar pour éviter de tomber entre les mains des Français. Le commodore fit voile de Mahon avec deux vaisseaux, le 20 avril; les autres bâtiments ne purent effectuer leur sortie que le 21, tandis que ce fut seulement dans la nuit du 23 au 24 avril que l'escadre française quitta le mouillage de Citadella pour établir la croisière devant le port.

Il est difficile d'expliquer l'inaction de la Gallissonnière,

(1) Blakeney à Fox, 10 février — fin mars, etc. *Record Office.*
(2) Edgecumbe à Cleveland, 7 mars 1756, 24 mars 1756.
(3) Edgecumbe à Cleveland, 2 mai 1756.

qui ne fit aucune tentative pour empêcher la fuite des vaisseaux anglais. La nécessité de couvrir la mise à terre des troupes, et l'absence d'une partie des équipages employés à cette opération, ne paraîtraient pas des raisons suffisantes, si l'on ne tenait pas compte des instructions si pleines de prudence données à l'amiral par le ministère.

Dans le port de Mahon, les Français trouvèrent dix bâtiments marchands, que les Anglais avaient capturés dans la Méditerranée et qui recouvrèrent leur liberté, ainsi qu'un navire danois, porteur de blé, dont la cargaison fut affectée à la subsistance de l'armée.

Blakeney, vieillard énergique de quatre-vingt-quatre ans, avait sous ses ordres quatre bataillons d'infanterie et des détachements d'artillerie, en tout environ 3,200 ou 3,300 soldats (1) et 120 matelots laissés par Edgecumbe; il n'avait reçu aucun renfort de l'Angleterre depuis le début de l'année. Si la garnison était faible, ce désavantage était compensé par la situation et la disposition de la citadelle dont le siège allait commencer. Tandis que la ville de Mahon se trouve au fond du long bras de mer qui constitue le port, le fort Saint-Philippe (2) était construit au bord de la pleine mer, sur une langue de rochers, enserrée d'un côté par le goulet étroit qui forme la passe, et de l'autre par une petite anse appelée la calle Saint-Étienne. Le corps de la place, un fort de quatre bastions avec redoutes, contregardes et ravelins, était entouré de lunettes et d'un certain nombre d'ouvrages indépendants, dont les plus importants étaient le fort Marlboro, au-delà de la calle Saint-Étienne, le fort Saint-Charles, sur le bord de

---

(1) L'état de la garnison, embarquée après la capitulation, donne 2,965 officiers et soldats et 120 matelots. A ces chiffres il faut ajouter 171 hommes aux hôpitaux et environ 100 hommes tués ou morts pendant le siège. (Annexe à la dépêche de Richelieu du 29 juin 1756.)

(2) Voir à la fin du chapitre le plan du fort Saint-Philippe reproduit d'après l'original. — Archives de la guerre.

la mer, les forts de la Reine, d'Anstruther (1) et d'Argyle, sur le front de terre. Une autre fortification, le petit fort Philippet, sur la rive opposée de la passe d'entrée, dont les feux se croisaient avec ceux de la place, avait été évacuée par les Anglais. Le terrain des environs était un roc, où il eût été trop dangereux d'ouvrir la tranchée et sur lequel on ne pouvait avancer qu'à la sape; le glacis et les chemins couverts étaient contreminés.

A faible distance du front de terre, se trouvait le village ou faubourg de la Ravale, à 3/4 de lieue de la ville. C'était évidemment de ce côté, et en mettant à profit le couvert des maisons et des jardins, que l'assiégeant devait établir ses premières approches et plus tard ses batteries de brèche. Sur l'autre rive du goulet d'entrée, près de la tour des signaux et au-delà de la calle Saint-Étienne, il serait avantageux de placer des mortiers, destinés à inquiéter l'ennemi et à prendre à revers la défense de la citadelle.

Mais, dès les premiers jours, et quoique l'assiégé ne fît rien pour gêner l'attaque, il devint clair que les difficultés de l'entreprise seraient plus grandes qu'on ne l'avait pensé à Versailles. « La place est très bien située, » écrivait-on (2), « très bien fortifiée et minée; elle est heureusement dominée. Il y a une artillerie foudroyante et un feu rasant; nous aurons la tranchée à ouvrir dans le roc, mauvaise plaisanterie qui nous pourra coûter un peu de monde. »

D'autre part, l'impossibilité d'activer les transports se fait sentir de plus en plus : il n'y a pas de chariots dans l'île, les mulets font défaut, il faut employer « nos bœufs des vivres (2), que cela fait presque tous crever, faute de gens qui les sachent conduire »; les officiers d'artillerie demandent 200 jours (3) pour transporter le parc de siège

(1) Les Français transformèrent le nom anglais en Strucken ou Stucknen.
(2) Lettre écrite de Mahon, le 26 avril 1756. Archives de la guerre.
(3) Richelieu au ministre, 27 avril 1756.

de Citadella aux batteries. Enfin, grâce à l'entrain des officiers, à la bonne volonté des soldats, les obstacles furent surmontés; on put se servir de la voie de mer pour les munitions, que l'on débarqua dans une petite baie peu éloignée de la Ravale, et le feu contre la place commença le 8 mai.

Entre temps, le maréchal de Richelieu avait reçu une lettre du commandant anglais, lui demandant l'explication d'hostilités engagées alors que la guerre n'était pas déclarée entre la France et l'Angleterre. Richelieu répondit (1) avec à propos « que son intention était absolument pareille à celle des flottes de Sa Majesté Britannique à l'égard de nos bâtiments français ».

Les débuts du siège ne furent pas heureux; les batteries de la tour des signaux, quoique ayant vue sur l'intérieur du fort Saint-Philippe, en étaient trop éloignées (2) pour produire grand effet; celles de la Ravale, établies successivement et sans méthode, furent écrasées par la supériorité des feux de la place. Il fallut renoncer à l'espoir de pouvoir brusquer les opérations et se résigner aux lenteurs d'approches en règle, pendant lesquelles les Anglais auraient l'occasion de venir au secours de leur garnison.

En effet, le 18 mai, la Gallissonnière signala l'apparition dans les parages de l'île Majorque d'une flotte anglaise, annonça au maréchal qu'il se portait à sa rencontre et demanda des secours en hommes, qui lui furent envoyés, mais dont la majeure partie ne put rejoindre les vaisseaux sur lesquels ils devaient être répartis.

Les dépêches de Blakeney, parvenues à Londres dans le courant de mars, avaient causé quelque émotion au sein du cabinet de Saint-James. Le 22 de ce mois, l'amiral Byng reçut l'ordre de prendre le commandement d'une escadre de neuf vaisseaux de ligne et d'embarquer un bataillon, des-

(1) Richelieu à Blakeney, 22 avril 1756.
(2) 675 toises. Rapport de l'ingénieur civil.

tiné à renforcer la garnison de Minorque ; à son passage à Gibraltar, il prendrait à bord un autre bataillon, formé de détachements tirés de cette forteresse. Ses forces, jointes à celles du commodore Edgecumbe, seraient suffisantes pour pénétrer dans le port de Mahon, et pour y mettre ses troupes à terre, malgré la présence de la flotte française.

Byng mit à la voile le 5 avril, mais retardé par des vents contraires, ne fut rendu que le 4 mai à Gibraltar, où il trouva la division d'Edgecumbe, échappée de Minorque.

Selon les habitudes de l'époque, aussitôt après l'arrivée de l'amiral, il se tint un conseil de guerre, qui opposa un avis unanime à tout prélèvement sur la garnison déjà trop faible de Gibraltar. Sous l'impression de cette décision, peut-être aussi des renseignements venus de Mahon, Byng écrivit en termes très découragés à l'amirauté anglaise ; (1) « Si j'avais été assez heureux d'être parvenu à Minorque avant le débarquement des Français, je me flatte que j'aurais pu les empêcher de s'établir dans l'île ; mais après ce qui est malheureusement arrivé, je suis fermement de l'avis que, vu le nombre de troupes mises à terre, les quantités d'approvisionnements, vivres et munitions apportées avec elles, en faisant parvenir au château (de Saint-Philippe) un renfort, je ne ferai que permettre au gouverneur de prolonger sa résistance pendant quelques jours, et j'augmenterai le nombre des prisonniers dont l'ennemi devra s'emparer ; car la garnison devra capituler dans un temps donné, si nous ne pouvons débarquer assez de monde pour chasser les Français ou pour les forcer à lever le siège. Toutefois, je suis résolu à aller à Minorque, où je serai mieux en état de juger la situation, et je donnerai au général Blakeney toute l'assistance qu'il me demandera, quoique j'aie lieu de craindre (d'après les rapports des officiers du génie et de l'artillerie qui connaissent

(1) Byng à Cleveland, Gibraltar, le 4 mai 1756. *Record Office.*

la forteresse) que toute communication soit coupée;.. si l'ennemi a établi des batteries sur les deux rives de l'entrée du port, nos embarcations ne pourront arriver aux portes d'accès de la forteresse. »

L'amiral anglais envisage la possibilité d'une entreprise contre Gibraltar et ajoute : « Si je ne réussis pas à faire lever le siège de Port-Mahon, je m'occuperai de la sécurité et de la défense de Gibraltar, comme le second but de ma mission. Je me rendrai ici avec l'escadre et j'espère que Leurs Seigneuries approuveront ma conduite. »

Byng partit de Gibraltar le 8, et arriva en vue de Minorque le 19 mai : « Les couleurs de Sa Majesté Britannique flottaient encore, écrit-il dans sa dépêche à l'amirauté (1), sur le château de Saint-Philippe, sur lequel tiraient plusieurs batteries de mortiers. Je détachai en avant trois frégates, avec ordre de reconnaître l'entrée du port, et je donnai ordre au capitaine Hervey de chercher à faire parvenir au général Blakeney une lettre, dans laquelle je lui annonçai l'arrivée de l'escadre destinée à le secourir. Mais la flotte ennemie ayant paru au sud-est et la brise de terre fraîchissant beaucoup, je fus obligé de rappeler mes frégates, avant qu'elles pussent se rapprocher assez de l'entrée de la passe pour s'assurer si les batteries françaises nous empêcheraient de communiquer avec le château. »

Durant la soirée et la nuit, les escadres manœuvrèrent pour s'assurer l'avantage du vent, qui resta définitivement aux Anglais. Le combat s'engagea à sept lieues au sud de Mahon, le 20 mai, à deux heures de l'après-midi, et dura environ trois heures, sans résultat décisif.

« Quand les ennemis se virent hors de la portée du canon, écrit la Gallissonnière dans son rapport (2), ils vi-

---

(1) Byng à Cleveland, à bord du *Ramillies*, le 24 mai 1756.
(2) La Gallissonnière au ministre, à bord du *Foudroyant*, le 21 mai. Dépê-

rèrent de bord. Je fis signal à l'avant-garde, qui depuis longtemps n'avait plus de vaisseaux par son travers, de virer par la contremarche pour poursuivre les ennemis. Cet ordre ne put être exécuté; les Anglais continuèrent leur bordée qui les portait au large et nous la nôtre qui nous a mis, ce matin (le 20 mai), à la vue et fort proche de l'entrée de Mahon, qui est l'objet dont je dois m'occuper. Les ennemis étaient en tout 18 voiles et nous 16. Ils avaient 13 vaisseaux de ligne dont un à trois ponts, et nous 12 vaisseaux de ligne. »

De part et d'autre, les pertes furent à peu près égales : du côté des Français, elles se montèrent à 38 tués et 175 blessés; les bâtiments anglais furent plus mal traités et l'un de leurs vaisseaux, *l'Intrépide*, démâté, dut prendre la remorque d'une frégate et ne put rejoindre son amiral que le surlendemain du combat.

La rentrée de l'escadre de La Gallissonnière et la nouvelle de l'échec de la flotte britannique donnèrent lieu, dans le camp du corps expéditionnaire, à des démonstrations, auxquelles Richelieu s'associa en ordonnant une réjouissance générale. Cependant, la relation de l'amiral français, qui fait honneur à sa modestie, n'exagérait en rien les résultats définitifs qu'on pouvait attendre de l'action du 20 mai; aussi le chevalier de Redmond, maréchal des logis de l'armée, exprimait-il l'opinion de l'état-major en traitant cette affaire « d'événement plus brillant que solide ».

Mais contrairement à l'attente dans l'armée française où l'on croyait à un retour offensif de l'escadre anglaise, l'amiral Byng, ému des avaries de quelques-uns de ses vaisseaux, encombrés de malades et de blessés qu'il ne pouvait débarquer, impressionné par l'avantage qu'assu-

---

che citée par M. Foucher de Saint-Maurice dans son ouvrage, *le Contre-amiral Byng*.

raient à ses adversaires les ressources en hommes et en matériel de leur armée de terre, se décida à renoncer à l'entreprise dans le succès de laquelle il n'avait jamais eu confiance. Il convoqua, le 24 mai, un conseil de guerre (1), dans lequel il fut résolu à l'unanimité qu'il était impossible de faire lever le siège du fort Saint-Philippe, qu'un nouvel engagement avec l'escadre française pourrait avoir des suites fâcheuses pour la sûreté de Gibraltar, et qu'en conséquence la flotte devait effectuer sa retraite. Peu de jours après son arrivée en rade de Gibraltar, Byng fut rejoint par cinq vaisseaux de ligne, avec des renforts pour la garnison de cette forteresse et pour celle du Port-Mahon. Il s'occupait activement de la réparation (2) et du ravitaillement de ses bâtiments, et annonçait son intention de retourner à Minorque, quand il reçut l'ordre de remettre son commandement à l'amiral Hawke, et de se rendre en Angleterre pour rendre compte de sa conduite.

Parmi les assiégeants, malgré le départ de l'escadre anglaise, les préoccupations les plus vives se manifestaient sur les difficultés de l'attaque et sur le peu d'efficacité des opérations déjà engagées. « Depuis le 9 que la tranchée est censée ouverte, écrit Maillebois (3), nous n'avons pas gagné beaucoup de terrain sur la place... On a pris le parti de commencer deux nouvelles batteries, pour attaquer le donjon et les feux d'amphithéâtre (4), qui causent tous les jours quelque tribulation à nos anciennes batteries... Cela donnera le temps à notre mineur d'arriver à l'angle saillant de la lunette de la Reine; c'est alors que nous jugerons de la ténacité de l'ennemi et du terme que pourra avoir notre siège... On commence à voir un peu de noir dans le quartier général; il n'y aurait pas grand

---

(1) Conseil de guerre tenu à bord du *Ramillies* en mer, le 24 mai 1756.
(2) Byng à Cleveland, 23 juin et 4 juillet 1756.
(3) Maillebois au ministre, 22 mai 1756.
(4) Il s'agissait des batteries à étages du fort Argyle.

mal si cela ne gagnait pas le camp, où l'on ne voit guère mieux. »

Huit jours plus tard, la perspective n'avait guère changé ; Maillebois rapporte au ministre d'Argenson (1) : « Je n'ai qu'un quart d'heure pour écrire et j'en profite pour ne pas perdre une occasion de vous mettre au courant de cette besogne, qui devient tous les jours plus difficile, non pas par le fond mais par la forme. Vous avez vu, par mes lettres précédentes, le peu de progrès que nous avons fait dans notre attaque, soit à cause du front que nous avons préféré, soit à cause de l'éparpillement de nos batteries qui a occasionné une consommation assez inutile de nos munitions. Après avoir bien examiné notre situation, il résulte que depuis trois semaines que nous attaquons la place, nous ne sommes guère plus avancés qu'au bout de quatre jours, parce que nos batteries destinées à ruiner les défenses ne tireront que mercredi ou jeudi. »

Tout l'effort de l'assiégeant était concentré sur les ouvrages avancés du fort Saint-Philippe, dont l'ingénieur chargé de la direction du siège, M. de Guiol, fait la description suivante (2) : « Du côté de notre attaque, l'ouvrage extérieur le plus considérable est le fort la Reine. C'est une grande demi-lune avec des flancs qui a, à sa gauche, une petite redoute et une lunette avec des flancs intérieurs nommée la lunette de la Reine ; à sa droite, sur le bord de la mer, il y a le fort de Strucken (3) et le fort d'Argyle. C'est un petit carré assez élevé, sur lequel il y a beaucoup de pièces de canon en batterie ; au pied de ce carré, il y a une seconde batterie, enfin une autre petite lunette plus basse, sur laquelle il y a encore des batteries. Les glacis de ces ouvrages extérieurs ne sont éloignés que de 40 à 60 toises du village de la Ravale, que les Anglais ont négligé de rui-

(1) Maillebois au ministre, 30 mai 1756.
(2) Mémoire de M. de Guiol, annexe aux dépêches du 4 juin 1756.
(3) Fort Anstruther, d'après les documents anglais.

ner. M. le maréchal ayant jugé qu'il était trop dangereux de pousser une sappe du village aux glacis, sous le feu d'une multitude de batteries à différents étages et qui toutes se protègent parfaitement, avant d'avoir ruiné les défenses de ces ouvrages, a voulu commencer l'attaque de la place par l'établissement de plusieurs batteries. »

On était, en effet, de plus en plus convaincu au quartier général qu'il serait impossible de compter sur l'approche par la sape ou par la mine, à cause de la dureté du roc; il fallait donc entamer le front d'attaque en l'écrasant de projectiles, et brusquer les opérations en terminant par un coup de main.

Une nouvelle apparition de l'escadre anglaise était toujours à redouter, et déjà les autorités maritimes de Toulon manifestaient des craintes pour la flotte de La Gallissonnière que, jusqu'à présent, il avait été impossible de renforcer. Un seul vaisseau, le Hector, serait bientôt en état de rejoindre; pour en armer d'autres, il fallait enlever les canons des batteries de la côte, et les équipages étaient incomplets. A ces renseignements, le commissaire Portalis ajoutait (1) le résumé suivant : « La marine prétend ici qu'il n'est pas douteux que les Anglais reviendront en force supérieure; M. de la Gallissonnière n'a d'autre parti à prendre que de céder à la multitude pour ne pas laisser anéantir la marine de la Méditerranée. » Ces prévisions étaient trop conformes à l'esprit qui avait inspiré les instructions de l'amiral français, pour que ce dernier ne se crût pas obligé de les communiquer à Richelieu.

Fort heureusement le commandant en chef qui, à défaut d'expérience et de talent militaires, savait faire preuve de courage, de bon sens et d'énergie, ne se laissa pas abattre; il se dépensa beaucoup, visita constamment les tranchées et encouragea les soldats par sa présence. « Le ma-

---

(1) Portalis au ministre, 8 juin 1756.

réchal, écrit Maillebois (1), étant allé à la batterie de Louvicon, fut surpris du peu de travail qu'avaient fait 800 travailleurs; il en demanda la raison, et 500 voix s'élevèrent en criant qu'on leur faisait une retenue sur l'argent qu'ils gagnaient. » Il jugea sur le champ que les officiers avaient tort. Que cette décision fût juste au non, qu'elle fût conforme aux règles d'une discipline bien rigoureuse, cela peut être contesté, mais l'anecdote montre une familiarité de rapports entre le grand seigneur et le simple soldat qu'on n'eût pas soupçonnée sous l'ancien régime.

Cependant, la situation s'améliore : « Nous commençons, écrit le chevalier de Redmond (2), à voir un peu plus clair dans la suite des opérations de notre siège. Toutes nos batteries tirent, et notre feu gagne visiblement la supériorité sur celui des ennemis. Ils n'avaient, cette après-midi, que huit ou dix pièces de canon, qui tiraient sur tout le front de notre attaque; le donjon n'est plus qu'un amas de pierres. Ils ont construit encore une batterie dans les décombres, qui tire encore quelques coups. Notre nouvelle batterie de huit pièces de vingt-quatre, de l'autre côté du port, tire depuis hier et prend à revers l'ouvrage de Struden et celui d'Argyle contre la mer, et bat ainsi le flanc droit de la redoute de la Reine. »

Maillebois, à son tour, rend compte des événements (3) : « Guiol a été bien grondé sans sujet, les artilleurs et les canons bien maudits, et ce n'est que depuis hier au soir, qu'ayant pu placer un sermon sur la patience et la confiance, je suis parvenu à remettre un peu de tranquillité dans la besogne; j'espère en profiter pour constater définitivement notre débouché et la manière de nous porter sur les ouvrages de Strugnen et la Reine. Il est toujours question de l'attaque de vive force, et ce qui me fait juger

(1) Maillebois à d'Argenson, 8 juin 1756.
(2) Redmond au ministre, 11 juin 1756.
(3) Maillebois à d'Argenson, 14 juin 1756.

qu'on y est intérieurement fort attaché, c'est qu'on a suspendu l'opération du mineur sous prétexte de la lenteur de son travail. »

Au fur et à mesure que le feu des batteries se rapprochait de la place, les pertes des Français devenaient plus fortes : du 2 au 14 juin, le nombre des hommes mis hors de combat était de 207, y compris sept officiers; dans les hôpitaux, il y avait 500 malades, dont la moitié environ de blessés. « Pour arrêter l'extension de la dyssenterie (1), on fit arracher tous les abricots, prunes, et autres fruits fiévreux des environs des camps. » Le troupier montra une gaieté, un sang-froid admirables : « Nos soldats meurent avec une fermeté héroïque, écrit le chevalier de Couturelle (2); il y en eut un qui, ayant le pied emporté, dit en plaisantant qu'il ne serait pas la dupe de son capitaine qui, le jour même, lui avait fait donner une paire de souliers, et qu'il lui en rendrait un, n'étant pas juste qu'il en payât deux; « mais, ajouta-t-il, comme je lui dois six francs, il chicanera peut-être pour le reprendre ». Un autre, qui avait la cuisse fracassée, dit : « Ce n'est pas un chirurgien qu'il me faut; qu'on m'aille quérir un confesseur, le préjugé me revient. »

Une reconnaissance, poussée le 25 juin jusque dans le chemin couvert du fort d'Argyle, rapporta l'avis que la brèche était praticable; en conséquence, l'assaut fut résolu pour la nuit du 27.

La principale attaque devait être dirigée contre les ouvrages de Strucken, Argyle et la Reine, fort endommagés par le feu de l'assiégeant; le marquis de Lavalle, chargé de l'opération, disposait pour cet objet de seize compagnies de grenadiers et de quatre bataillons sous les ordres de M. de Monti, brigadier, M. de Briqueville, colonel et M. de Sades, lieutenant-colonel.

(1) Redmond au ministre, 21 juin 1756.
(2) Couturelle au ministre, 21 juin 1756.

Le prince de Beauvau devait lancer au centre ses colonnes contre la redoute de l'ouest et la lunette Caroline; enfin, à droite, le comte de Lannion avait pour mission d'enlever le fort de Marlboro, et M. de Roquépine devait faire la même tentative sur le fort Saint-Charles.

De tous ces assauts, le premier, celui de gauche, fut le seul qui réussit; à dix heures du soir, M. de Monti déboucha sur Strucken et Argyle, et successivement MM. de Briqueville et de Sades se portèrent avec vivacité sur les saillants de Keene et de la Reine. Nos troupes firent preuve de la plus grande valeur, et après un combat très vif, très long et assez meurtrier, elles parvinrent à se rendre maîtresses de Strucken, d'Argyle et de la Reine. L'ennemi fit jouer « quatre fourneaux de mine, qui nous ont coûté environ 50 hommes. M. de Briqueville, qui devait se diriger sur la redoute Keene, située à la droite du fort de la Reine, se trompa et attaqua ce dernier ouvrage, dont nos gens s'étaient déjà emparés, sur lesquels il fit un feu épouvantable. Les cris de Vive le Roi qu'on faisait de part et d'autre firent bientôt reconnaître l'erreur ».

Nous empruntons à une correspondance particulière (1) le récit de la prise des forts d'Argyle et de la Reine : « Le 27 de ce mois, à dix heures du soir, on a commencé à s'approcher à peu de bruit des palissades ; et à onze heures, on les a franchies, la baïonnette au bout du fusil, en se précipitant, par le moyen des échelles, dans le premier chemin couvert, qui était profond de dix-huit pieds; on attaqua après le fort de la Reine et le fort Struden avec tant d'ardeur, que les troupes grimpèrent au-dessus des embrasures, n'ayant point de brèches praticables pour y arriver. Les fortifications de ces deux forts étant élevées de vingt-deux pieds de terre, des grenadiers de Royal Italien ont fait des

---

(1) Lettre écrite par un officier à bord du *Lion*, le 29 juin 1756. Archives de la guerre.

prodiges à l'attaque du fort de la Reine; les échelles se trouvant trop courtes pour l'escalade, ils plantaient leurs baïonnettes entre les fentes des pierres et s'élevaient sur les épaules de leurs camarades en faisant toujours le coup de fusil; M. de Monti, colonel de Royal Italien, sauta le premier dans le fossé, et fut aussi le premier à monter à l'escalade, à la tête de ses grenadiers.

« Il courut aux souterrains qui communiquaient au fort Philippe, d'où l'on envoyait M. Guerwy (le lieutenant colonel Jefferies) (1), avec deux compagnies de grenadiers pour secourir le fort de la Reine. M. de Monti saisit M. Guerwy par le milieu du corps et l'envoya prisonnier au camp; ce M. Guerwy était le bras droit de M. Drakner (Blakeney), le commandant du fort Philippe qui, comme vous savez, n'a point de jambes. Il commandait en second dans le fort, ou plutôt en premier; il ne dit que ces deux mots, en entrant dans le camp : « Que feront ces pauvres gens sans moi? » Du reste, il s'arracha les cheveux et se mordait les poings comme un homme désespéré. L'attaque du fort Struden ne fut pas moins vive; les ennemis mirent le feu à deux mines, qui ont enseveli beaucoup de nos grenadiers. »

L'assaut du centre contre les redoutes de l'Ouest et Caroline réussit tout d'abord : on occupa le chemin couvert et on y encloua douze pièces de canon; mais la redoute Keene étant restée aux mains des Anglais, on ne put se maintenir dans les positions conquises.

A droite, les tentatives contre les forts détachés Marlboro et Saint-Charles ne furent pas poussées à fond. M. de Guilton, lieutenant de vaisseau chargé du commandement des chaloupes qui transportaient les détachements de volontaires, fut tué, et les soldats ne purent effectuer leur débar-

(1) Walpole, t. II, p. 226, rend compte de cet incident. Jefferies est le vrai nom de l'officier anglais.

quement. Malgré ces échecs partiels, « la division de tous les feux (1) et la combinaison de toutes ces attaques donnèrent à celles de la gauche le temps d'assurer son succès, de façon qu'à la pointe du jour nous pûmes établir 400 hommes dans le fort de la Reine et 200 dans Strugnen et Argyle ».

Les pertes des assiégeants furent considérables : elles s'élevèrent en officiers à 8 tués et 50 blessés, en sous-officiers et soldats à 204 tués et 412 blessés qui appartenaient pour la plupart aux régiments de Vermandois, Hainault, Briqueville et Royal Italien. A cinq heures du matin, le 28, on convint d'un armistice pour l'enlèvement des morts et des blessés. Le même jour, à deux heures de l'après-midi, des officiers de la place vinrent proposer une capitulation, sur les termes de laquelle on se mit bientôt d'accord : le fort Saint-Philippe était remis aux mains des Français, la garnison anglaise obtenait les honneurs de la guerre et devait être embarquée sur des transports français pour être menée à Gibraltar.

Le maréchal était, en effet, trop heureux d'une victoire sur laquelle il avait à peine le droit de compter, et trop inquiet de l'entrée en scène de l'escadre anglaise, pour marchander au général Blakeney les conditions qu'il était, du reste, autorisé à lui faire.

Dans sa dépêche au ministre, Richelieu développe les motifs qui l'ont déterminé à brusquer l'affaire, et s'excuse d'une conduite qui paraissait en contradiction avec les règles de la procédure militaire, pour lesquelles il était de bon ton, au dix-huitième siècle, de professer le plus grand respect.

« J'avais bien des raisons (2), comme vous croyez bien, Monsieur, de chercher les moyens de pouvoir tenter quel-

---

(1) Relation officielle adressée au ministre. Archives de la guerre.
(2) Richelieu à d'Argenson, 29 juin 1756.

que coup de main, qui pût hâter la fin de ce siège ; et l'arrivée de la flotte anglaise d'un côté, et celle du clair de lune, si contraire aux attaques en pareil cas, me pressaient encore de mettre en œuvre ce que je méditais depuis longtemps, que je n'osais presque dire, parce que le succès devenait comme nécessaire pour la justification. Je vous avais marqué que je comptais déboucher de la Ravale et pousser quelques boyaux de tranchée sur l'ouvrage de Strugnen et de la Reine ; mais ayant fait réflexion qu'une espèce de surprise entrait dans la totalité de mon projet, et que ç'aurait été pour ainsi dire désigner le moment de mon attaque, et qu'ainsi il valait mieux partir d'un peu plus loin et trouver les ouvrages dégarnis que de déboucher de plus près et les trouver prêts à me recevoir. Ce raisonnement s'éloigne de la méthode ordinaire, mais il y a des circonstances et des combinaisons qui exigent que l'on s'en écarte pour mieux réussir. »

Des considérations qui avaient décidé le commandant français à donner l'assaut au fort Saint-Philippe, découlaient également le prompt retour du corps expéditionnaire et la mise en sûreté de l'escadre de La Gallissonnière ; aussi l'embarquement des troupes destinées à rentrer en France suivit-il de près la capitulation de la place. Sur les trente bataillons (1) dont se composaient les forces assiégeantes, onze furent laissés dans l'île, sous les ordres de M. de Lannion ; les dix-neuf autres, y compris le bataillon d'artillerie, fort éprouvé pendant le siège, partirent, le 5 juillet, sous la protection de l'escadre française, renforcée de deux vaisseaux de ligne, nouvellement arrivés de Toulon. Malgré les sinistres prédictions de la marine, La Gallissonnière avait pu tenir la mer pendant trois mois, et couvrir jusqu'à la fin les opérations de l'armée de terre. Huit jours après le dé-

---

(1) L'armée, pendant le siège, avait été renforcée de cinq bataillons, y compris un d'artillerie.

part des Français, les transports sur lesquels la garnison anglaise devait être rapatriée firent voile pour Gibraltar.

L'amiral Hawke, que nous avons laissé dans la rade de cette forteresse où il était venu remplacer Byng à la tête de la flotte britannique, franchit le détroit, le 10 juillet, avec dix-sept vaisseaux de ligne, se dirigea sur Minorque, rencontra en mer, le 15 juillet, le convoi qui ramenait les Anglais du Port-Mahon, et apprit ainsi la prise de la citadelle. Il n'en continua pas moins sa route, fit son apparition devant le port, le 20 juillet, et resta en croisière autour de l'île pendant trois ou quatre semaines.

De leur côté, les troupes de Richelieu, et la division navale qui les escortait, effectuèrent une entrée triomphale à Toulon, le 16 juillet. « Le maréchal, écrit Redmond (1), et tous nos généraux sont débarqués, cette après-midi, sur les trois heures. Jamais il n'y eut un plus beau spectacle que celui de l'escadre arrivant en bataille et une affluence immense de peuple de tous les côtés. »

M. de Richelieu alla jouir de son succès à Paris, où il n'arriva que le 30 août. « On le trouve maigre, » écrit le duc de Luynes (2), « mais d'ailleurs en bonne santé. On dit qu'il y a eu un grand concours de peuple à sa porte. » Presque tous les officiers généraux de l'armée de Minorque reçurent des récompenses ou de l'avancement. La Gallissonnière ne survécut pas longtemps à sa belle campagne; il tomba malade pendant son voyage de Toulon à Fontainebleau et mourut le 15 septembre, à Nemours, emportant avec lui les regrets du corps de la marine, qui le regardait comme un officier instruit et expérimenté.

En Angleterre, les premiers avis du combat du 20 mai, qui parvinrent par la voie d'Espagne, furent accueillis avec une émotion douloureuse, que vint accroître, quelques

---

(1) Redmond au ministre, 16 juillet 1756.
(2) *Mémoires du duc de Luynes*, t. XV, p. 214.

jours après, le rapport de l'amiral Byng. C'est en vain que ce malheureux officier s'attribuait la victoire sur la flotte française, et expliquait l'impossibilité dans laquelle il s'était trouvé de secourir le fort de Saint-Philippe.

La fureur populaire, bientôt surexcitée par la nouvelle de la prise de Mahon, ne connut plus de bornes; Byng fut traité de lâche par toute la presse; son portrait fut brûlé dans les rues (1); son château fut envahi et pillé par la foule; des pétitions, venues de toutes les parties du royaume, demandèrent une enquête sur les événements de Minorque et la mise en accusation de l'amiral. Le faible ministère, présidé par le duc de Newcastle, avait trop conscience de la responsabilité qu'il avait encourue en ajournant l'envoi de troupes et de vaisseaux dans la Méditerranée, pour ne pas se sentir visé par ces démonstrations; aussi essaya-t-il de désarmer la vindicte publique en sévissant contre les officiers incriminés.

Le général Fowke, gouverneur de Gibraltar, qui s'était refusé à laisser distraire un bataillon de sa garnison, jugée insuffisante pour la sûreté de la forteresse, fut révoqué et privé de ses grades.

Byng, aussitôt débarqué à Portsmouth, le 26 juillet, fut mis aux arrêts de rigueur, en attendant la réunion de la cour martiale par laquelle il devait être jugé. Absous par elle du crime de lâcheté, il fut déclaré coupable d'avoir, « par négligence ou mauvaise volonté, quitté le combat, et de n'avoir pas fait les derniers efforts pour prendre et couler bas les vaisseaux qu'il était de son devoir d'attaquer ». En conséquence, il fut condamné à mort, le 27 janvier 1757 (2). Le revirement marqué de l'opinion en faveur de l'amiral, dont l'attitude et la défense avaient

(1) Walpole, t. II, p. 217.
(2) Voir, sur le procès et la condamnation de Byng, l'intéressante brochure de M. Faucher de Saint-Maurice, *Le Contre-amiral Byng devant ses juges et devant l'histoire. Mémoires S. R. Canada*

PLAN DE LA VILLE ET DU FORT SAINT-PHILIPPE DANS L'ILE DE MINORQUE

assiégés le 8 mai par l'armée française aux ordres du maréchal de Richelieu
occupés par les Français le 29 juin 1756

Légende

1. Fort Saint-Philippe
2. Royale
3. Saint Georges
4. de Hanovre
5. des Galles
6. Wilhelmine
7. Charlois
8. Prince Frederic
9. Prince Cumberland
10. Princesse Anne
11. Princesse Amélie
12. Lunette Nouvelle
13. Lunette du Sud
14. Lunette du Sud Ouest

15. Lunette du Sud
16. Lunette Caroline
17. Réduit de la Reine
18. Fort Marlborough
19. Fort Maritime, ou Strukten
20. Fort Philippet
21. Fort Saint Charles
22. Maison du Gouverneur
23. Entrée du Port Mahon
24. Place de la Parade
25. Fort de Valson
26. Mejorite
27. Fort d'Argile

a. Camp de M. de Roquepine avec la brigade de Bretagne.

Archives de la guerre

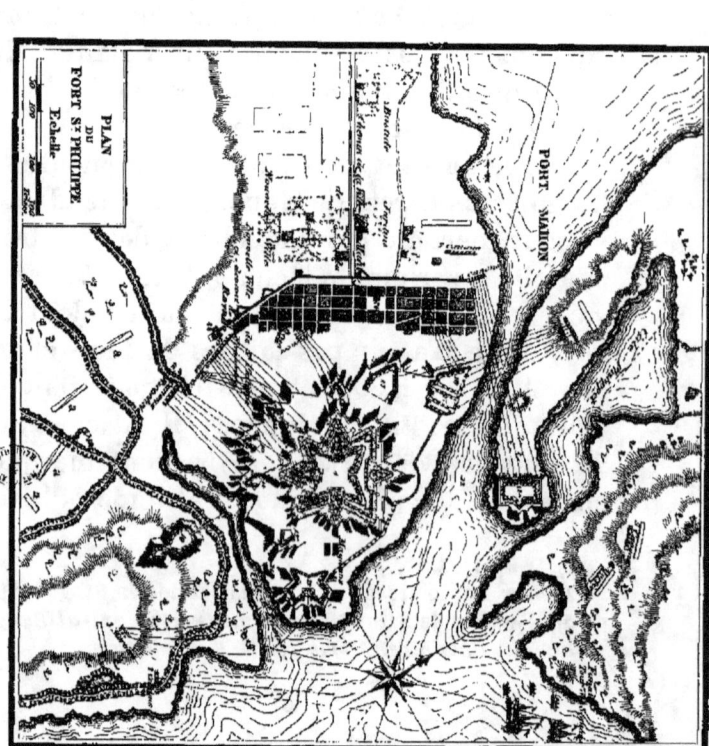

été pleines de dignité et de franchise, la recommandation à la clémence du roi signée par tous les membres de la cour martiale, l'intervention même de la Chambre des communes, ne purent le sauver. Le vieux George fut inflexible, et la sentence fut exécutée à bord du *Monarque*, dans la rade de Spithead, le 14 mars 1757.

Comme suite à la prise de Port-Mahon, le gouvernement de Louis XV se détermina à mettre l'île de Corse à l'abri d'une tentative de l'Angleterre. Il était à craindre, en effet, que cette puissance ne cherchât à s'indemniser de la perte de Minorque par l'occupation de la Corse, entreprise d'autant plus facile que la république de Gênes, souveraine de l'île, affaiblie par la dernière guerre, luttait avec difficulté contre ses sujets insulaires constamment en révolte.

A cette fin, la cour de Versailles entra en négociation avec les Génois, et acquit par voie de traité (1), et moyennant une augmentation sensible des subsides annuels consentis à la république, le droit de loger des garnisons dans les citadelles de Calvi, Saint-Florent et Ajaccio. La cession aux Français des principales places fortes de l'île, vers la fin de 1756, fut la première de la série de mesures qui aboutirent, quelques années plus tard, à la réunion de la Corse à la France.

(1) Traité de Compiègne, 4 août 1756. Flassan, *Diplomatie française*, t. VI, page 69.

CHAPITRE XI

CONTINUATION DES NÉGOCIATIONS ENTRE LA FRANCE ET L'AU-
TRICHE. — ÉVÉNEMENTS DE L'ÉTÉ DE 1756. — RUPTURE
ENTRE LA PRUSSE ET L'AUTRICHE.

Malgré l'accalmie apparente qui succéda aux émotions causées par le traité de Versailles, l'orage qui allait bientôt éclater commençait à poindre à l'horizon.

Les fils du réseau dans lequel Marie-Thérèse et son chancelier voulaient enserrer le roi de Prusse commençaient à se tendre. Pour mener à bien son entreprise, la diplomatie autrichienne pouvait compter sur la ténacité et la dextérité de ses directeurs, sur l'habileté de ses agents, peut-être encore plus sur les fautes inhérentes au tempérament de son adversaire; mais il lui fallait surtout le temps nécessaire pour achever son œuvre. On se croyait sûr de la Russie, dont il avait fallu retenir l'impétuosité; mais quoiqu'un grand pas eût été accompli par le cabinet français, il y avait encore fort à faire de ce côté.

Quel que fût son désir d'en finir, il n'entrait ni dans les traditions, ni dans les vues de la cour de Vienne de précipiter une négociation dont elle entendait se réserver la conduite. Il suffit de parcourir les longs développements auxquels se livre Stahremberg dans ses dépêches, de lire les volumineux documents qu'il recevait de son ministre, de prendre connaissance des procès-verbaux des conseils tenus à Vienne, pour comprendre la difficulté, l'impossibilité même, d'obtenir en fait cette rapidité de décision qu'on ne cessait de réclamer en paroles.

L'Autriche, tout en demandant le concours de la France, cherchait à maintenir cette dernière dans le rôle de simple auxiliaire. Prête à accepter l'appui militaire et les subsides financiers de son alliée, elle voulait conserver la haute main sur les opérations de tout ordre et sur la distribution des sommes encaissées. C'est ainsi que nous verrons le cabinet de Vienne observer d'un œil jaloux l'initiative prise par le ministre Rouillé pour se rapprocher de la Russie, cacher avec soin les pourparlers engagés avec la czarine (1), et décourager les velléités qu'on montrait à Versailles de s'aboucher avec la Saxe.

Si pour des motifs divers le chancelier de l'impératrice devait mettre quelque réflexion, sinon même quelque lenteur, dans sa diplomatie, la temporisation était trop conforme au caractère, et disons-le, en la circonstance aux intérêts du gouvernement de Louis XV, pour que celui-ci n'éprouvât pas quelques doutes sur le dénouement d'une affaire dont les dangers devenaient de jour en jour plus apparents. Certes, on reconnaissait à Versailles la nécessité de remplacer l'alliance prussienne par un accord intime avec l'Autriche; mais on ne se dissimulait plus que la coopération, telle que la désirait Marie-Thérèse, entraînerait la France dans une guerre de terre dont la charge, ajoutée à celle du conflit maritime déjà engagé, serait bien lourde pour les forces de la nation.

Cependant, l'opinion du roi et de Mme de Pompadour était trop favorable au nouveau système pour qu'on ne s'y ralliât pas dans l'entourage royal. C'est à qui, parmi les anciens partisans de Frédéric, montrera le plus de zèle

(1) Stahremberg à Kaunitz, 18 juin 1756. Archives de Vienne.

pour l'entente cordiale avec l'impératrice. Le maréchal de Belle-Isle, resté naguère le dernier défenseur du renouvellement avec la Prusse, est en relations constantes avec Stahremberg, et écrit (1) aux maréchaux autrichiens Neipperg et Brown pour se féliciter de l'union des deux pays.

A partir du traité du 1er mai, nous trouvons une modification essentielle dans la correspondance de l'envoyé autrichien (2). Plus sûr du terrain, plus confiant en raison du succès obtenu, il cherche à dissiper les soupçons et la défiance que laissent deviner encore les lettres de Vienne; fort de l'appui de Mme de Pompadour et de ses amis, il ne doute plus de la réussite éventuelle des projets de sa cour, et déploie toute son habileté à obtenir le concours de la France, qu'il considère comme assuré, aux conditions les meilleures pour les intérêts qui lui sont confiés. Il est fâcheux pour l'impartialité de l'historien de n'avoir pour source principale de ses renseignements que les dépêches autrichiennes, et de ne pouvoir contrôler ces dernières par des pièces françaises; malheureusement, il n'existe dans les archives des Affaires Étrangères que peu ou point de documents relatifs à cette négociation, qui fut traitée directement, et la plupart du temps verbalement, à Paris ou à Compiègne. Dans ses *Mémoires*, Bernis ne consacre que quelques pages aux conférences de l'été de 1756, et se retranche derrière le secret d'État pour ne pas entrer dans des détails qu'il eût été utile de connaître.

Quoi qu'il en soit du mérite des diplomates en présence, si nous nous en rapportons aux notes échangées, il est évident que Stahremberg sut conserver dans la discussion postérieure l'avantage qu'il avait remporté lors de la conclusion du traité de Versailles. Il amena peu à peu le

---

(1) **Stahremberg à Kaunitz**, 18 juin 1756.
(2) Stahremberg avait été promu au rang d'ambassadeur à l'occasion de la ratification du traité de Versailles. Il reçut sa nomination en septembre 1756.

gouvernement de Louis XV à accepter ce qu'il avait tout d'abord repoussé, à augmenter ses sacrifices tout en se contentant de bénéfices de plus en plus réduits, à oublier l'Angleterre, le principal objet des hostilités engagées, pour assumer un rôle capital dans la lutte de l'impératrice contre le roi de Prusse.

Dans le récit de l'Autrichien, les noms de Mme de Pompadour et de l'abbé de Bernis reviennent sans cesse. Contrairement à ce qui s'était passé pour les débats antérieurs, c'est la favorite qu'il voit à chaque moment ; c'est elle qui, d'accord avec son protégé, se charge de surmonter les résistances, de faire disparaître les obstacles. « Mme de Pompadour a ajouté, écrit-il (1) à Kaunitz, qu'elle me répondait de MM. de Machault, de Belle-Isle, de Moras et de Bernis ; que ce dernier était le seul qui fût pleinement instruit des intentions du roi au sujet de notre affaire, et en qui le roi avait mis à cet égard toute sa confiance ; que M. Rouillé se laissait un peu trop conduire par l'abbé Laville ; que celui-ci avait l'ambition de vouloir faire le ministre et le négociateur, tandis qu'il n'était que commis………. Elle m'a dit qu'elle me verrait en particulier toutes les fois que je le demanderais, qu'il fallait se parler souvent, s'expliquer tout avec franchise, et surtout ne pas perdre de temps. »

Ainsi qu'on nous l'apprend, l'abbé de Bernis était resté l'âme de l'affaire. L'intimité avec la marquise, le crédit dont il jouissait auprès du roi, la connaissance de questions dont il avait suivi toutes les phases et, il faut l'avouer, le désir qu'il laissait trop paraître de faciliter, par des concessions, l'achèvement d'une œuvre dont il voulait s'attribuer la gloire, tout l'indiquait comme *persona gratissima* au cabinet de Vienne ; aussi Stahremberg fit-il tous ses efforts pour le maintenir à Paris et pour lui

(1) Stahremberg à Kaunitz, le 18 juin 1756.

faire conserver la conduite des pourparlers. Le résultat visé fut obtenu, grâce à un échange d'ambassades entre Bernis et d'Aubeterre. Ce dernier alla prendre possession du poste de Madrid, tandis que Bernis, désigné pour le remplacer en Autriche, continua en France les conversations diplomatiques.

Malgré ces symptômes rassurants, le grand projet n'avança guère pendant les mois de mai et de juin. Les dispositions étaient excellentes de part et d'autre: mais plus on pénétrait dans les détails de l'arrangement, plus on s'apercevait de la divergence qui existait entre les vues des deux cours. Alors qu'à Versailles on espérait se faire payer du simple abandon du roi de Prusse par un accroissement notable de territoire dans les Flandres, à Vienne on exigeait une coopération militaire, des subsides financiers, et comme compensation à ces charges, on n'offrait que l'établissement de l'infant dans les Pays-Bas; tout au plus consentirait-on à laisser la France s'annexer quelques cantons de la frontière; encore ces concessions devraient elles dépendre de la reprise définitive par l'Autriche de ses anciennes provinces.

Ce dernier point était celui qui tenait le plus au cœur de l'impératrice. Le cabinet de Vienne réclamait, avant toute discussion sur les avantages à faire à la France, une entente préalable, d'après laquelle toutes les stipulations relatives aux Pays-Bas seraient subordonnées à son entrée en jouissance indisputée de la Silésie et du comté de Glatz. « Nous avons eu, écrit Stahremberg (1), l'abbé de Bernis et moi, quatre conférences consécutives de cinq à six heures chacune sur ce seul objet. Dès la première, nous avons été d'accord pour le fond. Toute la difficulté n'a roulé que sur la forme. » Enfin, « on se décida à me remettre une note, par laquelle, tout en refusant une déclaration

---

(1) Stahremberg a Kaunitz, 3 juillet 1756.

aussi formelle et étendue que nous l'avions demandée, on offrait d'insérer, dans le traité à conclure, un article arrêtant que les cessions à faire, de la part de Sa Majesté l'Impératrice-reine, n'auront lieu qu'après le recouvrement de toute la Silésie et du comté de Glatz, et lorsque L. M. I. seront parvenues à la possession tranquille et avouée des dits États. »

On batailla longtemps sur le texte : Stahremberg aurait voulu le rédiger de manière à y comprendre les subsides à verser par la France, et éviter un remboursement auquel cette dernière n'entendait renoncer que dans le cas du succès. Battu sur ce point, l'ambassadeur autrichien fait réserver la question, et abordant enfin le fond du débat, formule au nom de sa cour les quatre propositions suivantes :

1° Consentement formel de Sa Majesté Très Chrétienne, non seulement à la conquête de toute la Silésie et du comté de Glatz, mais aussi à « un affaiblissement bien plus considérable encore » de la puissance du roi de Prusse;

2° Coopération du roi à ce projet par la mise à la disposition de l'impératrice d'un corps de troupes important;

3° Concours financier du roi, les avances à faire devant être « exposées aux mêmes risques que toute l'entreprise », et ne devant être ni remboursées, ni compensées par un abandon de territoire;

4° Cession à l'infant don Philippe de tous les Pays-Bas autrichiens, à l'exception du duché de Luxembourg, de Chimay et de Beaumont attribués à la France. Retour à l'Autriche des duchés de Parme, Plaisance et Guastalla, et renonciation de l'infant à ses droits de succession au trône de Naples.

Stahremberg s'efforce de tirer le meilleur parti possible de la situation. « Votre Excellence verra, écrit-il (1) à

---

(1) Stahremberg à Kaunitz, 18 juillet 1756.

Vienne, que j'ai porté toutes mes demandes au plus haut, et en partie même au-delà de ce que j'en avais eu l'ordre. L'abbé de Bernis n'a pas paru effrayé ni étonné de l'étendue de nos demandes et du peu que nous avons offert à la France en comparaison de ce qu'il espérait obtenir... J'insisterai toujours fortement sur la première condition, qui est celle du plus grand affaiblissement du roi de Prusse. C'est un point sur lequel il m'a paru, depuis le commencement de notre négociation, que nous ne pouvions pas nous relâcher, et je crois qu'il voudrait mieux ne rien conclure que de ne pas nous assurer de cette condition.

« Nous n'obtiendrons jamais la seconde, ou du moins ce ne sera qu'avec de bien grandes restrictions. On ne veut absolument pas entrer directement en guerre avec le roi de Prusse; peut-être s'y trouvera-t-on insensiblement engagé malgré soi-même et sans savoir comment. Je n'ose même promettre d'obtenir que l'on mette dès à présent une armée en campagne pour empêcher les secours de l'Angleterre et des puissances protestantes. Si l'on s'y détermine, ce sera, pour autant que je puis juger, dans le dessein d'attaquer l'électorat de Hanovre. Je ne sais trop si cela pourrait nous convenir. »

Dans un dernier P. S., ajouté à la dépêche du 3 juillet, l'ambassadeur avait résumé en quelques mots la pensée qu'il attribuait à la cour de France. « Elle croit que le projet peut réussir, sans qu'elle soit obligée à prendre part directement à la guerre contre le roi de Prusse, elle voudrait s'en dispenser. Elle espère pouvoir obtenir sinon la totalité, du moins la plus grande partie des Pays-Bas. Elle ne voudrait pas lâcher cet avantage. »

Vers la fin de juillet, Stahremberg suivit la cour à Compiègne. Il se servit des facilités qu'offraient les relations presque quotidiennes avec les ministres pour activer la négociation. Les conversations particulières qu'il a eues « avec Mme de Pompadour et avec chaque individu du ministère » lui font prévoir la presque impossibilité d'obtenir le concours armé de la France contre le roi de Prusse. « On me déclare, écrit-il (1), que le roi ne veut, ni ne peut entrer en guerre offensive contre le roi de Prusse... qu'autre chose serait si le roi de Prusse venait à nous attaquer et à nous mettre, par là, dans le cas de demander des secours défensifs; mais que pour l'offensive il était impossible de nous donner des troupes, que même nous n'en avions nul besoin, mais que l'on nous donnerait des secours puissants en argent, et nous procurerait les moyens d'avoir autant de troupes auxiliaires qu'il nous en fallait ». L'état des esprits à la cour française était très exactement dépeint par le mot de Bernis : « Faites que le roi de Prusse nous donne bien des sujets de nous plaindre de lui. »

Aux ménagements que le roi Louis XV voulait garder vis-à-vis de son ancien allié, venait s'ajouter la crainte si souvent formulée de voir grandir l'influence du ministre de la guerre. Le personnage ainsi visé paraissait cependant tout à fait rallié à la nouvelle politique. « M. d'Argenson me fait beaucoup d'accueil, écrit Stahremberg, je le vois assez fréquemment, mais de façon à ne pas pouvoir donner d'ombrage aux gens qui ne sont pas bien avec lui. »

Le séjour de Compiègne fut mis à profit, et dans sa dépêche du 20 août, l'ambassadeur de Marie-Thérèse put entonner un véritable chant de triomphe : « Me voici enfin parvenu au point où nous désirions depuis longtemps d'amener la cour où je réside; elle s'est expliquée sur le fond de ses intentions, elle a répondu à toutes nos propositions, elle a ajouté à ses réponses tous les éclaircissements que j'ai demandés, et elle nous a fait connaître sans réserve qu'elle est prête à entrer non seulement dans les vues que nous lui avons proposées, mais qu'elle en dé-

(1) Stahremberg à Kaunitz, 18 juillet 1756.

sire, en effet, et, à ce qu'il nous paraît, sincèrement la réussite. »

Un si beau résultat n'avait pas été obtenu sans peine. Comme réponse aux quatre propositions de l'ambassadeur, Bernis avait apporté un mémoire, discuté en conseil et approuvé par le roi, dans lequel on reproduisait tous les arguments qu'on opposait depuis six mois à l'affaiblissement de la Prusse et à la coopération militaire contre cette puissance. « On déclarait à la fin, raconte Stahremberg, que si Sa Majesté l'Impératrice y persistait, même sans être attaquée, on se déterminerait pareillement à y entrer; mais les demandes d'avantages et de sûretés que l'on faisait pour l'un et l'autre cas étaient si fortes, et les offres de concours si obscures, si peu détaillées et si peu considérables, que jamais il n'eût été possible de poursuivre la négociation sur ce pied, et que je vis bien qu'il était temps d'user de vigueur et de parler sur un autre ton. Je déclarai donc à l'abbé de Bernis qu'il ne m'était pas possible d'accepter son mémoire. »

Devant ce refus, Bernis se décida à en référer au conseil et à prendre les nouveaux ordres du roi. Après un intervalle de temps qui ne fut pas perdu pour l'habile Autrichien, les entretiens reprirent de plus belle. « Nous eûmes en conséquence, écrit-il (1), l'abbé de Bernis et moi, pendant tout le reste du séjour de Compiègne, presque tous les soirs des conférences réglées, où nous procédâmes en forme et méthodiquement à la discussion des points à convenir entre les deux cours. »

Comme conclusion du travail commun, on dressa un tableau des objets acceptés de part et d'autre, et un résumé des questions où l'entente n'était pas intervenue, avec un court exposé des prétentions des parties.

Une analyse rapide de ces deux pièces nous permettra

---

(1) Stahremberg à Kaunitz, 20 août 1756.

de préciser l'état des pourparlers. L'accord existait sur les articles suivants :

1° Engagement par la France de continuer les hostilités contre l'Angleterre pendant le cours de l'entreprise projetée contre la Prusse, et d'empêcher toute diversion en faveur de cette puissance;

2° Promesse par la France d'entretenir à la disposition de l'impératrice un corps auxiliaire de 25 à 30,000 Allemands, et de fournir des avances annuelles fixées à douze millions de florins, non remboursables en cas de succès;

3° Cession à l'infant Philippe, en échange de ses possessions italiennes, des Pays-Bas autrichiens, à l'exception d'un territoire à déterminer qui serait acquis à la France;

4° Action commune des deux couronnes pour l'élection du roi de Pologne après la mort du roi Auguste (1), et pour la succession de Naples après celle du roi Ferdinand d'Espagne;

5° Subordination des arrangements des Pays-Bas au recouvrement préalable, et à l'attribution à l'Autriche, par un traité de paix, de la Silésie et de Glatz.

Par contre, les diplomates n'avaient pu s'entendre, sur l'entrée en ligne d'un corps d'armée français que l'Autriche aurait voulu joindre aux auxiliaires allemands déjà accordés, sur le remboursement partiel ou intégral des subsides français en cas d'insuccès, sur la désignation des

---

(1) La cour de France avait accepté l'idée d'assurer la succession à un fils du roi Auguste : « Ils (Mme de Pompadour et Bernis) m'ont dit tous deux, que le prince de Conti faisait depuis longtemps des démarches pour se faire élire roi de Pologne, que même le roi avait paru s'y prêter, mais que jamais ce n'avait été une intention bien décidée.... que même on ne sait pas comment le prince de Conti pourrait soutenir la dignité royale, que c'était sa chimère et qu'on la lui avait laissée; qu'il y avait des gens qu'il était bon de tenir occupés, que c'était un os qu'on lui avait donné à ronger qui l'empêchait de mordre à autre chose; et en un mot qu'on me parlerait sur cet objet un langage si clair et si positif qu'il ne resterait plus aucun doute. Je n'en ai pas demandé davantage. »

villes ou cantons (1) à céder à la France et sur l'accession au traité de l'empereur en sa qualité de grand-duc de Toscane.

La grosse question du partage ultérieur des États du roi de Prusse n'avait pas été tranchée par un texte positif. « Il m'a paru, écrit Stahremberg (2), qu'aux termes où les choses en sont actuellement, le meilleur parti que nous puissions prendre est de nous désister de la demande d'un consentement formel de la France au plus grand affaiblissement du roi de Prusse. Ce qui nous importe est que cet affaiblissement ait lieu, qu'il nous soit assuré, et devienne pour ainsi dire immanquable; et je crois que nous parviendrons beaucoup mieux à cet objet au moyen d'un consentement tacite et indirect de la France, qu'en lui demandant un consentement formel qu'elle ne nous accordera jamais qu'à des conditions auxquelles il ne nous serait pas possible de nous prêter. »

D'après l'ambassadeur, le refus de mettre en campagne contre Frédéric des forces plus considérables était motivé par la répugnance de Louis XV à agir offensivement contre son ancien allié, « à moins que ce prince ne fût le premier agresseur », et par la difficulté de faire face à la fois aux charges de la guerre de mer et de terre contre l'Angleterre et la Prusse, et aux subsides promis à l'impératrice.

A ces raisons fort plausibles, s'ajoutait le danger de voir s'accroître, en cas d'hostilités, l'autorité du comte d'Argenson. Ce sentiment de jalousie auquel Knyphausen et Stahremberg font si souvent allusion, était décidément un gros facteur de la politique étrangère de la cour de Versailles. « L'abbé de Bernis et Mme de Pompadour, dit

(1) L'Autriche offrait les duchés de Luxembourg, Chimay et Beaumont, tandis que le gouvernement de Louis XV demandait les villes de Mons, Ypres, Furnes, Ostende, Nieuport et le fort de la Knocque avec leur banlieue immédiate, ainsi que la démolition des fortifications de Luxembourg

(2) Stahremberg à Kaunitz, 20 août 1756.

l'Autrichien, m'ont fait entendre que ce serait ce qui pourrait nous arriver de pis, puisque cela augmenterait le crédit et l'influence du seul homme dont nous avions à nous méfier ici, qui est M. d'Argenson. Pour moi, je doute fort que son crédit puisse l'emporter sur celui de Mme de Pompadour, qui est parvenu au plus haut degré; mais comme il est son ennemi déclaré, elle a raison de s'en méfier... Je crois que nous pourrons, au moyen des sommes et des troupes subsidiées que la France nous fournira, en y ajoutant encore le corps d'observation auquel on a déjà consenti, nous relâcher sur notre demande. »

Malgré les objections formulées, la cour de Versailles, croyait l'ambassadeur, consentirait à l'amoindrissement de la Prusse si un traitement analogue était stipulé pour le roi d'Angleterre et « la nation britannique, non seulement avec le consentement, mais aussi par le concours efficace de Sa Majesté Impériale ». Par « concours efficace » le négociateur français entendait la remise des villes maritimes de la Flandre, et la fermeture aux vaisseaux anglais des ports de Trieste, de Fiume et de toute la Toscane. Mais la cour de Vienne, très désireuse d'amener Louis XV à se prononcer ouvertement contre le roi de Prusse, ne voulait en aucune façon se départir de l'attitude de neutralité qu'elle avait observée vis-à-vis de la Grande-Bretagne. Aux yeux de Marie-Thérèse et de ses conseillers, la réciprocité avait des limites qu'il ne fallait pas franchir.

D'autre part, pour l'action contre la Prusse, on devrait se concerter avec les alliés appelés à l'œuvre commune, et parmi lesquels, à côté de la Russie, de la Saxe, de la Suède, de l'électeur Palatin, de la Bavière dont on se croyait sûr, on eût voulu voir figurer le Danemark et même la Hollande.

Dans les pourparlers à engager ou à continuer avec ces gouvernements, le cabinet de l'impératrice tenait à revendiquer l'initiative et à conserver la direction. Le débat devenait fort délicat; aussi Stahremberg enregistra-t-il avec satisfaction le dire de Bernis, d'après lequel le cabinet de Versailles s'en remettait à celui de Vienne du soin de traiter avec les puissances qu'il s'agissait de faire entrer dans la ligue contre le roi de Prusse. « Je crois, écrit-il, que nous ne pouvons pas désirer mieux que de rester les maîtres des différentes négociations à entamer avec les princes qui doivent prendre part à notre concert. C'est le vrai moyen d'assurer la réussite de l'entreprise, de rendre immanquable l'affaiblissement du roi de Prusse, et d'obtenir les points de convenance que nous avons en vue. Il s'agira seulement que la France nous seconde et appuie nos négociations lorsqu'elles seront entamées; cela sera beaucoup mieux que si elle voulait y prendre part immédiatement. »

Il était d'autant plus important de se réserver le premier rôle, qu'à Paris on était très peu fixé sur les intentions de la Russie, le plus considérable des nouveaux coalisés, avec laquelle la France venait de renouer des relations diplomatiques. « Je me suis bien gardé jusqu'ici, dit Stahremberg, de faire apercevoir aux ministres que la Russie eût en vue de se procurer, au moyen de l'entreprise projetée, une acquisition aussi considérable que l'est celle de la Courlande. On croit que tout ce qui pourrait l'engager dans cette guerre serait l'appât des subsides et la jalousie contre le roi de Prusse. L'abbé de Bernis et le maréchal de Belle-Isle m'ont dit néanmoins, à plusieurs reprises, qu'ils ne comptaient pas que ma cour eût dessein de procurer des avantages en Allemagne à la Russie, et qu'elle devait connaître trop bien ses intérêts pour qu'elle pût penser à augmenter la puissance de cette dernière cour en Allemagne. J'ai répondu simplement qu'il n'était nullement question de telle chose. »

L'impératrice était prête à effectuer le payement de subsides à Pétersbourg à la condition d'en recevoir le montant de Paris. Il en serait de même de la cour de Dresde pour laquelle son envoyé, M. de Vitzthum, sollicitait un secours financier. « J'aurais été bien aise, écrit Stahremberg, d'épargner en tout ou en partie ce qu'il faudra donner à la Saxe, et d'obtenir que la France s'en charge, mais je n'y ai pas réussi. »

Dans la discussion du concours pécuniaire qui serait donné à l'impératrice, l'ambassadeur avait eu un succès inespéré. « Nous sommes sûrs de 12 millions de florins par an... Si l'entreprise réussit, on ne nous redemande rien ; si elle venait à manquer, on consent à perdre la moitié des sommes avancées....... Ces concessions sont énormes et surpasseront, à ce que j'espère, l'attente que Leurs Majestés s'étaient faite. J'étais autorisé à me contenter de huit millions et à consentir à la restitution de la totalité des sommes avancées. »

Il était surtout essentiel, au point de vue autrichien, de ne faire aucune remise de territoire, même provisoire, comme garantie des subsides. « Si elle (la France), écrivait l'envoyé, était sûre d'obtenir à titre de sûreté ou autre une partie des Pays-Bas, sans que le roi de Prusse fût écrasé, elle pourrait nous abandonner au milieu de l'entreprise, et c'est ce qu'il faut prévenir. »

En définitive, à l'époque qui nous occupe, à la fin d'août 1756, c'est-à-dire quelques jours avant l'invasion de la Saxe par Frédéric, avant, par conséquent, le commencement de la guerre de sept ans, le gouvernement de Louis XV admettait la restitution de la Silésie, acceptait, sinon en termes formels au moins d'une façon implicite, l'amoindrissement ou le partage de la Prusse, promettait d'y concourir avec un corps de 30,000 auxiliaires et par des subventions en argent. Il se liait les mains en s'interdisant toute paix séparée avec l'Angleterre, et s'imposait pour toute la durée de la guerre continentale le lourd fardeau des hostilités maritimes. Il s'engageait, en outre, à réunir et à entretenir sur le Rhin une armée d'observation considérable.

En compensation des grosses charges qu'il assumait, le roi obtenait pour son gendre un établissement dans les Pays-Bas, et pour sa couronne l'acquisition de cinq ou six villes frontières sans revenus ni territoires, sur la désignation desquelles on ne s'était pas entendu. Le résultat était, comme on le voit, des plus minces pour la France.

Il est difficile de concilier les assertions du cardinal de Bernis, dans ses *Mémoires*, avec les renseignements précis et détaillés que nous venons de tirer des dépêches et surtout des notes expédiées par Stahremberg à sa cour. Bernis déclare qu'il obligea (1) « le ministre impérial à consentir que tous nos arrangements offensifs seraient subordonnés au cas unique où le roi de Prusse romprait le premier la paix jurée à Aix-la-Chapelle..... On voit par là, ajoute-t-il, combien le roi a été juste et honnête envers Sa Majesté Prussienne. »

Nous aurons à nous expliquer sur la conduite de Frédéric, mais en attendant nous ne pouvons accepter comme mérité le brevet de loyauté que revendique le négociateur français pour son monarque.

Sur un autre point de la discussion, le désaccord est encore plus accusé. En parlant des conférences de Compiègne, Bernis s'exprime dans les termes suivants (2) : « Nous voulions que cette cour renonçât à jamais à l'alliance de l'Angleterre; après bien des difficultés, j'obtins cette renonciation. »

De la concession ainsi arrachée, il n'est pas dit un mot dans les pièces autrichiennes. Il est à constater, d'ailleurs, que, pendant tout le cours des pourparlers, la cour de Vienne se refusa toujours à prendre vis-à-vis de l'Angle-

---

(1) *Mémoires de Bernis*, t. I, page 285.
(2) *Mémoires de Bernis*, t. I, page 287.

terre l'attitude hostile qu'elle demandait et qu'elle finit par imposer à la France vis-à-vis de la Prusse. En fait, la rupture entre le roi George et l'impératrice n'eut lieu que dans le courant de 1757, longtemps après le commencement de la guerre.

Stahremberg se déclara très satisfait de l'abbé de Bernis, des ministres français et du maréchal de Belle-Isle. « Je ne puis assez me louer » dit-il en parlant de ce dernier, « du zèle qu'il marque pour la prompte et bonne réussite de notre affaire...... il paraît être dans la persuasion que ceci ne peut guère manquer d'engager une lutte directe entre la France et la Prusse. »

Rouillé, par contre, est l'objet des critiques habituelles : « C'est un homme sur lequel il est impossible de compter, et qui les trois quarts et demi du temps fait tout le contraire de ce qu'il devrait faire. » Nous aimerions à croire que les hésitations du ministre des Affaires Étrangères et de son collaborateur l'abbé La Ville, étaient inspirées par un sentiment patriotique. Peut-être ne voyaient-ils pas sans émotion le gouvernement de leur pays s'engager dans une voie dont les dangers étaient plus apparents que les avantages.

Il est impossible de savoir, et inutile de conjecturer, de quelle façon et à quel moment auraient abouti les négociations des cours de Vienne et de Versailles, si le roi de Prusse, par une de ces décisions soudaines et imprévues qui étaient la caractéristique de sa politique, n'eût envahi les États de l'impératrice, et, en assumant le rôle d'agresseur, n'eût fait disparaître les derniers scrupules de Louis XV. Pendant qu'on discutait à Paris, on agissait à Berlin, et c'est Frédéric qui tranchera le nœud de la situation.

Même après le rappel de Nivernais, et pendant le printemps de 1756, le roi de Prusse ne semble pas avoir perdu l'espoir de renouveler son alliance défensive avec la France;

tout au moins se croit-il assuré de conserver la neutralité dans la guerre que venaient enfin de se déclarer les puissances rivales. Sans doute, dans sa correspondance diplomatique, il ne cherche pas à dissimuler les inquiétudes que lui inspirent les intrigues de la cour de Vienne à Paris et à Pétersbourg ; mais, tout en communiquant aux ministres anglais les nouvelles qu'il reçoit à ce sujet, il ne se fait aucune illusion sur les sentiments du roi George à son égard. Il ne se soucie guère d'une intimité à laquelle on paraît ne pas tenir à Londres, et dont le contre-coup eût été une rupture définitive avec le cabinet de Versailles.

L'envoyé que Sa Majesté Britannique se décida enfin à accréditer auprès du roi, M. Mitchell, ne se rendit à Berlin qu'au commencement du mois de mai ; et ce fut seulement à partir de cette époque que les rapports entre les nouveaux alliés prirent un tour amical. Ce résultat fut dû dans une large mesure aux qualités et à la conduite du représentant de George II. Dès la première entrevue, la franchise, la loyauté, l'indépendance de l'Anglais produisirent sur l'esprit du sceptique monarque une impression favorable, que vinrent confirmer au cours des événements l'estime et l'admiration professées pour le génie et la personne de Sa Majesté Prussienne.

Mitchell se montra partisan ardent de l'union des deux pays : il mit toute l'énergie de son caractère et la passion de son tempérament au service de la cause à laquelle il s'était voué. Devenu bientôt le confident de Frédéric, il employa l'autorité qu'il puisait dans cette confiance pour peser sur les conseils encore hésitants du gouvernement britannique, et pour maintenir intacts les liens d'une entente qu'un homme moins convaincu eût laissés péricliter. Sa correspondance (1) avec sa cour éclaire d'un jour des

---

(1) La correspondance de Mitchell avec le gouvernement de Londres, e

plus vifs la pensée et les résolutions du roi de Prusse : elle constitue un document précieux pour l'histoire de la guerre de sept ans.

Mitchell arriva à Berlin le 8 mai, fit dès le lendemain une visite à Podewils, qui le décrit comme « un homme franc et sincère, assez uni et ouvert, et plein de bonne volonté. Il parle assez bien, mais un français très fort, prononcé à l'anglaise ».

Le 11 et le 12 mai, l'envoyé du roi George eut ses premières audiences à Potsdam. D'après la dépêche adressée à Holdernesse (1), Frédéric avait affirmé « qu'il était sûr de la paix en Allemagne pendant l'année en cours : il en répondait sur sa tête; » si les « chipotages » engagés entre la France et l'Autriche amenaient la guerre, il ferait cause commune avec l'Angleterre contre ces deux puissances. Cependant, la cour de Pétersbourg lui inspirait des inquiétudes. « Mais, s'est-il écrié, êtes-vous sûrs de la Russie? » Mitchell lui répondit que le roi son maître le croyait.

La conversation roula sur les forces qu'il serait possible de mettre en ligne dans le cas d'hostilités qui pourraient éclater à l'occasion de la mort du landgrave de Hesse (2), sur les clauses probables du traité qu'on négociait à Paris avec l'Autriche, sur l'attitude de la Suède et des petites cours allemandes, sur les événements d'Amérique et sur les chances de voir le conflit se terminer par la paix ou se transformer en mêlée générale.

Dans une seconde entrevue, qui eut lieu le 24 mai (3), le roi de Prusse chargea son interlocuteur de rassurer la cour

avec ses collègues accrédités auprès des cours d'Europe, se trouve aux Archives du British Museum.

(1) Mitchell à Holdernesse, 14 mai 1756.
(2) Le prince héritier de Hesse-Cassel s'était converti au catholicisme; et malgré les promesses qu'on lui avait fait signer, les princes protestants de l'Allemagne se montraient très inquiets sur les événements qui pourraient se produire à la mort de son père.
(3) Mitchell à Holdernesse, 27 mai 1756.

de Saint-James au sujet de la mission du duc de Nivernais; il expliqua l'accueil fait à l'envoyé français par le désir de ramener l'entente entre l'Angleterre avec laquelle il venait de se réconcilier, et la France avec laquelle il ne voulait pas se brouiller.

La communication officielle des conventions de Versailles, qui eut lieu à Berlin le 13 juin, ne vint pas troubler la tranquillité du roi. Les rapports de Paris étaient favorables; Knyphausen mandait (1) que le traité était considéré comme devant empêcher tout trouble sur le continent. Il dépeignait le mécontentement du ministre d'Argenson, et attribuait, comme par le passé, la réussite des pourparlers avec l'Autriche au désir de Mme de Pompadour de maintenir Louis XV dans la dissipation, « dont une guerre de terre l'aurait infailliblement tiré. »

C'était sans doute sous l'impression de ces avis, que Frédéric pouvait écrire à M. de Klinggraeffen (2), son représentant à Vienne, que « la paix en Allemagne se conservera dans l'année présente, et ni la France, ni l'Autriche ne remueront ».

A peine une semaine s'était-elle écoulée depuis l'expédition de ce courrier, qu'un revirement complet se produisit dans l'esprit du roi. Sa quiétude paraît avoir été ébranlée par des bruits de mouvements de troupes en Moravie, et surtout par les nouvelles de Russie. Mitchell fut le premier à sonner l'alarme.

Très optimiste d'abord sur les intentions de la cour du Nord, l'envoyé anglais se décida (3), « en honnête homme et en ministre bien intentionné qui ne devait rien céler au roi », à avertir le ministre prussien Finkenstein,

---

(1) Knyphausen à Frédéric, 7 juin 1756.
(2) Frédéric à Klinggraeffen, 15 juin 1756. *Correspondance politique*, t. XII, page 416.
(3) Rapport de Finkenstein, 18 juin 1756. *Correspondance politique*, t. XII, page 426.

« que la situation des affaires de ce pays-là (la Russie) n'était pas avantageuse pour sa cour ». Cet avis fut bientôt confirmé. Le 22 juin, le roi reçut de M. de Maltzahn (1), à Dresde, copie d'une dépêche du comte de Fleming au comte de Brühl. Le ministre saxon accrédité à Vienne, dont on connaissait les relations, et dont les informations devaient être puisées à bonne source, exposait, dans une lettre du 9 juin, ses idées (2) sur le présent et sur l'avenir. D'après Fleming, les démonstrations récentes de la Russie étaient évidemment l'effet « d'un concert arrêté avec la cour de Vienne »; le grand chancelier Bestushew, malgré ses dispositions favorables pour l'Angleterre, n'avait pu résister à la pression de la czarine et de ses favoris; les armements russes étaient masqués sous le prétexte apparent de satisfaire aux engagements contractés avec la Grande-Bretagne par le traité de subsides; les préparatifs achevés, « on tomberait inopinément sur le roi de Prusse. » Mais l'indécision du caractère d'Élisabeth, l'impossibilité pour la Russie, privée des subventions britanniques, de faire face aux frais de l'entreprise, la facilité qu'aurait Frédéric de surprendre l'impératrice-reine avec le gros de ses forces et de lui arracher la paix avant que les Russes eussent eu le temps de se mettre en campagne, ces raisons d'ordre divers faisaient douter du succès des projets autrichiens. « Cependant, on ne remarquait que trop, à Vienne, qu'on voulait se mettre au-dessus de toutes ces difficultés-là, et qu'on n'y songeait qu'à donner une nouvelle face aux affaires de religion dans l'Empire, et à reconquérir la Silésie. »

Les pronostics du représentant du roi de Pologne, les conseils qu'à son insu il donnait au roi de Prusse, ne tom-

(1) Maltzahn obtenait ces pièces d'un sieur Menzel, employé à la chancellerie saxonne, qui était à la solde du roi de Prusse.
(2) Voir l'analyse de la dépêche de Fleming. *Correspondance de Frédéric*, t. XII, pages 460 et suiv.

bèrent pas dans l'oreille d'un sourd. D'autre part, ce prince, dont le bureau de renseignements était, comme on le sait, admirablement organisé, recevait des rapports de Saxe, d'Autriche et de Russie, qui parlaient, avec l'exagération habituelle aux récits de ce genre, des mouvements de troupes et de matériel qui se faisaient dans ces États.

Vers la même époque, un incident diplomatique fit craindre, pendant quelques jours, la rupture des relations déjà tendues entre les cours de Potsdam et de Vienne. Le secrétaire du comte de Puebla, ministre autrichien auprès de Frédéric, le baron Weingarten, à la suite d'un mariage avec la fille d'un employé de Berlin, s'était laissé enrôler au service secret de la chancellerie prussienne, et lui avait communiqué des avis importants sur la correspondance échangée entre les gouvernements de l'Autriche et de la Russie. Le 12 juin, Weingarten disparut de Berlin et resta introuvable, malgré l'obligeant concours de la police royale. Puebla, furieux de cette trahison, et persuadé de la connivence des fonctionnaires de la capitale, fit beaucoup de bruit autour de cette affaire. On crut un moment (1) qu'elle aboutirait au rappel de l'Autrichien et à un éclat entre les deux cours. Il n'en fut rien; Weingarten fut envoyé en cachette à Colberg, où il prit le nom de Weiss, et bientôt d'autres difficultés plus sérieuses firent oublier son aventure.

Sous l'influence de cet ensemble d'événements et d'avertissements, Frédéric, avec sa décision, nous pourrions dire, avec son impétuosité ordinaire, arrêta de suite sa ligne de conduite. Le jour même de l'arrivée du courrier de Dresde, il écrit à sa sœur favorite, la margravine de Baireuth (2) : « La guerre me paraît inévitable ; j'ai fait ce j'ai pu pour l'éviter, cela ne m'a pas réussi, je me lave les mains de ce qui en arrivera ; du moins, suis-je bien

(1) Finkenstein à Frédéric, 22 juin. Frederic à Klinggræffen, 26 juin 1756.
(2) Frédéric à la margravine de Baireuth 22 juin 1756.

persuadé que personne ne pourra m'accuser d'en être la cause ». A la même date, il envoie l'ordre de rentrer au feld-maréchal Keith (1), qui faisait une cure aux eaux de Carlsbad : « L'air de Carlsbad devient malsain pour les Prussiens; vous ferez tous, tant que vous êtes, bien d'être de retour, le 10 du mois qui vient. »

La probabilité d'un conflit européen devait se traduire, pour un esprit aussi résolu et aussi prompt que celui du roi de Prusse, par l'ouverture d'hostilités dont il n'hésiterait pas à assumer l'initiative. Aussi prend-il les dispositions pour le rappel des soldats en congé, pour la mobilisation de son armée, et pour la campagne qu'il va entreprendre. Un officier de confiance, le général Winterfeldt, reçoit la mission, sous le prétexte d'un voyage d'agrément, de reconnaître les défilés des montagnes qui séparent la Saxe de la Bohême, et de visiter les positions de Pirna et de Kœnigstein, où devait se faire la concentration des troupes du roi de Pologne. Au maréchal Lehwaldt (2), qui commandait dans la Prusse royale, Frédéric donne les instructions les plus détaillées pour le cas d'une invasion des Russes; non seulement il lui trace un plan d'opérations, mais il prévoit la défaite de l'armée moscovite et lui remet pleins pouvoirs pour traiter avec le vaincu. Si la victoire est complète, si elle coïncide avec un succès que le roi aura remporté sur les Autrichiens, le négociateur prussien devra exiger, en plus d'un engagement de neutralité de la part de la cour de Pétersbourg, la cession de tout ou partie de la Prusse occidentale (3), sauf compensation à accorder à la Pologne sur le territoire russe.

(1) Frédéric a Keith, 23 juin 1756. Cet officier général, réfugié écossais, après être resté longtemps au service de la Russie, était entré dans l'armée prussienne.
(2) Instructions au maréchal Lehwaldt, 23 juin 1756. *Correspondance politique*, t. XII, pages 448 et suiv.
(3) La Prusse occidentale appartenait à la Pologne et séparait la Prusse royale des autres possessions de la maison de Hohenzollern.

Vers cette date, eut lieu aussi la conférence avec le maréchal Schwerin, les généraux de Rochow et Winterfeldt (1), dans laquelle le roi exposa les dangers qui menaçaient la Prusse et demanda leur avis sur le parti à prendre. Schwerin et Rochow, d'abord hostiles à une agression, furent convaincus par la lecture des pièces que le roi leur montra, et Schwerin déclara que si la guerre était inévitable, on devait la faire aussitôt et débuter en s'emparant de la Saxe.

Mais il ne suffisait pas de s'occuper des mesures intérieures, il fallait aussi savoir à quoi s'en tenir sur le rôle que le seul allié de la Prusse, l'Angleterre, entendait jouer dans la lutte probable. Mitchell fut prié de sonder sa cour « sur les secours en hommes, vaisseaux et argent » que celle-ci pourrait mettre à sa disposition. L'envoyé, en communiquant à Londres cette requête, se garde bien de raconter les confidences qu'il vient de faire à Finkenstein sur la situation à Pétersbourg, mais il indique le changement de langage de Frédéric. « Je crois, ajoute-t-il (2), que le roi de Prusse admet que nos affaires en Russie sont en si mauvais état qu'il sera très difficile, sinon impossible, de les rétablir... Je lui ai caché avec soin une partie de la dépêche de sir Charles Williams, en date du 5 juin, et j'ai essayé d'atténuer le mauvais état de nos affaires là-bas; mais le roi de Prusse, qui pense à tout, m'a fait dire par son ministre que si nous n'avions pas payé les subsides dus à la Russie d'après le traité, nous ferions bien de ne faire le versement qu'après nous être assurés de leur bonne foi, parce qu'ils pourraient fort bien employer notre argent pour lui faire la guerre. »

La question sur les intentions de la cour de Saint-James ne laissa pas d'embarrasser Newcastle et ses collègues,

---

(1) Huschberg. *Les trois années* 1756-57-58. Introduction, page LXXV.
(2) Mitchell a Holdernesse, 22 juin 1756.

qui commençaient à leur tour à être fort alarmés de la tournure des événements à Pétersbourg. « Mes dépêches précédentes, écrit Holdernesse (1), ont été basées sur l'hypothèse que la paix de l'Europe, et celle de l'Allemagne en particulier, ne serait pas troublée pendant cet été, et que nous aurions le temps de nous concerter sur les mesures à prendre, pour déjouer les projets que la France et ses alliés pourraient entretenir pour l'année prochaine. Mais si les nouvelles que Sa Majesté Prussienne a reçues se confirment, et si l'une des impératrices, ou toutes les deux, avec l'appui tacite ou déclaré de la France, ont recours à des moyens violents, le roi se déclare prêt à s'entendre de suite avec Sa Majesté Prussienne sur les mesures à prendre pour la défense commune... Mais, vous demanderez au roi de Prusse s'il ne vaudrait pas mieux ajourner toute action qui serait de nature à augmenter la jalousie si peu fondée de la cour de Russie... C'est en s'appuyant sur des considérations de ce genre, que Sa Majesté (Britannique) est portée à croire qu'il serait plus prudent de retarder, au moins pendant quelque temps, la conclusion d'un traité en règle. En attendant, Sa Majesté Prussienne peut compter en toute sécurité sur la promesse que vous êtes autorisé à faire au nom du roi, qu'il soutiendra avec vigueur le roi de Prusse, dans le cas où les États de ce dernier seraient en butte à une agression de la part d'autres puissances »

Le ton de Newcastle est encore plus réservé que celui du secrétaire d'État. Avec sa susceptibilité ordinaire, il se plaint que le roi Frédéric ne fait jamais allusion à lui : « Vous savez, écrit-il à Mitchell (2), et le roi de Prusse devrait savoir, combien je suis désireux d'établir l'entente et l'union la plus parfaite avec lui, et cependant il est toujours imbu de l'idée ridicule que milord Holdernesse est son seul

(1) Holdernesse à Mitchell, 9 juillet 1756.
(2) Newcastle à Mitchell, 9 juillet 1756. *Newcastle Papers*.

ami ». Puis il ajoute : « Je suis partisan de nous entendre avec le roi de Prusse, mais à la condition qu'il se séparera complètement de la France. Si la cour de Vienne n'intervient pas dans les affaires de Sa Majesté Prussienne, nous devrons éviter toute démarche qui empêcherait le retour de l'impératrice à ses anciens alliés (aujourd'hui fort heureusement unis à la Prusse.) Mais il ne faut pas sacrifier la Prusse, qui est prête à agir avec nous, à la crainte d'être désagréables à la reine de Hongrie, qui s'est conduite avec tant d'ingratitude en s'unissant à nos ennemis. »

Il est peu probable que Mitchell, dans les audiences fréquentes qu'il eut de Frédéric, ait mis sous les yeux de son royal interlocuteur les dépêches de son ministère. Elles n'eussent guère servi à augmenter la confiance très limitée qu'on avait à Berlin dans la coopération de l'Angleterre.

Ce fut dans l'entrevue du 6 juillet (1) que le représentant de George II dévoila au roi de Prusse la véritable situation à Pétersbourg, en lui soumettant la fameuse « déclaration secrétissime, » remise à Williams lors de la ratification de la convention de subsides (2). « Le roi, dit Mitchell, l'a lue sans manifester d'émotion, et a remarqué avec beaucoup de calme que cette pièce enlevait toute valeur à notre traité. Quant à lui, il se demandait pourquoi l'impératrice de Russie professait une telle aversion pour sa personne ; il n'avait rien fait pour la mériter, et il ne pouvait l'attribuer qu'à l'influence et aux intrigues de la cour de Vienne. »

Sur ces entrefaites, les nouvelles de Russie, toujours contradictoires, devinrent de nouveau plus rassurantes. Quel que fût le motif de ce changement, qu'on pût l'expliquer

---

(1) Mitchell à Holdernesse, 9 juillet 1756.
(2) Dans cette pièce que nous avons déjà reproduite, Sa Majesté Impériale déclarait « que le cas de la diversion à faire, à laquelle Sa Majesté s'est engagée par la convention qui vient d'être ratifiée, ne peut et ne doit exister que lorsque le roi de Prusse attaquera les États de Sa Majesté le roi de la Grande-Bretagne ou ceux de ses alliés ».

par des manœuvres de palais, ou par une recrudescence du crédit anglais, il fut bientôt évident qu'une agression immédiate n'était plus à craindre de la part de la puissance du Nord. La cessation des préparatifs de campagne et la dislocation des régiments assemblés en Livonie, indiquaient qu'on avait renoncé aux projets belliqueux, au moins pour l'année courante.

Du côté de l'Autriche, au contraire, tous les rapports annonçaient des mouvements de troupes et de matériel, et la formation de camps importants en Bohême et en Moravie. Le 16 juillet, Frédéric communiqua à Mitchell une note sur les armements qu'on lui signalait. « Sa Majesté croit, écrit l'Anglais (1), que l'impératrice-reine est décidée à la guerre. Quant à lui, il est prêt, mais il ordonnera à son ministre de Vienne de demander à l'impératrice elle-même le but de l'envoi de forces si considérables en Bohême et en Moravie, et des préparatifs militaires extraordinaires qu'on y faisait. »

D'après le récit que fit Mitchell quelque temps après, ce serait dans une des conversations presque journalières qu'il eut vers cette époque avec Frédéric, que se passa la scène racontée par la plupart des historiens allemands (2). Le diplomate essayait de démontrer l'exagération des avis de Vienne, et imputait à l'Autriche l'intention de pousser la Prusse à une attaque qui obligerait la Russie et la France à entrer en ligne. Le roi, tout en colère, le regarda bien en face : « Qu'est-ce que vous voyez, Monsieur, dans ma figure? Croyez-vous que mon nez est fait pour recevoir des claques? Pardieu, je ne le souffrirai pas! » Mitchell répliqua qu'il était bien sûr que « personne n'oserait provoquer le roi, et que si par hasard cela se faisait, son caractère était assez connu en Europe pour qu'il

---

(1) Mitchell a Holdernesse, 17 juillet 1756.
(2) Schaefer, t. 1, p 196. Koser, t. I, p. 599

n'y eût aucun doute sur la réponse. Parmi toutes les qualités royales, on n'avait jamais entendu dire qu'il fallût compter la patience ou la soumission. »

Frédéric se mit à rire, désigna du doigt le portrait de l'impératrice-reine attaché au mur de son cabinet et s'écria : « Il n'y a plus moyen d'y échapper ; cette dame veut avoir la guerre : eh bien ! elle l'aura bientôt ! »

S'il faut en croire les mêmes autorités, ce fut Mitchell qui suggéra une démarche auprès de Marie-Thérèse ; et cette idée, d'abord écartée par le roi, ne fut acceptée que dans une seconde entrevue, qui eut lieu à Potsdam après le ballet de la cour. Quel que fût l'auteur de la proposition, on passa sans retard à son exécution.

Deux jours après, le roi expédia à Klinggraeffen l'ordre de demander à l'impératrice si « les armements se faisaient à dessein de l'attaquer ». Dans le cas où on lui opposerait les préparatifs de la Prusse, il devait affirmer qu'il s'agissait de précautions contre une invasion des Russes, « que rien n'avait remué sur les frontières de la Silésie, ni qu'aucune de ses dispositions n'était de nature à lui donner de l'ombrage. Si elle (l'impératrice) vous répond que chacun est maître de faire chez soi ce qu'il veut, tenez-le-vous pour dit, et contentez-vous de sa réponse ».

La résolution que venait de prendre Frédéric de précipiter les événements en exigeant des explications qui, étant donné le ton de la question, ne pouvaient guère être satisfaisantes, ne rencontra l'assentiment ni de ses ministres, ni de sa famille, ni de ses alliés.

Dans une longue audience qu'il eut de son souverain le 21 juillet, le vieux Podewils (1) insista à deux reprises sur les dangers d'une agression contre l'impératrice. Une entreprise contre l'Autriche aurait pour conséquence l'in-

---

(1) Podewils à Eichel, 22 juillet 1756. *Correspondance politique*, t. XII, page 104, etc.

tervention de la France et de la Russie, qui seraient nécessairement amenées à prêter main forte à la partie attaquée. Les débuts de la guerre pourraient être brillants; mais par la suite, la Prusse resterait exposée, pour ainsi dire sans soutien, aux coups des trois puissances les plus formidables de l'Europe. Ne valait-il pas mieux gagner du temps, s'assurer le concours des princes protestants de l'Allemagne et du Nord, et essayer de nouveau un rapprochement entre l'Angleterre et la France? Les avis de Podewils n'eurent aucun effet sur le roi de Prusse, qui le congédia avec les mots célèbres : « Adieu, monsieur de la timide politique. »

Les conseils pacifiques du prince de Prusse, très partisan du système français, n'eurent pas plus de succès que ceux du ministre. Le parti de Frédéric était pris, et il n'entrait pas dans ses habitudes de revenir sur une décision arrêtée, et qui avait reçu déjà un commencement d'exécution.

A la cour de Saint-James, ainsi que le prouvent les dépêches déjà citées, on était peu enclin à courir les aventures, et on se montrait très désireux de ménager l'impératrice-reine, qu'on ne désespérait pas de ramener à l'ancienne alliance.

Mais tout en recommandant la prudence, les ministres du roi George ne perdaient pas de vue le but qu'ils s'étaient proposé en signant le traité de Westminster; aussi insistaient-ils sur la réunion d'un corps d'armée prussien sur le Rhin pour barrer la route à toute incursion française en Allemagne. Aussitôt qu'il y aurait apparence (1) d'une tentative de ce genre, ce corps « serait renforcé par les Hanovriens et par les autres troupes que le roi (George) jugerait convenable de prendre à sa solde; et si les Hollandais se déterminaient à augmenter leur armée, on pouvait

(1) Holdernesse à Mitchell, 13 juillet 1756.

espérer que leur attachement à la cause de la religion et de la liberté les déciderait à repousser les ennemis de ces deux principes ».

Mitchell s'empressa de porter à Potsdam les vues et les suggestions du cabinet anglais; il eut à cet effet avec le roi, dans les derniers jours du mois de juillet, de longues et intéressantes conversations. Comme suite et résumé de ces entretiens, il remit à sa cour un mémoire (1), en date du 26 juillet, où l'on trouve exposés la pensée et les projets du monarque.

Frédéric se fondait sur les intrigues autrichiennes en France et en Russie, pour déclarer que le souci de la sûreté de ses États lui imposait le parti de prévenir l'attaque de ses ennemis en prenant l'offensive. Du côté de la Russie, des avis de source authentique (2) le convainquent qu'il n'a rien à craindre pendant l'hiver; il aura donc toute sa liberté d'action contre l'Autriche. De l'Angleterre, il ne demande aucun secours, quoique l'envoi dans la Baltique d'une escadre lui eût été agréable. Il veut même, « par amitié pour le roi George, différer le commencement de ses opérations jusqu'à peu près le 24e d'août, pour que les Français n'aient pas cette année, ni le prétexte, ni le moyen de passer en Allemagne. » Il désire que le répit ainsi accordé soit utilisé pour la formation d'une armée de 74,000 Hollandais, Anglais et Allemands à la solde anglaise qui, « se tenant sur la défensive, trouverait le moyen d'arrêter tout court les Français, soit dans l'électorat de Cologne, soit dans le Palatinat, et de couvrir aussi l'électorat de Hanovre et toutes les possessions des princes de l'Empire. Ce

---

(1) Mémoire annexé a la dépêche de Mitchell à Holdernesse du 30 juillet.
(2) D'après Fischer, *Histoire de Frédéric*. Halle, 1787; I, 391, les renseignements sur les intentions de la cour de Russie auraient été fournis au roi par le grand-duc Pierre. Voir aussi Schaefer, t. I, 187. D'autre part, Naudé, *Correspondance politique*, t. XIII, déclare erronées les assertions des deux historiens cités.

projet mérite attention, ajoutait le document royal; si on veut l'exécuter, il n'y a pas un moment à perdre, et il faut travailler dès à présent pour être prêt dès le commencement de l'année 1757. Si nous restons les bras croisés, nous serons écrasés les uns après les autres, faute de nous être prévalus des avantages que le bénéfice du temps et notre vigilance pouvaient nous donner. »

Quelques jours après avoir adressé à son unique allié des avis pleins de sagesse que ce dernier se garda bien de suivre, le roi de Prusse reçut un double avertissement de la cour de France. Ému des bruits de mouvements militaires qu'on signalait de Berlin, Rouillé rappela à Knyphausen les engagements pris par le gouvernement de Louis XV en vertu du traité de Versailles, et la nécessité dans laquelle il se trouverait de venir en aide à l'Autriche en cas d'agression. Ordre fut donné au marquis de Valory de faire la même remontrance au roi. La dépêche française (1) supposait à Frédéric des sentiments pacifiques, mais manifestait la crainte « que les Anglais voulussent se servir des préparatifs immenses du roi de Prusse, pour allumer dans l'Europe un feu où Sa Majesté soit obligée de prendre part..... Dans ces circonstances, disait le ministre, il est fort à craindre que l'imagination naturellement vive du roi de Prusse, échauffée par les conseils violents de l'Angleterre, ne le porte à quelque coup de main aussi dangereux peut-être à son propre repos qu'à celui de l'Europe.......... L'intention du roi est que vous déclariez à Sa Majesté Prussienne, ou à ses ministres, que Sa Majesté n'a pas voulu différer de lui représenter l'obligation où elle est, par le traité de Versailles, qu'il lui a fait communiquer, de donner des secours à cette princesse (l'impératrice) si elle était attaquée, et qu'elle ne manquerait pas de les lui donner, ainsi qu'elle est persuadée que le roi de Prusse

(1) Rouillé à Valory, 15 juillet 1756.

donnerait à l'électeur de Hanovre ceux qu'il lui doit par le traité de Londres, dans le cas où la France attaquerait les terres de l'électorat. »

Valory, aussitôt ces instructions reçues, rédigea une lettre dans laquelle il ne faisait que paraphraser les expressions ministérielles, et la remit à Frédéric, le 26 juillet; ce dernier ne lui répliqua que quelques mots très secs : « Voilà qui est bien, Monsieur; M. de Podewils vous donnera ma réponse. » A Mitchell, qui fut reçu immédiatement après le départ de Valory, le roi dit avec un air de bonne humeur : « Je ne veux pas que ces messieurs me parlent comme on parle aux Hollandais, et qu'ils me disent quel traité je dois remplir ou non. »

La note écrite (1) remise à l'envoyé français protestait contre les accusations venues de Versailles : « On suppose des desseins au roi de Prusse et au roi d'Angleterre qu'ils n'ont pas; » puis elle justifiait les armements incriminés par la nécessité de prendre des mesures de défense contre la Russie et l'Autriche, et informait la cour de France de l'interrogatoire dont Klinggraeffen était chargé à Vienne. « L'on se propose de communiquer de même, tout ce qui se passera ultérieurement dans cette importante négociation, espérant que l'on voudra bien se donner la peine de distinguer la vérité de l'imposture. »

Au dire de Frédéric lui-même (2), la communication ainsi faite avait pour but d'amuser la France et d'empêcher l'envoi de troupes en Allemagne pendant l'année en cours. Dès cette époque le roi de Prusse prévoyait le langage évasif qui serait tenu à Vienne; il était décidé à ordonner une nouvelle démarche, et à réclamer des explications sur le traité d'alliance qui, d'après ses renseignements, aurait été conclu entre la cour de Vienne et celle de Pétersbourg. La mention de ce traité, dont l'existence était inconnue à

(1) Réponse au marquis de Valory, signée Frédéric, 27 juillet 1756.
(2) Mitchell à Holdernesse, 30 juillet (très secret).

Versailles, donnerait lieu à des questions et à des éclaircissements, jetterait le doute dans les esprits, et provoquerait un retard dans la mise en route du corps auxiliaire que le roi Louis XV devait fournir à l'impératrice. Le calcul était habile, la suite montra la perspicacité du roi.

Des avis de Hollande, parvenus à Berlin peu de temps avant l'audience de Valory, avaient vivement ému Frédéric et lui avaient inspiré les instructions expédiées à Klinggraeffen. Son chargé d'affaires à La Haye, M. von der Hellen, lui mandait (1) que la Russie, sous l'influence des sollicitations de la cour d'Autriche et de l'or libéralement distribué par les émissaires français, allait accéder au traité de Versailles; que le dessein des deux cours impériales était de tenter contre la Prusse une attaque combinée avec 120,000 Russes et 80,000 Autrichiens; que cependant la Russie ne pouvait être prête cette année-ci. Hellen, qui avait reçu ces informations du colonel Yorke, croyait que ce dernier les tenait de Swart, ministre hollandais à Pétersbourg, et du comte Golowkin, envoyé russe en Hollande. Ce rapport cadrait beaucoup trop avec les préoccupations du roi de Prusse pour que, avec son ardeur habituelle, il n'y ajoutât pas une foi entière, et n'y conformât pas sa politique.

A Vienne, les événements vérifièrent la justesse des prévisions du roi. Klinggraeffen eut son audience le 26 juillet. Marie-Thérèse, après l'avoir écouté sans mot dire, déclara (2) « que l'affaire était si délicate qu'elle avait jugé, afin d'agir sûrement, de coucher sa réponse par écrit et qu'elle allait me la lire elle-même ». Elle était conçue dans les termes suivants (3) : « Les circonstances criti-

(1) Hellen à Frédéric, 13 juillet 1756. « Au roi seul ». *Correspondance politique*, t. XII, page 95.
(2) Klinggraeffen à Frédéric, 27 juillet 1756.
(3) Marie-Therese à Stahremberg, 27 juillet. Le texte donné par Klinggraeffen ne diffère que par quelques mots de celui de la cour de Vienne.

ques des affaires générales m'ont fait regarder comme nécessaires les mesures que je prends pour ma sûreté et la défense de mes alliés, et qui ne tendent d'ailleurs au préjudice de qui que ce soit. C'est ce que je vous prie, Monsieur, de mander au roi votre maître. »

Aussitôt qu'il eut en mains la dépêche de Klinggraeffen, le 2 août, Frédéric réalisa le projet dont il avait entretenu Mitchell. « Immédiatement après la réception de cette lettre, écrit-il (1), vous demanderez audience de l'impératrice-reine. Vous lui direz que je suis fâché de l'importuner encore, mais que c'est indispensable dans la situation présente des affaires, dont l'importance exige des explications plus claires que celles qu'elle vient de me donner. Ni les États de l'impératrice, ni ceux de ses alliés ne sont menacés d'aucune attaque, mais bien les miens. Il faut que l'impératrice sache, pour ne lui rien dissimuler, que je suis informé, d'une manière à n'en pas douter, qu'elle a fait, au commencement de cette année, une alliance offensive avec la cour de Russie contre moi. Il y est stipulé que les deux impératrices m'attaqueront, celle de Russie avec 120,000 hommes, et l'impératrice-reine avec une armée de 80,000 combattants. Ce projet, qui devait se mettre en exécution dès le mois de mai de cette année, a été différé à cause que les troupes russes ont manqué de recrues, leurs flottes de matelots, et la Finlande de blé pour les nourrir. Les deux cours sont convenues de ne remettre les choses que jusqu'au printemps qui vient, et comme il me revient à présent de toutes parts que l'impératrice rassemble ses forces principales en Bohême et Moravie, je me crois en droit d'exiger de l'impératrice une déclaration formelle et catégorique, consistant dans une assurance verbale ou par écrit, qu'elle n'a aucune intention de m'attaquer ni cette année-ci, ni l'année qui

---

(1) Frédéric à Klinggraeffen, 2 août 1756.

vient, soit que cette déclaration se fasse par écrit, ou verbalement en présence des ministres de France et d'Angleterre! Cela m'est égal, et dépend du bon plaisir de l'impératrice. Il faut savoir si nous sommes en guerre ou en paix, j'en rends l'impératrice arbitre. Si ses intentions sont pures, voici le moment de les mettre au jour; mais si on me donne une réponse en style d'oracle, incertaine ou non concluante, l'impératrice aura à se reprocher toutes les suites qu'attirera la façon tacite dont elle me confirmera par là les projets dangereux qu'elle a formés avec la Russie contre moi; et j'atteste le ciel que je suis innocent des malheurs qui s'en suivront. »

Klinggraeffen était averti qu'une réponse peu satisfaisante entraînerait son rappel et le commencement des hostilités. « Cela pourra se faire le 23 ou le 24 de ce mois, » lui mandait le roi.

Cet ultimatum hautain lancé, Frédéric employa le peu de temps qui lui restait avant l'ouverture de la campagne à mobiliser son armée, et à donner ses dernières instructions à ses lieutenants. Il devenait de plus en plus évident que la Prusse aurait à supporter seule le poids de la guerre, au moins pour le moment. De l'Angleterre, il n'y avait rien à attendre; la cour de Londres était opposée à l'aventure; ses conseils de prudence étaient d'autant plus sincères, que l'orage, qui allait éclater en Bohême, aurait son contre-coup sur les bords du Rhin et en Hanovre.

Aux yeux du cabinet britannique, le but de la politique inaugurée par le traité de Westminster n'avait jamais dépassé la sauvegarde des États allemands du roi George contre une entreprise de la France. Si, par crainte de se mêler à un conflit continental, on avait refusé de se prêter aux ouvertures de l'impératrice contre le roi de Prusse, pour la même raison on était peu disposé à soutenir ce dernier dans ses desseins contre l'Autriche. Il fallait arrêter une agression à laquelle l'Angleterre ne voulait pas participer, et dont le premier résultat serait de livrer le Hanovre presque sans défense aux coups de l'adversaire. Holdernesse, dans ses nombreuses dépêches du mois d'août, se fit l'interprète de ces sentiments. D'après lui (1), l'influence anglaise à Pétersbourg était assez forte pour empêcher la czarine « d'entrer tête baissée dans les vues des cours de Vienne et de Versailles. Une attaque de l'impératrice-reine par le roi de Prusse était le seul événement qui pût décider la cour de Russie à agir, sous prétexte des engagements qui la lient à la maison d'Autriche... Le roi espère que Sa Majesté Prussienne ne précipitera pas les événements. Une résolution subite de sa part amènerait les conséquences les plus dangereuses pour la cause commune... qu'on pourrait éviter ou au moins diminuer avec un peu de patience ».

Le ministre anglais reproche au roi de Prusse de ne se préoccuper que de la Russie et de l'Autriche, et de perdre de vue l'action probable de la France. « Si Sa Majesté Prussienne se décide à prendre des mesures dont le roi voudrait le dissuader, et qui auront pour résultat certain une invasion des États de ce dernier, à laquelle il ne pourra résister avec ses propres forces, Sa Majesté Britannique est d'autant plus justifiée à demander le secours de son allié... Le roi de Prusse aura à examiner si l'avantage qu'il trouve à prévenir ses ennemis compense la perte certaine de la Russie; mais, quelle que soit sa décision sur ce point, nous engageons Sa Majesté Prussienne à examiner très sérieusement les mesures qu'il aura à prendre de concert avec le roi, pour garantir les deux États contre les premières attaques d'une armée française, qui répondra sans aucun doute à l'appel de son nouvel allié. » Comme conclusion de ces observations, Holdernesse priait le roi Frédéric de joindre un corps de 25 à 30,000 de ses soldats

(1) Holdernesse à Mitchell, 6, 10 et 20 août 1756.

aux troupes hanovriennes et allemandes dont le roi George pouvait disposer pour la défense de l'électorat.

Les représentations du ministère anglais arrivaient beaucoup trop tard pour exercer la moindre influence sur un prince qui, d'ailleurs, en pareille circonstance, ne prenait conseil que de lui-même. Il ne restait qu'une seule chance de paix : l'impératrice pouvait accepter la trêve que lui proposait son adversaire.

A la date du 7 août, les instructions de Frédéric étaient parvenues à Vienne. Klinggraeffen se rendit aussitôt auprès de Kaunitz, lui en communiqua le contenu et sollicita une audience de l'impératrice. A cette requête, le chancelier riposta en réclamant une note écrite, qui serait remise entre les mains de la souveraine, et d'après laquelle celle-ci pourrait formuler sa réponse au roi de Prusse.

Klinggraeffen n'osa pas prendre sur lui la responsabilité de rédiger une pièce dont l'exposé autant que le dispositif pourrait hâter la rupture; il en référa à son maître (1), et sollicita de nouveaux ordres.

Ce retard ne faisait pas les affaires de Frédéric; aussi intligea-t-il à son envoyé une de ces vertes réprimandes qui lui étaient familières (2) : « Vous avez commis la plus lourde faute, en ne vous prêtant pas à présenter le mémoire par écrit, que la reine-impératrice vous a fait demander, après avoir tout dit au comte de Kaunitz... Vous avez gâté mes affaires; vous vous laissez amuser; il faut que j'aie votre réponse le 21 de ce mois. »

Malgré toute la diligence qui lui était enjointe, Klinggraeffen ne put délivrer sa note que le 20 août, et ne reçut la réplique autrichienne que le lendemain, par l'entremise de Kaunitz. Marie-Thérèse rejetait sur le roi de Prusse la responsabilité des premiers armements, rappelait la ré-

(1) Klinggraeffen à Frédéric, 7 août 1756.
(2) Frédéric à Klinggraeffen, 13 août 1756.

ponse faite le 20 juillet aux premières interrogations, se plaignait de la forme et du fond du document qu'on venait de lui adresser, et terminait en affirmant (1) « que les informations que l'on a données à Sa Majesté Prussienne d'une alliance offensive contre Elle, entre Sa Majesté l'Impératrice-reine et Sa Majesté l'Impératrice de Russie, ainsi que toutes les circonstances et prétendues stipulations de ladite alliance, sont absolument fausses et controuvées, et que pareil traité contre Sa Majesté Prussienne n'existe pas et n'a jamais existé. Cette déclaration mettra toute l'Europe à portée de juger de quelle valeur et qualité seraient les fâcheux événements qu'annonce le mémoire de M. de Klinggraeffen, et de voir qu'en tout cas, ils ne pourront jamais être imputés à Sa Majesté l'Impératrice-reine ».

Ce fut le 25 août, au soir, que l'on reçut à Potsdam les nouvelles de Vienne ; elles étaient prévues. Quelques heures avant l'arrivée du courrier, Frédéric mandait au prince de Prusse, son frère, que son départ pour l'armée était fixé au 28. Dès le 26, l'envoyé Maltzahn eut l'ordre d'annoncer à la cour de Saxe la nécessité dans laquelle l'armée prussienne se trouvait de traverser ce pays pour entrer en Bohème. « L'on aurait, écrivait le roi (2), pour les États du roi de Pologne, tous les ménagements que les circonstances présentes pourraient comporter,... il se voyait forcé de prendre ses précautions de manière à ne pas retomber dans la situation où la cour de Saxe l'avait mis pendant les années 1744 et 1745. » Le même jour, les ordres de marche furent expédiés, et le 28 août, à quatre heures du matin, Frédéric quitta sa capitale, à la tête de ses gardes. Dès le lendemain, la frontière était franchie et la guerre de sept ans commencée.

Nous ne pouvons, en effet, attacher d'importance à la

(1) Réponse au Mémoire présenté par M. de Klinggraeffen, le 20 août 1756. *Correspondance politique*, t. XIII, p. 285 et suiv.
(2) Frédéric à Maltzahn, 26 août 1756.

troisième démarche que Klinggraeffen dut faire auprès de la cour d'Autriche. Frédéric, sous prétexte que l'impératrice, dans sa note, n'avait pas fait allusion à la promesse qu'il exigeait d'elle de ne pas l'attaquer pendant deux ans, chargea son représentant de renouveler la demande; il s'engagerait à retirer ses troupes et à « remettre toutes choses dans l'état où elles doivent l'être », si l'assurance lui était donnée. Dans le cas où un refus ou une fin de non recevoir serait opposée à la requête, Klinggraeffen devait quitter Vienne sans prendre congé.

Quand l'envoyé prussien se présenta chez Kaunitz, on avait déjà appris à la cour impériale l'invasion de la Saxe et la marche contre la Bohême. Aussi, se borna-t-on à lui faire savoir que (1) : « Après une agression aussi marquée, il ne saurait être plus question d'aucune autre réponse que de celle que Sa Majesté pourra juger à propos de faire en son temps au dit manifeste. La dernière qu'elle a fait connaître à M. de Klinggraeffen portant tout ce qui peut être combinable avec sa dignité à faire déclarer, et la proposition de laisser convertir en trêve la paix subsistant, et fondée sur des traités solennels, n'étant naturellement susceptible d'aucune déclaration, c'est ce qu'on a ordre de faire connaître en réponse à M. de Klinggraeffen. »

La dernière sommation à l'Autriche avait évidemment pour but, en affichant les intentions pacifiques qu'affectait encore Frédéric, d'intervertir les rôles aux yeux de l'Europe, et d'attribuer à l'impératrice le caractère d'agresseur. Ce fut la même pensée qui dicta la publication du mémoire par lequel le cabinet de Berlin riposta au manifeste de Marie-Thérèse.

(1) Réponse de l'Impératrice-reine. Vienne, 27 septembre 1756.

CHAPITRE XII

ATTITUDE DES COURS DE VIENNE, PÉTERSBOURG ET VERSAILLES AU MOMENT DE LA RUPTURE. — REVUE DE LA CONDUITE DE MARIE-THÉRÈSE ET DE FRÉDÉRIC.

Quelque étrange que cela puisse paraître, la démarche de Klinggraeffen à la fin de juillet 1756 ne fut pas interprétée par la cour de Vienne comme signe précurseur d'une attaque prochaine du roi de Prusse. D'après une lettre de Fleming en date du 28 de ce mois (1), relatant une conversation avec Kaunitz, la cour d'Autriche voulait, en donnant au roi Frédéric « une réponse aussi énergique qu'obscure, éviter une discussion diplomatique sur les armements des deux puissances ».

L'Autriche était, en effet, fort en retard pour ses préparatifs, qui n'avaient été commencés que pendant le mois de juin. Dans une dépêche à Stahremberg, du 18 juin, le chancelier parle pour la première fois des visées belliqueuses de la Prusse et des précautions que va prendre l'impératrice. « Il nous importe grandement, écrit-il (2), de nous mettre à l'abri de toute surprise ; mais nous concevons en même temps qu'il est de la prudence de ne

---

(1) Fleming à Bruhl, 28 juillet 1756. *Correspondance politique*, t. XIII, page 215.
(2) Kaunitz à Stahremberg, 18 juin 1756. Archives de Vienne.

point augmenter, plus qu'il ne le faut absolument, les inquiétudes de ce dangereux voisin. Pour éviter l'une ou l'autre extrémité, il a été résolu de nous borner... quant à présent, à deux camps de cavalerie, sur les confins de la Hongrie, vers ici. »

Ces premières dispositions avaient bientôt été complétées par la décision d'assembler 80,000 hommes en Bohême et en Moravie ; mais les mouvements de la troupe, la formation des magasins, la mise en état des forteresses, étaient forcément une œuvre de longue haleine.

Kaunitz s'imaginait que le but du roi de Prusse était d'entraver les efforts que l'Autriche, moins rapide à la mobilisation que son adversaire, devait faire pour regagner le temps perdu et pour être prête à entrer en campagne, de concert avec la Russie et la France, au printemps de 1757.

Marie-Thérèse elle-même ne semble pas avoir prévu les suites de la réponse qu'elle venait de faire au représentant de Frédéric. Dans un billet qui porte sa signature, daté du 27 juillet (1), la demande d'explications, les termes mêmes de la note qu'elle avait lue à Klinggraeffen, sont relatés à titre de renseignement, presque sans commentaire, et prennent place à côté et au milieu des autres questions traitées. M. d'Aubeterre tient à peu près le même langage (2) : « On veut éviter d'entrer en pourparlers avec le roi de Prusse, qui aurait peut-être proposé de suspendre ses mesures à condition que l'impératrice cessât aussi les siennes. Or, comme ce prince est toujours en état de s'assembler plus promptement qu'on ne l'est ici, on veut absolument s'y mettre de niveau à cet égard pour ne pas être dans le cas d'être prévenu. »

On crut même, à Vienne, à un ralentissement des ar-

(1) Marie-Thérèse à Stahremberg, 27 juillet 1756.
(2) Aubeterre à Rouillé, 28 juillet 1756. Autriche, Affaires Etrangères.

mements de la Prusse. Le 7 août, Fleming mandait à sa cour (1) « que les avis se confirmaient que le roi de Prusse avait fait cesser dans ses États tous les mouvements et préparatifs; que, d'après ce que lui avait dit le comte de Kaunitz, la modération apparente de ce prince n'arrêterait point la continuation des mesures vigoureuses que l'on avait commencées ». Le ministre saxon se félicite de voir l'Autriche « mettre ses armées dans un état si mobile et si actif qu'il ne restait plus à l'avenir aucune surprise à craindre de la part du roi de Prusse, ni pour elle-même, ni pour ses alliés ».

Fleming était, du reste, si rassuré sur le maintien, au moins provisoire, de la paix, que peu de jours après avoir expédié sa dépêche, il sollicita et obtint un congé pour se rendre à Dresde, où il se trouvait encore au moment de l'invasion prussienne. La communication verbale et l'ultimatum de Klinggraeffen dissipèrent enfin les illusions, et le chancelier autrichien dut avouer à M. Ratte, chargé d'affaires de France (2), que les hostilités étaient certaines.

Il faut, selon nous, attribuer la quiétude de la cour de Vienne à la conviction que le roi de Prusse, malgré son attitude menaçante, n'oserait pas, en prenant l'initiative, braver la Russie et la France, qu'il savait être tenues, par les termes des traités défensifs conclus, de venir en aide à l'impératrice si elle était attaquée.

Fidèle à l'idée maîtresse de sa politique, Kaunitz avait préparé de longue main la constitution d'une ligue des trois principales puissances de l'Europe, dont l'effort commun viserait l'écrasement de la Prusse. Mais pour être efficace l'action devait être simultanée. Or, à Vienne, si on

---

(1) Fleming à Bruhl, 7 août 1756. *Correspondance politique*, XIII, page 262.
(2) Ratte à Rouillé, 24 août 1756, M. d'Aubeterre, nommé à l'ambassade d'Espagne, avait quitté Vienne le 4 août.

se croyait sûr de la Russie, on ne l'était pas encore de la France. On se faisait fort de surmonter les résistances du gouvernement de Louis XV; mais en brusquant des négociations déjà épineuses, on risquait de manquer le but, ou tout au moins, on serait obligé d'acheter le concours désiré au prix de sacrifices qui répugnaient à l'Autriche. La promptitude, l'impétuosité si habituelle à Frédéric, n'était pas la qualité dominante de son antagoniste. Ce dernier d'ailleurs, quand même il l'eût voulu, ne pouvait s'affranchir des traditions de prudence de la cour de Vienne, ni se dérober aux règles d'une procédure dont le formalisme et la lenteur n'étaient pas les moindres inconvénients.

Si l'impératrice avait cru à la possibilité d'une rupture immédiate avec la Prusse, il est manifeste qu'elle eût cherché le secours militaire de la czarine, et qu'elle eût pris les mesures nécessaires pour protéger la Saxe contre les entreprises de l'ennemi. Loin de poursuivre les objectifs indiqués, le gouvernement de Marie-Thérèse employa sa diplomatie à modérer le zèle que ses alliés étaient disposés à déployer pour les atteindre.

Nous avons vu Kaunitz, au moment du traité de Versailles, repousser comme inopportunes et prématurées les propositions belliqueuses qui avaient été élaborées à Pétersbourg entre Esterhazy et les chanceliers russes. Deux mois après, il est vrai, la cour de Vienne, alarmée par les préparatifs de la Prusse, demanda (1) à la Russie de former une armée d'observation en Livonie; mais ce ne fut que le 22 août, c'est-à-dire deux jours après la présentation de l'ultimatum de Klinggraeffen (2), que le chancelier réclama l'intervention active de la Russie dans l'hypothèse d'une agression du roi de Prusse, et autorisa son

---

(1) Kaunitz à Esterhazy, 17 juillet 1756. *Arneth*, t. V, page 48 et notes.
(2) Kaunitz à Esterhazy, 22 août 1756. *Arneth*, t. V, page 48 et notes.

envoyé à garantir le paiement d'un subside de 2 millions de ducats, à l'effet de faciliter la mobilisation des troupes moscovites.

A l'égard de la Saxe, la cour de Vienne montra la même réserve. L'électeur-roi et son ministre Brühl, malgré l'incapacité du premier et l'incurie du second, ne purent rester indifférents au péril qui les menaçait. En cas d'hostilités entre l'impératrice et le roi de Prusse, il était à craindre que la Saxe ne devînt le théâtre de la guerre. Appauvri par les folles dépenses du monarque, privé des subsides de l'Angleterre, obligé de congédier, faute de ressources, une grande partie de ses troupes, ce pays devait avoir recours à ses voisins pour sa défense. La convention de 1746, que Frédéric allait invoquer pour justifier l'occupation de l'électorat, avait établi pour l'Autriche et la Russie l'obligation de venir à l'aide du roi Auguste s'il était attaqué; aussi les diplomates saxons furent-ils chargés de sonder le terrain auprès des cours alliées. Le langage que tenait Kaunitz à son ami Fleming ne promettait pas de la part de l'Autriche un appui immédiat; on eut recours à la Russie. Au mois de juin (1), le ministre Prasse eut ordre d'informer la cour de Russie des appréhensions qu'inspiraient à Dresde les agissements du roi de Prusse, et de rappeler le secours de 12,000 hommes, stipulé par les traités. Saisi de cette demande, le conseil se déclara prêt à s'exécuter, et offrit même de porter à 40,000 hommes l'effectif du corps d'armée qui serait envoyé pour appuyer le roi de Pologne. La décision, aussitôt ratifiée par la czarine, fut communiquée à l'ambassadeur Esterhazy. Ce furent les objections de ce dernier qui réveillèrent l'opposition des partisans de l'alliance anglaise, et firent abandonner le projet.

L'attitude de l'Autriche fut la même à Paris qu'à Péters-

(1) Williams à Mitchell, 16 octobre 1756. Cette lettre contient le récit ci-dessus, qui est emprunté à une conversation que l'ambassadeur anglais eut avec le grand chancelier Bestushew.

bourg. Dans ses conférences avec Bernis, Stahremberg reconnaissait la nécessité de comprendre la Saxe dans la coalition future; mais il remettait à plus tard tout arrangement avec cet État, et faisait éconduire l'envoyé saxon, qui cherchait à intéresser le gouvernement de Louis XV au sort de sa patrie.

Découragé par l'échec de ses sollicitations à Paris et à Pétersbourg, convaincu qu'aucun aide ne lui viendrait pour le moment de Vienne, trompé peut-être par le ton des dépêches de Fleming, le roi de Pologne se résigna à attendre les événements et se berça de l'espoir de pouvoir rester neutre dans le conflit approchant. « La cour de Dresde, écrit le comte de Broglie (1) à la date du 13 août, à la vue de cet orage qui se forme si près d'elle, ne paraît pas à présent s'occuper de se garantir. » Ce ne fut, en effet, que la veille de l'entrée des Prussiens en Saxe que les ordres furent donnés (2) pour concentrer entre Konigstein et Pirna, dans une position avantageuse, les 15,000 hommes dont se composait l'armée électorale.

Les faits que nous venons de relater, les propos tenus par les représentants de l'Autriche à Pétersbourg et à Paris, l'indifférence de la cour de Vienne à l'égard de la Saxe et les conversations de Kaunitz, semblent démontrer que ce ministre ne prévoyait pas l'agression du roi de Prusse, que cette attaque subite qui venait interrompre des armements encore incomplets et troubler des négociations en cours, était une véritable surprise pour l'impératrice-reine, tout autant que pour les autres puissances de l'Europe.

Si cette impression est exacte, l'on doit rechercher pourquoi le cabinet de Marie-Thérèse, qui avait des motifs si

(1) Broglie à Bonnac, 13 août 1756. Correspondance secrète. Affaires Étrangères.
(2) Broglie à Bonnac, 27 août 1756. Correspondance secrète. Affaires Étrangères.

puissants pour retarder le commencement des hostilités, déclina la promesse que voulait obtenir Frédéric. Le temps ainsi gagné eût été mis à profit, et les diplomates du dix-huitième siècle n'auraient pas été plus embarrassés que leurs successeurs d'aujourd'hui, pour soulever un incident qui eût servi de prétexte au moment opportun. La morale politique n'était guère plus en honneur à Vienne qu'à Berlin; aussi n'est-ce pas, selon nous, à la crainte de se lier les mains vis-à-vis de la Prusse, que l'impératrice obéit en opposant un refus hautain à la sommation de Klinggraeffen.

Bernis, dans ses *Mémoires*, insinue que la réponse de Marie-Thérèse ne fut pas approuvée à Paris (1). « Si elle (la cour de Vienne) avait été plus sage..., elle aurait donné l'assurance qui était demandée; par là, elle reculait au moins l'époque de la guerre, elle se donnait le temps de rassembler ses forces, de mettre la Saxe à l'abri d'un coup de main, de faire expliquer les cours que nous désirions unir au concert de nos mesures, et nous donnait à nous-mêmes le temps de faire des préparatifs militaires et des arrangements de finances. »

Il est certain que le ton de la note prussienne, dont Klinggraeffen n'avait pas osé adoucir les expressions, l'accusation inexacte d'une alliance offensive avec la Russie, l'injonction impérieuse d'avoir à cesser les armements en train, étaient autant de blessures cruelles infligées à l'orgueil de la souveraine et à l'amour-propre de la femme. Prendre l'engagement qui lui était réclamé, c'était s'humilier devant son ennemi détesté et s'abaisser aux yeux de l'Europe. L'échec diplomatique subi eût diminué le prestige de la cour impériale, et amoindri son autorité auprès des grandes puissances dont elle sollicitait le concours, et avec lesquelles elle entendait traiter sur un pied d'égalité

(1) *Mémoires de Bernis*, t. 1, page 292.

parfaite. Ces divers mobiles eurent certainement leur effet sur la résolution de Marie-Thérèse, mais nous inclinons à penser que la principale cause de sa réponse négative fut le désir de forcer le roi de Prusse à devenir l'agresseur. Attaquée par lui, la cour de Vienne avait le droit de faire appel à la Russie et à la France, obligées toutes les deux par leurs conventions. De la guerre défensive à l'offensive, il n'y avait qu'un pas; et ce pas, la diplomatie autrichienne se croyait assez forte et assez habile pour le faire franchir sans trop de résistance. Les hostilités commencées, les négociations seraient plus actives, l'accord plus prompt, et l'objet final, la formation de la ligue contre la Prusse, plus sûrement et plus rapidement atteint.

En relevant le gant que lui jetait Frédéric, l'impératrice jouait gros jeu; elle ne pouvait compter que sur ses propres forces pour repousser l'assaut, et n'avait pas à espérer d'aide immédiat de ses alliés.

Sans doute, à Pétersbourg, les tentatives de Williams pour maintenir l'union avec l'Angleterre et pour réconcilier la czarine avec le roi de Prusse, n'avaient pas abouti et ne paraissaient pas avoir grande chance de succès; à l'encontre, les rapports avec l'impératrice-reine avaient conservé leur caractère d'intimité, et s'étaient traduits à plusieurs reprises pendant le cours de l'été par des offres de service.

Mais malgré ces indices favorables à l'Autriche, la marche des événements en Russie, pleine de contradictions et d'imprévu, était une véritable énigme pour les cabinets de l'Europe. Les décisions les plus importantes dépendaient de tant de facteurs d'un poids si variable, qu'il était difficile d'en démêler les motifs et encore plus d'en prévoir les suites. L'état de santé de la souveraine, ses fantaisies, les intrigues d'antichambre ou d'alcôve, la vénalité bien connue des fonctionnaires les plus haut placés, les intérêts privés de toute sorte et de tout ordre, étaient autant de considérations dont il fallait tenir compte, autant de causes qui agissaient sur la boussole politique de la cour de Pétersbourg, et qui en faisaient constamment changer la direction.

Élisabeth, usée par le plaisir, malade, indolente, capricieuse au possible, gouvernée par le favori en titre ou les femmes de sa toilette, restait malgré tout fidèle à l'amitié qu'elle avait vouée à Marie-Thérèse et à la haine dont elle poursuivait Frédéric. Auprès d'elle, l'héritier de la couronne, le grand-duc Pierre, sans instruction, sans valeur, excentrique jusqu'à la folie, admirateur passionné du philosophe de Sans-Souci, ne cachait pas ses sympathies pour ce prince, et, s'il faut en croire certains historiens, n'hésitait pas à lui faire parvenir les avis les plus importants.

La grande-duchesse Catherine partageait son temps entre les intrigues amoureuses et les affaires de l'empire; en mauvais termes, quelquefois en brouille affichée avec la czarine, elle mettait au service de l'Angleterre le crédit que lui assuraient ses talents, sa grâce, le charme qu'elle exerçait autour d'elle, et surtout le pouvoir qu'elle possédait sur son faible époux.

Le grand chancelier Bestushew, superstitieux, débauché, corrompu à l'excès, besogneux, vénal jusqu'à se vendre au plus offrant, suspect à sa souveraine qui cependant ne pouvait se passer de lui, plus fin que capable, plus rusé qu'habile, mais froid, possédant la tradition du ministère, l'expérience des hommes et une connaissance intime des rouages de l'État, secondait de son mieux les efforts de l'ambassadeur anglais, et était, de ce chef, en lutte ouverte avec Woronzow le vice-chancelier. Ce dernier, de basse origine, moins grand seigneur et presque aussi intéressé que son rival, se montrait partisan avoué de l'alliance autrichienne et de l'entente avec la France.

Au premier rang des influences de cour, était celle des

Schuwalow, dont les plus âgés, Pierre et Alexandre, remplissaient les grandes fonctions civiles et militaires de l'État; le plus jeune, Ivan, amant attitré d'Élisabeth, d'une valeur personnelle incontestable, jouissait d'une autorité aussi efficace dans les conseils de la czarine que dans le boudoir de la maîtresse.

Depuis quelques mois, le prestige de l'Angleterre avait subi à Saint-Pétersbourg une atteinte sérieuse; en dépit de tous ses efforts, sir Hanbury Williams n'avait pu empêcher le rétablissement des relations diplomatiques entre la France et la Russie.

C'est à l'automne de 1755 que remonte le premier essai fait par le gouvernement de Louis XV, pour reprendre avec la cour de Russie les rapports interrompus en 1744, à la suite de l'expulsion de l'envoyé français, M. de La Chetardie. Pour cette délicate mission, l'on choisit le chevalier Douglas, réfugié écossais au service de la France. Ce dernier, pour ne pas donner l'éveil, dut se faire passer comme sujet britannique et jouer le rôle de négociant en fourrures (1). Il fut muni pour sa correspondance d'un code spécial, où les termes du commerce qu'il était censé pratiquer, étaient appliqués aux gens et aux circonstances de la Russie. Dans le vocabulaire adopté, « le renard noir » signifiait Williams, « le loup cervier » le chancelier Bestushew, et « les peaux de petit gris » représentaient les troupes à la solde de l'Angleterre. Douglas, débarqué à Pétersbourg dans les premiers jours d'octobre, n'y fit qu'un court séjour. Pour se faire présenter à l'impératrice, il dut en sa qualité assumée, s'adresser à l'ambassadeur Williams, qui se méfia du personnage et le fit éconduire; cependant, il sut nouer avec le vice-chancelier Woronzow et avec quelques courtisans des liaisons amicales qui facilitèrent son retour.

(1) Voir, pour les premières instructions de Douglas, l'ouvrage de Boutaric, *Correspondance secrète de Louis XV*, t. I, pages 203 et suiv.

Lors de son second voyage, au printemps de 1756, Douglas, revêtu cette fois d'un caractère semi-officiel, trouva un excellent accueil. Le traité de Westminster avait fait tort à l'influence anglaise, et dans l'entourage de la czarine l'on était fort disposé à se réconcilier avec la France. Dès le soir de son arrivée (1), l'émissaire français put voir Woronzow et lui remettre la lettre d'introduction dont il était porteur, ainsi qu'un mémoire pour l'impératrice. La réponse à ce document se fit attendre un mois, mais son contenu était de nature à faire pardonner le retard. Sa Majesté déclarait (2) « qu'elle consentirait avec plaisir à l'envoi réciproque de ministres accrédités; que l'on expédierait, de part et d'autre, aux envoyés des deux pays résidant à l'étranger, des ordres où il leur soit enjoint de se comporter vis-à-vis l'un de l'autre d'une manière qu'il convient à des ministres de cours qui vivent en la meilleure intelligence et en l'amitié la plus sincère ». L'impératrice terminait en annonçant le départ pour la France de M. Becklieff, chargé d'une mission pareille à celle que remplissait en Russie le représentant de Louis XV.

Dans la dépêche (3) qui accompagnait la note de la czarine, Douglas raconte que sur la demande de Woronzow « la connaissance de cette affaire a été ôtée au grand chancelier, jusqu'à ce que tout fût mis en règle et sur un pied convenable à la dignité des deux souverains »; sa situation équivoque ne laisse pas que de lui créer des embarras; « on ne sait pour qui me prendre, et souvent j'ignore moi-même pour qui me donner. » Il se loue beaucoup des Schuwalow et surtout du comte Ivan : « ce jeune et aimable seigneur, dont les mérites dans le printemps de son âge

---

(1) Douglas à Rouillé, 24 avril 1756. Russie. Affaires Étrangères.
(2) Réponse de S. M. I. remise au chevalier Douglas, le $\frac{10}{9}$ mai 1756.
(3) Douglas à Tercier, 23 mai 1756. Tercier, commis aux Affaires Étrangères était initié à la diplomatie secrète de Louis XV. La dépêche de Douglas devait être communiquée au ministre.

jettent un éclat qui fait tout attendre de son mérite et de sa capacité.., a employé le crédit et la faveur qu'il a auprès de Sa Souveraine à hâter le rétablissement de la bonne harmonie, et à aplanir les difficultés qui pourront s'y opposer ».

La position de Douglas fut régularisée par l'expédition de lettres de créance qu'il remit aux chanceliers, le 25 juillet, et par sa présentation officielle à l'impératrice au mois d'août. A partir de cette époque, les conversations diplomatiques reprirent entre les ministres russes et le chargé d'affaires de France. Ce dernier reçut l'ordre (1) de joindre ses efforts à ceux de l'ambassadeur Esterhazy, pour déterminer l'accession de la Russie au traité de Versailles.

Williams, malgré le déclin du prestige de l'Angleterre, possédait encore, grâce à son énergie, son activité et surtout à l'or dont il disposait, une grande autorité dans les cercles de la cour. C'est dans sa correspondance que nous continuerons à puiser des renseignements sur les intrigues qui se combinaient autour de l'impératrice, et sur les fluctuations de la politique moscovite.

Nous avons laissé le diplomate britannique aux prises avec les embarras d'une situation fort embrouillée. Très lié avec Bestushew, tenu par lui au courant des secrets du gouvernement, il avait signalé à Londres le changement d'attitude de son collègue Esterhazy qui, d'ami et confident, était devenu son rival, et le rôle grandissant du chevalier Douglas (2). Mais quelque bien informé qu'il fût, il ne soupçonnait pas les conférences secrètes entre les chanceliers et le représentant de l'Autriche, et encore moins les propositions faites à cette puissance. Il négligea le danger réel, l'action de Marie-Thérèse, pour se préoc-

(1) Rouillé a Douglas, 14 août 1756.
(2) Williams à Holdernesse, 5 juin 1756.

cuper des tentatives de rapprochement que faisait le cabinet de Versailles (1).

Au commencement de juillet, Williams eut une longue conversation avec Bestushew, qui affirma que, « quoique son crédit n'est plus ce qu'il était jadis », il lutterait toujours pour l'alliance anglaise. A l'ambassadeur dont l'ardeur tatillonne était probablement devenue pour lui une source d'inquiétude, il conseillait de patienter. Malgré les désirs de certaines personnes, au premier rang desquelles figurait le favori Ivan Schouwalow, une entente intime avec la France n'était pas à prévoir; les intérêts des deux pays, la politique suivie dans les affaires de Suède et de Pologne, étaient trop divergents pour qu'un accord eût une durée plus qu'éphémère. « Malheureusement, ajouta-t-il, nous avons à la cour un jeune favori qui parle le français et qui aime les Français, leurs modes, etc... Son pouvoir est si grand qu'il est quelquefois irrésistible, mais quoique je ne puisse pas toujours faire prévaloir mon avis, je parviens en général à démolir les projets des autres quand je ne les approuve pas. Notre M. Pompadour s'est mis dans la tête qu'il aurait ici un ministre de France, et je crains qu'il ne réussisse; mais aussi longtemps que je serai le ministre de Sa Majesté Impériale, on ne fera ici rien d'essentiel au préjudice de l'Angleterre. » Le vieux chancelier passa ensuite au chapitre de l'Autriche, se fit donner des renseignements sur les rapports de Keith avec cette cour, et finit en priant son interlocuteur d'engager le gouvernement anglais à rester en bons termes avec l'impératrice-reine.

Trois jours après, nouvelle conférence avec Bestushew. Ce dernier expose ses embarras financiers; son traitement n'est que de 7,000 roubles par an; il a des dettes, des charges énormes; il demande au gouvernement britanni-

(1) Williams à Holdernesse, 5 juin 1756.

que de lui faire une rente de 2,500 livres sterling, qui lui permettra de vivre indépendant de tout le monde, excepté du roi George et de sa souveraine. Le lendemain, c'est la grande-duchesse Catherine qui présente une requête du même genre. Elle écoute les développements de Williams sur les dangers de l'alliance française, le remercie de ses conseils; elle promet de seconder ses vues; mais elle ajoute (1) « qu'elle pourrait agir beaucoup plus si elle avait de l'argent : sans argent à la cour de Russie, on n'obtenait aucun résultat; elle était obligée de payer jusqu'aux femmes de chambre de l'Impératrice... sa famille était pauvre. Mais, si le roi George voulait avoir l'amabilité et la générosité de lui prêter une somme d'argent, elle donnerait à Sa Majesté un billet pour le montant et le lui rembourserait aussitôt que cela lui serait possible. En même temps, elle donnerait sa parole d'honneur que les sommes prêtées seraient employées jusqu'au dernier sol aux affaires de ce qu'elle considérait comme la cause commune ».

Par retour du courrier (2), c'est-à-dire après un délai de près d'un mois, Williams reçut l'ordre de verser 250,000 livres (£ 10,000) entre les mains de l'impériale solliciteuse. Plus méfiant à l'égard du chancelier, le ministre du roi George promet la pension, mais subordonne le premier versement à la condition préalable d'un revirement en faveur des intérêts anglais.

Encouragé sans doute par les dépêches de Pétersbourg et par le récit d'une conversation de Keith avec M. de Keyserling (3), ambassadeur russe à Vienne, Holdernesse engagea le roi de Prusse à profiter de la détente appa-

---

(1) Williams à Holdernesse, 9 juillet 1756, très secret.
(2) Holdernesse à Williams, 6 août 1756, très secret.
(3) Holdernesse chargea Keith d'employer Keyserling à travailler auprès de sa cour en faveur de l'Angleterre, et de lui faire entendre qu'il serait rémunéré de ses services.

rente pour rassurer la cour de Russie sur les intentions belliqueuses qu'on lui attribuait. A cet effet, comme les relations diplomatiques étaient rompues depuis quelques années entre le roi et la czarine, Mitchell écrivit à son collègue Williams (1) une lettre, qu'il fit approuver par Frédéric, et qui était destinée à être mise sous les yeux des chanceliers russes.

Le roi de Prusse ne demandait pas mieux que de suivre la voie indiquée par le cabinet britannique. Le 28 août, à la veille de son départ pour la guerre, il offrit d'envoyer un représentant à Pétersbourg, si l'entente pouvait se faire avec la czarine ; bien plus, il proposa de soumettre ses différends avec l'Autriche à l'arbitrage de l'impératrice Élisabeth et du roi George. Enfin, le 2 septembre, de son quartier général de Torgau, malgré l'esprit d'économie qui présidait à la gestion des finances du royaume, il se déclara prêt à contribuer à la bourse commune, et autorisa Mitchell à faire savoir à Williams qu'il mettait à sa disposition une somme de 100,000 écus pour gagner les bonnes grâces de Bestushew.

Malheureusement, les avances diplomatiques et financières de Frédéric avaient le double tort d'arriver trop tard, et de coïncider avec l'ultimatum de Klinggraeffen, l'invasion de la Saxe et la marche contre l'Autriche. Des événements de cette nature devaient créer un courant d'opinion contre lequel Bestushew serait impuissant, réveiller les sentiments personnels de la czarine et l'obliger à intervenir en faveur de son alliée.

Aussi Williams, édifié sur l'état des esprits, ne fait-il pas mystère de ses craintes. « Je suis fort chagrin d'apprendre que la guerre est si proche, écrit-il à Mitchell (2) : j'espère, par tout ce qui est le plus sacré, que le roi de

(1) Mitchell a Williams, 27 juillet 1756.
(2) Williams a Mitchell, 4 septembre 1756.

Prusse ne commencera pas les hostilités... j'ai pris le plus grand soin de me renseigner sur les intentions réelles de cette cour à l'égard du roi de Prusse dans la situation présente des affaires. Sa Majesté Prussienne peut être assurée qu'elles sont les suivantes : si l'impératrice-reine attaque Sa Majesté Prussienne, les Russes resteront neutres; mais si le roi de Prusse attaque l'impératrice, la Russie assistera de toutes ses forces Sa Majesté Impériale. » Trois jours plus tard, autre lettre de Williams, en date du 7 septembre. On ne connaissait pas encore l'entrée en Saxe, mais on était fixé sur le sens de la sommation de Klinggraeffen : « Dieu seul sait, écrit l'ambassadeur (1), si ma lettre arrivera à temps pour empêcher le mal que je crains ; mais j'apprends que M. de Klinggraeffen a remis à la cour de Vienne une note, dans laquelle il y a des réflexions sur la Russie. Il y est dit qu'une alliance offensive contre le roi de Prusse a été conclue, au mois de janvier dernier, entre les cours de Pétersbourg et de Vienne, et que la seule raison qui a empêché les hostilités de commencer cette année, a été que l'armée russe manquait d'un grand nombre de recrues. Quant à l'existence d'un traité offensif entre les cours de Vienne et de Pétersbourg, signé en janvier de cette année, je crois, et suis prêt à affirmer ma croyance, que cela est absolument faux. Je suis également convaincu que cette cour n'a conclu aucun arrangement de quelque sorte que cela soit avec la cour de Vienne depuis le traité de 1746 ; et celui-là, Sa Majesté Prussienne le sait, n'a qu'un caractère purement défensif. »

Les appréhensions de Williams étaient justifiées. Par le même courrier, Esterhazy (2) pouvait annoncer à Kaunitz que, dans le cas d'une agression prussienne, la czarine Éli-

---

(1) Williams à Mitchell, 7 septembre 1756.
(2) Esterhazy à Kaunitz, 7 septembre 1756. Arneth, t. V, page 49.

sabeth remplirait sans restrictions à l'égard de l'impératrice les engagements qu'elle avait contractés en vertu du traité de 1746.

Il est presque superflu d'ajouter qu'au fur et à mesure de l'arrivée des nouvelles, l'état des esprits, déjà hostile à Frédéric, s'aigrit de plus en plus. L'offre de recourir à la médiation de la czarine, transmise de Berlin et présentée par Williams, fut repoussée avec mépris. Mais le cabinet de Pétersbourg n'était pas en état de donner à son langage et à ses déclarations la sanction d'une intervention armée. L'organisation des cadres était trop imparfaite, le commandement trop inexpérimenté, les services auxiliaires trop incomplets pour qu'il fût possible de réunir, avant la mauvaise saison, les soldats qu'on venait de renvoyer dans leurs garnisons. Le roi de Prusse était d'ailleurs parfaitement au courant de la situation militaire; aussi la certitude que l'attaque méditée contre lui par Élisabeth ne pourrait avoir lieu avant l'année suivante, influa-t-elle beaucoup sur la décision de commencer les opérations contre l'impératrice-reine. Les considérations du capitaine l'emportèrent encore une fois sur les préoccupations du diplomate.

En France, si les préparatifs n'étaient guère plus avancés, les desseins du gouvernement étaient beaucoup moins arrêtés qu'en Russie. On voulait bien négocier avec l'Autriche; on acceptait en principe l'union intime avec cette puissance; on se prêtait, sinon par une action directe, au moins par un consentement tacite, à l'amoindrissement du roi de Prusse; mais on restait opposé à l'idée de prendre part au conflit, et on se berçait de l'illusion que ce conflit n'était pas sur le point d'éclater.

Dans les lettres adressées à son maître, Knyphausen analyse, selon son habitude, les opinions manifestées au sujet de la nouvelle orientation de la politique française. D'après le ministre prussien qui se fait l'interprète des propos qu'il entend autour de lui (1), le traité de Versailles était regardé comme écartant les chances d'une mêlée européenne, et pour ce motif était très mal vu par le comte d'Argenson, le maréchal de Belle-Isle, et, en général, par tout ce qui tenait à l'armée de terre. « J'ai tout lieu de supposer, écrit l'envoyé (2), qu'on ne se décidera jamais ici à transporter la guerre sur le continent; une pareille entreprise étant entièrement contraire aux vues de la marquise, ainsi qu'à celles du comte de Machault, qui paraît être celui de tous les ministres qui a le plus de part à sa confiance. »

Pendant tout l'été de 1756, à son prince qui l'interroge sur les dispositions de Louis XV, sur les articles secrets qu'on suppose avoir été ajoutés au traité de Versailles, sur l'invasion du Hanovre, sur le projet de déchaîner les haines religieuses en Allemagne, Knyphausen tient un langage très rassurant. Il ne dissimule (3) pas le changement radical produit chez les partisans les plus chauds de l'ancien système par le rapprochement des cours de Berlin et de Saint-James; mais il affirme (4) que la convention du 1er mai ne contient aucune clause dirigée contre la Prusse; il ne croit ni à une lutte religieuse (5) ni à une attaque des États électoraux du roi George (6).

Dans une dépêche qui ne précède que de quelques jours l'invasion de la Saxe (7), le diplomate prussien, tout en répétant ses avis sur les dangers d'une agression, parle même d'une détente dans l'opinion. « Les principaux d'entre les ministres semblent se radoucir à mon égard et m'évitent avec moins d'affectation........ M. Rouillé m'a fait

---

(1) Knyphausen à Frédéric, 7 juin 1756. Archives des Affaires Étrangères.
(2) Knyphausen à Frédéric, 11 juin 1756.
(3) Knyphausen à Frédéric, 2 juillet 1756.
(4) Knyphausen à Frédéric, 4 juillet, 7 et 15 juillet 1756.
(5) Knyphausen à Frédéric, 4 juillet 1756.
(6) Knyphausen à Frédéric, 2 juin et 1er août 1756.
(7) Knyphausen à Frédéric, 12 août 1756.

insinuer...... qu'il était surpris de ne plus me voir aussi souvent que ci-devant...... le maréchal de Belle-Isle, qui s'était totalement éloigné de moi, m'a fait aussi à peu près les mêmes reproches. » Malgré ces symptômes favorables, qui paraissaient indiquer quelque hésitation à suivre jusqu'au bout les conseils de l'Autriche, un acte d'hostilité contre cette puissance aurait pour résultat de faire entrer la France en ligne. « Je ne cacherai pas à Votre Majesté, continue la lettre, que, comme on désire toujours avec ardeur d'empêcher toute guerre de terre, et que le roi qui a eu personnellement beaucoup de part au traité de Versailles est jaloux de son accomplissement, je suis assuré que si Votre Majesté se déterminait à attaquer l'impératrice-reine..... on fournirait de bonne foi à la cour de Vienne le secours stipulé par le dernier traité. »

Dans les derniers jours d'août, on apprit à Paris, par la voie de Vienne et celle de Berlin, l'ultimatum que Klinggraeffen avait eu ordre de remettre à l'impératrice. Rouillé est très inquiet; il nie l'existence du traité offensif entre l'Autriche et la Russie, et cite les dépêches de Douglas pour prouver l'inexactitude des bruits recueillis à ce sujet par Frédéric. Enfin, les deux premiers jours de septembre, eurent lieu, entre le ministre des Affaires Étrangères et Knyphausen (1), des explications amicales, dont le récit offre d'autant plus d'intérêt qu'il nous éclaire sur les sentiments du ministère français, à la veille de la rupture dont on n'avait pas encore la nouvelle à Paris, et qu'on était à mille lieues de croire si proche. Tout d'abord, Rouillé « se montre aussi surpris que satisfait » de l'assertion que le roi de Prusse avait faite (2) qu'il n'y avait d'autre lien entre l'Angleterre et lui que celui du traité de Westminster. « Après m'avoir répété à dif-

---

(1) Knyphausen a Frédéric, 3 septembre.
(2) Frederic à Knyphausen, 21 août.

férentes reprises qu'il avait des raisons très fortes pour supposer le contraire, il pouvait me certifier en revanche et me donner sa parole d'honneur que le traité de Versailles ne renfermait rien qui fût, ou implicitement ou directement, contraire aux intérêts et droits de Votre Majesté, et que jusqu'à présent il ne contenait nuls autres engagements que ceux qui avaient été communiqués;..... il croyait pouvoir m'assurer..... et protester de la façon la plus solennelle qu'il ne subsistait aucun traité offensif contre Votre Majesté entre les cours de Vienne et de Pétersbourg ». Par contre, le ministre se préoccupe des préparatifs militaires de la Prusse, et à Knyphausen, qui cherchait à justifier l'attitude de son maître par la nécessité de résister aux ennemis de sa couronne, il réplique non sans esprit que, « à en juger par la conduite de Votre Majesté, elle paraissait plutôt être portée d'inclination, que forcée à rompre la tranquillité de l'Europe ». Rouillé termine par la déclaration suivante : « Sa cour désirait ardemment le maintien de la paix; l'espoir de maintenir la tranquillité de l'Europe était le principal motif qui l'avait déterminée à la signature du traité de Versailles; et si on avait cru ici que le traité d'alliance défensive dont Votre Majesté avait proposé le renouvellement pût être compatible avec la convention de neutralité (1), on n'aurait pas balancé un moment de s'y prêter, mais il lui semblait qu'il subsistait entre les deux engagements une contradiction palpable qu'on ne saurait justifier. »

Il est curieux de rapprocher le langage du ministre des Affaires Étrangères à Knyphausen de celui que tenait à la même époque l'abbé de Bernis à Stahremberg, et dont nous avons donné le résumé plus haut. Ne serait-ce pas à une divergence profonde de vues sur la politique étrangère

(1) Comprise au traité de Westminster.

de la France, qu'il faudrait attribuer ces hésitations et cette indécision dont se plaint l'ambassadeur autrichien, et qu'il contraste avec la complaisance trop évidente de son collègue dans la négociation, l'abbé de Bernis? Il paraît certain, en effet, que les ministres de Louis XV, quoi qu'en pût écrire Stahremberg, n'étaient rien moins qu'unanimes sur les avantages de l'alliance offensive avec l'impératrice, et que, presque sans exception, ils étaient opposés à l'extension de la guerre au continent d'Europe.

Frédéric se chargea de les mettre d'accord, en leur imposant la résolution qu'ils redoutaient de prendre. La nouvelle de l'invasion de la Saxe, arrivée à Paris le 5 septembre, provoqua à la cour la plus vive émotion, et ferma la bouche aux derniers adversaires du nouveau système.

Au moment où Frédéric franchit la frontière, il ne pouvait se méprendre sur les suites de son agression. De toutes parts, de Londres, de Pétersbourg, de Paris, les avis les plus sûrs et les plus positifs l'avaient averti des dangers qu'il allait attirer sur ses États. S'il passa outre, c'est qu'il crut avoir pour lui les plus grandes chances de victoire. Il savait, à n'en pas douter, qu'il n'aurait à combattre que les armées encore incomplètes de l'Autriche, renforcées peut-être du petit contingent saxon. La force de ses bataillons, la discipline de ses soldats, la mobilité de ses troupes, l'organisation du commandement, assuraient aux Prussiens une supériorité au moins temporaire, dont il se flattait de tirer tout le parti possible. Un trésor de guerre accumulé pendant la paix fournissait le moyen de pousser activement les opérations. Tout présageait des succès prompts et décisifs pour la campagne qu'on allait engager. L'avenir, il fallait le reconnaître, était beaucoup moins riant : si les Autrichiens pouvaient tenir jusqu'au printemps, ils verraient entrer en ligne à leurs côtés un corps considérable de troupes françaises, les hordes innombrables de la Russie, les contingents des princes de l'Empire dont la grande majorité, presque sans distinction de religion, soutenaient la cause de l'impératrice, et peut-être une armée suédoise que le gouvernement de Stockholm, inféodé à la France, ne refuserait pas de joindre aux confédérés. Aux renforts que recevrait son ennemie, que pourrait opposer Frédéric? Son unique alliée, l'Angleterre, préoccupée de la sauvegarde de son territoire, se montrait peu disposée à faire participer ses propres soldats à la mêlée du continent. Elle n'était d'ailleurs liée à la Prusse que par un accord défensif et avait jusqu'alors décliné des engagements plus étroits. L'attitude des princes protestants du Nord de l'Allemagne, en général (1) sympathiques à la Prusse, se réglerait sur celle du roi George, dont les subsides étaient le plus souvent la principale ressource des budgets locaux.

Avec une perspective pareille, si Frédéric résolut de faire appel aux armes, d'attaquer l'Autriche malgré les risques que cette agression devait entraîner, c'est évidemment parce que, comme il l'a dit lui-même, il voyait un gros avantage à prendre l'initiative, à choisir l'heure et le théâtre d'hostilités que ses adversaires dans leur propre intérêt voulaient retarder.

Cette décision lui fut-elle imposée par la nécessité de défendre ses États contre la coalition dont il devinait la formation et les desseins, ou fut-elle inspirée par ce désir d'agrandissement qui fut le moteur constant de sa politique? Faut-il considérer l'occupation de la Saxe comme une mesure dictée uniquement par des raisons stratégiques, ou faut-il rechercher derrière le plan d'opérations du général les projets d'annexion du monarque? Ces questions d'ordre philosophique ont donné lieu à des débats fort intéressants de la part des écrivains allemands. Tandis que la plupart

(1) Le duc de Mecklembourg-Schwerin, qui avait eu des démêlés avec Frédéric à propos des agissements des recruteurs prussiens, prit parti contre lui.

d'entre eux s'imposent comme un devoir religieux l'obligation de s'incliner devant les explications que Frédéric fournit lui-même de sa conduite, font du grand roi un souverain pacifique que les événements forcent à se battre pour l'intégrité de ses États et l'indépendance de ses sujets, des critiques modernes imputent au roi de Prusse l'arrière-pensée d'avoir songé à l'acquisition de la Saxe. Le retard dans les armements de l'impératrice, la dispersion de ses forces, l'état défectueux des rares forteresses qui protégeaient à cette époque la Bohême et la Moravie, la faiblesse et le désarroi du corps saxon étaient autant de circonstances favorables à l'entreprise rêvée. Maître de la Saxe et de la Bohême, victorieux des armées autrichiennes, le roi pourrait dicter la paix sous les murs de Vienne, et obliger le catholique Auguste à échanger ses sujets protestants de la Saxe contre le royaume de Bohême, arraché à Marie-Thérèse. Ce vaste programme était trop conforme aux idées développées par Frédéric dans son testament politique de 1752 (1), une extension des frontières de la Prusse du côté de l'Elbe répondait trop aux exigences géographiques de la jeune monarchie, pour qu'on ne soit pas tenté d'assigner à l'annexion de l'électorat une place dans les conceptions de 1756.

Le cabinet de Berlin s'efforça de justifier l'invasion des États du roi-électeur par la publication de documents de la chancellerie de Dresde, dont les copies étaient depuis longtemps entre ses mains, et dont il fit saisir les originaux dans le palais de la reine de Pologne. Mais l'employé chargé de la rédaction du « mémoire raisonné » qui reproduisit les écrits incriminés, eut soin lui-même de rétablir leur véritable portée. Il fit paraître, quelque temps après la mort du roi, dans les mémoires de l'Académie royale de Berlin, un

---

(1) Lehmann, dans son ouvrage recent, *Frédéric le Grand et l'origine de la guerre de sept ans*, donne des extraits et une analyse du testament politique de 1752, qu'il se plaint de ne pas voir livré au public.

article (1), où il donne son appréciation sur les pièces qu'il avait été chargé de collationner. « Le roi de Prusse, écrit Hertzberg, découvrit en 1753, et par la trahison d'un secrétaire saxon, que ces trois cours (Vienne, Saint-Pétersbourg et Dresde) avaient conclu en 1746 d'abord, après la paix de Dresde (2), un traité d'alliance et de partage éventuel de ses États en cas de guerre... Il crut, au mois de juin 1756, sur des avis secrets et vraisemblables, que le moment était venu où les trois cours voudraient exécuter leur projet concerté contre lui. Pendant son séjour à Dresde, il fit ouvrir les archives et envoya au ministère toutes les dépêches originales de cette cour, sur lesquelles je composai et publiai le fameux « mémoire raisonné », dans lequel on prouve, par les dépêches originales des ministres autrichiens et saxons, les projets éventuels de guerre et de partage contre la Prusse. Il est constaté que ces projets ont existé, mais comme ils n'étaient qu'éventuels et supposent la condition que le roi de Prusse donnât lieu à une guerre, il restera toujours problématique si ces projets auraient jamais été exécutés, et s'il aurait été plus dangereux de les attendre que de les prévenir. »

Quelles que fussent les vues du roi sur le sort qu'il réservait à la Saxe, la raison militaire suffit amplement pour expliquer l'occupation de ce pays. Résolu à envahir la Bohême, il devait choisir pour son attaque le côté le plus vulnérable du territoire ennemi. La possession de la Saxe lui assurait, par la vallée de l'Elbe, l'accès facile de la Bohême ; les ressources de l'électorat lui fourniraient des vivres pour ses soldats, du fourrage pour sa cavalerie et de l'argent pour la caisse de son armée. En respectant la neutralité du roi Auguste, il aurait au contraire gêné ses opérations contre l'Autriche, et laissé derrière lui un État

(1) *Nouveaux Mémoires de l'Académie royale de Berlin.* Année 1785, page 333.
(2) 25 decembre 1745.

dont les dispositions malveillantes lui étaient bien connues, et dont l'action hostile, en cas d'échec, constituerait un péril des plus grands.

Si la main-mise sur la Saxe ne peut se défendre au point de vue de la morale politique, il n'en est pas de même de l'entreprise dirigée contre l'impératrice-reine. Il faut reconnaître que Frédéric, en commençant la guerre, ne faisait que prévenir, pour employer sa propre expression, l'assaut que la cour de Vienne avait l'intention de livrer contre lui. Depuis la fin d'août 1755, c'est-à-dire depuis un an, Marie-Thérèse et son ministre Kaunitz préparaient lentement, mais sûrement, la formidable ligue destinée à écraser le roi de Prusse et à lui enlever la plus belle part de ses possessions.

Sans doute le chancelier autrichien désirait ajourner jusqu'en 1757 l'exécution du plan de campagne qu'il avait conçu : il lui fallait les longs mois d'automne et d'hiver pour dévider l'écheveau dont les fils étaient encore bien embrouillés. Mais si la cour d'Autriche fut surprise alors que ses préparatifs militaires n'étaient pas achevés, que ses négociations n'avaient pas abouti, elle n'avait qu'à s'en prendre à elle-même. Elle ne pouvait espérer que l'adversaire contre lequel elle tramait de si noirs desseins, lui laisserait le choix du moment le plus propice pour les réaliser. Aussi n'est-ce pas le bon droit de l'agression, mais son opportunité et ses avantages que nous mettons en question.

Frédéric savait que l'invasion des États de l'impératrice serait le signal de l'entrée en ligne contre lui de la Russie et de la France. Il connaissait l'existence et les conditions du traité de 1746; il était persuadé que cette convention avait été renouvelée, depuis peu, entre les cours de Vienne et de Pétersbourg. D'autre part, les avertissements de Rouillé à Paris, et de Valory à Berlin, étaient trop récents et trop explicites, pour qu'il y eût incertitude dans son esprit, sur l'aide que prêterait la France à l'Autriche en cas d'attaque de cette dernière. Il n'avait aucun allié à opposer à ces nouveaux ennemis. De l'Angleterre, il n'avait encore reçu que des protestations d'amitié et des demandes de secours pour la défense du Hanovre. La mobilité, la faiblesse du ministère Newcastle étaient trop notoires pour qu'il pût compter sur un appui solide de la part de cette puissance.

Les territoires électoraux du roi George, dégarnis de troupes, seraient une proie facile pour l'armée française, une source d'embarras et de dangers pour la Prusse. Entreprendre la lutte seul, sans espoir d'assistance, assumer la lourde responsabilité du rôle d'agresseur, n'était-ce pas faire éclater sur sa tête l'orage qui n'était encore qu'à l'état de menace, et qu'une sage politique ou même le hasard des événements, la disgrâce d'une favorite ou la maladie d'une souveraine pouvait dissiper ou écarter? Si Frédéric ne se laissa arrêter par aucune de ces objections, c'est qu'il régla sa conduite uniquement d'après des considérations militaires. Le roi apportait au maniement de ses relations extérieures les qualités qui firent de lui le premier général de son époque sur le champ de bataille; il pensait que l'initiative sur le terrain est la clef du succès, et il avait raison, car si l'application téméraire de ce principe entraîna parfois pour lui des défaites désastreuses, elle fut par contre la cause de ses victoires les plus brillantes.

Frédéric ne fit aucun mystère de son plan d'opérations pour l'automne de 1756. Saisir la Saxe, désarmer la faible armée du roi de Pologne, entrer en Bohème, surprendre les forces autrichiennes en flagrant délit de formation, les battre, pousser en avant, arracher la paix à l'impératrice avant que ses alliés pussent intervenir : tel était le projet qui eût réussi sans la résistance imprévue des Saxons et l'action vigoureuse du maréchal Brown. En réalité, les faits lui donnèrent tort. La campagne de 1756 fut loin de lui assurer le résultat qu'il avait escompté;

dès l'été de 1757, il trouva en face de lui la formidable coalition dont son impétueux assaut aurait dû le délivrer. Selon les calculs humains, Frédéric devait succomber devant la masse de ses ennemis. S'il ne fut pas écrasé dans cette lutte inégale, s'il sortit vainqueur de l'épreuve, il le dut à son génie, à la valeur de ses soldats, à la lenteur et à l'incapacité de ses adversaires.

Il serait bien téméraire de conjecturer ce qui se serait passé si le roi de Prusse était resté sur la défensive que lui conseillaient son frère, les membres de sa famille, ses ministres les plus autorisés, et jusqu'à son allié le roi d'Angleterre. Les difficultés que Kaunitz trouva, même après les incidents de Saxe, à entraîner la France et à décider la marche offensive des Russes, nous permettent de supposer que les hésitations des nouveaux confédérés eussent été plus grandes s'ils n'avaient pas été stimulés par l'attentat contre le roi de Pologne, et contraints par les termes mêmes de leurs conventions, à venir en aide à la partie attaquée. Les ménagements que Frédéric garda pendant de longs mois à l'égard de la Russie, les efforts qu'il fit à Paris pour éviter une rupture, prouvent qu'il ne se souciait pas de se mettre les deux puissances à dos, et qu'il n'avait pas perdu tout espoir d'obtenir leur neutralité, ou tout au moins de réduire leur rôle à celui de simples auxiliaires de l'Autriche.

D'après nous, la brusque agression de Frédéric était une erreur politique des plus graves. Nous n'irons pas jusqu'à dire, avec Hertzberg, « que la curiosité du roi et la petite circonstance de la trahison d'un clerc saxon » furent la cause indubitable de la guerre; mais nous pensons que la résolution de Frédéric, inspirée par des renseignements incomplets et souvent inexacts, était basée uniquement sur des conceptions d'ordre militaire; et nous estimons que l'espoir de succès toujours problématiques n'était pas une compensation suffisante au danger certain d'avoir pour ennemies deux des nations les plus considérables de l'Europe.

En précipitant les négociations avec l'Angleterre et en signant avec elle le traité de Westminster, Frédéric avait cru assurer la paix de l'Allemagne et la tranquillité de ses États. Il s'était lourdement trompé. En attaquant l'Autriche, il compta dissoudre ou empêcher la coalition que l'impératrice s'efforçait de former contre lui : il fournit, au contraire, à cette souveraine le seul argument qui permît de fonder et de cimenter ses alliances. Par son action intempestive, il créa lui-même l'entente qu'il espérait détruire. En commençant la guerre, le roi de Prusse commit une faute, dont les suites, d'après les probabilités, pouvaient et devaient être son propre anéantissement et la ruine de son pays.

Avant de clore notre récit, nous ne résisterons pas au désir de remettre en scène les principaux personnages qui prirent part aux campagnes diplomatiques préparatoires de la guerre de sept ans.

Des acteurs de la pièce qui se joua en Europe pendant les années 1755 et 1756, il y en a peu qui sortent de l'ordinaire. L'analyse des faits et la revue des agissements de la cour de Versailles démontrent la médiocrité des hommes d'État français, parmi lesquels se distinguent à peine l'honnête insuffisance de Rouillé ou l'intelligente faiblesse de Bernis. Au-dessus d'eux, plane le pouvoir despotique d'un roi trop vaniteux pour ne pas chercher à diriger ses affaires, trop indolent pour leur donner une impulsion suivie. A côté de lui, une favorite, qui n'a d'autre souci que d'affermir son crédit, d'autre préoccupation que de conserver les bonnes grâces du monarque; sans élévation dans les idées, sans ampleur dans les vues, elle règle sa conduite, formule ses avis, d'après le parti qui servira le mieux son intérêt personnel.

Dans un milieu pareil, peut-on s'étonner de l'indécision

perpétuelle qui caractérisa l'attitude du gouvernement de Louis XV, depuis les premiers troubles d'Amérique jusqu'à l'invasion de la Saxe ? Il serait difficile de trouver des expressions assez fortes pour qualifier la politique de la cour de Versailles pendant ces deux années. A dire la vérité, elle n'en eut pas ; elle ne prit aucune initiative et se laissa pousser, ou plutôt surprendre par les événements.

En Angleterre, le spectacle est presque identique. La rancune sénile du roi George, la véhémence brutale de son fils, les clameurs des commerçants de la Cité, imposent à Newcastle une lutte qu'il redoute, mais qu'il ne cherche pas à éviter. Les hostilités commencées, l'incohérence du premier ministre éclate au grand jour. Partagé entre le désir de plaire à son roi en défendant le Hanovre, et la crainte d'être renversé par un parlement qui ne veut pas de participation à la mêlée européenne, il aliène ses anciens amis d'Autriche et de Hollande, soulève l'opinion contre son ministère, et ne sauve l'Angleterre de l'isolement dans lequel elle va tomber que grâce aux avances du roi de Prusse, qu'il a le bon sens d'accepter. Le traité signé, il n'en sait pas tirer profit, n'exerce aucune action sur son nouvel allié, et n'utilise les crédits qu'on lui vote ni pour les opérations du continent dont on ne veut pas, ni pour la guerre coloniale et maritime pour laquelle on se passionne.

Parmi toutes ces médiocrités, le chancelier de l'impératrice, le comte de Kaunitz, mérite seul le titre d'homme d'État. Ce ministre, que Frédéric qualifie comme (1) « si frivole dans ses goûts et si profond dans les affaires », eut la double gloire de concevoir pour la politique étrangère de son pays un programme nettement défini, et de travailler à son exécution avec une fermeté et une persévérance qui ne se démentirent jamais. Conscient du danger que

---

(1) Frédéric, *Histoire de la guerre de sept ans*, t. I, page 37.

présentait pour la vieille suprématie de l'Autriche l'accroissement rapide de la jeune monarchie de la Prusse, il garda toujours comme objectif l'abaissement, l'anéantissement même de son rival. Il eut l'art de faire épouser sa querelle à la Russie et à la France, en exploitant pour sa cause les sentiments personnels des souverains de ces deux pays. Le succès de ses ouvertures à Pétersbourg s'explique par la communauté de vues qui existait entre les deux cours vis-à-vis de la Porte Ottomane, par l'anarchie qui régnait dans les conseils d'un État encore à moitié barbare, par le caractère et le tempérament de la czarine. Mais à Versailles la tâche était tout autre. Pour suivre les vues de Kaunitz, la France devrait renoncer à la politique séculaire pratiquée sans interruption depuis Henri IV et Richelieu, que venait d'appliquer contre Marie-Thérèse elle-même le roi Louis XV; elle serait forcée d'abandonner l'alliance prussienne, dont l'avantage, sinon la nécessité, était proclamé par tous les hommes d'État français, de renoncer à la vengeance qu'elle voulait tirer de l'Angleterre, son ennemie traditionnelle, pour attaquer la Prusse, son amie, de démolir de ses propres mains l'édifice qu'elle avait aidé à construire, d'abdiquer en faveur de l'Autriche, son ancienne adversaire, le rôle de protectrice des princes allemands.

Un projet dont l'exécution présentait tant de difficultés, dont la réalisation paraissait si contraire aux intérêts français, devait effrayer des esprits moins hardis que celui de son auteur, et rencontrer des résistances de la part de ses collègues. Les critiques ne lui furent pas épargnées; Kaunitz sut les surmonter, grâce à l'appui de sa souveraine, dont il s'était concilié l'affection et la confiance.

Pendant les pourparlers engagés avec la cour de Versailles, nous ne savons ce qu'il faut le plus admirer : la sagacité qui pénètre la pensée intime du roi Louis XV et de ses conseillers, l'habileté qui utilise pour ses fins les préoccupations mesquines de la Pompadour et de ses protégés, ou la tenacité qui s'acharne à la poursuite du but. Le ministre autrichien ne sacrifie rien, gagne sur les détails, concède tout juste ce qu'il faut pour ne pas rebuter, accorde le moins pour obtenir le plus, entraîne le gouvernement français, presque malgré lui, dans la voie qu'il lui a préparée.

Dans sa tâche ardue, il fut puissamment secondé par Marie-Thérèse, qui mit toutes les qualités de son cœur et de son esprit au service de l'œuvre commune. Nous ne nous arrêterons pas au reproche que lui adressent certains historiens d'avoir voulu asservir l'Allemagne et d'avoir provoqué une intervention étrangère dans l'Empire. Allemands, dans la conception moderne du mot, l'impératrice-reine et son chancelier ne le furent pas plus que le roi de Prusse. Autrichiens avant tout, ils travaillèrent à la grandeur de la maison d'Habsbourg, comme Frédéric se voua à l'agrandissement des Hohenzollern. Que la consolidation du vieil empire germanique au profit de l'Autriche eût eu des résultats néfastes pour le développement des libertés publiques, que la politique de Kaunitz n'ait été inspirée que par des sentiments de fidélité pour sa souveraine et pour sa maison, cela est possible et même probable. Mais au dix-huitième siècle, les idées de pays et de nationalité étaient trop confuses, elles s'identifiaient trop avec le dévouement à la personne du chef de l'État, pour que nous fassions un crime au chancelier de n'avoir pas professé un genre de patriotisme qui n'était pas de son époque, et que sa raison pratique eût relégué dans les aspirations de l'avenir.

S'il ne fut pas patriote dans le sens qu'on attache de nos jours à ce mot, Kaunitz fut un serviteur intelligent et loyal de l'Autriche. Comme ministre, il déploya des talents qui le mettent au premier rang. Dans la direction des Affaires Étrangères de son pays, il montra la méthode et la patience qui firent défaut à son royal antagoniste. Si le succès ne couronna pas ses efforts, l'histoire doit reconnaître qu'on ne saurait le rendre responsable de l'échec.

En Frédéric, devons-nous voir le défenseur de l'Allemagne contre l'étranger, le champion des libertés germaniques menacées par les desseins despotiques de la maison de Habsbourg, le protecteur du protestantisme contre la ligue des puissances catholiques? Faut-il le considérer comme l'initiateur, le créateur de l'unité allemande? Est-ce par des vues dont l'élévation dépassait de toute la hauteur de son génie la pensée contemporaine, qu'il faut expliquer une conduite dont l'imprévu et le sans-gêne apparent ont donné lieu à des critiques aussi malveillantes que peu fondées? Des appréciations de ce genre répondent bien aux tendances modernes de l'esprit tudesque, au désir de trouver des racines, d'autant plus profondes qu'elles seraient plus anciennes, à cette unité qui semble d'éclosion trop récente pour satisfaire ses admirateurs. Qu'elles servent de thème à des discours d'apparat ou à des éloges rétrospectifs des Hohenzollern, cela peut se concevoir; mais il serait bien difficile de les concilier avec le respect de la vérité.

Il suffit de lire les écrits du grand roi, de parcourir sa correspondance, pour se convaincre qu'il n'obéissait guère aux inspirations que des caudataires maladroits ont inventées pour lui. Esprit délié, positif jusqu'au scepticisme, il marque la supériorité qu'il se reconnaît par le dédain affiché pour les causes qui passionnent le commun des mortels. S'agit-il de la religion? « Si le pays est protestant comme la Saxe, écrit-il (1), on joue le rôle de défenseur de la religion luthérienne, et on souffle le fanatisme au cœur du vulgaire, dont la simplicité est facilement

---

(1) *Les Principes généraux de la guerre.* Œuvres de Frédéric. Cité par Lehmann.

abusée. » Le principe ainsi exposé, il sait le mettre en action ; il dénonce à l'opinion les projets qu'il attribue à la cour de Vienne contre les confessions protestantes, et se pose en protecteur de la foi réformée pour assurer sa popularité en Angleterre. Autoritaire par essence, il n'admet ni contrôle ni discussion ; le mot de liberté n'a de sens dans sa bouche que celui de résistance à un pouvoir qui n'est pas le sien. Il évoquera au besoin le sentiment national, il parlera de « notre chère patrie », mais le mot sous sa plume sonne faux ; l'on sent que pour lui la patrie s'incarne dans sa personne. Certes, il a conscience des devoirs que sa situation lui crée, il se dépensera tout entier pour le service ; mais ce service c'est celui du roi : c'est le sien.

Français par son éducation, ses goûts artistiques et littéraires, par ses amitiés, par son langage, dans sa politique il est prussien, Hohenzollern jusqu'à la moëlle. L'Allemagne ne le préoccupe que pour y faire grandir son influence, pour en réunir le plus de territoire possible à son royaume. Sa Prusse, il la veut forte, prospère, peuplée, prête à la guerre. « Notre État manque encore de force intrinsèque (1), a-t-il dit dans son testament politique de 1752 ; toutes nos provinces ne contiennent que 5 millions d'âmes. Le militaire est respectable, mais il n'est pas assez nombreux pour résister aux ennemis qui nous environnent. »

Ce programme d'agrandissements, d'annexions, Frédéric le suivra pendant tout son règne, en commençant par la Silésie et en finissant par la Pologne. Il déploiera pour cette cause une activité infatigable, des talents d'administrateur hors ligne, une perspicacité merveilleuse, un génie militaire qui fit de lui le premier général de son époque, un courage et une persévérance peu ordinaires. Dans la poursuite du but il montrera un mépris absolu

---

(1) Testament politique cité par Lehmann. *Frédéric le Grand*, p. 63.

pour les règles de la bonne foi et de la morale publique ; le préjugé n'existe pas pour lui, il le foule sous ses pieds, et justifie à ses propres yeux le cynisme de ses actes par la raison d'État.

« Vous verrez dans cet ouvrage, écrivait Frédéric en 1746 (1), des traités faits et rompus, et je dois vous dire à ce sujet que nous sommes subordonnés à nos moyens et à nos facultés; lorsque nos intérêts changent, il faut changer avec eux. Notre emploi est de veiller au bonheur de nos peuples ; dès que nous trouvons donc du danger ou du hasard pour eux dans une alliance, c'est à nous de la sacrifier plutôt que de les exposer. En cela, le souverain se sacrifie pour le bien de ses sujets. »

Sa politique de résultats, il l'a léguée aux héritiers de sa couronne, il l'a dictée comme ligne de conduite à ses successeurs. Ces derniers ont appliqué avec succès les maximes de leur ancêtre. Si, malgré leur bonne volonté, ils n'ont pu développer tous les talents de leur devancier, il faut reconnaître qu'ils ont su, comme lui, subordonner les considérations morales aux nécessités de leur ambition, et qu'ils l'ont dépassé de beaucoup, dans l'art de faire accepter par l'opinion des procédés qui paraissent, au premier abord, difficiles à concilier avec les notions générales de l'équité et de la justice.

(1) Avant-propos de l'*Histoire de Frédéric II*, écrit par le roi, page 343.

TABLE DES MATIÈRES

	Pages
Préface	1
Chapitre premier. — Conflits en Amérique entre l'Angleterre et la France, depuis la paix d'Aix-la-Chapelle jusqu'en 1754	1
Chapitre II. — Situation politique en Europe à la fin de 1754. — Négociations de Mirepoix à Londres. — Début des hostilités sur mer. — Rupture entre la France et l'Angleterre	45
Chapitre III. — Négociations de l'Angleterre avec l'Espagne, l'Autriche et la Russie	114
Chapitre IV. — Conduite de la France. — Son attitude vis-à-vis de la Prusse. — Négociations avec la Saxe. — Négociations secrètes avec l'Angleterre	156
Chapitre V. — Négociations de Frédéric avec l'Angleterre. — Traité de Westminster. — Impression produite par ce traité. — Neutralité de la Hollande. — Réquisitoire français à la cour de Londres	197
Chapitre VI. — Mission du duc de Nivernais. — Offres de médiation de Frédéric	239
Chapitre VII. — Négociations entre la France et l'Autriche	284
Chapitre VIII. — Traité de Versailles. — Son effet en Europe	333
Chapitre IX. — Hostilités en Acadie. — Expulsion des Acadiens	372
Chapitre X. — Evénements militaires en Amérique et à Minorque	418
Chapitre XI. — Continuation des négociations entre la France et l'Autriche. — Événements de l'été de 1756. — Rupture entre la Prusse et l'Autriche	462
Chapitre XII. — Attitude des cours de Vienne, Pétersbourg et Versailles au moment de la rupture. — Revue de la conduite de Marie-Thérèse et de Frédéric	500

TYPOGRAPHIE FIRMIN-DIDOT ET C⁰. — MESNIL (EURE).